화엄경소론찬요
華嚴經疏論纂要

화엄경소론찬요 ㉒
華嚴經疏論纂要

● 일러두기 ●

1. 이 책의 원서는 명말청초 때의 승려인 도패 스님*이 약술 편저한 《화엄경소론찬요》이다. 《대방광불화엄경》 80권본을 기초로 하여, 경문에 청량 스님의 소초(疏鈔)와 이통현 장자의 논(論)을 붙여 상세하게 풀이하였다.

2. 경(經), 소(疏), 논(論)은 원문에 토를 붙여서 그 뜻을 이해하기 편하도록 했으며, 원문 바로 아래 번역문을 넣었다.

3. 원문을 살려 그대로 옮겨 놓음을 원칙으로 하다 보니 본문의 제목 번호에 있어서 다소 혼동이 올 수 있다. 그럴 경우 목차를 참고하기 바란다.

4. 산스크리트어 표기는 〈표준국어대사전〉과 〈불광 사전〉 등에 등재된 음역어를 사용하였으며, 불교 용어에 대한 설명은 주로 〈불광 사전〉을 참고하였다.

5. 내용을 좀 더 쉽게 풀기 위하여 중간에 체계가 약간 바뀌었음을 밝힌다.

※ 위림도패(爲霖道霈, 1615~1702) 스님은 명말청초 때의 조동종 승려이다. 14세 때 백운사(白雲寺)에서 출가하여 경교(經敎)를 공부했다. 영각원현을 모시며 법을 이었고, 천동산(天童山) 밀운원오(密雲圓悟)에게 배워 크게 깨달았다. 그 후 백장산(百丈山)에 암자를 짓고 5년 동안 정업(淨業)을 닦았다. 나중에 고산(鼓山)으로 옮겨 20여 년 동안 살았는데 귀의하는 사람이 매우 많았다.
저술로는 《인왕반야경합소(仁王般若經合疏)》 3권을 비롯하여 《화엄경소론찬요(華嚴經疏論纂要)》 120권, 《법화경문구찬요(法華經文句纂要)》 7권, 《불조삼경지남(佛祖三經指南)》 3권, 《위림도패선사병불어록(爲霖道霈禪師秉拂語錄)》 2권, 《여박암고(旅泊庵稿)》 4권, 《선해십진(禪海十珍)》 1권, 《사십이장경지남(四十二章經指南)》, 《불유교경지남(佛遺敎經指南)》, 《고산록(鼓山錄)》 6권, 《반야심경청익설(般若心經請益說)》, 《팔십팔불참(八十八佛懺)》, 《준제참(準提懺)》, 《발원문주(發願文註)》 등이 있다.

◦ 간행사 ◦

《화엄경소론찬요》번역서를 간행하면서

《화엄경》은 비로자나 세존께서 보리도량에서 처음 정각을 성취하신 후, 일곱 도량 아홉 차례의 법문에서 일진(一眞)의 법계(法界)와 제불의 과원(果願)을 보여주시어 미묘한 현지(玄旨)와 그지없는 종취(宗趣)를 밝혀주신 최상의 경전이다. 이처럼 《화엄경》은 법계와 우주가 둘이 아닌 하나로 그 광대함을 말하면 포괄하지 않음이 없고, 그 심오함을 말하면 갖춰져 있지 않음이 없어 공간으로는 법계에 다하고 시간으로는 삼세에 통하고 있다.

　이러한 이유에서 《화엄경》은 근본 법륜으로 중국은 물론 동양 각국에서 높이 받들며 수많은 주석서가 간행되어 왔다. 그러나 세상에 널리 알려진 것은 청량 국사의 《대방광불화엄경소초(大方廣佛華嚴經疏鈔)》와 통현 장자의 《대방광불화엄경론(大方廣佛華嚴經論)》이다. 소초(疏鈔)는 철저한 장구(章句)의 분석으로 본말을 지극히 밝혀주었고, 논(論)은 부처님의 논지를 널리 논변하여 자심(自心)으로 회귀하고 있는 것이 특징이다. 이처럼 청량소초와 통현론은 양대 명저(名著)로 모두 수증(修證)하는 데에 지극한 궤범(軌範)이었다.

　탄허 대종사께서는 이러한 점을 토대로 통현론을 주(主)로 하고 청량소초를 보(補)로 하여 번역하심으로써 《화엄경》이 동양에 전해진 이후 동양 최초의 《화엄경》 번역이라는 쾌거를 이룩하셨다. 일찍이 한국불교에 침체된 화엄사상은 대종사의 번역에 힘입어 다시 온 누리에 화엄의 꽃비가 내려 화엄의 향기로 불국정토를 성취하여 더할 수 없는, 지극한 법륜을 설하셨다.

그러나 대종사께서 열반하신 이후, 불법은 날로 쇠퇴하고 중생의 근기는 날로 용렬하여 방대한 소초와 논을 열람하기에는 역부족이었다. 이에 대종사의 《화엄경》을 다시 한 번 밝히기 위해서는 또 다른 모색을 필요로 할 시점에 이르렀다. 보다 쉽게 볼 수 있고 간명한 데에서 심오한 데로, 물줄기에서 본원을 찾아갈 수 있는 진량(津梁)을 찾지 않는다면 대종사의 평생 정력을 저버리게 된다는 절박한 마음이 없지 않았다.

청대(淸代) 도패(道霈) 대사는 청량의 소초와 통현의 논 가운데 그 정요(精要)만을 뽑아 《화엄경소론찬요(華嚴經疏論纂要)》를 편집하였다. 이는 매우 방대한 소초와 논을 축약하여, 가까이는 청량 국사와 통현 장자의 심법을 전수하였고 멀리는 비로자나불의 묘체(妙諦)를 밝혀주는 오늘날 최고의 《화엄경》 주석서이다.

이에 《화엄경소론찬요》를 대본으로 하여, 다시 대종사의 번역서를 참고하면서 현대인이 보다 쉽게 이해할 수 있는 번역서를 간행하기에 이르렀다.

이제 돌이켜 생각하면 무상한 세월 속에 감회가 적지 않다. 내 지난날 출가 입산하여 겨우 이레가 되던 날, 처음 접한 경전이 《화엄경》이었다. 행자 생활을 시작한 영은사는 대종사께서 오대산 수도원이 해산된 후, 이의 연장선상에서 3년 결사(結社)를 선포하시고 《화엄경》 번역이라는 대작불사를 시작하여 강의하셨던, 한국불교사에 한 획을 그려준 역사의 도량이었다.

그 당시 대종사께서는 행자인 나에게 《화엄경》을 청강하라 하시면서 "설령 알아듣지 못할지라도 들어두면 글눈이 생겨 안 들은 것보다 낫다."고 권면하셨다. 이제 생각해보면 행자 출가 즉시 《화엄경》 공부 자리에 참여했다는 것은 전생의 숙연(宿緣)이 아니었으면 어떻게 그 당시 그 법회에 참석이나 할 수 있었겠는가. 이는 행운 중 행운으로 다겁의 선근공덕이 아닐까 생각되며, 아울러 늦게나마 대종사의 영전에 하나의 향을 올리는 바이다.

처음 《화엄경》 설법을 듣는 순간, 끝없는 우주법계의 장엄세계가 황홀하고 법계를 맑혀주고 무진 보배를 담고 있는 바다의 불가사의한 공덕이라는 대종사의 사자후가 머릿속에 쟁쟁하게 울려왔을 뿐, 그 도리를 이해한다는 것은 나의 근기로써는 도저히 불가능한 일이었다. "쭉정이만도 못하다."고 꾸지람을 하시던 대종사의 방할(棒喝)을 맞으며 영은사에서의 결사가 끝난 후, 나는 단 한 번도 《화엄경》을 펼쳐 볼 엄두를 내지 못했다.

그러던 몇 해 전, 무비 스님께서 범어사에서 《화엄경》을 강좌하시면서 서울에서도 《화엄경》 강좌를 열어보라고 권할 적만 하더라도 언감생심 《화엄경》을 강의하겠다는 생각을 하지 못하였다. 그러나 씨앗을 뿌려놓으면 새싹이 돋아나듯, 반드시 인연법은 사라지지 않는 모양이다. 영은사에서의 《화엄경》 인연이 자곡동 탄허기념박물관에 화엄각건립불사를 발원하게 되었고, 화엄각건립불사를 위하여 《화엄경》 강좌를 열기에 이를 줄은 꿈에도 생각지 못하였다.

　미력한 소견으로 강좌를 열면서 정리된 강의 자료를 여러 뜻있는 이들과 다시 한 번 토론하고 강마하면서 우선 〈세주묘엄품〉 출간을 시작으로 계속 연차적으로 간행하고 있다.

　이 책이 간행되어 그동안 추진되어온 화엄각 창건 불사 또한 원만히 성취되길 기원한다. 이 귀한 인연공덕으로 다시 한 번 화엄사상이 꽃피어 온 누리에 탄허 대종사의 공덕이 빛나고, 아울러 화엄정토가 구현되어 남북의 통일과 세계의 평화가 이루어지길 진심으로 축원하는 바이다.

五臺山 後學 慧炬 合掌 再拜

◉ 추 천 사 ◉

인류사에서 가장 위대한 화엄경의 가르침

평소에 늘 두려워하며 존경하는 도반 혜거 스님이 《화엄경소론찬요》를 번역하고 출판하여 이 분야의 사람들을 온통 놀라게 하였습니다. 본디 화엄경에 이 몸을 바친 사람으로서, 어찌 가슴 떨리는 일이 아니겠습니까.《화엄경소론찬요》번역을 세상에 알리고 추천하는 글을 이 우둔한 글솜씨로라도 백 번이라도 쓰고 싶습니다.

화엄경이란 무엇입니까? 만약 화엄경을 알지 못하면 불법의 이치를 알지 못합니다. 또 화엄경을 알지 못하면 사람이 본래로 청정법신비로자나 부처님이라는 사실을 알지 못합니다. 이 세상이 그대로 화장장엄세계라는 사실도 알지 못합니다. 세간과 출세간의 진리를 전혀 알지 못합니다. 아름다운 세상과 환희로운 인생을 결코 알 길이 없습니다. 그러니 화엄경을 읽지 않고 어찌 불교를 입에 담으며 어찌 부처님을 입에 담겠습니까. 그래서 청량(淸涼) 스님은 화엄경을 두고 "이 몸을 바쳐서 그 죽을 곳을 얻었다[亡軀得其死所]."라고 하였습니다. 이 얼마나 가슴 저미는 말씀입니까. 그러므로 "화엄경이 있고서야 비로소 불교가 있다."라고 하겠습니다.

화엄경이 흥하면 불교가 흥하고, 화엄경이 흥하면 국가가 흥하였습니다. 원효(元曉) 스님과 의상(義湘) 스님이 화엄경을 흥성(興盛)시키던 신라가 그러했으며, 청량 스님과 통현(通玄) 장자가 화엄경을 흥성시키던 당(唐)나라가 그러하였습니다.

거기에 더하여 찬요(纂要)란 무엇입니까? 그것은 청량 스님의 화엄경에 대한 소(疏)와 통현 장자의 논(論)을 잎과 가지는 남겨두고 뿌리와 큰 줄기에 해당하는 요점만을 추려서 모아온 것입니다. 마치 흙과 잡석들을 걷어내고 진금들만을 모아왔으니 이 어찌 빛나지 않겠습니까. 그래서 화엄경을 그토록 빛나게 한 것은 알고 보면 소론찬요(疏論纂要)였던 것입니다.

옛말에 "산고수장(山高水長)이요, 근고지영(根固枝榮)"이라 하였습니다. 근세 한국의 불교를 중흥시킨 경허(鏡虛) 스님은 수월(水月)·혜월(慧月)·만공(滿空)·한암(寒巖) 등 기라성 같은 제자들을 길러내었는데, 한암 스님 밑으로 선교(禪敎)를 겸비하신 희대의 대석학이요 대선사이신 탄허(呑虛) 큰스님이 계셨습니다.

한암 스님 밑에서 오래 사셨던 범용(梵龍) 스님은 평소에 상원사에서 한암 스님이 화엄경을 강의하시던 일을 들려주셨습니다. 당시 교재는 통현 장자의 《화엄경합론(華嚴經合論)》이었으며 중강(仲講)은 언제나 탄허 스님이셨으므로, 대중들이 모두 동원되는 큰 운력까지도 면해주셨다고 하였습니다. 그날의 그 화엄법수(華嚴法水)가 흘러 흘러 영은사의 혜거 행자에게까지 전해지더니 수십 년이 지난 오늘에는 드디어 이와 같은 《화엄경소론찬요》 출판 불사의 큰 바다를 이루게 되었습니다. 이 얼마나 기쁘지 아니합니까. 큰스님께서도 또한 크게 환희용약하시리라 믿습니다.

　필자도 또한 작은 인연이 있어서 역경연수원 수학과 큰스님께서 《화엄경합론》을 번역하신 후 교열하고 출판하고 기념 강의를 하시던 일까지 함께하였으니, 가슴이 뜨거운 홍복(洪福)이라는 사실을 알고 있습니다. 그것에 더하여 처음 통도사 강주로 가기 전에 법맥을 전해주시어 큰스님의 뜻을 잇게 하였으니 더없는 영광이지만, 그 보답을 다하지 못하여 아직도 큰 짐을 내려놓지 못하고 있습니다.

　앞으로 남은 시간이라도 혜거 화엄도반과 함께 인류사에서 가장 위대한 화엄경의 가르침을 깊이깊이 공부하여 더욱 널리, 더욱 왕성하게 펼쳐서 크나큰 은혜에 보답하려 합니다.

　나아가서 이 아름다운 출판 불사에 뜻을 함께한 모든 분께도 큰 감사의 인사를 올리며 이 책이 만천하에 널리 유포되기를 마음 다해 추천하는 바입니다. 이 인연으로 부디 화엄의 큰 물결이 온 세상에 흘러넘쳐서 집집마다 평화와 행복이 가득하기를 기도드립니다.

　　나무 대방광불화엄경
　　나무 대방광불화엄경
　　나무 대방광불화엄경

　　　　　　　　　신라 화엄종찰 금정산 범어사 如天 無比 삼가 씀

◉ 목차 ◉

간행사 《화엄경소론찬요》 번역서를 간행하면서 5
추천사 인류사에서 가장 위대한 화엄경의 가르침 9

화엄경소론찬요 제98권 ◉ 입법계품 제39-1

- 대의 19
- 경문의 해석 55

一. 근본법회 56

제1. 서론 부분 56
    1. 지정각세간의 원만 57
    2. 기세간의 원만 58
    3. 중생세간의 원만 61
      1) 보살 대중 61
      2) 성문 대중 76
      3) 세간 군주 대중 82

제2. 청법 부분 85

제3. 삼매로 모양을 나타낸 부분 103
    1. 삼매가 모습을 나타내는 주체임을 밝히다 103
    2. 나타낸 바의 청정 국토를 밝히다 119

제4. 멀리서 모여든 새로운 대중 부분 135
    1. 개별로 시방세계에서 모여들다 136

화엄경소론찬요 제99권 ◉ 입법계품 제39-2

    2. 공통으로 덕행을 찬탄하다 173
    3. 법회에 모여든 원인을 총괄하여 끝맺다 181

제5. 잘못을 들추어 잘함을 밝힌 부분 184
    1. 일찍이 볼 수 없었던 사람임을 밝히다 184
    2. 일찍이 볼 수 없었던 경계임을 밝히다 197
    3. 일찍이 볼 수 없었던 이유를 해석하다 201
    1) 법을 해석하다 202
    2) 비유로 밝히다 221
    3) 묻고 끝맺다 253

제6. 게송으로 공덕을 찬탄한 부분 267

화엄경소론찬요 제100권 ◉ 입법계품 제39-3

제7. 보현의 열어 보여준 부분 321
  1. 산문 321
  2. 게송 329

제8. 백호광으로 이익을 보여준 부분 340
  1. 백호광으로 널리 보여주다 340
  2. 백호광을 의지하여 법을 보다 342
  3. 옛 인연을 보고 증득함을 밝히다 348
  4. 그 얻은 이익을 밝히다 350
   1) 봄으로 인하여 법을 얻음을 밝히다 350
   2) 은혜를 입고 공양을 올리다 382

제9. 문수의 공덕 서술 부분 385

제10. 끝없는 큰 작용 부분 392

二. 지말법회를 일으키다 414

  Ⅰ. 해당 지위에 붙여 수행하는 모습寄位修行相 439

[1] 문수 1인을 십신十信에 붙여 말하다 439

    1. 교화의 주체를 일으키다 439
    2. 교화의 일을 성취하다 445
    1) 비구 법회 446

화엄경소론찬요 제101권 ◉ 입법계품 제39-4

    2) 모든 승乘의 사람 법회 485
    3) 선재를 받아들이는 법회 495

[2] 10명의 선지식을 십주에 붙여 말하다 597

제1. 덕운비구德雲比丘, 발심주發心住 선지식 597
    1. 가르침을 따라 선지식을 찾아가 법을 구하다 597
    2. 친견하여 절을 올리고 법을 묻다 599
    3. 선재동자를 칭찬하면서 법을 전수하다 602
    4. 몸을 낮추면서 선지식의 훌륭함을 추켜올리다 617
    5. 뒤의 선지식을 소개하다 638
    6. 덕망을 흠모하면서 절을 올리고 떠나가다 642

제2. 해운비구海雲比丘, 치지주治地住 선지식 651
    1. 가르침을 따라 선지식을 찾아가 법을 구하다 651
    2. 친견하여 절을 올리고 법을 묻다 656
    3. 법계를 찬탄하여 보여주다 659
    4. 몸을 낮추면서 선지식의 훌륭함을 추켜올리다 689
    5. 뒤의 선지식을 소개하다 691
    6. 덕망을 흠모하면서 절을 올리고 떠나가다 696

제3. 선주비구善住比丘, 수행주修行住 선지식 701
    1. 가르침을 따라 선지식을 찾아가 법을 구하다 701
    2. 친견하여 절을 올리고 법을 묻다 703
    3. 선재동자를 칭찬하면서 법을 전수하다 711
    4. 몸을 낮추면서 선지식의 훌륭함을 추켜올리다 726
    5. 뒤의 선지식을 소개하다 731
    6. 예배를 올리고 하직하다 733

화엄경소론찬요 제98권
華嚴經疏論纂要 卷第九十八

●

입법계품 제39-1
入法界品 第三十九之一

此品은 分二니

先은 明大意니 凡三段이라

初는 來意라

>   입법계품은 2단락으로 나뉜다.
>
>   앞 단락은 대의를 밝혔다.
>
>   이는 모두 3단락이다.
>
>   1. 유래한 뜻

◉ 疏 ◉

來意者는 先辨分來니라 夫行因證立이오 證藉行深이니 前分은 託法行成이라 故此依人入證이라 亦爲遠答解脫海故로 會品來意不異分來니 無別會品故니라【鈔_ '會品來'下는 此中에 亦合有三來意라 然離世間이 雖亦一會一分一品이나 而其所對分會品差는 有三來意오 此中엔 前無分會別對일세 故但爲一이라】

>   유래한 뜻이란 먼저 이 부분을 여기에 쓰게 된 이유를 논변하였다.
>
>   모든 수행은 증득에 의해 확립되고, 증득은 수행을 힘입어 깊어지는 것이다. 앞부분에서는 법에 의탁하여 행을 이뤘기 때문에 여기에서는 사람을 의지하여 증득에 들어가는 것이다.
>
>   또한 멀리 해탈해보살의 물음에 답함이기에 법회의 품을 여기에 쓰게 된 의의가 이 부분을 여기에 쓰게 된 이유와 다르지 않다.

별도 법회의 품이 없기 때문이다.【초_ '會品來' 이하는 여기에 또한 3가지의 유래한 뜻이 있다. 그러나 제38 이세간품 또한 하나의 법회에 하나의 품을 말한 것이라 하지만, 그 상대하는 법회의 부분과 품의 차이에는 3가지 유래한 뜻이 있다. 여기에서는 앞에 법회의 부분을 별개로 마주함이 없었기에 단 한 가지만을 들어 말한 것이다.】

二 釋名

2. 명제 해석

⦿ *疏* ⦿

釋名有三이니

初'分名'者는 謂依佛菩薩의 諸勝善友하야 深證法界라 故名依人入證이오 證法은 在己라 謂之成德이니라

　　명제의 해석은 3단락이다.

　(1) 부분의 명칭이다. 이는 불보살의 모든 선지식에 의하여 법계를 깊이 증득하였기에 '사람에 의지해 증득하여 들어간다.'고 말하며, 법을 증득함은 나에게 있기에 '성취한 공덕'이라고 말한다.

二는 '會名'이니 約處인댄 名逝多林園重閣會니

林名 戰勝은 以表依人이오

園名 給孤는 用表悲厚오

重閣之義는 以顯二智互嚴이며 悲智竝爲能證일새 亦爲重義니라
若兼取城名聞物이면 亦表依人이오 約法이면 如品名釋이라

⑵ 법회의 명칭이다. 장소로 말하면, 서다림원 중각의 법회라 말한다.

'서다림(Śītavana의 음역)'의 명칭이 '승리의 숲[戰勝]'을 뜻함은 사람을 기준으로 밝힌 것이며,

동산의 명칭을 '급고독'이라 함은 대자비의 마음이 후함을 나타낸 것이다.

'重閣'이라는 뜻은 근본지와 후득지가 서로 장엄함을 밝힌 것이며, 대비와 대지가 모두 증득의 주체이기에 또한 '거듭'이라는 뜻이 된다. 만일 室羅伐國이라는 성곽의 명칭과 이를 의역하여 '聞物(또는 聞者)'이라는 뜻을 겸하여 취하면, 이 또한 사람을 기준으로 밝힌 것이며, 법을 말하면, 품명의 해석과 같다.

三'品名'者는 入은 通能所니 謂悟解證得之名이오 法界는 是所入之法이니 謂理事等別이라
然法含持軌하고 界有多義하니
梁論十五에 云欲顯法身 含法界五義라 故轉名法界니
一은 性義니 以無二我爲性이니 一切衆生이 不過此性故오
二는 因義니 一切聖人四念處等法이 緣此生故오
三은 藏義니 一切虛妄法所隱覆故라 非凡夫二乘所能緣故오
四는 眞實義니 過世間法이니 以世間法 或自然壞오 或對治壞니 離此二壞故오

五는 甚深義니 若與此相應이면 自性成淨善故오 若外不相應이면 自性成殼故라하니라

上之五義는 皆理法界어니와 復有持義·族義와 及分齊義라

然持는 曲有三하니 一은 持自體相이오 二는 持諸法差別이오 三은 持自種類하야 不相雜亂이라

族者는 種族이니 卽十八界니 上二는 竝通事理니라

分齊者는 緣起事法이니 不相雜故니 於中에 性은 通依主持業이오 因은 唯依主오 後六은 唯持業이라 心境合目하야 名入法界니 始則相違오 終則持業이니 入卽法界故니라【鈔_ 於中下는 釋名이라 然直語一法이면 則無六釋이라 故會六釋에 唯釋界字는 於前五中에 除前二兼依主오 後六義는 皆唯持業이라 心境合目下는 卽通品名이니 會六釋耳라】

(3) 品의 명칭이다. 여기에서 말한 '入法界'의 '入'은 주체와 대상에 모두 통한다. 깨달음의 이해, 증명하여 얻음이라는 이름을 말하며,

법계는 들어가는 바의 법이다. 이법계와 사법계 등의 개별을 말한다. 그러나 법은 부지와 궤범의 뜻을 포함하고, 界에는 '많다'는 뜻이 있다.

眞諦의 양섭론 제15에서 말하였다.

"법신이 법계의 5가지 뜻을 포함한 것을 밝히고자 한 때문에 돌려서 법계라 명명하였다.

① 성품이라는 뜻이다. 자아와 법아가 없는 것으로 성품을 삼

는다. 일체중생이 이런 성품에서 벗어나지 못한 때문이다.

② 원인이라는 뜻이다. 모든 성인의 四念處 등의 법이 이를 반연하여 생겨나기 때문이다.

③ 감춤이라는 뜻이다. 모든 허망한 법이 숨겨지고 덮여 있는 바이기 때문이다. 범부와 이승의 반연 주체가 아니기 때문이다.

④ 진실이라는 뜻이다. 세간 법에 벗어남이다. 세간 법은 간혹 저절로 무너지거나 다스리는 데서 무너지는 것이다. 이 2가지 무너짐을 여읜 때문이다.

⑤ 아주 심오하다는 뜻이다. 만일 이와 상응하면 자성의 청정한 선업을 성취하기 때문이며, 밖으로 상응하지 못하면 자성이 빈 껍질을 이루기 때문이다."

위의 5가지 뜻은 모두 이법계로 말한 것이지만, 이에 다시 '부지함'의 뜻, '종족'이라는 뜻, '구분과 한계'의 뜻이 있다.

그러나 '부지함'의 뜻에는 자세히 말하면 3가지가 있다.

① 자체의 모양을 부지함이며,

② 모든 법의 각기 다른 양상을 부지함이며,

③ 자체의 종류를 부지하여 서로 섞이거나 혼란하지 않음이다.

族이란 종족이다. 이는 곧 18계이다.

위의 부지와 종족 2가지는 사법계와 이법계에 모두 통한다.

'구분과 한계'는 緣起의 사법계이다. 서로 뒤섞이지 않기 때문이다.

그 가운데 '① 성품이라는 뜻'은 '명사와 명사의 연결 관계를 소유의 의미로 한 해석[依主釋]'과 '단어와 단어의 연결 관계가 명사와 명사 등의 해석[持業釋]'에 모두 통하고,

'② 원인이라는 뜻'은 의주석일 뿐이며,

뒤의 6가지는 지업석일 뿐이다.

마음과 경계를 합하여 '入法界'라 말한다. 처음에는 '명사와 명사로 연결될 때, 대등한 관계로 해석[相違釋]'하였고, 끝에서는 지업석이다. 들어감이 곧 법계이기 때문이다.【초_ '於中性通' 이하는 명제 해석이다. 그러나 직접 하나의 법을 말하면 6가지 해석은 없다. 이 때문에 6가지 해석을 회통함에 있어 오직 '界' 자만을 해석한 것은 앞의 5가지 해석 가운데 앞의 2가지 해석과 겸하여 의주석은 제외되며, 뒤의 6가지 뜻은 모두 지업석일 뿐이다.

'心境合目' 이하는 전체의 품명이다. 6가지 해석을 회통하였다.】

三 宗趣

3. 종취

● 疏 ●

宗趣者는 分·會·品이 同이라 旣入法界爲目하니 卽以爲宗이라
於中에 三門分別이니
一은 約義오 二는 約類오 三은 約位라
初中 二니

先明所入이니 總唯一眞無礙法界니 語其性相인댄 不出事理오 隨義別顯이면 略有五門이니 一은 有爲法界오 二는 無爲法界오 三은 俱是오 四는 俱非오 五는 無障礙니라

종취는 부분·법회·품이 똑같다. 이미 법계에 들어가는 것으로 조목을 삼는다. 이것이 종지이다.

종지 부분은 3가지로 나뉜다.

1) 뜻을 들어 말하고,

2) 유를 들어 말하며,

3) 지위를 들어 말한다.

'1) 뜻을 들어 말한' 부분은 2가지로 나뉜다.

⑴ 먼저 들어갈 대상을 밝혔다. 총상은 오직 일진무애법계이다. 그 性相으로 말하면 사법계와 이법계에서 벗어나지 않고, 뜻에 따라 별상으로 밝히면 간략하게 5가지 법문이 있다.

㈀ 유위의 법계,

㈁ 무위의 법계,

㈂ 또한 유위요, 또한 무위의 법계,

㈃ 유위도 아니요, 무위도 아닌 법계,

㈄ 장애가 없는 법계이다.

然五各二門이라

初有爲二者니

一은 本識能持諸法種子를 名爲法界니 如論云 無始時來界 等이니 此約因義오 而其界體는 不約法身이라

二는 三世之法差別邊際를 名爲法界니 不思議品云 '一切諸佛'이 知過去一切法界하야 悉無有餘 等이니 此卽分齊之義라

그러나 5가지 법문에는 각각 2가지 법문이 있다.

'(ㄱ) 유위의 법계'에는 2가지 법문이 있다.

① 근본식이 모든 법의 종자를 부지하는 주체를 법계라 한다. 예컨대 '시작도 없는 때의 경계' 등이다. 이는 원인의 뜻을 들어 말하고, 그 경계의 본체는 법신으로 말하지 않는다.

② 삼세의 각기 다른 한계를 법계라 한다. 제33 부사의품에 이르기를, "일체 제불이 과거의 일체 법계를 모두 남김없이 알고 있다." 등이다. 이는 구분과 한계의 뜻이다.

二 '無爲法界' 二者니
一은 性淨門이니 在凡位中에 性恒淨故오 眞空一味에 無差別故니라
二는 離垢門이니 謂由對治하야 方顯淨故오 隨行淺深하야 分十種故니라

'(ㄴ) 무위의 법계'의 2가지 법문은 다음과 같다.

① 자성이 청정한 법문, 모든 지위에 있어 자성이 항상 청정하기 때문이며, 진공이 하나로서 차별이 없기 때문이다.

② 더러운 때를 여읜 법문, 다스림에 의해 바야흐로 청정함이 나타나기 때문이며, 행의 얕고 깊음에 따라서 10가지로 구분하기 때문이다.

三 '亦有爲·亦無爲法界' 有二者하니
一은 隨相門이니 謂受想行蘊과 及五種色과 幷八無爲니 此十六法

은 唯意所知오 十八界中를 名爲法界니라

二는 無礙門이니 謂一心法界에 具含二門이니 一은 心眞如門이오 二는 心生滅門이라 雖此二門이나 皆各總攝一切諸法이라 然其二位는 恒不相雜하니 其猶攝水之波 非靜이오 攝波之水 非動이라 故第四廻向에 云於有爲界에 示無爲法이나 而不滅壞有爲之相하고 於無爲界에 示有爲法이나 而不分別無爲之性이라하니 此는 明事理無礙니라

'(ㄷ) 또한 유위요, 또한 무위의 법계'의 2가지 법문은 다음과 같다.

① 모양을 따르는 법문, 受蘊·想蘊·行蘊 및 5가지 色蘊과 8가지 無爲를 모두 아울러 말한다. 이 16가지 법은 오직 의식으로만 알 수 있는 바이며, 18界를 법계라 한다.

② 걸림 없는 법문, 一心法界에는 2가지 법문이 갖춰져 있다.

㉠ 마음의 진여 법문이며,

㉡ 마음의 생멸 법문이다.

비록 2가지 법문이나 모두 각기 일체 모든 법을 총괄하고 있다. 그러나 2가지 지위는 언제나 서로 혼잡되지 않는다. 그것은 마치 물을 받아들이는 물결은 고요함이 아니요, 물결을 받아들이는 물은 움직임이 아닌 것과 같다. 십회향의 제4 지일체처회향에서 말하였다.

"유위의 세계에서 무위의 법을 보여주지만, 유위의 모양을 무너뜨리지 않고,

무위의 세계에서 유위의 법을 보여주지만, 무위의 성품을 분별

하지 않는다."

이는 사법계와 이법계에 걸림이 없음을 밝힌 것이다.

四 '非有爲·非無爲法界' 二門者니

一은 形奪門이니 謂緣無不理之緣일세 故非有爲오 理無不緣之理일세 故非無爲니라 法體平等하야 形奪雙泯이니 大品 三十九中에 '須菩提白佛言하사되 是法平等이 爲是有爲잇가 爲是無爲잇가 佛言하사되 非有爲法이오 非無爲法이니라 何以故오 離有爲法하야 無爲法 不可得이오 離無爲法하야 有爲法 不可得이니라 須菩提아 是有爲性이오 無爲性이니 是二法은 不合不散이니라'하니 此之謂也라

二는 無寄門이니 謂此法界는 離相離性이라 故非此二오 又非二諦故오 又非二名言所能至故일세 是故로 俱非니라 解深密 第一에 云 '一切法者는 畧有二種하니 所謂有爲·無爲니 是中有爲는 非有爲非無爲오 無爲는 非無爲非有爲'等이라

'㈃ 유위도 아니요, 무위도 아닌 법계'의 2가지 법문은 다음과 같다.

① 形奪 법문, 반연은 이치가 아닌 반연이 없기 때문에 유위가 아니요, 이치는 반연이 아닌 이치가 없기 때문에 무위가 아니다. 법의 본체가 평등하여 形奪로 모두 사라짐이다.

대품경 39에서 말하였다.

"수보리가 부처님에게 말씀드렸다.

'이 법의 평등을 유위라 합니까? 무위라 합니까?'

부처님이 말씀하셨다.

'유위의 법도 아니요, 무위의 법도 아니다.

무엇 때문일까?

유위의 법을 떠나서 무위의 법을 얻을 수 없고, 무위의 법을 떠나서 유위의 법을 얻을 수 없다.

수보리여, 이것이 유위의 자성이요, 무위의 자성이다. 이 2가지의 법은 합한 것도 아니요, 흩어진 것도 아니다.'"

바로 이런 뜻을 말한다.

② 붙인 데가 없는 법문, 이 법계는 모양도 벗어났고 성품도 벗어났다. 이 때문에 이는 모양과 성품 2가지도 아니요, 또한 모양과 성품 2가지 이치도 아니며, 또한 모양과 성품 2가지의 명제와 언어로도 이를 바가 아니기에 '유위도 아니요, 무위도 아니다.'

해심밀경 제1에서 말하였다.

"일체 법이란 대략 2가지가 있다. 이른바 유위와 무위이다. 이 가운데 유위는 유위도 아니요, 무위도 아니며, 무위는 무위도 아니요, 유위도 아니다."

이런 등등을 말한다.

五無障礙法界二門者니

一은 普攝門이니 謂於上四門에 隨一卽攝餘一切故일세니라 是故로 善財 或覩山海와 或見堂宇를 皆名 入法界라하니라

二는 圓融門이니 謂以理融事故로 令事無分齊니 微塵非小라 能容十刹이오 刹海非大라 潛入一塵也니라 以事顯理故로 令理非無分이니 謂一多無礙하야 或云一法界오 或云諸法界니라 然由一非一故

로 卽諸오 諸非諸故로 卽一이며 乃至重重無盡이라 是以로 善財 暫時執手에 遂經多劫이오 纔入樓閣에 普見無邊이 皆此類也니라
上來五門十義는 總明所入法界니 皆應以六相融之니라

'(ㅁ) 장애가 없는 법계'의 2가지 법문은 다음과 같다.

① 널리 받아들이는 법문, 위의 4가지 법문은 하나를 따라서 나머지 일체를 포괄하기 때문이다. 따라서 선재동자는 혹 산과 바다를 보거나 집을 보면서도 모두 법계에 들어간다고 말하였다.

② 원융 법문, 이법계로써 사법계를 융합함에 따라서 사법계로 하여금 한계가 없도록 만들어 주는 것이다. 미세한 티끌은 작은 게 아니다. 시방의 국토를 포용하는 것이다. 국토의 바다는 큰 것이 아니다. 하나의 티끌 속으로 보이지 않게 들어가는 것이다.

사법계로써 이법계를 밝힘에 따라서 이법계로 하여금 구분이 없는 것이 아니도록 하였다. 하나와 많음에 걸림이 없어 혹은 하나의 법계라 하거나 많은 법계라 말한다.

그러나 하나에 연유하면서도 하나가 아니기 때문에 많은 것과 하나가 되고, 많은 것이 많은 게 아니기에 하나와 하나가 되며, 이처럼 거듭거듭 그지없는 데에 이르는 것이다. 이 때문에 선재동자는 삼시 손을 잡는 사이에 많은 세월이 지나가 버렸고, '누각에 들어서자마자 그지없이 널리 본 것이 모두 이런 유이다.

위의 5가지 법문에서 말한 10가지의 뜻은 모두 들어갈 대상의 법계를 밝힌 것이다. 모두 6相(總相, 別相, 同相, 異相, 成相, 壞相)으로 이를 융합하여 보아야 한다.

二는 明能入이니 亦有五門이라
一 淨信이오 二 正解오 三 修行이오 四 證得이오 五 圓滿이라
此五는 於前所入法界에 有其二門하니
一은 隨一能入하야 通五所入하고 隨一所入하야 徧五能入이오
二는 此五能入이 如其次第 各入一門이라

(2) 들어가는 주체를 밝혔다.

이 또한 5가지 법문이 있다.

㈀ 청정한 신심, ㈁ 바른 이해, ㈂ 수행, ㈃ 증득, ㈄ 원만이다.

이 5가지는 앞의 들어갈 대상의 법계에 2가지 법문이 있다.

① 하나의 들어가는 주체를 따라서 들어가 5가지의 들어갈 대상에 모두 통하고, 하나의 들어갈 대상에 따라서 5가지의 들어가는 주체에 두루 들어가며,

② 5가지의 들어가는 주체가 그 차례와 같이 각기 하나의 법문에 들어가는 것이다.

此上 心境二義十門은 六相圓融하야 總爲一聚無障礙法界니라

【鈔_ '無始時來界'는 已見問明이오

'及五種色 幷八無爲'者는 五種色은 卽雜集第一에 云'法界處所攝色者 畧有五種하니 謂極畧色과 極迥色과 受所引色과 徧計所起色과 定自在所生色이라 極畧色者는 謂極微色이오 極迥色者는 謂離餘礙觸色이오 受所引色者는 謂無表色이오 徧計所起色者는 謂影像色이오 定自在所生色者는 謂解脫靜慮所行境色이라 前釋迥色云'謂離餘礙觸이라야 方所可得이라'하고 又釋空一顯色云

'謂上所見靑等'은 顯色이니 就此二色이 析至極少하야 名極逈色이라 하니 餘之色義는 已見上文이라

言'八無爲'者는 已見十藏이라 謂六中에 開眞如 爲三性故로 其無礙門은 亦見問明이라

'不合不散'은 卽不一不異義也라

'二 無寄門'者는 然形奪者는 要二相假어니와 無寄는 則當法自離일새 故不同也니라 相及俗諦는 皆有爲오 性及眞諦는 皆無爲니라

'又非二名言所能至'者는 言語道斷故니 表義名言不能至오 心行處滅故니 顯境名言所不能至니라

'解深密'下는 引證俱非라

'一 普攝門'者는 謂不壞前四門之相而爲一致故니라 故引善財隨事差別하야 皆入法界니라

'二 圓融門'은 纔擧一門이니 卽融諸門이라 然以理融事하야 令事如理하고 以事顯理하야 令理如事라 故云理非無分이라하니 謂理卽事니 事旣有分이오 理亦有分이라 不爾면 眞理不卽事故니라 理旣如事하야 隨擧一法이 卽一法界니 若擧多法이면 卽多法界니라

'然由一非一故'下는 復融上一異니 一若定一이면 不能卽諸니라 以一卽理일새 故卽非一이오 以非一故로 能卽諸也오 以非一故로 與諸不異니라 下句翻此하야 準事顯理니 卽互相卽이면 則涉入重重하야 方成無障礙義니 引善財證이라 暫時執手는 明時圓融이오 纔入樓閣은 明處圓融이라

'上來五門'下는 總結圓融이니 總卽法界오 別有五種이며 同은 卽十

【門이 皆同法界요 異則有爲與無爲等으로 相望有差며 成則五義 共成法界요 壞則有爲自住有爲니 餘四亦爾니라
如其次第各入一門者는 一 有爲法界는 本有種子差別之法이 로되 但在明信이요 二 無爲之理는 性淨妙絕이니 皆須明解요 三 亦 有爲亦無爲法界는 事理有異니 必須雙行이요 四 非有爲非無爲 法界는 雙遣玄寂이라야 唯證方契요 五 無障礙는 非滿不窮이라 顯 義多門하야 爲此別配요 取義圓備하야 互徧方周니라 若無信心이면 安能見理리요 況無障礙는 無信이면 安窮가】

이상의 心·境 2가지 의의, 10가지 법문은 6相으로 원융하여 총체로 한 무더기의 장애 없는 법계이다.【초_ '無始時來界'는 이미 제10 보살문명품에 보인다.

'5가지 색온과 8가지 무위를 모두 아울러'라는 5가지 색온은 雜集 제1에서 말하였다.

"법계에 포괄되어 있는 색이란 간단하게 5가지가 있다.

지극히 간략한 색, 지극히 멀리 있는 색, 느낌[受蘊]으로 끌어들이는 색, 두루 헤아리는 데에서 일어나는 색, 선정 자재에서 생겨나는 색이다."

'지극히 간략한 색'은 지극히 미세한 색을 말하며,

'지극히 멀리 있는 색'은 나머지 장애의 접촉에서 벗어난 색을 말하며,

'느낌으로 끌어들이는 색'은 표상이 없는 색을 말하며,

'두루 헤아리는 데에서 일어나는 색'은 영상의 색을 말하며,

'선정 자재에서 생겨나는 색'은 해탈과 고요한 생각으로 행하는 경계의 색을 말한다.

앞에서 '지극히 멀리 있는 색'을 해석하면서 "나머지 장애의 접촉에서 벗어나야 비로소 얻을 수 있다."고 하였고, 또한 '허공은 하나이지만 여러 가지의 색이 나타남'을 해석하면서 "위에 보이는 청색 등은 색깔을 나타냄이다. 이 2가지 색의 측면에서 지극히 적게 분석하여 지극히 멀리 있는 색이라 한다."고 하였다. 나머지 색에 관한 뜻은 이미 위의 문장에 보인다.

'8가지 無爲'라 말한 것은 이미 제22 십무진장품에 보인다. 6가지 가운데 진여를 나누어서 3가지 성품을 삼은 까닭에 그 장애가 없는 법문은 또한 제10 보살문명품에 보인다.

"합한 것도 아니요, 흩어진 것도 아니다."는 것은 하나도 아니고 다름도 아니라는 뜻이다.

'② 붙인 데가 없는 법문'이란, 그러나 形奪은 2가지가 서로 빌려야 하지만, 붙인 데가 없는 법문은 해당 법에서 스스로 벗어난 것이기에 똑같지 않다. 모양과 俗諦는 모두 유위이고, 성품과 眞諦는 모두 무위이다.

"또한 모양과 성품 2가지의 명제와 언어로도 이를 바가 아니다."는 것은 말로 표현할 수 없기 때문이다. 그 이치를 명제와 언어로도 이를 바가 아님을 밝힌 것이다. 마음으로 헤아릴 수 없기 때문이다. 그 경계를 명제와 언어로도 이를 바가 아님을 밝힌 것이다.

'해심밀경' 이하는 '유위도 아니요, 무위도 아닌 법계'를 인증한 것이다.

'① 널리 받아들이는 법문'은 앞서 말한 4가지 법문의 모양을 무너뜨리지 않고서 일치하기 때문이다. 이 때문에 선재동자가 각기 다른 일에 따라서 모두 법계에 들어감을 인용하였다.

'② 원융 법문'은 겨우 하나의 법문만을 들어 말함이 바로 많은 법문과 하나가 됨이다. 그러나 이법계로써 사법계를 융합하여 사법계로 하여금 이법계와 똑같이 하였고, 사법계로써 이법계를 밝혀 이법계로 하여금 사법계와 똑같이 하였다. 이 때문에 이법계는 구분이 없는 것이 아니라고 말하였다. 이는 이법계가 바로 사법계임을 말한다. 사법계는 이미 구분이 있고, 이법계 또한 구분이 있다. 그렇지 않으면 참으로 이법계가 사법계와 하나가 아니기 때문이다. 이법계가 이미 사법계와 같음에 따라서 하나의 법을 듦이 바로 하나의 법계이다. 만약 많은 법을 들어 말하면 바로 많은 법계이다.

'그러나 하나에 연유하면서도 하나가 아니기 때문' 이하는 위의 하나와 다름에 융합한 것이다. 만약 하나가 반드시 하나로 고정되어 있다면 많은 것과 하나가 되지 못할 것이다. 하나로써 이법계와 하나가 되기에 '곧 하나도 아니요', 하나가 아니기 때문에 많은 것과 하나가 된 것이다. 하나가 아니기에 많은 것과 다르지 않다. 아래에서는 이를 뒤집어서 사법계에 준하여 이법계를 밝혔다. 서로가 하나가 되면 거듭거듭 서로 들어가 바야흐로 장애가 없는 뜻을 끝맺었다. 선재를 인용하여 증명하였는데, '잠시 손을 잡음'은 시간의 원융을 밝혔고, '누각에 들어가자마자'는 공간의 원융을 밝혔다.

'上來五門' 이하는 원융을 총상으로 끝맺음이다.

총상으로 말하면 법계이고,

별상으로 말하면 5가지가 있고,

同相으로 말하면 10가지 법문이 모두 법계와 같고,

異相으로 말하면 유위와 무위 등으로 서로 대조하면 차별이 있고,

成相으로 말하면 5가지의 의의가 함께 법계를 이루고,

壞相으로 말하면 유위는 유위 그 자체에 머무는 것이다.

나머지 4가지 또한 그와 같다.

"그 차례와 같이 각기 하나의 법문에 들어간다."는 것은 다음과 같다.

'(ㄱ) 유위의 법계'는 本有種子의 각기 다른 법이지만 다만 분명한 믿음이 있을 뿐이다.

'(ㄴ) 무위의 법계'의 이치는 성품이 청정하여 미묘하게 끊어진 자리이다. 이는 모두 반드시 분명하게 이행해야 한다.

'(ㄷ) 또한 유위요, 또한 무위의 법계'는 사법계와 이법계가 다르지만 반드시 이를 모두 함께 행해야 한다.

'(ㄹ) 유위도 아니요, 무위도 아닌 법계'는 사법계와 이법계를 모두 떨쳐버려 현묘하고 고요해야 오직 증득에 계합할 수 있다.

'(ㅁ) 장애가 없는 법계'는 원만하지 않으면 다할 수 없다. 많은

법문의 뜻을 나타내어 이처럼 개별로 짝함이며, 뜻을 취함이 원만하게 갖춰져 있어 서로가 두루두루 함께해야 바야흐로 다함이다. 만약 신심이 없으면, 모두 어떻게 이법계를 볼 수 있겠는가. 더욱이 장애가 없는 법계는 신심이 없으면 어떻게 궁구할 수 있겠는가.】

第二法界類別에 亦有五門하니

謂一所入이오 二能入이오 三無二오 四俱泯이오 五存亡無礙니라

  2) 법계의 개별 유에도 또한 5가지 법문이 있다.

  (1) 들어가는 대상이며,

  (2) 들어가는 주체이며,

  (3) 대상과 주체가 혼융하여 둘이 없음이며,

  (4) 대상과 주체가 원융하여 모두 사라짐이며,

  (5) 하나와 다름, 있고 없음에 장애가 없다.

初'所入'中에 亦有五重하니

一은 法法界오 二는 人法界오 三은 俱融이오 四는 俱泯이오 五는 無障礙니라

初中有十하니

一은 事法界니 謂十重居宅等이오 二는 理法界니 謂一味湛然等이오 三은 境法界니 謂所知分齊等이오 四는 行法界니 謂悲智廣深等이오 五는 體法界니 謂寂滅無生等이오 六은 用法界니 謂勝通自在等이오 七은 順法界니 謂六度止行等이오 八은 違法界니 謂五熱無厭等이오 九는 敎法界니 謂所聞言說等이오 十은 義法界니 謂所詮旨趣等이라 此十法界는 同一緣起 無礙鎔融하야 一具一切니라

'二 人法界'도 亦有十門하니 謂人, 天, 男, 女, 在家, 出家, 外道, 諸神, 菩薩 及佛이라 此並緣起相分이 參而不雜이라 善財見已에 便入法界일새 故名人法界라하니라

'三 人法俱融法界'者는 謂前十人十法이 同一緣起니 隨義相分하야 融攝無二니라

'四 人法俱泯法界'者는 謂平等果海離於言數요 緣起性相은 俱不可說이라

'五 無障礙法界'者는 謂合前四句니 於彼人法에 一異無障하고 存亡不礙하야 自在圓融이니 如理思之니라【鈔_ '第二法界類別'者는 上來에 雖有五界나 通該諸法이라 今於總法에 開從別類니 然類開五門이오 五門各五니 初二는 文顯이오 後三은 文隱이라

五無礙法界도 亦有五義니 一은 前四融爲一味오 二는 四相歷然일새 故云一異無障礙오 三은 一異雙存이오 四는 一異互奪雙泯絶일새 故云存亡不礙오 五는 自在圓融이니 謂欲一則一이오 欲異則異오 欲存則存이오 欲泯便泯하야 異不礙一하고 泯不礙存이라야 方爲自在니라 常一常異와 常存常泯을 名爲圓融이라】

　　'(1) 들어가는 대상' 또한 5중이다.

　　㈀ 법의 법계,

　　㈁ 사람의 법계,

　　㈂ 법과 사람이 모두 원융한 법계,

　　㈃ 법과 사람이 모두 사라진 법계,

　　㈄ 장애가 없는 법계.

'㈀ 법의 법계'는 10가지가 있다.

① 사법계, 10중으로 거처하는 집 등이며,

② 이법계, 하나같이 담담함 등이며,

③ 경계의 법계, 아는 바의 한계 등이며,

④ 행의 법계, 大悲와 大智의 광대하고 심오함 등이며,

⑤ 본체의 법계, 적멸 무생 등이며,

⑥ 작용의 법계, 훌륭한 신통으로 자재함 등이며,

⑦ 따르는 법계, 6바라밀 바른 행 등이며,

⑧ 거스른 법계, 五熱의 고행[五熱炙身]을 싫어함이 없음 등이며,

⑨ 가르침의 법계, 들었던 말씀 등이며,

⑩ 이치의 법계, 말한 바의 종지 등이다.

이 10가지 법계는 똑같은 연기로 걸림 없이 하나가 되어 하나에 일체가 갖춰져 있다.

'㈁ 사람의 법계' 또한 10가지가 있다.

① 사람의 법계, ② 하늘의 법계, ③ 남자의 법계, ④ 여인의 법계, ⑤ 재가자의 법계, ⑥ 출가자의 법계, ⑦ 외도의 법계, ⑧ 모든 신의 법계, ⑨ 보살의 법계, ⑩ 부처의 법계이다.

이는 아울러 연기의 모양 부분이 함께하면서도 뒤섞이지 않음이다. 선재동자는 그들을 보고서 바로 법계에 들어간 까닭에 '사람의 법계'라 말한다.

'㈂ 법과 사람이 모두 원융한 법계'는 앞의 열 사람의 10가지 법이 똑같은 연기이다. 뜻을 따라 서로 나뉘면서 원융하게 받아들여

둘이 없다.

'(ㄹ) 법과 사람이 모두 사라진 법계'는 평등한 果海는 언어와 수효를 벗어났으며, 연기의 性相은 모두 말할 수 없다.

'(ㅁ) 장애가 없는 법계'는 앞의 4구를 끝맺었다. 사람의 법에 있어 하나와 다름에 장애가 없으며, 있고 없음에 걸림이 없어 자재하게 원융함이다. 이치대로 이처럼 생각해야 한다.【초_ '第二法界類別'이란 위에서는 비록 5가지의 세계라 하지만 모든 법을 전체 포괄하고 있다. 여기에서는 총체의 법에서 나뉘어 개별의 유로 말했지만, 유마다 5가지 법문이 있고, 5가지 법문은 각기 5가지이다. 앞의 2가지 문장은 그 뜻이 분명하고, 뒤의 3가지 문장은 그 뜻이 심오하다.

'(ㅁ) 장애가 없는 법계' 또한 5가지 뜻이 있다.

① 앞의 4가지를 융합하여 하나로 삼으며,

② 4가지의 모양이 뚜렷하기에 "하나와 다름에 장애가 없다."고 말하며,

③ 하나와 다름이 모두 존재하며,

④ 하나와 다름이 서로 빼앗아 2가지 모두 사라졌기에 "있고 없음에 걸림이 없다."고 말하며,

⑤ 자재하게 원융함이다. 하나로 하고자 하면 하나로 하고, 달리하고자 하면 달리하며, 보존하고자 하면 보존하고, 없애고자 하면 없애어, 다름은 하나에 장애가 없고, 사라짐은 있음에 장애가 없어야 비로소 자재하게 된다. 언제나 하나이고 언제나 다르며, 언

제나 있고 언제나 사라짐을 원융이라고 말한다.】

'二 明能入'도 亦有五重이니 一身 二智 三俱 四泯 五圓이라 謂入 樓觀而還合은 身證也오 鑑無邊之理事는 智證也오 同普賢而普 徧은 俱證也오 身智相卽而兩亡은 俱泯也오 一異存亡而無礙는 自在圓融也라 餘可準知니라

'三 能所渾融無二'는 際限不分이나 就義開殊나 理仍不雜이니 此 五能所 如次及通이라야 可以意得이라

'四 能所圓融'은 形奪俱泯이오

'五 一異存亡'은 無礙具足이니 如理思之니라【 鈔_ 此五能'等者는 通則隨一能入하야 徧入五所하고 隨一所入도 皆用五能이니 斯爲 正意니라

言'如次'者는 一身은 入法法界오 二智는 入人法界오 三身智俱存 은 入無二法界오 四身智俱泯은 入人法俱泯法界오 五人法圓融 은 入無障礙法界니 此爲第三能所渾融無二中之五句也니라

'四 能所圓融 形奪俱泯'者는 此亦有五니 一은 以所奪能이니 唯法 界오 二는 以能奪所니 唯能入이오 三은 能所俱存이오 四는 能所俱 泯이오 五는 此四圓融하야 無有前後니라

'五 一異存亡 無礙具足'者는 亦有五句니 一은 能所一味오 二는 能 所歷然이오 三은 一異雙存이오 四는 一異雙泯이오 五는 上之四句를 無礙具足故니 令如理思之니라】

'(2) 들어가는 주체를 밝힘' 또한 5중이다.

㈀ 몸의 증득,

㈗ 지혜의 증득,

㈘ 함께함의 증득,

㈙ 사라짐의 증득,

㈚ 원융의 증득.

누각에 들어가 도리어 그지없이 널리 본 것은 몸의 증득이며, 끝없는 이법계와 사법계를 비춰봄은 지혜의 증득이며,

보현보살과 똑같이 두루 널리 함은 함께함의 증득이며,

몸과 지혜가 서로 하나가 되면서도 모두 떨쳐버림은 사라짐의 증득이며,

하나와 다름, 있고 없음에 걸림이 없음은 자재원융의 증득이다. 나머지는 이에 준하면 알 수 있다.

'(3) 대상과 주체가 혼융하여 둘이 없음'은 한계를 구분하지 않음이다. 그 뜻에 따라 나눔이 다르지만 이치는 변함없이 뒤섞이지 않는다. 이 5가지의 주체와 대상을 차례대로 통해야만 그 뜻을 알 수 있다.

'(4) 대상과 주체가 원융하여 모두 사라짐'은 形奪로 모두 사라짐이다.

'(5) 하나와 다름, 있고 없음에 장애가 없음'은 걸림 없이 두루 원만함이다. 이치대로 이처럼 생각해야 한다.【초_ '此五能所' 등은 전체로 보면 하나의 주체를 따라 들어가 5가지의 대상에 두루 들어가고, 하나의 대상을 따라 들어감도 모두 5가지 주체를 사용하는 것이다. 이것이 바른 뜻이다.

'차례대로[如次]'는 다음과 같다.

① 몸은 법의 법계에 들어감이며,

② 지혜는 사람의 법계에 들어감이며,

③ 몸과 지혜가 모두 존재함은 둘이 없는 법계에 들어감이며,

④ 몸과 지혜가 모두 사라짐은 사람과 법이 모두 사라진 법계에 들어감이며,

⑤ 사람과 법이 원융함은 장애 없는 법계에 들어감이다.

이는 '(3) 대상과 주체가 혼융하여 둘이 없음' 가운데 5구이다.

'(4) 대상과 주체가 원융하여 모두 사라짐' 또한 5가지가 있다.

① 대상으로 주체를 빼앗음이니 오직 법계이며,

② 주체로 대상을 빼앗음이니 오직 주체로 들어감이며,

③ 주체와 대상이 모두 존재함이며,

④ 주체와 대상이 모두 사라짐이며,

⑤ 이 4가지가 원융하여 앞도 없고 뒤도 없다.

'(5) 하나와 다름, 있고 없음에 장애가 없이 두루 원만함' 또한 5구가 있다.

① 주체와 대상이 하나이고,

② 주체와 대상이 또렷하며,

③ 하나와 다름이 모두 존재하고,

④ 하나와 다름이 모두 사라짐이다.

⑤ 위의 4구를 걸림 없이 두루 갖춘 때문이다. 이치대로 이처럼 생각하도록 함이다.】

已上은 第二法界類別五門 竟하다

이상은 '2) 법계의 유로 5가지 법문 구별' 부분을 끝마치다.

'第三 約位'는 明入法界者니 有三하니
一은 明所入이니 準下文中 所入法界컨대 大位 有二하니 卽因與果라 於前人法이 無不皆是佛果所收니 卽如來師子頻申三昧所現 法界自在 是也라 又於前人法에 無不皆屬因位所攝이니 卽文殊 普賢所現法界法門 是也라 因中에 曲有信等五位法界不同이라
二는 明能入이니 準文컨대 亦二니 對前果位하야 明諸菩薩頓入法界오 對前因位하야 寄顯善財漸入法界니라
三은 因果 旣其無礙인댄 漸頓도 亦乃圓融이로되 但以布敎成詮으로 寄斯位別耳니라【鈔_ '第三 約位 明入法界'者는 標也오 於中有 三하니 初는 約所入이니 有因有果오 二는 明能入이니 唯漸與頓이오 三은 無礙圓融이라】

'3) 지위를 들어' 법계에 들어감을 밝힌 데에 3가지가 있다.

(1) 대상으로 들어감을 밝혔다. 아래 경문의 '들어갈 바의 법계' 에 준하여 보면, 큰 지위는 2가지이다. 원인과 결과이다. 앞의 사람 의 법계와 법의 법계가 모두 佛果에 의해 얻어진 바 아닌 게 없다. 이는 여래의 師子頻申三昧로 나타나는 법계의 자재가 바로 이것 이다.

또한 앞의 사람의 법계와 법의 법계가 모두 因位에 속하여 받 아들여지지 않은 바 없다. 이는 문수와 보현보살이 나타낸 법계의 법문이 바로 이런 것이다. 因位에는 자세히 信 등 5위 법계의 다른

점이 있다.

⑵ 주체로 들어감을 밝혔다. 아래의 경문에 준하면, 이 또한 2가지이다.

앞의 果位를 상대로 모든 보살이 한꺼번에 법계에 들어감을 밝혔고,

앞의 因位를 상대로 선재동자가 점차 법계를 들어감에 붙여 밝혔다.

⑶ 인과가 이미 장애가 없다면, 漸修와 頓修 또한 원융하지만, 다만 가르침을 펼치고 말씀을 성취한 것으로 이 지위에 붙여 구별한 것이다.【초_ "3) 지위를 들어 법계에 들어감을 밝혔다."는 것은 표장이며, 그 부분에는 3가지가 있다.

① 들어갈 대상으로 밝혔다. 因果가 있기 때문이다.

② 들어가는 주체로 밝혔다. 점수와 돈수이기 때문이다.

③ 걸림이 없이 원융함이다.】

◉ 論 ◉

將釋此品에 六門分別호리니
一은 釋品名目이오 二는 釋品來意오 三은 釋如來所居之處오 四는 釋說法之主오 五는 釋所集之衆意오 六은 隨文釋義라

이 품을 해석함에 있어 6가지 부분으로 나누고자 한다.

⑴ 품의 명목을 해석하였고,

⑵ 품이 유래한 뜻을 해석하였으며,

(3) 여래께서 거처하신 도량을 해석하였고,

(4) 설법의 주체를 해석하였으며,

(5) 법회에 모인 대중의 생각을 해석하였고,

(6) 경문을 따라 뜻을 해석하였다.

一釋品名目者는 此品이 何故로 名爲入法界品고
明信樂者 從迷創達을 名之爲入이오
身心境界가 性自無依를 名之爲法이오
一多通徹하야 眞假是非障亡을 名之爲界라
又純與智俱하야 非情識境을 名之爲法界며
又達無明識種이 純爲智用하야 不屬迷收 是無依智之境界를 名爲法界며
又以智無依하야 無方不徧일세 普見眞俗이 總不思議라 毛孔身塵과 參羅衆像의 無邊境界에 佛刹重重하야 智凡同體오 境像相入이 名爲法界며
又一塵之內에 普含衆刹하야 無空不徧하고 無刹不該하야 不壞報境重重코 法無不眞하야 通理徹事 名爲法界며
又以一妙音으로 徧聞刹海하고 以一纖毫로 量等無方하야 以大小見亡에 物我同體오 識謝情滅에 智通無疑 名爲入法界라
此約智境普名이니 勿依肉眼情識所見이어다

'(1) 품의 명목을 해석한다.'는 것은, 이 품의 이름을 무엇 때문에 '입법계품'이라 하였을까?

믿고 좋아하는 자가 혼미한 데서 처음으로 통달하는 것을 '入'

이라 말하고,

몸과 마음의 경계에서 성품이 스스로 의지함이 없는 것을 '法'이라 말하며,

하나와 많음이 서로 통하여 참과 거짓, 옳고 그름의 장애가 사라짐을 '界'라고 말함을 밝힌 것이다.

또한 순수함이 지혜와 함께하면서 情識의 경계가 아닌 것을 법계라 말하며,

또한 무명의 識의 종자가 순수하게 지혜의 작용이 되어서 미혹이 거두어들이는 데 속하지 않음이 '의지함이 없는 지혜의 경계'임을 아는 것을 법계라 말하며,

또한 지혜의 본체가 의지함이 없어 어느 곳이든 두루 원만하지 않음이 없으므로 널리 진제와 속제에 나타남이 모두 불가사의하다. 모공과 몸의 티끌, 삼라만상의 불국토가 거듭거듭 끝없는 경계이다. 지혜로운 이와 범부가 하나의 몸이고 경계의 像이 서로 들어감을 법계라 말하며,

또한 하나의 티끌 속에 널리 많은 국토를 포함하여 허공에 두루 있지 않음이 없고, 국토를 갖추지 않음이 없어, 거듭거듭 이뤄진 과보 경계를 무너뜨리지 않고, 법이 진실하지 않음이 없어, 이법계에 통하고 사법계에 통하는 것을 법계라 말하며,

또한 하나의 미묘한 음성으로 수많은 세계에 두루 들려주고, 하나의 터럭으로 그 양이 일정한 곳이 없는 것과 같음으로써 크고 작은 견해가 사라짐에 나와 남이 하나이고, 識이 없어지고 情이 사

라져 지혜가 걸림 없이 통하는 것을 '입법계'라고 말한다.

 이는 지혜 경계를 들어 널리 명명한 것이니, 육안과 정식으로 보는 바에 의존하지 않아야 한다.

二 釋品來意者는 明前有自己如來出現이며 又明心無所染이 名離世間일세 此乃純是法界無虛妄界니 以是로 此品이 來也라 此品은 是一切諸佛의 成道之己한 智之常果라 無始無終이며 亦是前之五位進修 以此爲體하야 至此慣習滿故로 任智施爲하야 還源本法也라

 '(2) 품이 유래한 뜻을 해석한다.'는 것은 앞에서는 자기의 여래 출현을 밝혔고, 또 마음이 더럽혀진 바가 없음을 '이세간'이라 함을 밝혔기에, 여기서는 순전히 법계와 허망함이 없는 세계이다. 이 때문에 반드시 이 품을 뒤이어서 쓴 것이다.

 이 품은 일체 부처가 이미 성도한 이후에 얻은 지혜의 떳떳한 果德이라, 시작도 없고 끝도 없으며, 또한 앞서 말한, '5위로 닦아 나감'을 본체로 삼아서, 여기에 이르러서는 관습이 원만한 까닭에 지혜에 맡겨 베풀어 본원으로 돌아가는 근본법이다.

三 釋如來所居之處者는 問호되 何故로 前之餘會之首엔 皆云不離菩提之場普光明殿이며 又三會 同居普光明殿이어늘 此之法界一會는 何故로 不同前會하야 直言爾時世尊이 在室羅筏國逝多林給孤獨園者는 何意니잇고

答曰爲明前普光明殿에 說十信心하고 以次說十住十行等五位六位升進之門에 爲菩提體上코 而有進修故로 言不離菩提場

如來成正覺之體니 恐失經之本意일세 故須重敍三會 同在普光明殿者는 明信進五位修行已終이 不移普光明根本不動智體하야 爲智境이 非妄情故로 時亦不遷刹那之際어니와 此法界會에 直言在室羅筏國逝多林園은 明前엔 約位升進已終이오 此會엔 明自己成佛果滿度衆生之行일세 故在人間國邑園林이며 又化二乘聲聞緣覺과 及淨土菩薩일세 卽純以自在法界로 爲體하야 不立五位菩提와 及行可修며 亦無差別智普賢願行可學이오 總是佛果已滿하며 普賢行已周하야 恒徧十方하야 利衆生法이라 不須和會일세 以此로 直言逝多園이니 如衆流入海에 諸河名亡하야 但以法界爲名일세 不同已前五位升進의 和會行相故라

'(3) 여래께서 거처하신 도량을 해석한다.'는 것은, 어느 사람이 물었다.

"어째서 이전의 다른 회상의 첫머리에서는 모두 '보리도량 보광명전을 여의지 않는다.'고 말하며, 또 3차례의 법회가 똑같이 하나의 보광명전에서 이뤄졌다.

그러나 이 입법계품의 한 차례 법회에서만큼은 어찌하여 이전의 회상과는 달리 곧바로 '그때, 세존께서는 실라벌국 서다림 급고독원에 계셨다.'고 말한 것인가?"

그의 물음에 답하였다.

"앞의 보광명전에서는 십신의 마음을 설법하고, 차례에 따라 십주·십행 등 5위·6위의 위로 닦아나가는 법문을 말씀하셨다. 이는 모두 보리의 본체를 여의지 않고 닦아나감을 밝힌 까닭에 보리

도량, 즉 여래가 성취한 정각의 본체를 여의지 않음을 말하였다. 경문의 본지를 잃을까 두렵기 때문에 반드시 3차례의 회상이 똑같이 '보광명전에 있다.'고 거듭 서술한 것은, 신심으로 닦아나가는 5위의 수행이 이미 끝난 자리가 보광명의 根本不動智體의 자리에서 한 걸음도 꼼짝하지 않고, 그 경계 자체가 허망한 情識이 아니다. 이 때문에 '때[時]' 또한 찰나의 순간 그 자체에서 조금도 옮겨가지 않았음을 밝힌 것이다.

그러나 이 입법계품의 회상에서 바로 '실라벌국 서다림원에 있다.'고 말한 것은 앞에서는 5위에 따라 닦아나가고 이를 끝마치는 것으로 밝혔지만, 이 회상에서는 자신이 성취한 佛果가 원만하여 중생을 제도하는 행을 밝힌 까닭에 인간 세계의 마을인 원림에 있으며,

또한 이승의 성문·연각과 정토보살을 교화하기에 곧 순전히 자재한 법계를 본체로 삼아서 5위의 보리 및 닦아야 할 행을 내세우지 않으며,

또한 차별지혜인 보현의 원행을 더 이상 배울 게 없기에 총체로 불과가 이미 원만하고 보현행이 이미 두루 갖춰져 있어 항상 시방에 두루 이르러 중생에게 이익을 베푸는 법이다. 따라서 구태여 원융회통을 구하지 않는다. 이 때문에 바로 '서다림'을 말한 것이다.

이는 마치 수많은 강줄기가 바다로 들어가면, 모든 강하의 이름이 사라지는 것처럼, 그 이름을 법계라 말할 뿐이다. 이전의 5위에서 차례를 따라 위로 닦아나가면서 원융회통하는 行相과는 같

지 않기 때문이다."

四 釋說法之主者는 此說法之主도 亦是前菩提場毘盧遮那如來며 亦是於五位法中諸菩薩自成之佛이며 亦是當來彌勒如來所成之佛이며 亦是三世古今一切佛故니 以法界中智體 無三世古今延促之情見故며 以法界中에 無新舊成壞佛故며 以法界見으로 見一切衆生의 初發菩提心과 乃至成佛轉法輪度衆生入涅槃이 不移法界一毫一微塵體用時分異故라 在凡情妄見異이니와 在法界智하야는 一切三世諸佛成佛과 一切衆生成佛이 同住一刹那一微塵一法身一智慧一言音一解脫一神通一不思議一報境界一蓮華座하야 重重重重하며 無礙無礙니 此約智眼實見이라 不可隨順肉眼妄情所知니 若有能如是眞實信解者인댄 當知此人은 悟佛知見하며 入佛知見하야 坐佛道場하야 得如來智하리니 爲能信自他身心이 總一法界大智之體用故라

'(4) 설법의 주체를 해석한다.'는 것은 설법주 또한 이전 보리도량의 비로자나여래이며,

또한 5위의 법 가운데 모든 보살이 스스로 성취한 부처이며,

또한 미래의 미륵여래가 성취할 부처이며,

또한 삼세와 고금의 일체 부처이기 때문이다.

법계에 있어서는 지혜의 본체는 삼세와 고금의 늦거나 빠르다는 情識의 견해가 없기 때문이며,

법계에 있어서는 새로 나타낸 부처, 예전의 부처, 이뤄진 부처, 무너지는 부처 등의 차이가 없기 때문이며,

법계에 의한 견해로써 일체중생의 처음 보리심을 일으킨 이로부터 내지 성불, 법륜을 굴림, 중생의 제도, 열반에 드심을 법계의 근본 자리에서 살펴보면 하나의 터럭, 하나의 티끌만큼의 체용과 時分에서 조금도 옮겨가지 않는 것과 다르지 않기 때문이다.

　범부의 情識에 의한 잘못된 견해로 살펴보면, 각기 달리 보일 것이다. 그러나 법계의 지혜에 있어서는 일체 삼세제불의 성불과 일체중생의 성불이 똑같이 하나의 찰나, 하나의 미진, 하나의 법신, 하나의 지혜, 하나의 음성, 하나의 해탈, 하나의 신통, 하나의 불가사의, 하나의 正報·依報 경계, 하나의 연화좌에 머물면서, 거듭하고 또 거듭하며, 걸림 없고 또 걸림이 없다. 이는 지혜의 눈으로 여실하게 보는 경계이다. 따라서 범부의 육안에 의한 허망한 알음알이를 따라서는 알 수 있는 바가 아니다.

　만약 이처럼 진실하게 믿고 이해하는 자가 있다면, 그런 사람은 반드시 부처의 지견을 깨닫고, 부처의 지견에 들어가 부처의 도량에 앉아서 여래의 지혜를 얻은 자임을 알 수 있다. 나와 남의 몸과 마음이 모두 하나의 법계 대지혜의 본체와 작용임을 믿기 때문이다.

五 釋所集之衆意者는 此會初에 所集之衆이 有一百四十二箇菩薩이어든 普賢文殊 爲二之首하고 自餘一百四十箇菩薩은 十十同名하야 都云五百이라 經에 云'菩薩摩訶薩五百人俱'라 하며 又下文에 云'此諸菩薩이 皆悉成就普賢行이라'하니 如是五百菩薩이 皆以文殊로 爲法身根本智之體하고 普賢으로 爲差別智之大用이니

次下에 有五百聲聞衆은 是得聞此法衆이오

次下에 有無量世主衆과 已下他方所來十方感(咸)集之衆은 皆是法界本行因果오

五百聲聞衆은 是示現不聞不見此法界不思議神力衆이니 如是五衆에 隨文釋義分明일세 且畧言爾로라

'(5) 법회에 모인 대중의 생각을 해석한다.'는 것을 설명하면 다음과 같다.

이 법회 초에 모여든 대중이 142보살이었는데, 보현과 문수 두 보살이 상수보살이고, 나머지 140보살은 5위[通表四位: ① 十幢(表十廻向), ② 九威力(表十行), ③ 十藏(表十地), ④ 十二眼(表十解)과 後 別表十地十度]에 10지에 10명[十十]이 똑같은 이름으로서 도합 5백이라고 말하였다.

경문에서 "보살마하살 5백 명과 함께하였다."고 말하였고, 또 아래 경문에서 "이 모든 보살이 다 보현행을 성취하였다."고 하였다. 이와 같은 5백 보살은 모두가 문수로 법신 근본지의 본체를 삼고, 보현으로 차별지의 대용을 삼는다.

다음 아래에 5백 성문의 대중은 이런 법을 들은 대중이며,

다음 아래에 한량없는 세간 임금의 대중과 이하 다른 지방에서 찾아온 '시방에서 다 모여든 대중'은 법계의 本行 인과이며,

5백 성문의 대중은 이 법계의 불가사의한 신통력을 듣지도 못하고 보지도 못함을 나타낸 대중이다.

이와 같은 5부류의 대중은 경문에 따라 뜻을 해석함에 있어 바

야호로 그 뜻이 분명하기에, 여기에서는 설명을 생략하였을 뿐이다.
六 隨文釋義者는 於此品中에 長分爲兩段호리니
第一은 從'爾時世尊在室羅筏國'已下로 至第六十一卷中 '一切法界敎化成就一切衆生而亦不離此逝多林如來之所'히 有一卷半餘經은 明如來 入師子嚬伸三昧하시며 及放眉間光하사 現法界門하야 令諸菩薩로 以五位升進佛果로 入法界無進求自在佛果分이라

'(6) 경문을 따라 뜻을 해석한다.'는 것은, 이 품의 부분을 크게 2단락으로 나누고자 한다.

첫째는 "그때, 세존께서 실라벌국에 계시면서" 이하로부터 제61권의 "일체 법계에서 일체중생을 교화하여 성취시키면서도 또한 서다림의 여래의 도량을 떠나지 않았다."는 구절까지 1권 반 남짓의 경문은 여래가 '사자빈신삼매'에 들어감과 아울러 미간의 방광으로 법계의 문을 나타내어 모든 보살로 하여금 5위를 닦아나갔던 불과로써 더 이상 구할 게 없이 자재한 법계의 불과에 들어감을 밝힌 부분이다.

次正釋文이라
一品은 大分爲二니
初는 明本會오
二'爾時文殊師利從善住樓閣出'下는 明末會니라

亦前明果法界오 後明因法界라
又前頓入法界오 後明漸入法界며
又前總後別이니 總別圓融하고 本末無礙니라
又前卽亡修頓證이니 是正宗之極이오 後是寄人修入하야 以辨流通이니 通正圓融하야 中後無礙니라
就本會中에 長科十分이니
一은 序分이오 二는 請分이오 三은 三昧現相分이오 四는 遠集新衆分이오 五는 擧失顯得分이오 六은 偈頌讚德分이오 七은 普賢開發分이오 八은 毫光示益分이오 九는 文殊述德分이오 十은 無涯大用分이라
今初는 雖義貫末會나 以從處別하야 獨判在初니라
文分爲三이니
初는 智正覺世間圓滿이오 二는 器世間圓滿이오 三은 衆生世間圓滿이라
今은 初라

다음은 바로 경문의 해석이다.

이 품은 크게 2단락으로 나뉜다.

一. 근본법회를 밝혔고,

二. '爾時文殊師利從善住樓閣出' 이하는 지말법회를 밝혔다.

또한 앞의 근본법회 단락에서는 결과의 법계를 밝혔고, 뒤의 지말법회에서는 원인의 법계를 밝혔다.

또한 앞은 법계에 단번에 들어감이며, 뒤는 법계에 점차로 들어감을 밝혔다.

또한 앞은 총상이요, 뒤는 별상이다.

총상과 별상이 원융하며, 근본법회와 지말법회에 막힘이 없다.

또한 앞은 더 이상의 수행이 필요 없이 단번에 증득함이다. 이는 正宗의 극처이다.

뒤는 사람에게 가탁하여 닦아 들어가 유통을 논변하였다. 유통과 정종이 원융하여 중간이나 뒤에 막힘이 없다.

一. 근본법회

이 부분은 큰 과목이 10단락으로 나뉜다.

제1. 서론 부분,

제2. 청법 부분,

제3. 삼매로 모양을 나타낸 부분,

제4. 멀리서 모여든 새로운 대중 부분,

제5. 잘못을 들추어 잘함을 밝힌 부분,

제6. 게송으로 공덕을 찬탄한 부분,

제7. 보현의 열어 보여준 부분,

제8. 백호광으로 이익을 보여준 부분,

제9. 문수의 공덕 서술 부분,

제10. 끝없는 큰 작용 부분.

이의 '제1. 서론 부분'은 지말법회에 모두 통하지만, 처소의 차이에 따라서 이 부분만은 나누어서 첫 부분에 둔 것이다.

경문은 다시 3단락으로 나뉜다.

1. 지정각세간의 원만,

2. 기세간의 원만,

3. 중생세간의 원만이다.

이는 '1. 지정각세간의 원만'이다.

經

爾時에 世尊이

   그때, 세존께서

● 疏 ●

言世尊者는 梵云薄伽梵이니 包含六義라
如佛地論에
一은 自在義니 永不繫屬諸煩惱故오
二는 熾盛義니 猛焰智光이 所燒鍊故오
三은 端嚴義니 三十二相所莊嚴故오
四는 名稱義니 一切殊勝功德圓滿하야 無不知故오
五는 吉祥義니 一切世間이 親近供養하야 咸稱讚故오
六은 尊貴義니 具一切功德하야 常起方便하야 利益世間하고 安樂
一切호되 無懈廢故니라
今은 擧後該初오 亦是標人取法이니 具無盡德일세 故曰世尊이라하
니라

   '세존'이라 말한 것은 범어로는 '薄伽梵(bhagavat의 음역)'인데, 6가지 뜻을 포함하고 있다. 불지론에 의하면 다음과 같다.

⑴ 자재하다의 뜻, 영원히 모든 번뇌에 얽매이지 않기 때문이며,

⑵ 치성하다의 뜻, 사나운 지혜 불꽃으로 단련되었기 때문이며,

⑶ 단엄하다의 뜻, 32상으로 장엄한 바이기 때문이며,

⑷ 칭송하다의 뜻, 일체 수승한 공덕이 원만하여 알지 못함이 없기 때문이며,

⑸ 길상하다의 뜻, 일체 세간 중생이 가까이서 공양하면서 모두 찬탄하기 때문이며,

⑹ 존귀하다의 뜻, 일체 공덕을 갖추어 언제나 방편을 일으켜 세간에 이익을 주고 일체중생에게 안락을 베풀되 게으르거나 그만두는 일이 없기 때문이다.

여기에서는 뒤를 들어서 처음을 갖추었고, 또한 사람을 내세워 법을 취하였다. 그지없는 덕을 갖추었기에 '세존'이라고 부른다.

二 器世間圓滿

2. 기세간의 원만

在室羅筏國逝多林給孤獨園大莊嚴重閣하사

실라벌국(Sravasti) 서다림 급고독원(Jetavana-anāehapiṇḍasyārāma)의 장엄한 누각에 계시면서

◉ 疏 ◉

有三하니

一은 國城이니 此云聞者니 西域記에 云 昔有古老仙人이 住於此處러니 後有少仙하니 名爲聞者라 於彼稟學이라가 老仙沒後에 少仙이 於此에 建立城郭이라 故取其名이라 亦云聞物이니 以此城多出聰敏博達名聞人物故니 卽中印度境이라

二逝多下는 明林園이니 逝多者는 梵音이오 華言戰勝이니 卽太子之名이라 給孤獨者는 梵云須達多니 正言賑濟無依니 義云給孤獨也니 卽長者之稱이라 長者 仁而聰敏하고 積而能散하야 拯乏濟貧하고 哀孤恤老하니 時美其德이라 故立斯稱이라 長者는 側金買地하고 太子施樹하야 同成功業일세 二人式崇하야 共立伽藍之號니라

三은 明重閣이니 卽說法之所니 表所證法界니라 體無不周曰大오 德無不備曰嚴이오 依體起用이 爲重閣이라

3단락이다.

(1) 실라벌국[Sravasti: 舍衛城]은 나라의 성이다. 중국에서는 '법문을 들려준 분이 계셨던 곳[聞者]'이라는 뜻이다.

서역기에 의하면 다음과 같다.

"옛적에 노령의 신선이 이곳에 거주하였는데, 그 후에 젊은 신선이 살았던 곳이어서 '법문을 들려준 분이 계셨던 곳'으로 불리게 되었다. 그곳에서 노령의 신선에게 학문을 닦았는데, 노령의 신선이 죽은 뒤에 젊은 신선이 그곳에 성곽을 세웠다. 이 때문에 '법문을 들려준 분이 계셨던 곳'이라는 이름을 붙인 것이다."

또한 '명망 있는 인물이 사는 곳[聞物]'이라 부른다. 그 성에서 총명민첩한 인물, 박학달관의 인물, 명망이 높은 인물들이 많이 배출되었기 때문이다. 이는 중인도 국경 부근이다.

(2) '逝多' 이하는 林園임을 말한다. 逝多란 범음 jeta로 중국에서는 '戰勝'이라는 뜻인데, 이는 곧 바사닉왕의 태자 이름이다.

給孤獨(Anāthapiada)이란 범어로는 須達多(Sudatta)이다. 바로 말하면 '의지할 데 없는 이들을 구제하는 사람[賑濟無依]'이라는 뜻이며, 뜻으로 말하면 '빈궁하고 고독한 이들에게 보시하는 자[給孤獨]'를 말한다. 이는 중인도 사위성에 사는 장자(바사닉왕의 대신)의 이름이다.

장자가 어질고 총명하고 민첩하며, 쌓아놓은 재물을 나누어서 궁핍한 이들을 구원하고 가난한 이들을 구제하며, 고아를 불쌍히 여기고 노인을 구휼하였다. 당시 사람들이 그의 공덕을 찬미하여 이런 이름을 붙여주었다.

장자는 황금을 모두 털어서 토지를 매입하고, 태자는 나무를 보시하여 함께 공업을 성취하였기에 두 사람을 높이 받들어, 두 사람의 이름으로 가람의 이름을 붙인 것이다.

(3) 重閣임을 말한다. 설법의 장소이다. 증득 대상의 법계를 나타냈다.

본체가 두루 원만하지 않음이 없는 것을 '大'라 말하고,
공덕이 갖춰지지 않음이 없는 것을 '嚴'이라 말하며,
본체에 의해 작용을 일으킴을 '重閣'이라 말한다.

第三 衆生世間

卽輔翼圓滿이라

於中三이니

一은 菩薩이오 二는 聲聞이오 三은 世主라

今은 初라

    3. 중생세간의 원만

    이는 輔翼의 원만이다.

    이 부분은 3단락이다.

    1) 보살 대중, 2) 성문 대중, 3) 세간 군주 대중이다.

    이는 '1) 보살 대중'이다.

經

與菩薩摩訶薩五百人으로 俱러시니라

普賢菩薩과 文殊師利菩薩이 而爲上首하시며

    보살마하살 5백 명과 함께하였다.

    보현보살과 문수사리보살은 상수이며,

◉ 疏 ◉

文三이니

一은 擧數오 二는 列名이오 三은 歎德이라

今初 此會菩薩에 標名乃少오 列名乃多者는 有所表故니 數中에

欲顯五位 同證入故ㅇ 位各十度니 一一相融하야 成五百故ㅇ 第
六妙覺은 是所入故ㅇ 又表解行者 多하고 證者稀故니라
二列名은 分三이니
初는 標上首ㅇ 二는 列別名이ㅇ 三은 總結數라
今初는 以二大聖 是助主故ㅇ 又有所表故니 至下當明호리라

경문은 3단락이다.

(1) 보살의 수효를 들어 말하였고,

(2) 보살의 명호를 나열하였으며,

(3) 보살의 공덕을 찬탄하였다.

'(1) 보살의 수효'의 첫 단락에서 이 법회 보살의 명호를 내세움은 적은데, 명호의 나열에서 많은 수효를 말한 것은 나타내려는 바가 있기 때문이다.

많은 수효 가운데 5位를 함께 증득하여 들어감을 밝히고자 한 때문이며,

지위마다 각각 십바라밀이다. 하나하나가 서로 원융하여 5백을 이루기 때문이며,

제6 妙覺은 들어가야 할 대상이기 때문이며,

또한 이해하고서 행하는 자가 많고 증득한 자가 적음을 나타내기 때문이다.

'(2) 보살의 명호'는 3단락으로 나뉜다.

(ㄱ) 상수보살을 밝혔고,

(ㄴ) 보살의 개별 명호를 나열하였으며,

(ㄷ) 총괄하여 보살의 수효를 끝맺었다.

'(ㄱ) 상수보살'은 보현과 문수보살이 법주를 보조하기 때문이며, 또한 나타내는 바가 있기 때문이다. 아래의 해당 부분에서 밝히고자 한다.

經

其名曰光焰幢菩薩과 須彌幢菩薩과 寶幢菩薩과 無礙幢菩薩과 華幢菩薩과 離垢幢菩薩과 日幢菩薩과 妙幢菩薩과 離塵幢菩薩과 普光幢菩薩과

그 명호는 다음과 같다.

광염당보살, 수미당보살, 보당보살, 무애당보살, 화당보살, 이구당보살, 일당보살, 묘당보살, 이진당보살, 보광당보살,

● **疏** ●

二別列中에 有十四位하니 位各有十이로되 其間에 亦有增減하야 成百四十一人하니 名各一義하야 皆有深旨라
今且寄表하야 大分爲二니 前四十一人은 通表住等 四位요 後天冠下는 十位百人은 別表十地十度라
今初十幢은 表向이니 行德高出故니라

'(ㄴ) 보살의 개별 명호를 나열'한 부분에는 14위가 있다. 위마다 각각 10보살이 있는데, 그 사이에는 또한 10의 수효보다 더한 경우도 있고 부족한 수도 있어 모두 141인이다. 이름마다 각기 하나

의 뜻이 있는데, 모두 깊은 뜻이 담겨 있다.

여기에서는 또한 나타내고자 하는 뜻에 붙여 크게 2단락으로 나눈다.

앞에 41인은 십주 등 4위를 전체로 나타냈고,

뒤의 '天冠' 이하 10位의 1백 인은 십지의 십바라밀을 개별로 나타냈다.

앞의 ① 열 분의 당보살은 십회향의 지위를 밝힌 것으로, 수행의 공덕이 높이 뛰어났기 때문이다.

經

地威力菩薩과 寶威力菩薩과 大威力菩薩과 金剛智威力菩薩과 離塵垢威力菩薩과 正法日威力菩薩과 功德山威力菩薩과 智光影威力菩薩과 普吉祥威力菩薩과

지위력보살, 보위력보살, 대위력보살, 금강지위력보살, 이진구위력보살, 정법일위력보살, 공덕산위력보살, 지광영위력보살, 보길상위력보살,

● 疏 ●

二有九威力者는 表行이니 能進修故니라

② 아홉 분의 위력보살은 十行의 지위를 밝힌 것으로, 잘 닦아 나갔기 때문이다.

經

地藏菩薩과 虛空藏菩薩과 蓮華藏菩薩과 寶藏菩薩과 日藏菩薩과 淨德藏菩薩과 法印藏菩薩과 光明藏菩薩과 齊藏菩薩과 蓮華德藏菩薩과

지장보살, 허공장보살, 연화장보살, 보장보살, 일장보살, 정덕장보살, 법인장보살, 광명장보살, 제장보살, 연화덕장보살,

◉ **疏** ◉

三十藏은 表地니 義如前釋하다

③ 열 분의 장보살은 十地의 지위를 밝힌 것으로, 그 의의는 앞의 해석과 같다.

經

善眼菩薩과 淨眼菩薩과 離垢眼菩薩과 無礙眼菩薩과 普見眼菩薩과 善觀眼菩薩과 靑蓮華眼菩薩과 金剛眼菩薩과 寶眼菩薩과 虛空眼菩薩과 喜眼菩薩과 普眼菩薩과

선안보살, 정안보살, 이구안보살, 무애안보살, 보견안보살, 선관안보살, 청련화안보살, 금강안보살, 보안보살, 허공안보살, 희안보살, 보안보살,

◉ 疏 ◉

四有十二眼者는 表解니 能照法故니라 所以不次者는 欲表圓融
之位 無前後故니라

④ 열두 분의 안보살은 十解의 지위를 밝힌 것으로, 법을 잘 비
춰보기 때문이다.

차례가 맞지 않은 바는 원융의 지위가 앞뒤가 없음을 나타내
고자 한 때문이다.

經

**天冠菩薩과 普照法界智慧冠菩薩과 道場冠菩薩과 普
照十方冠菩薩과 一切佛藏冠菩薩과 超出一切世間冠
菩薩과 普照冠菩薩과 不可壞冠菩薩과 持一切如來師
子座冠菩薩과 普照法界虛空冠菩薩과**

천관보살, 보조법계지혜관보살, 도량관보살, 보조시방관보살,
일체불장관보살, 초출일체세간관보살, 보조관보살, 불가괴관보살,
지일체여래사자좌관보살, 보조법계허공관보살,

◉ 疏 ◉

後十位中에 如次別表行布十地十度니 一十冠者는 初地는 冠於
諸地之首요 檀은 冠衆行之先故니라
又一一位中에 各具十者는 一地之中에 具足一切諸地功德故요
一度之中에 具足十度爲莊嚴故니라

뒤의 10位 가운데 차례와 같이 펼쳐놓은 十地의 십바라밀을 개별로 나타내고 있다.

① 열 분의 관보살은, 제1 환희지란 모든 지위의 첫자리로 으뜸이며, 보시바라밀은 모든 행의 우선으로 으뜸이기 때문이다.

또 하나하나 지위 가운데 각각 10가지를 갖춘 것은 하나의 지위 가운데 일체 모든 지위의 공덕을 두루 갖춘 때문이며, 하나의 바라밀 가운데 십바라밀을 두루 갖추어 장엄한 때문이다.

經

梵王髻菩薩과 龍王髻菩薩과 一切化佛光明髻菩薩과 道場髻菩薩과 一切願海音寶王髻菩薩과 一切佛光明摩尼髻菩薩과 示現一切虛空平等相摩尼王莊嚴髻菩薩과 示現一切如來神變摩尼王幢網垂覆髻菩薩과 出一切佛轉法輪音髻菩薩과 說三世一切名字音髻菩薩과

범왕계보살, 용왕계보살, 일체화불 광명계보살, 도량계보살, 일체원해음 보왕계보살, 일체불광명 마니계보살, 시현 일체허공 평등상 마니왕 장엄계보살, 시현 일체여래 신변마니왕당 망수부계보살, 출일체불전법륜음계보살, 설삼세일체명자음계보살,

疏

二十髻者는 持戒無垢하야 檢束尊高故니라

② 열 분의 계보살은 계율을 지킴이 때가 없어[제2 離垢地] 몸을

검속함이 존귀하기 때문이다.

經

大光菩薩과 離垢光菩薩과 寶光菩薩과 離塵光菩薩과 焰光菩薩과 法光菩薩과 寂靜光菩薩과 日光菩薩과 自在光菩薩과 天光菩薩과

대광보살, 이구광보살, 보광보살, 이진광보살, 염광보살, 법광보살, 적정광보살, 일광보살, 자재광보살, 천광보살,

● 疏 ●

三十光者는 發聞持光하야 照法忍故니라

③ 열 분의 광보살은 聞持의 광명을 발산[제3 發光地]하여 법인을 비춰주기 때문이다.

經

福德幢菩薩과 智慧幢菩薩과 法幢菩薩과 神通幢菩薩과 光幢菩薩과 華幢菩薩과 摩尼幢菩薩과 菩提幢菩薩과 梵幢菩薩과 普光幢菩薩과

복덕당보살, 지혜당보살, 법당보살, 신통당보살, 광당보살, 화당보살, 마니당보살, 보리당보살, 범당보살, 보광당보살,

● 疏 ●

四 十 又名幢者는 焰慧精進이 超世高出故오 又道品伏惑하고 精進伏慢故니라

④ 열 보살을 또 幢으로 명호를 삼은 것은 제4 염혜지의 정진이 세간에 높이 뛰어나기 때문이며, 또한 道品은 의혹을 굴복시키고 정진은 거만함을 굴복시키기 때문이다.

經

梵音菩薩과 海音菩薩과 大地音菩薩과 世主音菩薩과 山相擊音菩薩과 徧一切法界音菩薩과 震一切法海雷音菩薩과 降魔音菩薩과 大悲方便雲雷音菩薩과 息一切世間苦安慰音菩薩과

범음보살, 해음보살, 대지음보살, 세주음보살, 산상격음보살, 변일체법계음보살, 진일체법해뇌음보살, 항마음보살, 대비방편운뇌음보살, 식일체세간고안위음보살,

● 疏 ●

五 十音者는 禪定發生하야 難勝悅機故니라

⑤ 열 분의 음보살은 선정으로 중생을 깨우쳐주어 제5 난승지는 중생의 근기를 기쁘게 하기 때문이다.

經

法上菩薩과 **勝上菩薩**과 **智上菩薩**과 **福德須彌上菩薩**과 **功德珊瑚上菩薩**과 **名稱上菩薩**과 **普光上菩薩**과 **大慈上菩薩**과 **智海上菩薩**과 **佛種上菩薩**과

법상보살, 승상보살, 지상보살, 복덕수미상보살, 공덕산호상보살, 명칭상보살, 보광상보살, 대자상보살, 지해상보살, 불종상보살,

● 疏 ●

六十上者는 般若現前하야 最尊上故니라

⑥ 열 분의 상보살은 반야가 앞에 나타나[제6 現前地] 가장 존귀하고 드높기 때문이다.

經

光勝菩薩과 **德勝菩薩**과 **上勝菩薩**과 **普明勝菩薩**과 **法勝菩薩**과 **月勝菩薩**과 **虛空勝菩薩**과 **寶勝菩薩**과 **幢勝菩薩**과 **智勝菩薩**과

광승보살, 덕승보살, 상승보살, 보명승보살, 법승보살, 월승보살, 허공승보살, 보승보살, 당승보살, 지승보살,

● 疏 ●

七十勝者는 遠行方便이 有中殊勝行故니라

⑦ 열 분의 승보살은 제7 원행지의 방편이 유위의 가운데 뛰어

난 행이기 때문이다.

經

娑羅自在王菩薩과 **法自在王菩薩**과 **象自在王菩薩**과 **梵自在王菩薩**과 **山自在王菩薩**과 **衆自在王菩薩**과 **速疾自在王菩薩**과 **寂靜自在王菩薩**과 **不動自在王菩薩**과 **勢力自在王菩薩**과 **最勝自在王菩薩**과

사라자재왕보살, 법자재왕보살, 상자재왕보살, 범자재왕보살, 산자재왕보살, 중자재왕보살, 속질자재왕보살, 적정자재왕보살, 부동자재왕보살, 세력자재왕보살, 최승자재왕보살,

● **疏** ●

八有十一自在王者는 相用不動하고 大願無礙故니라

⑧ 열한 분의 자재왕은 相·用이 동요되지 않고[제8 不動地] 큰 서원이 걸림 없기 때문이다.

經

寂靜音菩薩과 **無礙音菩薩**과 **地震音菩薩**과 **海震音菩薩**과 **雲音菩薩**과 **法光音菩薩**과 **虛空音菩薩**과 **說一切衆生善根音菩薩**과 **示一切大願音菩薩**과 **道場音菩薩**과

적정음보살, 무애음보살, 지진음보살, 해진음보살, 운음보살, 법광음보살, 허공음보살, 설일체중생선근음보살, 시일체대원음보

살, 도량음보살,

◉ 疏 ◉

九에 十又名音者는 善慧演法이 自力生故니라

⑨ 열 보살의 명호를 또한 音이라 말한 것은 제9 선혜지의 법문 연설이 자력에서 나왔기 때문이다.

經

須彌光覺菩薩과 虛空覺菩薩과 離染覺菩薩과 無礙覺菩薩과 善覺菩薩과 普照三世覺菩薩과 廣大覺菩薩과 普明覺菩薩과 法界光明覺菩薩인 如是等菩薩摩訶薩 五百人으로 俱하시니라

수미광각보살, 허공각보살, 이염각보살, 무애각보살, 선각보살, 보조삼세각보살, 광대각보살, 보명각보살, 법계광명각보살이다.

이런 5백 보살마하살과 함께하였다.

◉ 疏 ◉

十有九人 同名覺者는 法雲受職하야 墮佛數故며 智覺諸法하야 無所遺故니라 然其幢等은 亦有通義하니 類釋可知니라
三 '如是'下는 結數니라

⑩ 아홉 보살의 명호를 똑같이 覺이라 말한 것은 제10 법운지의 직책을 받아 부처의 수효에 들어갔기 때문이며, 지혜로 모든 법

을 깨달아 빼뜨린 바 없기 때문이다. 그러나 그 幢 등 또한 모두 통하는 의의가 있다. 유에 따라 해석한 것이기에, 말하지 않아도 알 수 있다.

㈐ '如是' 이하는 총괄하여 보살의 수효를 끝맺었다.

經

此諸菩薩이 皆悉成就普賢行願이라
境界無礙하니 普徧一切諸佛刹故며
現身無量하니 親近一切諸如來故며
淨眼無障하니 見一切佛神變事故며
至處無限하니 一切如來의 成正覺所에 恒普詣故며
光明無際하니 以智慧光으로 普照一切實法海故며
說法無盡하니 淸淨辯才 無邊際劫에 無窮盡故며
等虛空界하니 智慧所行이 悉淸淨故며
無所依止하니 隨衆生心하야 現色身故며
除滅癡翳하니 了衆生界 無衆生故며
等虛空智하니 以大光網으로 照法界故니라

그 모든 보살이 모두 보현보살의 행과 원을 성취한 터라,

경계가 걸림 없으니 일체 부처의 세계에 두루 하기 때문이다.

몸을 나타냄이 한량없으니 일체 여래를 가까이한 때문이다.

청정한 눈이 장애 없으니 일체 부처님의 신통변화 일을 보았기 때문이다.

이르는 곳이 한량이 없으니 일체 여래의 정각을 성취한 곳에 항상 나아가기 때문이다.

광명이 끝이 없으니 지혜 광명으로 일체 실상의 법 바다에 두루 비추기 때문이다.

설법이 그지없으니 청정한 변재가 끝이 없는 겁에 다함이 없기 때문이다.

허공계와 같으니 지혜의 행하는 바가 모두 청정하기 때문이다.

의지한 바가 없으니 중생의 마음을 따라 몸을 나타내기 때문이다.

어리석은 눈병을 없앴으니 중생계에 중생이 없음을 알기 때문이다.

허공과 같은 지혜니 큰 광명 그물로 법계를 비추기 때문이다.

● 疏 ●

第三은 歎德이라 有十一句하니 初句爲總이라 上名은 以隨宜別顯일세 各以一德立名이어니와 今德은 以據實內通이라 故言皆悉成就普賢行願이라 餘十句는 別이니 於中에 前六은 明智用普周오 後四는 明智用離障이라

通爲五對니

一은 境徧·身多對니 窮依近正故오

二는 見用·詣實對니 十眼離障하야 不往而見하고 一念契實하야 身心普周오

三은 內照·外演對요

四는 智淨·色隨對요

五는 悲深·智廣對니 以卽智之悲일세 故於生除翳요 無外之智일세 故照同虛空이라 前對虛空은 自取淨義요 今取廣義니라

(3) 공덕을 찬탄하였다. 11구이다.

제1구는 총상이다. 위의 보살 명호는 적절한 바를 따라서 개별로 밝힌 것이기에 각기 하나의 공덕으로 명호를 세웠지만, 여기에서 말한 공덕은 실상에 근거한 것으로 내면에 통하기 때문에 "모두 보현보살의 행과 원을 성취하였다."고 말하였다.

나머지 10구는 별상이다.

10구 가운데 앞의 6구는 지혜 작용이 널리 두루 미침을 밝혔고, 뒤의 4구는 장애를 여읜 지혜 작용을 밝혔다.

10구는 모두 5가지 대구이다.

㈀ 경계에 두루 함과 몸을 나타낸 바 많음이 대구이다. 의보를 다하고 정보에 가깝기 때문이다.

㈁ 친견의 작용과 실상에 나아감이 대구이다. 10가지의 눈이 장애를 여의어 가지 않고서도 볼 수 있으며, 한 생각이 실상에 계합하여 몸과 마음이 널리 두루 함이다.

㈂ 내면의 관조와 밖으로의 연설이 대구이다.

㈃ 지혜의 청정함과 중생 마음을 따라 봄을 나타냄이 대구이다.

㈄ 자비의 깊은 마음과 지혜의 광명이 광대함이 대구이다. 지혜와 하나가 된 자비의 마음이기에 중생에 가림이 없고, 밖이 없는

지혜이기에 허공과 같이 비춰준다.

앞의 대구에서 말한 허공은 그 나름 청정의 뜻을 취하였고, 여기에서는 넓다는 뜻을 취하였다.

第二 辨聲聞衆
2) 성문 대중

經
及與五百聲聞衆으로 **俱**하시니
悉覺眞諦하며 **皆證實際**하며 **深入法性**하며 **永出有海**하며
依佛功德하며 **離結使縛**하며 **住無礙處**하며 **其心寂靜**이
猶如虛空하며 **於諸佛所**에 **永斷疑惑**하며 **於佛智海**에 **深**
信趣入하니라

  5백 성문 대중과 함께하였는데,
  모두가 진실한 이치를 깨닫고,
  모두가 진실한 경계를 증득하며,
  법성에 깊이 들어가고,
  영원히 삼계의 생사[有海=三有海. 欲界有·色界有·無色界有]에서 벗어나며,
  부처님의 공덕에 의지하고,
  얽매여 부림을 당하는 속박에서 벗어나며,

걸림 없는 곳에 머물고,

그 마음의 고요함이 허공과 같으며,

부처님의 도량에서 영원히 의혹을 끊고,

부처의 지혜 바다에 깊은 믿음으로 들어갔다.

◉ 疏 ◉

文二니

初는 標數類오

後 悉覺 下는 歎德이니 文有十句라 然此聲聞은 皆是菩薩이니 欲顯深法하야 託爲聲聞이라 故所歎德 言含本迹이라

今釋爲二門이니 一은 就迹約小니 十句 皆聲聞德이라

一은 得現觀이니 於四眞諦에 善覺了故오

二는 入正性離生이니 無方便慧로 已作證故오

三은 所學已窮일새 故云深入이니 法華云 我等이 同入法性이라하니 卽三獸渡河에 理無二故니라 古人이 亦將上三하야 如次配見·修·無學이라

四는 生分已盡이니 由闕大悲일새 故自永出이오

五는 有爲無爲之德을 依佛成故로 卽逮得已利오

六은 已盡有結이니 謂九結十使의 現行離故오

七은 無煩惱礙니 種子亡故오

八은 心善解脫이라 故寂如虛空이오

九는 慧善解脫일새 故於佛無惑이오

十은 明非定性이니 皆可廻心이라 故信入佛智니라【鈔_ '一 得現觀'者는 大乘唯識에 有六現觀하니 一 思, 二 信, 三 戒, 四 智諦, 五 爲智邊諦, 六 究竟現觀이니 十地已辨이라 小乘俱舍에 有三現觀하니 一 見現觀, 二 緣現觀, 三 事現觀이니 今此는 正當見現觀也로되 義兼後二라

'二 入正性離生'者는 已見四地오 無方便慧는 已見七地니 若有方便이면 不證實際니라

'三 所學已窮'者는 謂於自乘所學之法을 名爲深入이오 非謂深入甚深法性이라 故引法華니 卽三乘同入之法性耳라 '三獸渡河'는 已見八地하다】

경문은 2단락이다.

(1) 수효와 부류를 밝혔고,

(2) '悉覺' 이하는 성문 공덕의 찬탄이다.

경문은 10구이다. 그러나 성문은 모두가 보살이다. 깊은 법을 밝히고자 성문에 붙여 말한 것이다. 이 때문에 공덕을 찬탄한 바의 말에 근본 자취가 포함되어 있다.

이의 해석은 2가지 부분으로 나뉜다.

㈀ 자취의 입상에서 소승으로 말하였다. 10구가 모두 성문의 공덕이다.

제1구[悉覺眞諦]는 바로 눈앞에서 일어나는 지혜를 얻음이다. 4가지 진리[四眞諦: 苦·集·滅·道諦]를 잘 알기 때문이다.

제2구[皆證實際]는 바른 성품으로 중생에서 벗어난 경계에 들

어감이다. 방편이 없는 지혜로 이미 증득하였기 때문이다.

제3구[深入法性]는 배워야 할 바를 이미 다하였기 때문에 깊이 들어갔다[深入]고 말한다. 법화경에 이르기를, "우리들이 다 함께 법성에 들어갔다."고 한다. 이는 토끼, 말, 코끼리 3종류의 짐승이 강을 건너는 것처럼 이치에는 둘이 없기 때문이다.

옛사람이 또한 위의 3구를 들어 차례에 따라 '見道·修道·無學道'에 짝하였다.

제4구[永出有海]는 태어나는 일은 마지막으로 이미 다하였다. 大悲가 없음을 연유한 까닭에 영원히 벗어남이다.

제5구[依佛功德]는 유위와 무위의 공덕을 부처에 의지하여 성취하기 때문이다. 이는 自利를 얻음에 미침이다.

제6구[離結使縛]는 '생사의 과보를 일으키는 번뇌[有結]'를 이미 다함이다. 九結[愛, 恚, 慢, 無明, 見, 取, 疑, 嫉, 慳]과 十使[五利使: 有身, 邊執, 邪, 見取, 戒禁取. 五鈍使: 貪, 瞋, 癡, 慢, 疑]의 現行에서 벗어나기 때문이다.

제7구[住無礙處]는 번뇌의 장애가 없음이다. 번뇌의 종자가 사라지기 때문이다.

제8구[其心寂靜猶如虛空]는 마음이 잘 해탈하였기에 적멸이 허공과 같다.

제9구[於諸佛所永斷疑惑]는 지혜가 잘 해탈하였기에 부처에 대해 의혹이 없다.

제10구[於佛智海深信趣入]는 定性이 아님을 밝혔다. 모두 마음을 돌릴 수 있기 때문에 믿음으로 부처의 지혜에 들어갈 수 있다.
【초_ "제1구, 바로 눈앞에서 일어나는 지혜를 얻었다."는 것은 대승의 유식론에 6가지의 現觀이 있다.

① 思現觀, ② 信現觀, ③ 戒現觀, ④ 智諦現觀, ⑤ 爲智邊諦現觀, ⑥ 究竟現觀이다. 이는 十地에서 이미 논변하였다.

소승의 구사론에는 3가지의 現觀이 있다.

① 見現觀, ② 緣現觀, ③ 事現觀이다.

여기에서는 바로 견현관에 해당하지만, 그 뜻은 뒤의 2가지를 겸하고 있다.

"제2구, 바른 성품으로 중생에서 벗어난 경계에 들어갔다."는 것은 이미 제4 염혜지에 보이며, '방편이 없는 지혜[無方便慧]'는 이미 제7 원행지에 보인다. 만일 방편이 있으면 실제를 증득하지 못한 것이다.

"제3구, 배워야 할 바를 이미 다하였다."는 것은 자신이 배울 바의 법에 '깊이 들어감[深入]'이라 말한 것이지, 아주 심오한 법성에 깊이 들어감을 말한 것이 아니다. 이 때문에 법화경을 인용하였다. 이는 三乘이 다 함께 들어가는 법성이다.

"토끼, 말, 코끼리 3종류의 짐승이 강을 건넜다."는 것은 이미 제8 부동지에 보인다.】

二는 約本門이니 就菩薩歎故니라 如來不思議境界經에 云 "復有無量百千億菩薩이 現聲聞形하고 亦來會座하니 其名曰 舍利弗·大目犍連等이라"하니 廣如彼說이니 明皆是權이라 故下 '身子' 令海

覺等으로 觀文殊德이라

十中에 一은 覺第一義오

二는 方便已具니 善能入於無際際故오

三은 二空眞理窮其源故오

四는 具足大悲니 能入不染이라야 方永出故오

五는 依十力等하야 離小見故오

六은 不斷不俱라야 方能離故오

七은 已淨所知하야 無二礙故오

八은 處亂恒寂하야 了本空故오

九는 佛不共德에 雖未證得이나 亦無疑故오

十은 一切種智에 證信入故니라【鈔_ 然皆反上聲聞之德이니 類例可知니라】

㈐ 근본 부분으로 말하였다. 보살의 지위에서 찬탄하였기 때문이다.

여래부사의경계경에서 말하였다.

"또한 한량없는 백천억 보살이 성문의 모습을 나타내어 또한 법회에 찾아가 앉았다. 그 이름은 사리불과 대목건련 등이다."

여래부사의경계경에서 자세히 말한 바와 같다. 이는 모두 방편의 권도임을 밝혔다. 이 때문에 아래에서 사리불이 海覺 등으로 하여금 문수의 공덕을 살펴보도록 하였다.

10구는 다음과 같다.

제1구[悉覺眞諦]는 第一義諦를 깨달음이다.

제2구[皆證實際]는 방편을 이미 갖췄음이다. 끝이 없는 끝에 잘 들어가기 때문이다.

제3구[深入法性]는 아공과 법공의 진리 근원을 다한 때문이다.

제4구[永出有海]는 大悲를 두루 갖춤이다. 물들지 않는 자리에 들어가서야 비로소 영원히 벗어나기 때문이다.

제5구[依佛功德]는 十力 등을 의하여 작은 견해를 여의기 때문이다.

제6구[離結使縛]는 번뇌를 끊지도 않고 함께하지도 않아야 비로소 여의기 때문이다.

제7구[住無礙處]는 이미 아는 바가 청정하여 번뇌장과 소지장이 없기 때문이다.

제8구[其心寂靜猶如虛空]는 혼란 속에 있으면서도 언제나 고요하여 본래 공함을 알기 때문이다.

제9구[於諸佛所永斷疑惑]는 그 누구도 함께할 수 없는 부처의 공덕을 증득하지 못하였으나 또한 의심이 없기 때문이다.

제10구[於佛智海深信趣入]는 일체종지에 증득하고 믿음으로 들어가기 때문이다.【초_ 그러나 이는 모두 위에서 말한 성문의 공덕에 빈대이다. 유례는 말하지 않아도 알 수 있다.】

第三 諸世主衆

3) 세간 군주 대중

經

及與無量諸世主로 俱하시니

悉曾供養無量諸佛하며 常能利益一切衆生하며 爲不請友하며 恒勤守護하며 誓願不捨하며 入於世間殊勝智門하며 從佛敎生하야 護佛正法하며 起於大願하야 不斷佛種하며 生如來家하며 求一切智하니라

한량없는 세간의 임금들과 함께하였다.

모두가 한량없는 부처님을 공양하였고,

항상 일체중생에게 이익을 주었으며,

일체중생의 청하지 않은 벗이 되어 찾아갔고,

언제나 부지런히 수호하였으며,

서원을 버리지 않았고,

세간의 훌륭한 지혜의 문에 들어갔으며,

부처님의 가르침으로부터 태어나 부처님의 바른 법을 보호하였고,

큰 서원을 일으켜 부처의 종자를 끊지 않았으며,

여래의 가문에 태어났고,

일체 지혜를 구하였다.

● 疏 ●

亦先標數類하고 後 '悉曾'下는 歎德이라

十中에 初一은 歎福이오

次四는 歎悲니 於中에 初句는 總이오 餘三句는 別이니 一은 無緣普應이오 二는 護念初心이오 三은 誓不捨惡이라

次二句는 歎智德이니 一은 智入權門이오 二는 行護理教니 正法兼理오 護兼行故니라 上七은 皆行이라

八은 卽是願이니 願行具故오

第九는 入位라 上九는 自分이라

十은 卽勝進이라

　　또한 수효와 부류를 먼저 들어 말하고, 뒤의 '悉曾' 이하는 공덕의 찬탄이다.

　　10구 가운데 제1구는 복덕을 찬탄하고, 다음 제2~5 4구는 大悲의 찬탄이다.

　　'대비의 찬탄' 가운데 제2구는 총체이고, 나머지 제3~5 3구는 개별이다.

　　제3구는 반연 없이 널리 응함이며,

　　제4구는 초심을 지키고 생각함이며,

　　제5구는 악인을 버리지 않을 것을 맹세함이다.

　　다음 제6~7 2구는 지혜 공덕을 찬탄함이다.

　　제6구는 지혜로 방편의 문에 들어감이며,

　　제7구는 수행으로 진리의 가르침을 수호함이다. 정법은 진리를 겸하고, 수호는 수행을 겸하기 때문이다.

　　위의 7구는 모두 行이다.

　　제8구는 서원이다. 願과 行을 모두 갖춘 때문이며,

제9구는 들어간 지위이다.

위의 9구는 자신의 본분이다.

제10구는 잘 닦아나감이다.

上序分 竟하다

위의 序分을 끝마치다.

大文 第二. 請分

衆集은 本爲聞經故니라

文分爲二니

初는 標衆念請이오 二는 顯所請法이라

今은 初라

제2. 청법 부분

대중이 모인 것은 본래 경문을 듣기 위함이기 때문이다.

이의 경문은 2부분으로 나뉜다.

1. 대중이 원하는 생각으로 청하는 법문을 밝혔고,

2. 청한 바의 법을 밝혔다.

이는 '1. 대중이 원하는 생각으로 청하는 법문'이다.

經

時에 諸菩薩과 大德聲聞과 世間諸王과 幷其眷屬이 咸作是念호되

그때, 모든 보살, 대덕 성문, 세간의 모든 임금, 아울러 그 권속들이 모두 이런 생각을 하였다.

● 疏 ●

聲聞은 下如聾等이어늘 此能念者는 釋有二義하니
一은 約本迹이니 就本能念이오 就迹不知니라
二는 唯就迹說이니 意法師云'理處不隔일새 故得同疑오 未積大心일새 故不厠其次'라하니 此亦有理라 猶葉公好龍이로되 眞龍難視인달하야 同居法會하야 同仰法門이로되 所現超倫일새 故如聾瞽이니라
【鈔_ '其猶葉公好龍'者는 事出莊子라 葉公은 姓沈이오 名은 諸梁이라 故春秋注에 云'葉公子高는 沈諸梁이니 食采(采)於葉에 借以稱公'이라하고 亦有云'與楚同姓이니 楚姓은 芊이라'하니 卽子張이 見衛君에 君不全待어늘 子張云'公之好士는 猶葉公之好龍이로다 葉公이 好龍하야 井厠之間에 皆畫其象이어늘 眞龍이 知其好하고 乃現其庭이러니 葉公이 絕倒하야 不敢視라 葉公之好는 好於似龍이오 非好眞龍이어늘 今君好士는 但好似士오 非好眞士也로다'하니 今聲聞之請法은 若彼好龍하야 不覩希奇니 若不識眞物也라】

성문은 아래에서 말한 '귀미거리'와 같은 등인데, 여기에서 "이런 생각을 하였다."는 부분에 대한 해석은 2가지 뜻이 있다.

(1) 본래와 자취를 들어 말한다. 본래 자리에서 말하면 그는 얼마든 생각할 수 있는 능력이 있고, 자취의 입장에서 말하면 그는 알지 못한다.

(2) 오직 자취를 들어 말한다.

意法師가 말하였다.

"진리의 자리는 막힘이 없기 때문에 똑같이 의심할 수 있지만, 큰마음을 쌓지 않았기에 그 차례에 끼지 못한다."

이 또한 그럴 수 있는 이치가 있다.

섭공이 용을 좋아하지만, 진짜 용은 보기 어려운 것처럼 법회에 함께 머물면서 법문을 함께 우러르지만, 나타내는 바가 워낙 뛰어나기에 귀머거리와 봉사와 같다.【초_ '섭공이 용을 좋아하지만'이란 고사는 장자에서 나왔다. 섭공의 성은 沈이며, 이름은 諸梁이다. 이 때문에 춘추의 주에서, "葉公 子高는 沈諸梁이다. 섭 땅의 작은 식읍을 가지고서 참람하게 '公'이라고 칭하였다."고 하였다.

또한 혹자는 "초나라와 같은 성씨이다. 초나라의 성씨는 芊이다."고 한다.

공자 제자, 子張이 위나라 임금을 찾아가자, 임금이 제대로 대접하지 않았다.

이에 자장이 임금에게 말하였다.

"공이 선비를 좋아하는 것은 마치 섭공이 용을 좋아하는 것과 꼭 닮았다.

섭공이 너무 용을 좋아한 나머지, 우물이며 변소며 모든 곳에 용의 모습을 그려놓았다. 진짜 용이 그처럼 자기를 좋아하는 줄을 알고서, 마침내 그 뜰에 모습을 나타내자, 섭공은 졸도하여 감히 바라보지도 못하였다.

섭공이 좋아한 것은 사이비의 용을 좋아한 것이지, 진짜 용을 좋아한 것이 아닌 것처럼, 지금 임금이 선비를 좋아하는 것은 사이비의 선비를 좋아한 것이지, 진짜 선비를 좋아한 것이 아니다."

여기에서 성문의 법을 청함은 마치 섭공이 사이비의 용을 좋아하는 것처럼 진짜 희기한 불법을 보지 못함이니, 이는 마치 진짜 물건을 알지 못함과 같다.】

二는 顯所請法이니 有六十句라
初後三十句는 是所請法이오 中三十句는 但是請儀라 其請法은 多同初會四十句法이라 以初會爲總이오 此說將終에 會同本故니라 就文分二니 前三十句는 念德難思오 後 '唯願'下 三十句는 請隨機演이니 以初十句는 明自體圓著하야 寄顯果海絶言이오 最後十句는 明化用普周하야 令寄言顯果니 由斯文有影畧이나 理實兼皆請示니 如初會辨이라
今은 初라

2. 청한 바의 법을 밝혔다.

60구이다. 앞뒤의 30구는 청한 바의 법이고, 가운데 30구는 법을 청하는 의식일 뿐이다. 그 청한 법이 첫 아란야법보리장 법회에서의 40구 법과 대체로 같다. 첫 아란야법보리장 법회는 총체이고, 이는 설법이 장차 끝나면서 첫 근본과 똑같이 회통하였기 때문이다.

경문은 다시 2단락으로 나눈다.

1) 앞의 30구는 공덕의 불가사의함을 생각함이며,

2) 뒤의 '唯願' 이하 30구는 근기에 따라 연설해 주기를 청함이다.

첫 부분의 10구는 자체가 원만하게 나타남을 밝히면서 말을 붙일 수 없는 果海를 붙여 밝혔고,

맨 뒤의 10구는 교화 작용이 널리 두루 미침을 밝히면서 말에 맡겨 과덕을 나타내고자 하였다.

이 때문에 경문은 일부분을 생략했으나 이치는 실로 겸하여, 모두 법을 보여주기를 청함이다. 첫 아란야법보리장 법회에서 말한 바와 같다.

이는 '1) 앞의 30구'이다.

經

如來境界와 如來智行과 如來加持와 如來力과 如來無畏와 如來三昧와 如來所住와 如來自在와 如來身과 如來智를

'여래의 경계, 여래의 지혜의 행, 여래의 가피, 여래의 힘, 여래의 두려움 없음, 여래의 삼매, 여래의 머무르심, 여래의 자재, 여래의 몸, 여래의 지혜를

◉ 疏 ◉

今初念德中에 初十句는 正明所念果法이오 次十은 明玄妙難思오

後十은 明緣會可了라

今初 十中에 前八은 攝初會最初十句니 卽內行成滿德이니 以如來自在攝彼神通과 及無能攝取故니라

一 境界者는 卽所緣分齊故니 如出現等品辨이오

二 智行者는 悲智無礙 無功用行이니 亦如出現品辨이오

三 加持者는 謂勝力任持하야 令有所作이니 如不思議法品辨이오

四는 謂十力等이오

五는 卽四種十種無畏等이오

六은 卽師子奮迅等이오

七 所住者는 卽初會佛地니 佛所住地故니라 若別釋者인댄 卽常住大悲等이니 如不思議品이오

八은 謂十自在等及攝二句니 如向所辨이오 廣引諸文釋義는 竝如初會니라

後二句는 卽攝初會次十句體相顯著德이라 前有六根三業하니 今身合六根과 及於二業이오 智는 卽意業이니 心意俱不可知오 但以智知故니라 所以合者는 欲顯身兼十身일새 故合六根이오 三業智導일새 故但云智니라

'1) 공덕의 불가사의함을 생각'한 부분의 첫 10구는 바로 생각한 바의 果法을 밝혔고, 다음 10구는 현묘하여 불가사의함을 밝혔으며, 마지막 10구는 인연을 만나야 알 수 있음을 밝혔다.

⑴ 첫 10구 가운데 앞의 8구는 첫 아란야법보리장 법회에서의 최초 10구를 포괄하고 있다. 이는 내면의 행이 원만하게 성취된

공덕이다. 여래의 자재로 저 신통을 포괄하고 섭취할 수 없기 때문이다.

제1구, 여래의 경계란 반연 대상의 한계이기 때문이다. 제37 여래출현품 등에서 말한 바와 같다.

제2구, 여래의 지혜의 행이란 大悲와 大智가 걸림 없이 더 이상 공용이 없는 행이다. 이 또한 제37 여래출현품에서 말한 바와 같다.

제3구, 여래의 가피란 뛰어난 힘을 지니고서 하는 바가 있도록 함이다. 제33 불부사의법품에서 말한 바와 같다.

제4구, 여래의 힘이란 十力 등을 말한다.

제5구, 여래의 두려움 없음이란 4가지 또는 10가지의 두려움이 없는 등이다.

제6구, 여래의 삼매란 사자분신삼매 등이다.

제7구, 여래의 머무르심이란 첫 아란야법보리장 법회에서 말한 '佛地'이다. 부처께서 머무는 지위이기 때문이다. 만일 개별로 해석하면 常住大悲 등이다. 제33 불부사의법품에서 말한 바와 같다.

제8구, 여래의 자재란 10가지 자재 등과 2구를 포함한다. 이는 조금 전에 논변한 바와 같으며, 여러 경문을 널리 인용하여 해석한 뜻은 아울러 첫 아란야법보리장 법회에서 말한 바와 같다.

마지막 2구(여래의 몸, 여래의 지혜)는 첫 아란야법보리장 법회에서의 다음 10구에서 말한 본체와 모양이 뚜렷하게 나타난 공덕을 포함한다. 앞에서는 육근과 삼업을 말했는데, 여기에서 말한 몸이란 육근과 삼업을 합하고, 지혜는 곧 意業이다. 마음의 뜻으로는 모두 알 수 없고, 지혜만이 알 수 있기 때문이다.

합한 바는 몸이 十身을 겸함을 밝히고자 한 까닭에 육근에 합하였고, 삼업은 지혜로 인도하기 때문에 지혜만을 말하였을 뿐이다.

經

一切世間의 **諸天及人**이 **無能通達**하며 **無能趣入**하며 **無能信解**하며 **無能了知**하며 **無能忍受**하며 **無能觀察**하며 **無能揀擇**하며 **無能開示**하며 **無能宣明**하며 **無有能令衆生解了**오

    모든 세간의 하늘과 사람들이
    부처의 경계를 통달함이 없으며,
    들어감이 없으며,
    믿고 이해함이 없으며,
    분명하게 앎이 없으며,
    참고 받아들임이 없으며,
    살펴봄이 없으며,
    가려냄이 없으며,
    열어 보임이 없으며,
    펼쳐 밝힘이 없으며,
    중생으로 하여금 알게 함이 없으며,

◉ 疏 ◉

二十句는 明玄妙難思니 人天莫測이라

(2) 10구는 부처의 경계가 현묘하고 불가사의하여 사람과 하늘로서는 헤아릴 수 없음을 밝혔다.

經

唯除諸佛加被之力과 佛神通力과 佛威德力과 佛本願力과 及其宿世善根之力과 諸善知識攝受之力과 深淨信力과 大明解力과 趣向菩提淸淨心力과 求一切智廣大願力이니라

오직 부처님의 가피하신 힘,

부처님의 신통하신 힘,

부처님의 위덕의 힘,

부처님의 본래 서원하신 힘,

그 지난 세상 선근의 힘,

선지식이 거두어 주었던 힘,

깊고 청정한 신심의 힘,

크고 밝게 아는 힘,

보리로 나아가는 청정한 마음의 힘,

일체 지혜를 구하는 광대한 서원의 힘을 제외한다.'

● 疏 ●

三十句는 緣會可了中에 前四는 佛力上加 爲緣이오 後六은 自根堪受 爲因이니 具此可知니라

前中에 初三은 現緣이오 後一은 宿願이오 後六中에 初一은 宿善이오 餘五는 現德이라

於上十句에 分有分知하고 全有全知라

又此十句는 通有二意니 一은 成上顯深이오 二는 起後請說이라

【鈔_ '又此十句 通有二意'等者는 謂旣唯諸佛加等이라야 方知明是顯深이라 佛加旣知일새 故請佛加而演說也니 非器면 難解오 有器라야 可聞也니라】

　(3) 10구는 '인연을 만나야 알 수 있는' 부분으로, 앞의 4구는 부처의 가피력이 반연이 되었고, 뒤의 6구는 자신의 근기로 받아들임이 원인이 되었다. 이를 갖추어야 부처의 경계를 알 수 있다.

　'앞의 4구' 가운데 첫 3구는 현재의 반연이고, 뒤의 1구는 숙세의 서원이며,

　'뒤의 6구' 가운데 첫 1구는 숙세의 선근이고, 나머지 5구는 현재의 공덕이다.

　위의 10구에 있어 부분에서는 부분으로 알아야 하고, 진체에서는 전체로 알아야 한다.

　또한 10구에는 전체로 2가지 뜻이 있다.

　① 위에서 심오함을 나타낸 부분을 끝맺었고,

　② 뒤의 설법을 청하는 부분을 일으켰다.【초_ "또한 10구에는

전체로 2가지 뜻이 있다."는 등이란 이미 오직 제불의 가피 등만이 심오함을 밝힌 것임을 분명히 알 수 있다. 제불의 가피를 이미 알기에 부처의 가피로 연설해 줄 것을 청한 것이다. 법 그릇이 아니면 이해하기 어렵고, 법 그릇이 있어야 이를 들을 수 있다.】

第二 請隨機演
2) 근기에 따라 연설해 주기를 청하다

經
唯願世尊은 **隨順我等**과 **及諸衆生**의 **種種欲**과 **種種解**와 **種種智**와 **種種語**와 **種種自在**와 **種種住地**와 **種種根淸淨**과 **種種意方便**과 **種種心境界**와 **種種依止如來功德**과 **種種聽受諸所說法**하사

"오직 바라건대 세존께서 우리들과 모든 중생의

가지가지 욕망,

가지가지 이해,

가지가지 지혜,

가지가지 언어,

가지가지 자재,

가지가지 머무는 지위,

가지가지 선근의 청정,

가지가지 뜻의 방편,

가지가지 마음의 경계,

가지가지 여래 공덕의 의지,

가지가지 말씀하신 법을 들음에 따라서,

● 疏 ●

隨機演中 二니

初十一句는 請隨機宜요 後顯示下 二十句는 請所說法이라

今初에 前云緣會可知일새 今請以緣隨器니라

於中에 初三은 約內心器殊요 次一은 約外類音異요 上四는 通於凡聖이요

後七은 多約菩薩이니 一은 財等有殊요 二는 地位優劣이요 三은 依根除障이요 四는 作業差異요 五는 緣境不同이요 六은 曾依何德而修요 七은 曾聽何法爲種이라 又六은 宜依何德以化요 七은 宜何廣畧而說이니 種種不同이 皆請隨順이라【鈔_ '一 財等有殊'者는 卽十自在니 一財, 二命, 三心, 四業, 五生, 六解, 七願, 八通, 九智, 十法이니 廣如八地와 離世間品이라】

'근기에 따라 연설'한 부분은 2단락이다.

(1) 처음 11구는 근기의 적절함을 따라 설법해 줄 것을 청하였고,

(2) 뒤의 '顯示' 이하 20구는 연설할 바의 법을 청하였다.

'(1) 11구'는 앞에서 "인연이 만나여야 알 수 있다."고 말했기에, 여기에서 인연으로써 법 그릇에 따라 설법해 줄 것을 청하였다.

이 가운데 첫 3구는 내면의 마음의 그릇이 다른 것으로 말하였고, 다음 1구는 바깥 부류의 음성이 다른 것으로 말하였다. 위의 4구는 범부와 성인에 모두 통한다.

뒤의 7구는 대체로 보살을 들어 말하였다.

① 제5구[種種自在]는 재물 등의 차이가 있고,

② 제6구[種種住地]는 지위에 우열이 있으며,

③ 제7구[種種根淸淨]는 근기에 따라 장애를 없애고,

④ 제8구[種種意方便]는 하는 일에 차이가 있으며,

⑤ 제9구[種種心境界]는 반연의 경계가 똑같지 않고,

⑥ 제10구[種種依止如來功德]는 일찍이 어떤 공덕을 의지하여 닦았으며,

⑦ 제11구[種種聽受諸所說法]는 일찍이 어떤 법을 듣고서 종자를 삼음이다.

또한 '⑥ 제10구'는 당연히 어떤 공덕을 의지하여 교화함이며, '⑦ 제11구'는 당연히 어떤 설법으로 자세히, 또는 간추려서 설법함이다. 가지가지 똑같지 않음이 모두 근기에 따라 설법해 줄 것을 청함이다.【초_ '① 제5구, 재물 등의 차이'는 곧 10가지 자재이다.

① 재물의 자재, ② 목숨의 자재, ③ 마음의 자재, ④ 업의 자재, ⑤ 삶의 자재, ⑥ 이해의 자재, ⑦ 서원의 자재, ⑧ 통달의 자재, ⑨ 지혜의 자재, ⑩ 법의 자재이다.

제8 부동지와 제38 이세간품에서 자세히 말한 바와 같다.】

經

顯示如來의 往昔趣求一切智心과 往昔所起菩薩大願과 往昔所淨諸波羅蜜과 往昔所入菩薩諸地와 往昔圓滿諸菩薩行과 往昔成就方便과 往昔修行諸道와 往昔所得出離法과 往昔所作神通事와 往昔所有本事因緣과

여래의 예전에 구하셨던 일체 지혜의 마음,

예전에 일으키신 보살의 큰 서원,

예전에 청정하게 닦으신 모든 바라밀,

예전에 들어가신 보살의 모든 지위,

예전에 원만하게 이루신 모든 보살의 수행,

예전에 성취하신 방편,

예전에 닦으신 모든 도,

예전에 얻으신 삼계를 벗어나는 법,

예전에 행하신 신통의 일,

예전에 행하신 전생의 일과 인연,

● 疏 ●

第二 請所說法中二니 先은 列所請이오 後 如是等下는 結請이라
今初 分二니 前十句는 請說往因이오 後十句는 請今果用이라
今初 此十句中에 七與初會로 名義全同이니 諸道는 卽彼助道海오
此中方便은 卽前智海니 卽名異義同이라 彼有乘海오 無本事니 則
名義俱異니라 以彼通請一切菩薩일새 故顯乘不同이로되 今約本

師爲問이라 故加本事니 則乘通諸句라 爲成十故로 畧之오 或本事
卽是乘海니 昔所乘故니라 餘는 如初會하다

(2) 연설할 바의 법을 청함은 2부분으로 나뉜다.

(ㄱ) 먼저 청할 바를 나열하였고,

(ㄴ) 뒤의 '如是等' 이하는 청법을 끝맺었다.

(ㄱ)은 2단락으로 나뉜다.

앞의 10구는 과거 세상의 원인을 말해줄 것을 청하였고,

뒤의 10구는 현재의 결과 작용을 말해줄 것을 청하였다.

'앞의 10구' 가운데 7구는 첫 아란야법보리장 법회의 제2 여래현상품에서 말한 명칭과 뜻이 모두 똑같다.

'往昔修行諸道'의 諸道는 여래현상품에서 말한 '일체 보살 助道海'이며,

'往昔成就方便'의 방편은 여래현상품에서 말한 '일체 보살 智海'이다.

이처럼 명칭은 다르지만 뜻은 똑같다.

여래현상품에서는 '일체 보살 乘海'는 있으나, 여기에서 말한 本事[往昔所有本事因緣]는 없다. 이는 명칭과 뜻이 모두 다르다. 여래현상품에서는 일체 보살에게 모두 청한 것이기에 '乘'을 밝힘이 똑같지 않지만, 여기에서는 本師만을 들어 물은 것이다. 이 때문에 '本事'만을 더한 것이다.

다시 말하면 '乘'이란 모든 구절에 통한다. 10의 수효를 맞추기 위한 까닭에 생략하였다. 혹은 '本事'가 바로 '乘海'이다. 과거 옛적

에 '탔던[乘]' 것이기 때문이다.

나머지는 첫 아란야법보리장 법회에서 말한 바와 같다.

經

及成等正覺과 轉妙法輪과 淨佛國土와 調伏衆生과 開一切智法城과 示一切衆生道와 入一切衆生所住와 受一切衆生所施와 爲一切衆生說布施功德과 爲一切衆生現諸佛影像하사 如是等法을 願皆爲說하소서

등정각의 성취,

미묘한 법륜을 굴림,

부처의 국토를 청정케 함,

중생의 조복,

일체 지혜의 법성(法城)을 엶,

일체중생의 도를 보여줌,

일체중생이 머무른 데 들어감,

일체중생의 보시를 받음,

일체중생을 위해 보시의 공덕을 말함,

일체중생을 위해 부처님의 영상을 나타내셨던,

그러한 법들을 모두 설법해 주시기를 원하옵니다."

● 疏 ●

後'及成'下十句는 請果用中에 此十을 望初會第三十句면 義卽

多同이로되 而文多異니 欲顯果用無邊일새 故影畧其文이라

一은 因圓果成이니 卽佛海오

二는 成必演法이니 卽演說海오

三은 法詮淨國이니 卽世界海오

四는 皆爲調生이니 卽名號海오

五는 雙開菩提涅槃之果城이니 卽涅槃이 防非止惡故니 卽解脫海라

六은 示生行業이 爲至果之因이니 卽衆生海오

七은 徧入機處하야 隨機立壽니 卽壽量海오

八은 爲衆生田하야 令得常命이니 卽波羅密海에 檀爲最初故오

九는 說諸度니 爲安立世界海之法式故오

十은 三輪變化猶水月鏡像이니 卽變化海니라

뒤의 '及成等正覺' 이하 10구는 '현재의 결과 작용을 말해줄 것을 청한' 부분 가운데 이 10구를 첫 아란야법보리장 법회의 제2 여래현상품에서 말한 제3. 10구[世界海, 衆生海, 世界安立海, 佛海, 佛波羅蜜海, 佛解脫海, 佛變化海, 佛演說海, 佛名號海, 佛壽量海]에 대조하여 살펴보면, 그 뜻은 대체로 똑같지만 경문은 많은 부분이 다르다. 결과 작용이 그지없음을 밝히고자, 그 경문의 일부분을 생략하였다.

제1구 '成等正覺'은 원인이 원만하고 결과가 성취됨이다. 이는 여래현상품에서 말한 '佛海'이다.

제2구 '轉妙法輪'은 자신의 결과가 성취되었으면 반드시 중생을 위해 법문을 연설해야 함이다. 이는 '演說海'이다.

제3구 '淨佛國土'는 법어로 나라를 청정하게 함이다. 이는 '世界海'이다.

제4구 '調伏衆生'은 모두 중생을 조복함이다. 이는 '名號海'이다.

제5구 '開一切智法城'은 보리와 열반이라는 결과의 성문[果城]을 모두 열어젖힘이다. 곧 열반이 그릇됨을 막아주고 악을 저지하는 까닭에 이는 '解脫海'이다.

제6구 '示一切衆生道'는 중생의 행과 업이 지극한 결과의 원인이 됨을 보여줌이다. 이는 '衆生海'이다.

제7구 '入一切衆生所住'는 중생이 있는 곳에 두루 들어가 중생의 근기를 따라 壽를 세움이다. 이는 '壽量海'이다.

제8구 '受一切衆生所施'는 중생의 복전을 위하여 하여금 常命을 얻게 함이다. 이는 '波羅密海'에 보시가 최초이기 때문이다.

제9구 '爲一切衆生說布施功德'은 모든 바라밀을 설법함이다. '安立世界海'의 법식이 되기 때문이다.

제10구 '爲一切衆生現諸佛影像'은 身口意 三輪의 변화가 물 위에 비치는 달, 거울에 비친 형상과 같다. 이는 '變化海'이다.

二 結請은 可知니라

(ㄴ) 청법을 끝맺음은 말하지 않아도 알 수 있다.

第二請分 竟하다

제2. 청법 부분을 끝마치다.

大文第三 三昧現相分

酬前念請 示相答故니라

於中二니 先은明三昧爲能現이오 二入此三昧下는 明所現淨土라 今初는 無方大用이 依體起故니라 故先入定이 卽以此義일새 先明 入定하고 後集衆海니라 前來諸會는 爲明從相入實일새 前集後定이 與此不同이라 佛自入者는 表證法界는 唯佛窮故니라 不言答者는 表證離言故오 又令目擊而自證故니라

제3. 삼매로 모양을 나타낸 부분

앞의 생각으로 법을 청하는 부분에 답함에 있어 그에 상당하는 모습을 보여 답하기 때문이다.

이는 2부분으로 나뉜다.

1. 삼매가 모습을 나타내는 주체임을 밝혔고,

2. '入此三昧' 이하는 모습을 나타낸 바의 청정 국토를 밝혔다.

'1. 삼매가 모습의 주체'임은 일정한 곳이 없는 큰 작용이 본체에 의해 일어나기 때문이다. 이 때문에 먼저 선정에 들어감이 바로 이런 뜻이기에, 먼저 선정에 들어감을 밝히고, 뒤에 법회에 모인 대중을 밝혔다.

앞의 모든 법회에서는 외적 모양으로부터 내면의 실상 자리에 들어감을 밝혔기에 앞서 대중이 모이고 뒤에 선정에 늘어감이 여기와는 똑같지 않다.

부처가 스스로 선정삼매에 들어간 것은 법계를 증득함은 오직

부처만이 다할 수 있음을 나타낸 때문이다.

　　말이 없는 것으로 답한 것은 언어문자를 초월한 증득임을 나타낸 때문이며, 또한 중생으로 하여금 이를 보고서 스스로 증득하도록 한 때문이다.

經

爾時에 **世尊**이 **知諸菩薩心之所念**하시고
大悲爲身하시며 **大悲爲門**하시며 **大悲爲首**하시며 **以大悲法**으로 **而爲方便**하사 **充徧虛空**하사
入師子頻申三昧하시니라

　　그때, 세존께서 많은 보살이 생각한 바를 아시고,

　　크게 가엾이 여기는 마음으로 몸을 삼고,

　　크게 가엾이 여기는 마음으로 문을 삼고,

　　크게 가엾이 여기는 마음으로 머리를 삼고,

　　크게 가엾이 여기는 법으로 방편을 삼아

　　허공계에 충만하였는데,

　　사자빈신삼매(獅子頻伸三昧)[1]에 드셨다.

1　사자빈신삼매(獅子頻伸三昧): 獅子奮迅三昧와 같음. siṃha-vijṛmbhita-samādhi. 또한 師子威三昧, 師子嚬伸三昧라 말하기도 하며, 약칭으로는 奮迅三昧이다. 의지한 선정삼매 속에서 사자처럼 날쌔고 용맹스럽게 부처의 큰 威神力을 나타낸 까닭에 이를 師子奮迅三昧라고 말한다. 이 삼매는 ⑴ 미세한 무지의 미혹을 곧바로 없애준다는 뜻이고, ⑵ 선정의 출입이 매우 빠름을 말한나. 또 나른 뜻으로는 선정에 들어가는 것도 빠르고, 선정에서 나오는 것도 빠르다는 뜻이다. 아래의 청량소 해당 부분을 참고하기 바란다.

◉ 疏 ◉

文分爲三이니

初入定緣이니 領前念故오

二大悲下는 明入定因이오

三入師子下는 正明入定이라

경문은 3단락으로 나뉜다.

1) 선정에 들어가는 인연이다. 앞서 말한 그들의 생각을 알았기 때문이다.

2) '大悲' 이하는 선정에 들어가는 원인을 밝혔다.

3) '入師子' 이하는 바로 선정에 들어감을 밝혔다.

就入因中에 有四種悲하야 以爲入定益物之本이니 各有二義라

一 身二義者는 一은 是入定所依之身이니 悲所熏故오 二 身者는 體義오 依義니 欲入深定인댄 全依大悲而爲體故니라

二 門二義者는 一은 佛有大智大定大悲等門이나 今欲益生일새 唯依悲門하야 令物入故오 二者는 定爲所入이오 悲爲能入故니라

三 首二義者는 一者는 初義니 凡所益物은 皆以大悲爲先導故오 二者는 勝上義니 謂非不用智定之門이로되 此增勝故니라

四 方便二義者는 一은 悲智相導 互爲方便이나 今以悲로 爲入定益物之方便故오 二者는 以是卽智定之悲로 不滯愛見일새 故名方便이니 方能令物로 普入法界니라

又此四悲는 亦是從佛向機之漸次矣라 此上四悲 皆徧虛空도 亦有二義하니 一은 廣周故오 二는 無緣故니라

'2) 선정에 들어가는 원인' 부분에는 4가지의 大悲가 있어 선정에 들어 중생에게 이익을 주는 근본을 삼았다.

이는 각각 2가지 뜻이 있다.

(1) '몸을 삼음'의 2가지 뜻은,

① 선정에 들어 의지한 바의 몸이다. 大悲의 마음으로 훈습한 바이기 때문이다.

② 몸이란 신체의 뜻이며, 의지하다의 뜻이다. 깊은 선정에 들어가고자 한다면 모두 大悲에 의지하여 본체를 삼기 때문이다.

(2) '문을 삼음'의 2가지 뜻은,

① 부처는 大智·大定·大悲 등의 문이 있으나, 여기에서는 중생에게 이익을 주고자 하기에 오직 대비의 문에 의지하여 중생으로 하여금 선정에 들어가도록 하기 때문이다.

② 선정이 들어가는 대상이 되며, 대비의 마음은 선정에 들어가는 주체가 되기 때문이다.

(3) '머리를 삼음'의 2가지 뜻은,

① 머리란 처음이라는 뜻이다. 무릇 중생에게 이익을 주는 것은 모두 대비의 마음으로 선도를 삼기 때문이다.

② 머리란 가장 수승하고 최상이라는 뜻이다. 大智禪定의 문을 사용하지 않은 것은 아니지만 대비의 마음이 더욱 수승하기 때문이다.

(4) '방편을 삼음'의 2가지 뜻은,

① 자비의 마음과 지혜의 밝음이 서로 이끌어가면서 서로 방

편이 되지만, 여기에서는 자비의 마음으로 선정에 들어 중생에게 이익을 주는 방편을 삼기 때문이다.

② 이처럼 지혜 선정과 하나가 된 자비의 마음으로 愛見에 막히지 않은 까닭에 이를 '방편'이라고 말한다. 바야흐로 중생으로 하여금 법계에 널리 들어가도록 함이다.

또한 이 4가지의 '크게 가엾이 여기는 마음' 또한 이는 중생의 근기에 맞춰 차례로 나아가는 부처의 마음이다.

위의 4가지 '크게 가엾이 여기는 마음'이 모두 허공계에 두루 가득함 또한 2가지 뜻이 있다.

① 널리 두루 가득하기 때문이며,

② 반연의 집착이 없기 때문이다.

第三正明入定者는 以定業用으로 從喩爲名이라 言頻申者는 有人云梵音訛畧이니 具正인댄 應云毘實廩多니 此翻爲自在無畏라 如師子王이 羣獸之中에 自在無畏故라하니라 然舊經에 翻爲師子奮迅이라 故依古德 用此方言釋之니 頻申·奮迅은 俱是展舒四體通暢之狀이라

總相釋者인댄 卽用之體 寂而造極이면 則差別萬殊 無非法界오 卽體之用 不爲而周일새 故小大相參하야 緣起無盡을 名曰頻申自在之義라

若別解者인댄 涅槃師子吼品에 明師子王이 自知身力과 牙齒鋒鋩하야 乃至晨朝에 出穴而吼호되 爲十一事故라하야 廣有喩合이라 又離世間品에 顯菩薩師子王이 白淨法爲身等이로되 合首足等이

與涅槃으로 復異하고 此文은 以大悲爲身이라 故知但取義似인정 未
必揩定이라【鈔_ 涅槃師子吼品은 卽南經二十五經이니 若準北
經이면 當二十七이라 言廣有喩合者는 今當具出호리니 此是師子吼
菩薩請問如來러니 如來 對衆稱讚하야 令敬菩薩하고 卽說其得名
之由라 故云'今於我前에 欲師子吼라하니 善男子야 如師子王이 自
知身力과 牙齒鋒鋩하야 四足據地하고 安住巖穴하야 振尾出聲이라
若有能具如是諸相이면 當知하라 是則能師子吼라하나라'
釋曰'此下에 卽說爲十一事라 經一時合이어늘 今에 先別로 合師子
니라'
經云'善男子야 如來正覺의 智慧牙爪와 四如意足과 六波羅密滿
足之身과 十力雄猛의 大悲로 爲尾하야 安住四禪淸淨窟宅이라'하니
釋曰'此卽具有喩合이니 合師子也라'
'又離世'下는 二引當經이니 言'爲身'等者는 等取下經이라 下經에
云'四諦 爲其足이오 正念 以爲頸이오 慈眼智慧首와 頂髻解脫繒
으로 勝義空谷中에 吼法怖羣魔'라하니라
言'未必揩定'者는 生下喩合이 不全依於上二經文이라】

  '3) 바로 선정에 들어감을 밝혔다.'는 것은 선정의 業用을 비유
로 이름을 붙인 것이나. '頻申'이라 말한 것은 어떤 사람은 "빔음이
잘못 생략된 것이다. 이를 구체적으로 바르게 말하면 당연히 '毘實
廬多'로 말해야 한다. 이를 번역하면 '자재하게 두려움이 없다.'는
뜻이다. 사자는 많은 짐승 가운데 '자재하게 두려움이 없음'과 같기
때문이다."고 말하였다.

그러나 옛 경전에서는 이를 '師子奮迅'으로 번역하였다. 이 때문에 옛 스님들이 중국의 언어로 이를 해석함을 따랐다. '頻申'과 '奮迅'이 모두 사지를 쭉 뻗으면서 기지개를 켜는 모습이다.

총상으로 해석하면, 작용과 하나가 된 본체가 고요하여 극처에 나아가면 만 가지로 각기 다른 모습들이 법계 아닌 게 없으며, 본체와 하나가 된 작용이 작위하지 않고서도 두루 행하여지기 때문에 크고 작은 것이 서로 함께하면서 緣起가 그지없음을 '頻申自在'의 뜻이라고 말한다.

만일 별상으로 해석하면, 열반사자후품에서 "사자는 스스로 자신의 힘과 날카로운 이빨을 알고서 (중략) 이른 새벽에 굴속에서 나가 포효하되 11가지 일 때문"이라고 밝혀, 넓은 의미에서 비유와 합쳐지는 부분이 있다.

또한 제38 이세간품에서는 "보살 사자왕이 결백하고 청정한 법으로 몸을 삼는다." 등을 밝혔지만, 머리와 발에 종합한 부분 등이 열반경에서 말한 바와는 또한 차이가 나고, 이의 경문에서는 대비로 몸을 삼았다. 이 때문에 다만 비슷한 뜻을 취해 말한 것일 뿐, 반드시 하나하나가 꼭 들어맞는 것은 아니다.【초_ '열반사자후품'은 南經 25經이다. 만일 이 경문에 준하면 제27에 해당한다.

"넓은 의미에서 비유와 합쳐지는 부분"이라 말한 것은 여기에서 구체적으로 말하고자 한다.

이는 사자후보살이 여래께 청하여 여쭈자, 여래가 중생을 마주하여 칭찬하면서 그들로 하여금 사자후보살을 존경하도록 하고,

곧이어 '사자후'라는 이름을 얻게 된 이유를 말해주었다.

"이제 나의 앞에서 '사자후'로 이름을 붙이고자 한다.

선남자여, 사자는 스스로 자신의 힘과 날카로운 이빨이 있음을 알고서 네 다리를 땅에 버틴 채, 바위굴 속에서 편안히 지내다가 꼬리를 저으면서 밖으로 나와 포효하는 것처럼, 만일 이처럼 여러 가지 모습을 갖추면, 이것이 바로 '사자후'임을 알아야 한다."

이에 대한 해석은 다음과 같다.

"이 아래에 바로 11가지의 일을 말하였다. 경에서는 한꺼번에 말한 것인데, 여기에서는 먼저 별상으로 사자에 맞춰 말한 것이다."

경문에서 말하였다.

"선남자여, 여래 정각의 지혜 발톱, 4가지 뜻대로 이뤄지는 발, 6바라밀이 원만한 몸, 10가지 힘의 용맹스러운 대자비로 꼬리를 삼아서 四禪定의 청정한 굴속에서 편안하게 거주한다."

이에 대한 해석은 다음과 같다.

"이는 비유와 종합을 모두 갖추었다. 사자에 종합하였다."

'又離世間' 이하는 2차례 해당 경전을 인용하였다. '몸을 삼음[爲身]' 등이라 말한 것은 아래 경문을 똑같이 취한 것이다.

아래 경문에서 말하였다.

"四諦로 발을 삼고, 正念으로 목을 삼으며, 자비의 눈, 지혜의 머리, 정수리의 상투, 해탈의 비단으로 최상 진리의 골짜기에서 법을 부르짖어 수많은 마군을 두렵게 한다."

"반드시 하나하나가 꼭 들어맞는 것은 아니다."는 것은 아래의

비유와 종합을 냄이 위의 2경문을 전부 의지하지 않았기 때문이다.】

今會取諸文하야 先以十義로 合彼師子하고 後依涅槃하야 爲十一事라

今初는 謂以同體大悲 爲身하고 以增上大悲 爲首하고 以卽智大慈 爲眼하고 純以智慧 爲牙爪하고 大悲方便 爲振尾하고 悲爲方便하야 居其末故오 方便振動義故니라 總取四悲 爲足하니 依此立故오 以法界三昧 爲窟하니 所入證故오 以無緣大悲 爲窟門하니 入出由此故오 以體用無礙 爲頻申하니 舒展自在故오 以演法界法門 爲哮吼하니 決定宣說 一切衆生이 本與如來로 同法界故니 如此師子 隨一一毛하야 皆稱法界니라【鈔_ 如此師子 隨一一毛 皆稱法界'者는 卽金師子章意니 如金師子 毛毛盡金이니 法界師子 何非法界리오】

여기에서는 여러 경문을 모아서 먼저 10가지 뜻으로 사자에 맞춰 보고, 뒤에서는 열반경을 의하여 11가지 일을 삼는다.

'먼저 10가지 뜻으로' 말한 것은 다음과 같다.

⑴ 중생과 나의 몸을 하나로 생각하는 大悲로써 몸을 삼고,

⑵ 더욱 향상된 대비로써 머리를 삼고,

⑶ 지혜와 하나가 된 大慈로써 눈을 삼고,

⑷ 순전히 지혜로써 어금니와 손톱을 삼고,

⑸ 대비의 방편으로 꼬리를 흔듦을 삼는다. 대비로 방편을 삼아서 그 끝에 있기 때문이며, 방편이 진동하다의 뜻이기 때문이다.

⑹ 4가지 大悲[大悲爲身, 大悲爲門, 大悲爲首, 以大悲法而爲方便]를

111

모두 취하여 발을 삼는다. 이를 의지하여 서기 때문이다.

⑺ 법계삼매로써 굴을 삼는다. 들어가 증득할 대상이기 때문이다.

⑻ 반연의 속박이 없는 대비로써 굴의 문을 삼는다. 들고 남이 이를 따르기 때문이다.

⑼ 본체와 작용이 걸림 없는 것으로써 '사자빈신'을 삼는다. 펼침이 자재하기 때문이다.

⑽ 법계법문을 연설함으로써 효후를 삼는다. 반드시 일체중생이 본래 여래와 법계가 같음을 연설하기 때문이다.

이처럼 사자의 하나하나 털을 따라서 모두 법계에 맞춰 말하였다.【초_ "하나하나 털을 따라서 모두 법계에 맞춰 말하였다."는 것은 金師子章에서 말한 뜻이다. 마치 황금사자의 하나하나 털이 모두 황금인 것과 같다. 법계의 사자가 어찌 법계가 아니겠는가.】

次言爲十一事而頻申者는

一은 摧破魔軍詐師子故오

二는 示衆神力·十力等力으로 爲十力故오

三은 淨法界土의 佛住處故오

四는 爲邪見凡夫知歸處故오

五는 安撫生死怖羣黨故오

六은 覺悟無明眠衆生故오

七은 爲行惡法獸하야 捨放逸故오

八은 令諸菩薩及邪見諸獸로 來歸附故오

九는 調諸外道와 及二乘香象하야 令如聾盲하야 捨憍慢故오
十은 敎諸菩薩子息하야 令頓證故오
十一은 莊嚴正見四部眷屬하야 俱增威勢일새 不怖一切邪黨이오 一切邪黨이 皆怖畏故니라
又野干이 隨逐師子百年이나 不能作師子吼니 二乘이 安處法會나 如聾如盲이라

五十七中에 十奮迅義도 亦應此說이라【鈔_ 次言爲十一事下는 釋第二章이라 仍取涅槃之意하야 以就今經일새 今先具引涅槃之文이니 未見彼文이면 難曉會故니라
彼經에 喩云眞師子王이 晨朝出穴하야 頻申欠呿하고 四向顧望하야 發聲振吼이니 爲十一事니
何等十一고 一은 爲欲壞實非師子詐師子故오 二는 爲欲試自身力故오 三은 爲欲令住處淨故 四는 爲諸師子知處所故오 五는 爲羣輩無怖心故오 六은 爲眠者得覺寤故오 七은 爲一切放逸諸獸不放逸故오 八은 爲諸獸來依附故오 九는 爲欲調大香象故오 十은 爲敎告諸子息故오 十一은 爲欲莊嚴自眷屬故니라
一切禽獸 聞師子吼면 水性之屬은 潛沒深泉하고 陸行之類는 藏伏窟穴하며 飛者는 墮落하고 諸大香象은 怖走失糞하나니
諸善男子야 如彼野干은 雖逐師子하야 至於百年이라도 終不能作師子吼이니와 若師子子인댄 始滿三年이 則能哮吼如師子王이라하니
釋曰 此下經은 合喩니 先合師子니 已如上引이라
次合十一事인댄 云一은 爲諸衆生而師子吼로 摧破魔軍이오 二는

示衆十力이오 三은 開佛行處오 四는 爲諸邪見하야 作歸依處오 五는 安撫生死怖畏之衆이오 六은 覺悟無明睡眠衆生이오 七은 行惡法者 爲作悔心이오 八은 開示邪見一切衆生하야 令知六師非師子故오 九는 破富蘭那等憍慢心故오 十은 爲令二乘으로 生悔心故오 爲敎五住諸菩薩等하야 生大力心故오 十一은 爲令正見四部之衆으로 於彼邪見四部徒衆에 不生怖畏故니

從聖行梵行天行窟宅하야 頻申而出은 爲欲令諸衆生等破憍慢故오

欠呿는 爲令諸衆生等으로 生善法故오

四向顧望은 爲令衆生으로 得四無礙故오

四足據地는 爲令衆生으로 具足安住尸波羅密故오

師子吼者는 名決定說 一切衆生이 悉有佛性과 如來常住하야 無有變易이라

'善男子야 聲聞緣覺은 雖復隨逐如來世尊하야 無量百千阿僧祇劫이로되 而亦不能作師子吼어니와 十住菩薩이 若能修行是三行處면 當知하라 是則能師子吼니라

釋曰 上兩節은 引經喩合 一段義盡이라 旣知彼意면 今當正合이니 以彼經文으로 對觀今疏면 則主客自分이라 如初'摧破詐師子吼故'는 卽是喩文이오 若云'摧破魔軍'은 卽是合文이니 此全同彼일세 故無別義니라】

　다음 11가지 일을 위해 사자가 기지개를 켰다는 것은, 다음과 같다.

⑴ 마군의 거짓 사자를 꺾기 위함이며,

⑵ 중생에게 신통력, 十力 등의 힘으로 10가지 힘이 됨을 보여 주기 위함이며,

⑶ 법계 국토에 부처가 머물 곳을 청정하게 하기 위함이며,

⑷ 삿된 견해의 범부를 위하여 돌아갈 곳을 알게 하기 위함이며,

⑸ 생사를 두려워하는 무리를 어루만져 주기 위함이며,

⑹ 무명 속에 잠든 중생을 깨워주기 위함이며,

⑺ 악법을 행하는 짐승을 위하여 방일을 버리게 하기 위함이며,

⑻ 모든 보살과 삿된 견해의 모든 짐승을 찾아와 귀의하도록 하기 위함이며,

⑼ 모든 외도와 이승의 香象을 조복하여, 그들을 귀머거리와 봉사처럼 만들어 교만을 버리도록 하기 위함이며,

⑽ 모든 보살의 자식을 가르쳐서 그들로 하여금 단번에 증득하도록 하기 위함이며,

⑾ 바른 견해를 지닌 四部 권속을 장엄하여 모두 위세를 더해 주기에, 일체 삿된 무리를 두려워하지 않고, 일체 삿된 무리가 모두 두려움을 가지도록 하기 위함이다.

또한 여우는 1백 년 동안 사자를 뒤따라 다닐지라도 사자처럼 포효할 수 없다. 二乘은 법회에 편안히 거처하고 있으나 귀머거리 또는 봉사와 같다.

57경에서 말한 10가지 奮迅의 의의 또한 이런 말과 상응한다.

【초_ '다음 11가지 일' 이하는 제2장을 해석한 글이다.

이어서 열반경의 뜻을 취하여, 이의 경문을 말한 것이기에, 여기에서는 먼저 열반경의 문장을 모두 인용하고자 한다. 열반경을 보지 않고서는 이해하기 어렵기 때문이다.

열반경에서 비유로 말하였다.

"진짜 왕사자가 이른 새벽녘 동굴 밖을 나가면서 기지개를 켜면서 하품을 하고 사방을 돌아보면서 큰 소리로 부르짖었다. 이는 11가지 일을 위해서이다.

무엇이 11가지 일인가?

⑴ 실로 사자가 아닌 것과 가짜 사자를 무너뜨리고자 함이며,

⑵ 자신의 힘을 시험해 보고자 함이며,

⑶ 자신이 머문 곳을 청정하게 하고자 함이며,

⑷ 모든 사자에게 자신의 집임을 알려주기 위함이며,

⑸ 같은 사자 무리들의 공포심을 없애주기 위함이며,

⑹ 잠자는 사자를 깨워주기 위함이며,

⑺ 일체 방일한 모든 짐승을 방일하지 못하도록 하기 위함이며,

⑻ 모든 짐승이 찾아와 귀의하도록 하기 위함이며,

⑼ 큰 코끼리를 조복하기 위함이며,

⑽ 모든 새끼 사자를 가르쳐주기 위함이며,

⑾ 자신의 사자 식구를 장엄하기 위함이다.

모든 짐승이 사자의 포효하는 소리를 들으면, 물에 사는 동물은 깊은 물속에 몸을 숨기고, 육지를 달리는 짐승은 깊은 굴속으로 몸을 숨기고, 나는 새들은 땅에 떨어지고, 큰 코끼리는 겁먹어 달

아나면서 산똥을 싼다.

여러 선남자여, 저 여우와 같은 경우는 아무리 백 년 동안 사자를 뒤따라 다닐지라도 끝내 사자후처럼 울지 못한다. 그러나 사자의 새끼라면 만 3년이 되면 왕사자처럼 포효할 수 있다."

이에 대한 해석은 다음과 같다.

"이 아래 경문은 종합과 비유이다. 먼저 사자에 맞춰 말하였다. 이미 위에서 인용한 바와 같다.

다음으로 11가지 일에 종합하여 말하였다.

⑴ 모든 중생을 위하여 사자후로 마군을 꺾어 타파하기 위함이며,

⑵ 중생에게 十力을 보여주기 위함이며,

⑶ 부처께서 행한 곳임을 보여주기 위함이며,

⑷ 모든 삿된 견해를 지닌 자를 위하여 귀의처를 삼아주기 위함이며,

⑸ 생사를 두려워하는 중생을 위안하기 위함이며,

⑹ 무명에 잠든 중생을 깨워주기 위함이며,

⑺ 악법을 행한 자들이 후회하는 마음을 내도록 하기 위함이며,

⑻ 삿된 견해를 지닌 일체중생에게 보여주어, 외도의 6가지 스승이 진짜 사자가 아님을 알도록 하기 위함이며,

⑼ 부란나 등의 교만한 마음을 격파해 주기 위함이며,

⑽ 이승으로 하여금 후회하는 마음을 내도록 하기 위함이며, 五住가 모든 보살 등을 가르쳐 大力의 마음을 내도록 하기 위함이며,

⑾ 바른 견해를 지닌 사부대중으로 하여금 저 삿된 견해를 지 닌 사부대중에게 두려운 마음을 내지 않도록 하기 위함이다.

'聖行·梵行·天行의 굴속'으로부터 '기지개를 켜면서 굴 밖으로 나오는' 구절까지는 모든 중생 등으로 하여금 교만을 타파하도록 하고자 함이며,

'하품[欠呿]'은 모든 중생 등으로 하여금 선법을 내도록 하기 위함이며,

'사방으로 둘러봄[四向顧望]'은 중생으로 하여금 4가지 걸림 없음[四無礙]을 얻도록 하기 위함이며,

'네 발로 땅을 버티는 것[四足據地]'은 중생으로 하여금 두루 지계바라밀에 안주케 하기 위함이며,

'사자후'는 '반드시 일체중생이 모두 불성이 있다는 사실과 여래가 언제나 거주하면서 변함이 없음을 설법함'이라고 말한다."

"선남자여, 성문과 연각은 아무리 여래세존을 따르면서 한량없는 백천 아승지겁을 지날지라도 또한 사자후를 할 수 없지만, 十住菩薩이 이 3가지 행[三行: 聖行·梵行·天行]을 수행하면, 이것이 바로 사자후를 할 수 있다는 것을 알아야 한다."

이에 대한 해석은 다음과 같다.

위의 2절은 경문의 비유와 종합을 인용한 1단락의 뜻을 모두 말하였다. 이미 그런 뜻을 알면 여기에서 바로 부합될 것이다.

열반경의 문장으로 이의 청량소에 대조하여 살펴보면 주객이 절로 분명하다.

예컨대, (1) '마군의 거짓 사자후를 꺾기 위함'이란 비유의 문장이고, '마군을 꺾음[摧破魔軍]'의 경우는 비유에 종합한 문장이다. 이는 완전히 비유와 똑같기에 별개의 뜻이 없다.】

第二, 所現淨土

分三이니 初는 結前標後오 二는 嚴此園林이오 三은 結通法界라 今은 初라

2. 나타낸 바의 청정 국토를 밝히다

3단락으로 나뉜다.

1) 앞의 경문을 끝맺으면서 뒤의 문장을 내세웠고,

2) 이 원림을 장엄하였으며,

3) 법계를 모두 끝맺었다.

이는 '1) 앞의 경문을 끝맺으면서 뒤의 문장을 내세움'이다.

經
入此三昧已에 一切世間이 普皆嚴淨하니

이 삼매에 드시자, 일체 세간이 널리 모두 장엄하고 청정해졌다.

● 疏 ●

所現淨土者는 總相은 卽前十一事中에 淨所住處오 別相而論이면 具前多義니라

然此現相云何오 酬前諸問하야 令其目擊하야 可現證故니라

云何目擊고 此淨土分은 具答三十句問이라 且從相顯인댄 此中에 答初果體十問이니

所現境界는 答境界問이오

四種大悲爲衆生現은 卽答智行問이오

令衆證見은 卽答加持問이오

知是如來威力은 答佛力問이오

三昧之用은 答無畏問이오

正入三昧는 答三昧問이오

淨法界土는 答住處問이오

令大小融攝은 答自在問이오

見如來身徧於法界는 答佛身問이오

則見如來大悲方便은 答智慧問이라

餘二十句는 集衆中答이라 衆集도 亦是三昧力故니 是知能現·所現種種境事無非教體니라

又二聖開顯中에 廣明無盡之用하고 亦顯答相하니 至文當知니라

　　나타낸 바의 정토란 총상으로 말하면 앞의 11가지 일 가운데 '머무른 곳을 청정케 함'이며, 별상으로 논하면 앞서 밀한 많은 뜻을 두루 갖추고 있다.

　　그러나 여기에서 말한 '모양을 나타냄'이란 무엇인가?

　　앞의 여러 물음에 답하여 그로 하여금 직접 보면서 바로 앞에서 증득하도록 한 때문이다.

어떻게 직접 보는 것일까?

이 '정토' 부분은 30구의 물음에 두루 갖추어 답하였다.

또 모양으로 밝힌다면 여기에 첫째, 果體의 10가지 물음에 답하였다.

⑴ 나타난 바의 경계는 경계의 물음에 답함이며,

⑵ 4가지 大悲로 중생을 위해 나타냄은 '여래의 지혜의 행'의 물음에 답함이며,

⑶ 중생으로 하여금 증득하여 보도록 함은 '여래의 가피'의 물음에 답함이며,

⑷ 여래의 위신력을 앎은 '여래의 힘'의 물음에 답함이며,

⑸ 삼매의 업용은 '여래의 두려움 없음'의 물음에 답함이며,

⑹ 바로 삼매에 듦은 '여래의 삼매'의 물음에 답함이며,

⑺ 법계 국토를 청정히 함은 '여래의 머문 곳'의 물음에 답함이며,

⑻ 크고 작은 것을 원융하게 받아들임은 '여래의 자재'의 물음에 답함이며,

⑼ 여래의 몸이 법계에 두루 있음을 보는 것은 '여래의 몸'의 물음에 답함이며,

⑽ 여래의 대비방편을 보는 것은 '여래 지혜'의 물음에 답함이다.

나머지 20구는 법회에 모인 대중 부분에서 답하였다. 대중의 모임 또한 삼매의 힘 때문이다. 이는 나타남의 주체와 나타남의 대상의 가지가지 경계의 일들이 가르침의 자체가 아님이 없음을 알 수 있다.

또한 보현과 문수 보살이 열어 나타낸 부분에서 그지없는 작용을 자세히 밝혔고, 또한 답한 모양을 나타내니, 해당 경문에서 이런 뜻을 알 수 있다.

▬

二. 嚴此園林

有二니 先은 正顯嚴이니 卽器世間嚴이오 後'何以故'下는 出嚴所因이니 顯智正覺世間嚴이라

今初에 有三하니

一은 嚴重閣이오 二는 嚴園林이오 三은 嚴虛空이라

從畧之廣에 說有此三은 表三緣起니

謂嚴閣은 顯自體緣起오

嚴林은 表有爲緣起오

嚴空은 表無爲緣起니라【鈔_ '謂嚴閣顯自體緣起'者는 法界體上에 緣起萬德이 依此自體有爲無爲中故니라 三緣起는 卽光統意라】

今은 初라

2) 이 원림을 상엄하다

2단락이다.

(1) 바로 장엄을 밝혔다. 이는 器世間의 장엄이다.

(2) '何以故' 이하는 장엄이 나오게 된 원인이 되는 바를 밝혔다. 智正覺世間의 장엄을 밝혔다.

'(1) 기세간의 장엄'은 3단락이다.

(ㄱ) 중각의 장엄,

(ㄴ) 원림의 장엄,

(ㄷ) 허공의 장엄.

간략함으로부터 자세히 말하면서 이 3가지를 말한 것은 '3가지 연기'를 나타냄이다.

중각의 장엄은 자체의 연기를 나타내고,

원림의 장엄은 유위의 연기를 나타내며,

허공의 장엄은 무위의 연기를 나타냄이다.【초_ "중각의 장엄은 자체의 연기를 나타냄"이란 법계 자체상에 연기의 모든 공덕이 '자체, 유위, 무위' 가운데 의지하기 때문이다. '3가지 연기'는 光統律師[北齊 大覺寺의 慧光]가 밝힌 뜻이다.】

이는 '(ㄱ) 중각의 장엄'이다.

經

于時에 此大莊嚴樓閣이 忽然廣博하야 無有邊際하며
金剛爲地하고 寶王覆上하며 無量寶華와 及諸摩尼로 普散其中하야 處處盈滿하며
瑠璃爲柱에 衆寶合成하야 大光摩尼之所莊嚴이며
閻浮檀金과 如意寶王으로 周置其上하야 以爲嚴飾하며
危樓逈帶하고 閣道傍出하며 棟宇相承하고 牕闥交暎하며
階墀軒檻이 種種備足하야 一切皆以妙寶莊嚴하니

其實 悉作人天形象하야 **堅固妙好 世中第一**이라
摩尼寶網으로 **彌覆其上**하며
於諸門側에 **悉建幢旛**하니 **咸放光明**하야 **普周法界**하며
道場之外에 **階磴欄楯**이 **其數無量**하야 **不可稱說**이나 **靡不咸以摩尼所成**이러라

그때, 이처럼 크게 장엄한 누각이 별안간 드넓어져 끝이 없었다. 그 땅은 금강으로 이뤄졌고 큰 구슬 보배로 땅 위를 뒤덮었으며,

한량없는 보배 꽃과 마니주 보배들이 그 누각 가운데 널리 흩어져 곳곳에 가득하였으며,

유리로 세워진 기둥에 수많은 보배로 합성하여 큰 광명이 쏟아지는 마니주로 장엄하였으며,

염부단금과 여의주 보배를 그 누각 위에 온통 얹어 장엄하게 꾸몄으며,

높이 솟은 누각들은 멀리 연이어 있고, 구름다리는 사방으로 뻗었으며,

추녀와 지붕이 서로 마주 닿았고, 창문들이 서로 향하였으며,

섬돌이며 축대며 마루들을 가지가지 모두 갖추고서,

일체 그 모든 것을 모두 진기한 보배로 장식하였다. 그 보배들은 모두 하늘이나 사람의 형상으로 튼튼하고 미묘하며 아름다움이 세간에 으뜸이었다.

마니주 보배 그물로 그 위를 덮었고,

문마다 그 곁에 당기와 번기를 세웠는데 모두 광명이 쏟아져

널리 두루 법계를 비췄으며,

도량 밖의 층계와 난간의 수효는 한량이 없어 이루 말할 수 없는데, 모두 마니주 보배로 이뤄졌다.

◉ 疏 ◉

分二니

先은 明廣處니 謂破情顯法이니 卽事會眞故로 自內而觀컨대 廣博無際나 然不壞事故로 自外而觀컨대 閣外有園하고 園外有空하야 莊嚴各異니 斯卽事理交徹하야 十方三際 無不圓融이니 林空例然이라

二는 正顯莊嚴이라 表緣起萬德이 無不備故니 其間表法은 以意消息이라

2단락으로 나뉜다.

① 드넓은 곳임을 밝혔다. 사사로운 정을 타파하고 법을 밝힌 것이다. 사법계에 나아가 眞諦를 회통한 까닭에 안으로 살펴보면 드넓어서 끝이 없다. 그러나 사법계를 무너뜨리지 않기 때문에 밖으로 살펴보면 누각 밖에 원림이 있고 원림 밖에 허공이 있어 장엄이 각각 다르다. 이는 사법계와 이법계가 서로 통하여, 시방세계와 과거·현재·미래가 원융하지 않음이 없다. 원림과 허공도 그런 예와 같다.

② 바로 장엄을 밝혔다. 연기의 모든 공덕이 갖춰지지 않음이 없음을 나타내기 때문이다. 그 사이에 나타낸 법은 뜻으로 그 소식

을 가늠할 수 있다.

第二, 明園林嚴

(ㄴ) 원림의 장엄

經

爾時에 復以佛神力故로 其逝多林이 忽然廣博하야 與不可說佛刹微塵數諸佛國土로 其量正等하며 一切妙寶로 間錯莊嚴하며 不可說寶로 徧布其地하며 阿僧祇寶로 以爲垣牆하며 寶多羅樹로 莊嚴道側하고

其間에 復有無量香河 香水盈滿하야 湍激洄澓하며 一切寶華 隨流右轉하야 自然演出佛法音聲하며 不思議寶인 芬陀利華 菡萏芬敷하야 彌布水上하며 衆寶華樹를 列植其岸하며

種種臺榭의 不可思議 皆於岸上에 次第行列하야 摩尼寶網之所彌覆며 阿僧祇寶 放大光明하며 阿僧祇寶로 莊嚴其地하며 燒衆妙香하야 香氣氛氳하나니라

復建無量種種寶幢하니 所謂寶香幢과 寶衣幢과 寶旛幢과 寶繒幢과 寶華幢과 寶瓔珞幢과 寶鬘幢과 寶鈴幢과 摩尼寶蓋幢과 大摩尼寶幢과 光明徧照摩尼寶幢과 出一切如來名號音聲摩尼王幢과 師子摩尼王幢과 說一

切如來本事海摩尼王幢과 **現一切法界影像摩尼王幢**이 **周徧十方**하야 **行列莊嚴**이러라

그때, 또다시 부처님의 신통력으로 그 서다림이 별안간 드넓어져서 말할 수 없는 부처님 세계의 티끌 수 국토와 그 면적이 같았으며,

미묘한 보배로 사이사이 장엄하였으며,

말할 수 없는 보배가 그 땅에 온통 깔렸으며,

아승지 보배로 담을 쌓고 보배 다라수로 길 좌우를 장엄하였다.

그 사이에는 또다시 한량없는 강줄기가 있는데 향기로운 물이 가득하여 출렁거리고 소용돌이치며,

일체 보배로 된 꽃들이 물결을 따라 오른쪽으로 돌면서 저절로 불법의 음성을 울려 내며,

불가사의한 보배로 이뤄진 분타리꽃은 봉오리가 활짝 피어나 물 위에 가득 펼쳐져 있으며,

수많은 보배 꽃나무들이 언덕에 줄지어 서 있었다.

가지가지 누대와 정자들은 헤아릴 수 없을 만큼 모두 언덕 위에 차례로 나열되어 있는데, 마니주 그물로 뒤덮였으며,

아승지 보배마다 큰 광명이 쏟아져 나오며,

아승지 보배로 그 땅을 장엄하였으며,

여러 가지 미묘한 향을 사르니 향기가 진동하였다.

또다시 한량없는 가지가지 보배 당기를 세웠는데,

이른바 보배 향 당기, 보배 옷 당기, 보배 번 당기, 보배 비단 당

기, 보배 꽃 당기, 보배 영락 당기, 보배 화만 당기, 보배 방울 당기, 마니주 보배 일산 당기, 큰 마니주 보배 당기, 광명을 두루 비추는 마니주 보배 당기, 일체 여래의 명호와 음성을 내는 마니왕 당기, 사자마니왕 당기, 일체 여래의 본생 일을 말하는 바다마니왕 당기, 일체 법계의 영상을 나타내는 마니왕 당기들이 시방에 두루 열을 지어 장엄하였다.

第三 明虛空嚴
竝顯可知니라

(ㄷ) 허공의 장엄
이는 모두 그 뜻이 분명하므로 말하지 않아도 알 수 있다.

經

時에 逝多林上虛空之中에 有不思議天宮殿雲과 無數香樹雲과 不可說須彌山雲과 不可說技樂雲이 出美妙音하야 歌讚如來하며
不可說寶蓮華雲과 不可說寶座雲이 敷以天衣어든 菩薩이 坐上하야 歎佛功德하며
不可說諸天王形像摩尼寶雲과 不可說白眞珠雲과 不可說赤珠樓閣莊嚴具雲과 不可說雨金剛堅固珠雲이 皆住虛空하야 周匝徧滿하야 以爲嚴飾하니라

그때, 서다림 위의 허공에는 불가사의한 하늘 궁전 구름, 수없는 향나무 구름, 말할 수 없는 수미산 구름, 말할 수 없는 풍류놀이 구름들이 미묘한 음성을 내어 여래를 노래하고 찬탄하였으며,

말할 수 없는 보배 연꽃 구름, 말할 수 없는 보배 법좌 구름이 하늘 옷을 펼쳐놓자, 보살이 그 위에 앉아 부처님 공덕을 찬탄하였으며,

말할 수 없는 천왕의 형상으로 된 마니보배 구름, 말할 수 없는 백진주 구름, 말할 수 없는 적진주 누각 장엄거리 구름, 말할 수 없는 금강을 비 내리는 견고한 진주 구름이 모두 허공에 가득하게 퍼져 훌륭하게 장식하였다.

第二出因

(2) 장엄이 나오게 된 원인

經

何以故오
如來善根이 不思議故며
如來白法이 不思議故며
如來威力이 不思議故며
如來 能以一身으로 自在變化하야 徧一切世界 不思議故며

如來 能以神力으로 令一切佛과 及佛國莊嚴으로 皆入其身이 不思議故며
如來 能於一微塵內에 普現一切法界影像이 不思議故며
如來 能於一毛孔中에 示現過去一切諸佛이 不思議故며
如來 隨放一一光明하야 悉能徧照一切世界 不思議故며
如來 能於一毛孔中에 出一切佛刹微塵數變化雲하야 充滿一切諸佛國土 不思議故며
如來 能於一毛孔中에 普現一切十方世界成住壞劫이 不思議故며

무엇 때문일까?

여래의 선근이 불가사의하기 때문이며,

여래의 선법이 불가사의하기 때문이며,

여래의 위신력이 불가사의하기 때문이며,

여래가 하나의 몸으로 자재하게 변화하여 일체 세계에 두루 나타남이 불가사의하기 때문이며,

여래가 신통력으로써 일체 부처님과 부처님 국토의 장엄을 모두 그의 몸에 들어오게 함이 불가사의하기 때문이며,

여래가 하나의 미세한 티끌 속에 널리 일체 법계의 영상을 나타냄이 불가사의하기 때문이며,

여래가 하나의 모공 속에 과거의 일체 부처님을 나타냄이 불가사의하기 때문이며,

여래가 하나하나 광명을 놓는 대로 모두 일체 세계에 두루 비

침이 불가사의하기 때문이며,

여래가 나의 모공 속에서 일체 세계의 티끌 수 같은 변화의 구름을 내어 일체 부처님 국토에 가득함이 불가사의하기 때문이며,

여래가 나의 모공 속에 널리 일체 시방세계의 이뤄지고 머물고 무너지는 겁을 두루 나타냄이 불가사의하기 때문이다.

● 疏 ●

出因中에 先徵 後釋이니 釋은 卽智正覺嚴이라 是는 前爲衆하야 示其身力이니 佛力上加라
文有十句하니
一은 慈善根力이오 二는 無漏智力이니 以上二力而加衆故오 三은 福威德力이오 餘皆自在神通力이라【鈔_ 於中에 一은 展이오 二는 卷이오 三은 橫包오 四는 竪攝이오 五는 一切卽一이오 六은 一卽一切오 七은 成壞相卽이라 餘義는 準思니라】

장엄이 나오게 된 원인 부분에 있어 앞에서는 묻고 뒤에서는 해석하였다.

해석 부분은 지정각세간의 장엄이다. 이는 앞에서 중생을 위하여 그 몸의 힘을 보여줌이니 부처의 힘 위에 더한 것이다.

경문은 10구이다.

① 자비 선근의 힘,

② 무루 지혜의 힘,

위 2가지 힘으로 중생에게 가피를 하기 때문이다.

③ 복덕과 위덕의 힘,

나머지는 모두 자재한 신통력이다.【초_ 그 가운데, ① 펼침, ② 거둬들임, ③ 횡으로의 포함, ④ 종으로의 섭수, ⑤ 일체가 곧 하나, ⑥ 하나가 곧 일체, ⑦ 이뤄짐과 무너짐이 서로 하나이다. 나머지 뜻은 이에 준하여 생각하면 된다.】

第三 結通法界

3) 법계를 모두 끝맺다

經

如於此逝多林給孤獨園에 見佛國土淸淨莊嚴하야 十方一切盡法界虛空界一切世界도 亦如是見하니 所謂見如來身이 住逝多林에 菩薩衆會 皆悉徧滿하니라
見普雨一切莊嚴雲하며
見普雨一切寶光明照曜雲하며
見普雨一切摩尼寶雲하며
見普雨一切莊嚴蓋彌覆佛刹雲하며
見普雨一切天身雲하며
見普雨一切華樹雲하며
見普雨一切衣樹雲하며
見普雨一切寶鬘瓔珞이 相續不絶하야 周徧一切大地雲

하며

見普雨一切莊嚴具雲하며

見普雨一切如衆生形種種香雲하며

見普雨一切微妙寶華網相續不斷雲하며

見普雨一切諸天女 持寶幢旛하고 於虛空中에 周旋來去雲하며

見普雨一切衆寶蓮華 於華葉間에 自然而出種種樂音雲하며

見普雨一切師子座 寶網瓔珞으로 而爲莊嚴雲이러라

이 서다림 급고독원에서 부처님 국토가 청정하고 장엄함을 보듯이, 시방의 일체 법계 허공계의 모든 세계 또한 이와 같음을 보았다.

이른바 여래의 몸이 서다림에 계신데 보살 대중이 모두 가득함을 보았다.

일체 장엄을 널리 내려주는 구름을 보았으며,

일체 보배 광명이 빛남을 널리 내려주는 구름을 보았으며,

일체 마니주 보배를 널리 내려주는 구름을 보았으며,

일체 장엄을 널리 내려주어 가득 세계를 뒤덮어주는 구름을 보았으며,

일체 하늘의 몸을 널리 내려주는 구름을 보았으며,

일체 꽃나무를 널리 내려주는 구름을 보았으며,

일체 의복 나무를 널리 내려주는 구름을 보았으며,

일체 보배 화만과 영락을 계속하여 끊임없이 널리 내려 일체

온 누리에 두루 가득한 구름을 보았으며,

　일체 장엄거리를 널리 내려주는 구름을 보았으며,

　일체중생의 형상 같은 가지가지 향을 널리 내려주는 구름을 보았으며,

　일체 미묘한 꽃 그물을 계속하여 끊임없이 널리 내려주는 구름을 보았으며,

　일체 천상 여인이 지니는 보배 당기, 번기를 널리 내려주고, 허공 속에서 오고 가는 구름을 보았으며,

　일체 보배 연꽃을 널리 내려주어 꽃과 잎 사이에서 가지가지 음악 소리가 절로 울려 나오는 구름을 보았으며,

　일체 사자법좌를 보배 그물과 영락으로 장엄하여 널리 내려주는 구름을 보았다.

● 疏 ●

於中 二니

先은 結前標後요 二 所謂下는 正顯嚴相이라
言見如來身住逝多林者는 住彼彼十方界中之林이니 此는 明一
會 偏一切處라 如光明覺品이니 非是彼界에 遙見此佛 住於園林
이라 下諸嚴事 皆爾라

　이의 경문은 2단락이다.

　(1) 앞의 경문을 끝맺으면서 뒤의 문장을 내세웠고,

　(2) '所謂' 이하는 바로 장엄의 모습을 밝혔다.

"여래의 몸이 서다림에 계신다."고 말한 것은 저런 저 시방세계의 숲에 머문 것이다. 이는 하나의 법회가 일체 모든 곳에 두루 열림을 밝힌 것이다. 이는 제9 광명각품에서 말한 바와 같다. 저 세계에 이 부처님이 그 원림에 머물고 있음을 멀리서 봄이 아니다. 아래의 모든 장엄의 일은 모두 이와 같다.

第三三昧現相分 竟하다

제3. 삼매 현상 부분을 끝마치다.

大文 第四明集新衆分
卽遠集同證이오 亦三昧中에 令諸菩薩로 皆來歸附니라
文中 三이니
初는 別集十方이오 二는 通讚德行이오 三은 總結集因이라
今初 十方은 卽爲十段이니 段各有十이라
今初는 東方이라

제4. 멀리서 모여든 새로운 대중 부분

이는 멀리에서 모여들어 다 함께 증득함이고, 또한 삼매 가운데 여러 보살로 하여금 모두 찾아와 귀의하도록 함이다.

경문은 3단락이다.

1. 개별로 시방세계에서 모여듦이며,
2. 공통으로 덕행을 찬탄함이며,
3. 법회에 모여든 원인을 총괄하여 끝맺음이다.

'1. 개별로 시방세계에서 모여듦'은 10단락이다.
단락마다 각각 10가지가 있다.

1) 동방세계

經

爾時에 東方으로 過不可說佛刹微塵數世界海外하야
有世界하니 名金燈雲幢이오
佛號는 毘盧遮那勝德王이어든
彼佛衆中에 有菩薩하니 名毘盧遮那願光明이라
與不可說佛刹微塵數菩薩로 俱하야 來向佛所하사
悉以神力으로 興種種雲하시니 所謂天華雲과 天香雲과
天末香雲과 天鬘雲과 天寶雲과 天莊嚴具雲과 天寶蓋
雲과 天微妙衣雲과 天寶幢旛雲과 天一切妙寶諸莊嚴
雲이 充滿虛空이라
至佛所已하야 頂禮佛足하고
卽於東方에 化作寶莊嚴樓閣과 及普照十方寶蓮華藏
師子之座하사
如意寶網으로 羅覆其身히고
與其眷屬으로 結跏趺坐하나니라

　　그때, 동방으로 말할 수 없는 부처님 세계의 티끌 수만큼의 세계 바다를 지나서

　　그 밖에 또 하나의 세계가 있는데, 그 이름을 '금등운당세계'라

하고,

그 세계에 계신 부처님의 명호는 '비로자나승덕왕불'이며,

그 부처의 법회 대중 가운데 보살이 있는데, 그 이름을 '비로자나원광명보살'이라 한다.

그 보살은 말할 수 없는 부처 세계의 티끌 수만큼의 보살들과 함께, 부처님 계신 도량을 찾아와

모두 신통력으로 가지가지 상서구름을 일으켰다.

이른바 하늘 꽃구름, 하늘 향 구름, 하늘 가루 향 구름, 하늘 화만 구름, 하늘 보배 구름, 하늘 장엄거리 구름, 하늘 보배 일산 구름, 하늘의 미묘한 옷 구름, 하늘 보배 당기 번기 구름, 하늘의 모든 보배 장엄 구름이 허공에 가득하였다.

그 보살들이 부처님 계신 도량에 이르러 부처님의 발에 이마를 대고 절을 올리고,

동방에서 보배로 장엄한 누각과 시방을 두루 비추는 보배 연화장 사자법좌를 변화하여 만들고서,

여의주 보배 그물로 보살의 몸에 두르고,

함께 왔던 권속들과 모두 결가부좌하고 앉았다.

● 疏 ●

一은 來處遠近이라 然皆遠集者는 表證入甚深故니라 唯初會及此皆遠集者는 初爲所信이오 此爲證入이니 證入이 於初에 一合相故오 中間은 隨位하야 深淺不同하니 義似金剛矣라

二有世界下는 明世界名別이니 可以義思니라

三은 本事佛이니 號勝德王者는 福德이 有於光明徧照일새 所以爲勝이오 二嚴無礙일새 自在稱王이라

四는 主菩薩이니 名願光明者는 於徧照光中에 主此願光故니라 上皆帶此佛號者는 顯是此佛勝德願力故니라

五는 眷屬俱來者는 對上成主伴故니라

六은 廣興雲供이니 表因嚴果故니라 皆云天者는 自然成故니라

七은 詣佛作禮니 表因趣果故니라

八은 化座本方이니 本方者는 表參而不雜故니라 座는 表法空이오 閣은 表空有重顯이라

九는 冠網嚴身이니 以顯勝德으로 嚴法身故니라 有髻珠者는 表一乘圓旨居心頂故니라

十은 眷屬同坐니 表主伴同證故니라

餘方十段은 倣此可知니라

其間 刹·佛·菩薩之名은 本意難定이로되 但可說者 隨宜니라 初二 及六에 無珠冠者는 蓋文畧耳라 又此等供具는 非唯表法이라 並是 以人同法이며 依正因果와 無礙法界의 自在之德耳라

(1) 찾아온 곳의 원근 거리이다. 그러나 "모두가 먼 곳에서 모여들었다."는 것은 증득하여 들어감이 매우 깊음을 나타낸 때문이다. 유독 아란야법보리장의 첫 법회와 여기에서만 "모두가 먼 곳에서 모여들었다."고 말한 것은 첫 법회는 믿음의 대상이고 이는 증득하여 들어가는 자리이다. 증득하여 들어감이 처음에는 一合相이기

때문이며, 중간에는 지위를 따라서 깊고 얕음의 경계가 똑같지 않다. 그 뜻은 금강과 같다.

⑵ '有世界' 이하는 세계의 각기 다른 이름을 밝힘이다. 이는 그 뜻을 생각할 수 있다.

⑶ 本事佛이다. 부처의 명호가 勝德王인 것은 광명을 두루 비춰주는 복덕이 있기 때문에 '수승함[勝]'이라 하고, 복덕장엄과 지혜장엄이 장애가 없기에 그 자재함을 '왕'이라고 칭한다.

⑷ 주보살이다. 보살의 명호를 '願光明'이라 함은 두루 비추는 광명 가운데 주된 광명이 '서원의 광명[願光]'이기 때문이다. 위에서 모두 이러한 부처의 명호를 가지고 있는 것은 부처의 수승한 공덕의 원력임을 나타내기 때문이다.

⑸ 함께 왔던 권속이란 위의 불보살을 상대로 주체와 객체가 되기 때문이다.

⑹ 널리 구름 공양을 일으킴이다. 원인으로 장엄한 결과를 나타내기 때문이다. 모두 '하늘… 구름[天: 天華雲, 天香雲 등]'이라 말한 것은 절로 이뤄진 구름이기 때문이다.

⑺ 부처의 도량을 찾아가 절을 올림이다. 因地에서 지향한 佛果를 나타냄이다.

⑻ 변화로 자신의 방위에 법좌를 마련함이다. '자신의 방위[本方]'란 것은 함께하면서도 뒤섞이지 않음을 나타내기 때문이다. 법좌는 法空을 나타냄이며, 누각은 空과 有를 거듭 밝힘을 나타냄이다.

⑼ 의관과 그물로 몸을 장엄함이다. 수승한 공덕으로 법신의 장엄을 나타내기 때문이다. 髻珠가 있는 것은 一乘의 원만한 종지가 心頂에 있음을 나타냄이다.

⑽ 함께 왔던 권속들이 같은 자리에 앉음이다. 주체와 객체가 함께 증득함을 나타내기 때문이다.

나머지 지방의 10단락은 이와 같은 예로 미뤄 알 수 있다.

그 사이에 국토, 부처, 보살의 이름은 본래의 의의를 확정 지어 말하기 어렵지만, 단 설명할 수 있는 것은 편의에 따라야 한다.

1) 동방세계, 2) 남방세계와 6) 동남방세계에 구슬로 만든 의관이 없는 것은 문장의 생략으로 보인다. 또한 이러한 공양 도구는 법을 나타내고 있을 뿐 아니라, 아울러 그 사람이 그러한 법과 같으며, 의보와 정보, 원인과 결과, 걸림 없는 법계에 자재한 공덕이다.

二 南方

2) 남방세계

經

南方으로 過不可說佛刹微塵數世界海外하야
有世界하니 名金剛藏이오
佛號는 普光明無勝藏王이어든
彼佛衆中에 有菩薩하니 名不可壞精進王이라

與不可說佛刹微塵數菩薩로 俱하야 來向佛所하사
持一切寶香網하며 持一切寶瓔珞하며 持一切寶華帶하며
持一切寶鬘帶하며 持一切金剛瓔珞하며 持一切摩尼寶
網하며 持一切寶衣帶하며 持一切寶瓔珞帶하며 持一切最
勝光明摩尼帶하며 持一切師子摩尼寶瓔珞하야 悉以神
力으로 充徧一切諸世界海하야
到佛所已에 頂禮佛足하고
卽於南方에 化作徧照世間摩尼寶莊嚴樓閣과 及普照十
方寶蓮華藏師子之座하사
以一切寶華網으로 羅覆其身하고
與其眷屬으로 結跏趺坐하나니라

　　남방으로 말할 수 없는 부처님 세계의 티끌 수만큼의 세계 바다를 지나서

　　그 밖에 또 하나의 세계가 있는데, 그 이름을 '금강장세계'라 하고,

　　그 세계에 계신 부처님의 명호는 '보광명무승장왕불'이며,

　　그 부처의 법회 대중 가운데 보살이 있는데, 그 이름을 '불가괴정진왕보살'이라 한다.

　　그 보살은 말할 수 없는 부처 세계의 티끌 수만큼의 보살들과 함께, 부처님 계신 도량을 찾아와

　　일체 보배 향 그물, 일체 보배 영락 그물, 일체 보배 꽃 띠, 일체 보배 화만 띠, 일체 금강 영락, 일체 마니보배 그물, 일체 보배 의대, 일체 보배 영락 띠, 일체 훌륭한 광명 마니 띠, 일체 사자 마니보배 영

락을 가지고서 모두가 신통력으로 일체 세계 바다에 가득하였다.

　그 보살들이 부처님 계신 도량에 이르러 부처님의 발에 이마를 대고 절을 올리고,

　남방에서 세간에 두루 비추는 마니주 보배로 장엄한 누각과 시방을 두루 비추는 보배 연화장 사자법좌를 변화하여 만들고서,

　일체 보배 꽃 그물로 몸에 두르고,

　함께 왔던 권속들과 모두 결가부좌하고 앉았다.

◉ 疏 ◉

南方中에 供具 皆云持者는 表修持故니라

　남방 부분에서 공양 도구를 모두 '지녔다'고 말한 것은 修持를 나타내기 때문이다.

三 西方

　3) 서방세계

經

西方으로 過不可說佛刹微塵數世界海外하야
有世界하니 名摩尼寶燈須彌山幢이오
佛號는 法界智燈이어든
彼佛衆中에 有菩薩하니 名普勝無上威德王이라

與世界海微塵數菩薩로 俱하야 來向佛所하사

悉以神力으로 與不可說佛刹微塵數種種塗香燒香須彌山雲과

不可說佛刹微塵數種種色香水須彌山雲과

不可說佛刹微塵數一切大地微塵等光明摩尼寶王須彌山雲과

不可說佛刹微塵數種種光焰輪莊嚴幢須彌山雲과

不可說佛刹微塵數種種色金剛藏摩尼王莊嚴須彌山雲과

不可說佛刹微塵數普照一切世界閻浮檀摩尼寶幢須彌山雲과

不可說佛刹微塵數現一切法界摩尼寶須彌山雲과

不可說佛刹微塵數現一切諸佛相好摩尼寶王須彌山雲과

不可說佛刹微塵數現一切如來本事因緣하며 說諸菩薩所行之行摩尼寶王須彌山雲과

不可說佛刹微塵數現一切佛坐菩提場摩尼寶王須彌山雲하사 充滿法界하야

至佛所已에 頂禮佛足하고

卽於西方에 化作一切香王樓閣하사 眞珠寶網으로 彌覆其上하며 及化作帝釋影幢寶蓮華藏師子之座하사

以妙色摩尼網으로 羅覆其身하며 心王寶冠으로 以嚴其

首하고
與其眷屬으로 結跏趺坐하나니라

　서방으로 말할 수 없는 부처님 세계의 티끌 수만큼의 세계 바다를 지나서

　그 밖에 또 하나의 세계가 있는데, 그 이름을 '마니보등수미산당세계'라 하고,

　그 세계에 계신 부처님의 명호는 '법계지등불'이며,

　그 부처의 법회 대중 가운데 보살이 있는데, 그 이름을 '보승무상위덕왕보살'이라 한다.

　그 보살은 말할 수 없는 부처 세계의 티끌 수만큼의 보살들과 함께, 부처님 계신 도량을 찾아와

　모두가 신통력으로 말할 수 없는 세계의 티끌 수 가지가지 바르는 향, 사르는 향, 수미산 구름,

　말할 수 없는 세계의 티끌 수만큼 가지가지 빛 향수 수미산 구름,

　말할 수 없는 세계의 티끌 수와 같은 모든 땅의 티끌과 같은 광명 마니왕 수미산 구름,

　말할 수 없는 세계의 티끌 수만큼 가지가지 불꽃 바퀴로 장엄한 당기 수미산 구름,

　말할 수 없는 세계의 티끌 수만큼 가지가지 빛 금강장마니왕으로 장엄한 수미산 구름,

　말할 수 없는 세계의 티끌 수만큼 일체 세계를 두루 비추는 염부단금 마니보배 당기 수미산 구름,

말할 수 없는 세계의 티끌 수만큼 일체 법계를 나타내는 마니 보배 수미산 구름,

말할 수 없는 세계의 티끌 수만큼 일체 부처의 잘생긴 모습을 나타내는 마니보배 왕 수미산 구름,

말할 수 없는 세계의 티끌 수만큼 일체 여래의 본생 일 인연을 나타내고 보살들이 행했던 행을 말하는 마니보배 왕 수미산 구름,

말할 수 없는 세계의 티끌 수만큼 일체 부처님이 보리도량에 앉으심을 나타내는 마니보배 왕 수미산 구름을 일으켜 법계에 가득하였다.

그 보살들이 부처님 계신 도량에 이르러 부처님의 발에 이마를 대고 절을 올리고,

서방에서 모든 향왕으로 된 누각을 변화하여 만들고서, 진주보배 그물로 그 위를 가득 덮고, 또 제석의 그림자 당기 보배 연화장 사자법좌를 변화하여 만들고서,

미묘한 빛 마니주 그물로 몸에 두르고, 심왕보배 관으로 머리를 장엄하고서

함께 왔던 권속들과 모두 결가부좌하고 앉았다.

● 疏 ●

西方에 皆言須彌山雲者는 四德妙高하야 淸凉利物故니라

서방에서 모두 '수미산 구름'을 말한 것은 상주, 안락, 진아, 청정 4가지 공덕이 미묘하고 고고하여 시원하게 중생의 이익을 베풀

기 때문이다.

四 北方

4) 북방세계

經

北方으로 過不可說佛刹微塵數世界海外하야
有世界하니 名寶衣光明幢이오
佛號는 照虛空法界大光明이어든
彼佛衆中에 有菩薩하니 名無礙勝藏王이라
與世界海微塵數菩薩로 俱하야 來向佛所하사
悉以神力으로 興一切寶衣雲하니 所謂黃色寶光明衣雲
과 種種香所熏衣雲과 日幢摩尼王衣雲과 金色熾然摩
尼衣雲과 一切寶光焰衣雲과 一切星辰像上妙摩尼衣
雲과 白玉光摩尼衣雲과 光明徧照殊勝赫奕摩尼衣雲
과 光明徧照威勢熾盛摩尼衣雲과 莊嚴海摩尼衣雲이
充徧虛空하야
至佛所已에 頂禮佛足하고
卽於北方에 化作摩尼寶海莊嚴樓閣과 及毘瑠璃寶蓮
華藏師子之座하사
以師子威德摩尼王網으로 羅覆其身하며 淸淨寶王으로

爲髻明珠하고
與其眷屬으로 **結跏趺坐**하나니라

　북방으로 말할 수 없는 부처님 세계의 티끌 수만큼의 세계 바다를 지나서

　그 밖에 또 하나의 세계가 있는데, 그 이름을 '보의광명당세계'라 하고,

　그 세계에 계신 부처님의 명호는 '조허공법계대광명불'이며,

　그 부처의 법회 대중 가운데 보살이 있는데, 그 이름을 '무애승장왕보살'이라 한다.

　그 보살은 말할 수 없는 부처 세계의 티끌 수만큼의 보살들과 함께, 부처님 계신 도량을 찾아와

　모두 신통력으로 일체 보배 옷 구름을 일으켰다.

　이른바 황색 보배 광명 옷 구름,

　가지가지 향을 풍기는 옷 구름,

　해 당기 마니왕 옷 구름,

　금빛 치성한 마니주 옷 구름,

　일체 보배 불꽃 옷 구름,

　일체 별 모양 훌륭한 마니주 옷 구름,

　백옥 빛 마니주 옷 구름,

　광명이 두루 비쳐 매우 찬란한 마니주 옷 구름,

　광명이 두루 비쳐 위세가 치성한 마니주 옷 구름,

　장엄 바다 마니주 옷 구름들이 허공에 가득하였다.

그 보살들이 부처님 계신 도량에 이르러 부처님의 발에 이마를 대고 절을 올리고,

북방에서 마니주 보배 바다로 장엄한 누각과 비유리 보배 연화장 사자법좌를 변화하여 만들고서,

사자위덕 마니왕 그물로 몸에 둘렀으며, 청정한 보배 왕으로 상투에 빛나는 구슬을 삼고,

함께 왔던 권속들과 모두 결가부좌하고 앉았다.

● 疏 ●

北方에 皆言衣者는 寂忍慚愧로 嚴法身故니라

북방에서 모두 '옷 구름'을 말한 것은 寂忍과 慚愧로 법신을 장엄하기 때문이다.

五 東北方

5) 동북방세계

經

東北方으로 過不可說佛刹微塵數世界海外하야
有世界하니 名一切歡喜淸淨光明網이오
佛號는 無礙眼이어든
彼佛衆中에 有菩薩하니 名化現法界願月王이라

與世界海微塵數菩薩로 俱하야 來向佛所하사
悉以神力으로 興寶樓閣雲과 香樓閣雲과 燒香樓閣雲과 華樓閣雲과 栴檀樓閣雲과 金剛樓閣雲과 摩尼樓閣雲과 金樓閣雲과 衣樓閣雲과 蓮華樓閣雲하사 彌覆十方一切世界하야
至佛所已에 頂禮佛足하고
卽於東北方에 化作一切法界門大摩尼樓閣과 及無等香王蓮華藏師子之座하사
摩尼華網으로 羅覆其身하며 着妙寶藏摩尼王冠하고
與其眷屬으로 結跏趺坐하나니라

　　동북방으로 말할 수 없는 부처님 세계의 티끌 수만큼의 세계바다를 지나서

　　그 밖에 또 하나의 세계가 있는데, 그 이름을 '일체환희청정광명망세계'라 하고,

　　그 세계에 계신 부처님의 명호는 '무애안불'이며,

　　그 부처의 법회 대중 가운데 보살이 있는데, 그 이름을 '화현법계원월왕보살'이라 한다.

　　그 보살은 말할 수 없는 부처 세계의 티끌 수만큼의 보살들과 함께, 부처님 계신 도량을 찾아와

　　모두 신통력으로 보배 누각 구름, 향 누각 구름, 사르는 향 누각 구름, 꽃 누각 구름, 전단 누각 구름, 금강 누각 구름, 마니주 누각 구름, 황금 누각 구름, 옷 누각 구름, 연꽃 누각 구름을 일으켜,

시방의 일체 세계를 가득 뒤덮었다.

　그 보살들이 부처님 계신 도량에 이르러 부처님의 발에 이마를 대고 절을 올리고,

　동북방에서 일체 법계문 큰 마니주 누각과 짝할 이 없는 향왕연화장 사자법좌를 변화하여 만들고서,

　마니꽃 그물로 몸에 둘렀으며, 미묘한 보장 마니왕관을 쓰고,

　함께 왔던 권속들과 모두 결가부좌하고 앉았다.

◉ 疏 ◉

東北方에 云樓閣者는 悲智二利 相因顯故니라

　동북방에서 '누각 구름'을 말한 것은 대비대지와 자리이타를 서로 연결 지어 나타내기 때문이다.

六 東南方

　6) 동남방세계

經

東南方으로 過不可說佛刹微塵數世界海外하야
有世界하니 名香雲莊嚴幢이오
佛號는 龍自在王이어든
彼佛衆中에 有菩薩하니 名法慧光焰王이라

與世界海微塵數菩薩로 俱하야 來向佛所하사
悉以神力으로 興金色圓滿光明雲과 無量寶色圓滿光明雲과 如來毫相圓滿光明雲과 種種寶色圓滿光明雲과 蓮華藏圓滿光明雲과 衆寶樹枝圓滿光明雲과 如來頂髻圓滿光明雲과 閻浮檀金色圓滿光明雲과 日色圓滿光明雲과 星月色圓滿光明雲하사 悉徧虛空하야
到佛所已에 頂禮佛足하고
卽於東南方에 化作毘盧遮那最上寶光明樓閣과 金剛摩尼蓮華藏師子之座하사
衆寶光焰摩尼王網으로 羅覆其身하고
與其眷屬으로 結跏趺坐하나니라

 동남방으로 말할 수 없는 부처님 세계의 티끌 수만큼의 세계 바다를 지나서

 그 밖에 또 하나의 세계가 있는데, 그 이름을 '향운장엄당세계'라 하고,

 그 세계에 계신 부처님의 명호는 '용자재왕불'이며,

 그 부처의 법회 대중 가운데 보살이 있는데, 그 이름을 '법혜광염왕보살'이라 한다.

 그 보살은 말할 수 없는 부처 세계의 티끌 수만큼의 보살들과 함께, 부처님 계신 도량을 찾아와

 모두 신통력으로 금빛 원만한 광명 구름, 한량없는 보배 빛 원만한 광명 구름, 여래의 백호상 원만한 광명 구름, 여러 가지 보배

빛 원만한 광명 구름, 연화장 원만한 광명 구름, 많은 보배 나뭇가지 원만한 광명 구름, 여래의 정수리 상투에 원만한 광명 구름, 염부단금빛 원만한 광명 구름, 햇빛 원만한 광명 구름, 별과 달빛 원만한 광명 구름을 일으켜 허공에 가득하였다.

그 보살들이 부처님 계신 도량에 이르러 부처님의 발에 이마를 대고 절을 올리고,

동남방에서 비로자나 최상 보배 광명 누각과 금강마니주 보배 연화장 사자법좌를 변화하여 만들고서,

많은 보배 빛 불꽃 마니왕 그물로 몸에 둘렀으며,

함께 왔던 권속들과 모두 결가부좌하고 앉았다.

● 疏 ●

東南方에 云圓滿光者는 權實二智 無闕行故니라

동남방에서 '원만한 광명 구름'을 말한 것은 權敎와 實敎, 근본지와 후득지로서 행을 빠뜨림이 없기 때문이다.

七 西南方

7) 서남방세계

經

西南方으로 過不可說佛刹微塵數世界海外하야

有世界하니 名曰光摩尼藏이오
佛號는 普照諸法智月王이어든
彼佛衆中에 有菩薩하니 名摧破一切魔軍智幢王이라
與世界海微塵數菩薩로 俱하야 來向佛所하사
於一切毛孔中에 出等虛空界華焰雲과 香焰雲과 寶焰雲과 金剛焰雲과 燒香焰雲과 電光焰雲과 毘盧遮那摩尼寶焰雲과 一切金光焰雲과 勝藏摩尼王光焰雲과 等三世如來海光焰雲호되 一一皆從毛孔中出하야 徧虛空界라
到佛所已에 頂禮佛足하고
卽於西南方에 化作普現十方法界光明網大摩尼寶樓閣과 及香燈焰寶蓮華藏師子之座하사
以離垢藏摩尼網으로 羅覆其身하며 着出一切衆生發趣音摩尼王嚴飾冠하고
與其眷屬으로 結跏趺坐하나니라

　서남방으로 말할 수 없는 부처님 세계의 티끌 수만큼의 세계 바다를 지나서

　그 밖에 또 하나의 세계가 있는데, 그 이름을 '일광마니장세계'라 하고,

　그 세계에 계신 부처님의 명호는 '보조제법지월왕불'이며,

　그 부처의 법회 대중 가운데 보살이 있는데, 그 이름을 '최파일체마군지당왕보살'이라 한다.

그 보살은 말할 수 없는 부처 세계의 티끌 수만큼의 보살들과 함께, 부처님 계신 도량을 찾아와

일체 모공에서 허공계와 같은 꽃, 불꽃 구름, 향 불꽃 구름, 보배 불꽃 구름, 금강 불꽃 구름, 사르는 향 불꽃 구름, 번개 빛 불꽃 구름, 비로자나 마니주 보배 불꽃 구름, 일체 금빛 불꽃 구름, 승장 마니왕 광명 불꽃 구름, 삼세 여래 바다와 같은 광명 불꽃 구름을 피어내되, 하나하나가 모두 모공에서 나와 허공에 가득하였다.

그 보살들이 부처님 계신 도량에 이르러 부처님의 발에 이마를 대고 절을 올리고,

서남방에서 시방 법계의 광명 그물을 나타내는 큰 마니주 보배 누각과 향등 불꽃 보배 연화장 사자법좌를 변화하여 만들고서,

더러운 때가 없는 보장 마니주 그물로 몸에 둘렀으며, 일체중생을 떠나 나아가는 음성을 내는 마니왕으로 잘 꾸민 관을 쓰고,

함께 왔던 권속들과 모두 결가부좌하고 앉았다.

◉ 疏 ◉

西南方에 云燄者는 以淨智慧로 燒惑薪故며 亦表皆想所持 不可取故니라

上之七方에 興供表法은 通答菩薩神通이오 下之三段은 兼亦別答前來問中 後二十句라【鈔_ 下之三段 兼亦別答 前來問中 後二十句者는 上來七方은 唯通答二十句中에 前十中一句오 此下三方은 通答二十句中三句니 而上下二方에 兼別答耳라】

서남방에서 '불꽃 구름'을 말한 것은 청정지혜로써 미혹의 섶을 불태워주기 때문이며, 또한 모두 想으로 지닌 바라 취할 수 없음을 나타내기 때문이다.

위의 7지방 세계에 공양 도구를 일으키는 것으로 법을 나타냄은 보살의 신통을 총괄하여 답함이며, 아래의 3단락의 세계는 겸하여 또한 앞의 물음 가운데 뒤의 20구를 개별로 답하였다.【초_ "아래의 3단락의 세계는 겸하여 또한 앞의 물음 가운데 뒤의 20구를 개별로 답하였다."는 것은 위의 7지방은 오직 20구 가운데 앞의 10구 중 1구를 총괄하여 답한 것이며, 아래의 3지방은 20구 가운데 3구를 총괄하여 답한 것이다. 상방과 하방의 2세계는 겸하여 개별로 답하였다.】

八 西北方

8) 서북방세계

經

西北方으로 過不可說佛刹微塵數世界海外하야
有世界하니 名毘盧遮那願摩尼王藏이오
佛號는 普光明最勝須彌王이어든
彼佛衆中에 有菩薩하니 名願智光明幢이라
與世界海微塵數菩薩로 俱하야 來向佛所하사

於念念中에 一切相好와 一切毛孔과 一切身分에 皆出三
世一切如來形像雲과 一切菩薩形像雲과 一切如來衆
會形像雲과 一切如來變化身形像雲과 一切如來本生
身形像雲과 一切聲聞辟支佛形像雲과 一切如來菩提
場形像雲과 一切如來神變形像雲과 一切世間主形像
雲과 一切淸淨國土形像雲하사 充滿虛空하야
至佛所已에 頂禮佛足하고
卽於西北方에 化作普照十方摩尼寶莊嚴樓閣과 及普
照世間寶蓮華藏師子之座하사
以無能勝光明眞珠網으로 羅覆其身하며 着普光明摩尼
寶冠하고
與其眷屬으로 結跏趺坐하며

　　서북방으로 말할 수 없는 부처님 세계의 티끌 수만큼의 세계
바다를 지나서
　　그 밖에 또 하나의 세계가 있는데, 그 이름을 '비로자나 서원
마니왕장세계'라 하고,
　　그 세계에 계신 부처님의 명호는 '보광명최승수미왕불'이며,
　　그 부처의 법회 대중 가운데 보살이 있는데, 그 이름을 '원지광
명당보살'이라 한다.
　　그 보살은 말할 수 없는 부처 세계의 티끌 수만큼의 보살들과
함께, 부처님 계신 도량을 찾아와
　　한 생각 한 생각의 찰나에 일체 잘생긴 모습, 일체 모공, 일체

몸의 부분에서 삼세 일체 여래의 형상 구름, 일체 보살의 형상 구름, 일체 여래 대중의 형상 구름, 일체 여래의 변화한 몸의 형상 구름, 일체 여래의 본생 몸의 형상 구름, 일체 성문과 벽지불의 형상 구름, 일체 여래의 보리장 형상 구름, 일체 여래의 신통변화 형상 구름, 일체 세간 임금들의 형상 구름, 일체 청정한 국토의 형상 구름을 피어내어 허공에 가득하였다.

그 보살들이 부처님 계신 도량에 이르러 부처님의 발에 이마를 대고 절을 올리고,

서북방에서 시방을 두루 비추는 마니주 보배로 장엄한 누각과 세간을 두루 비추는 보배 연화장 사자법좌를 변화하여 만들고서,

이길 수 없는 광명진주 그물로 몸에 둘렀으며, 보광명마니 보배 관을 쓰고,

함께 왔던 권속들과 모두 결가부좌하고 앉았다.

◉ 疏 ◉

十句는 皆答前最後爲一切衆生現諸佛影像이니 若約表者인댄 爲顯緣有라 似非眞故니라

10구는 모두 앞의 최후에 '일체중생을 위하여 제불의 영상을 나타냄'에 답한 것이다. 만약 법을 나타낸 것으로 말한다면, 인연으로 있는 터라, 진실이 아님과 같음을 나타내기 때문이다.

九下方

9) 하방세계

經

下方으로 過不可說佛刹微塵數世界海外하야
有世界하니 名一切如來圓滿光普照오
佛號는 虛空無礙相智幢王이어든
彼佛衆中에 有菩薩하니 名破一切障勇猛智王이라
與世界海微塵數菩薩로 俱하야 來向佛所하사
於一切毛孔中에
出說一切衆生語言海音聲雲하며
出說一切三世菩薩修行方便海音聲雲하며
出說一切菩薩所起願方便海音聲雲하며
出說一切菩薩成滿淸淨波羅蜜方便海音聲雲하며
出說一切菩薩圓滿行徧一切刹音聲雲하며
出說一切菩薩成就自在用音聲雲하며
出說一切如來의 往詣道場하야 破魔軍衆하고 成等正覺
한 自在用音聲雲하며
出說一切如來轉法輪契經門名號海音聲雲하며
出說一切隨應敎化調伏衆生法方便海音聲雲하며
出說一切隨時隨善根隨願力하야 普令衆生證得智慧

方便海音聲雲하사
到佛所已에 **頂禮佛足**하고
卽於下方에 **化作現一切如來宮殿形像衆寶莊嚴樓閣**
과 **及一切寶蓮華藏師子之座**하며
着普現道場影摩尼寶冠하고
與其眷屬으로 **結跏趺坐**하나니라

하방으로 말할 수 없는 부처님 세계의 티끌 수만큼의 세계 바다를 지나서

그 밖에 또 하나의 세계가 있는데, 그 이름을 '여래원만광보조세계'라 하고,

그 세계에 계신 부처님의 명호는 '허공무애상지당왕불'이며,

그 부처의 법회 대중 가운데 보살이 있는데, 그 이름을 '파일체장용맹지왕보살'이라 한다.

그 보살은 말할 수 없는 부처 세계의 티끌 수만큼의 보살들과 함께, 부처님 계신 도량을 찾아와

일체 모공 속에서

일체중생의 말 바다를 말하는 음성 구름을 내며,

일체 삼세 보살의 수행하는 방편 바다를 말하는 음성 구름을 내며,

일체 보살이 일으킨 서원과 방편 바다를 말하는 음성 구름을 내며,

일체 보살이 청정한 바라밀을 성취하는 방편 바다를 말하는

음성 구름을 내며,

　일체 보살의 원만한 행이 일체 세계에 두루 함을 말하는 음성 구름을 내며,

　일체 보살이 자재한 작용 성취를 말하는 음성 구름을 내며,

　일체 여래가 도량에 나아가 마군 대중을 격파하고 정각을 성취한 자재한 작용을 말하는 음성 구름을 내며,

　일체 여래가 법륜을 굴리던 경전의 이름 바다를 말하는 음성 구름을 내며,

　일체 따라 감응하면서 중생을 교화하고 조복하는 법의 방편 바다를 말하는 음성 구름을 내며,

　일체 시기를 따르고 선근을 따르고 원력을 따라서 중생으로 하여금 지혜를 증득하게 하는 방편 바다를 말하는 음성 구름을 내었다.

　그 보살들이 부처님 계신 도량에 이르러 부처님의 발에 이마를 대고 절을 올리고,

　하방에서 일체 여래의 궁전 형상을 나타내는 여러 보배로 장엄한 누각과 일체 보배 연화장 사자법좌를 변화하여 만들고서,

　널리 도량을 나타내는 마니주 보배 관을 쓰고,

　함께 왔던 권속들과 모두 결가부좌하고 앉았다.

● 疏 ●

毛孔中十句는 答前九問이니 十句에 皆言方便海인댄 則通答往昔

成就方便이라【鈔_ 九下方毛孔中十句 答前九問者는 以前十中 神通一問은 前七에 方答竟이라 據下釋中컨대 旣五句는 答因五問이오 四句는 答果五問이어늘 何名答九오 以神通問을 重別顯故니라 然則前以廣答일새 故但云九니라】

모공 부분의 10구는 앞의 9가지 물음에 답한 것이다. 10구에서 모두 '方便海'라 말한 것으로 보면, '예전의 성취 방편'을 전반적으로 답하였다.【초_ "모공 부분의 10구는 앞의 9가지 물음에 답한 것이다."는, 앞의 10구 가운데 신통의 물음은 앞의 7가지에서 바야흐로 답을 끝마친 것이다. 아래의 해석에 의하면, 이미 5구는 因의 5가지 물음에 답하였고, 4구는 果의 5가지 물음에 답하였는데, 어찌하여 9가지에 답하였다고 말하는가? '신통'에 관한 하나의 물음을 거듭 개별로 밝혔기 때문이다. 이로 보면 앞에서는 자세히 답하였기 때문에 다만 9가지에 답하였다고 말하였을 뿐이다.】

初一句는 通顯所隨衆生言音이오

次五句는 答因中五問이니 謂二答諸行이니 此句는 應顯趣求一切智心이오 以第五明行圓滿이니 此爲行初故니라 三은 答所起菩薩大願이오 四는 答所淨諸波羅蜜이오 五는 正答圓滿諸菩薩行이오 六은 別答所作神通이라 然問就如來因中이오 此通一切菩薩하니 通別之異耳라 其助道及出離問은 亦是通答이니 以諸句中에 皆是助道오 竝卽出離故니라

餘四句는 答果用中五問이니 謂七은 答第一正覺問이오 八은 答轉法輪이오 九는 答調伏衆生이니 其國土一種은 現淨土分通答이오

十은 答開示一切智法城과 及示一切衆生道니 以能證是道오 所證是智故니라 而皆言音聲者는 表無言之法하야 假言顯故니라

제1구는 따라야 할 바의 일체중생의 언어와 음성을 전체로 밝혔다.

다음 제2~6의 5구는 因 부분의 5가지 물음에 답하였다.

제2구는 諸行을 답하였다. 이 구절은 당연히 '나아가 일체 지혜의 마음을 구함'을 밝혔으며, 제5구는 행의 원만을 밝혔다. 이는 행의 첫자리가 되기 때문이다.

제3구는 일으켜야 할 보살의 큰 서원을 답하였고,

제4구는 청정해야 할 모든 바라밀을 답하였고,

제5구는 바로 원만한 모든 보살행을 답하였고,

제6구는 지어야 할 신통을 개별로 답하였다. 그러나 물음은 여래의 因에 있고, 이는 일체 보살에 모두 통한다. 통상과 별상의 차이점이다. 그 助道菩提分法과 삼계를 벗어남에 대한 물음은 또한 통상으로 답하였다. 여러 구절 가운데 이는 모두 조도보리분법이고, 아울러 바로 곧 삼계를 벗어난 도이기 때문이다.

나머지 4구는 果의 작용 가운데 5가지 물음을 답하였다.

제7구는 제1 정각의 물음을 답하였고,

제8구는 법륜 굴림을 답하였고,

제9구는 중생의 조복을 답하였다. 그 국토라는 한 가지는 정토를 나타낸 부분에서 통상으로 답하였다.

제10구는 일체 지혜의 法城을 보여줌과 일체중생의 도를 보

여쭘을 답하였다. 증득의 주체는 도이고, 증득의 대상은 지혜이기 때문이다. 모두 '음성'이라 말한 것은 말을 붙일 수 없는 법을 언어를 빌려 밝힘을 나타낸 까닭이다.

十 上方

10) 상방세계

經

上方으로 過不可說佛刹微塵數世界海外하야
有世界하니 名說佛種性無有盡이오
佛號는 普智輪光明音이어든
彼佛衆中에 有菩薩하니 名法界差別願이라
與世界海微塵數菩薩로 俱하사 發彼道場하야 來向此娑
婆世界釋迦牟尼佛所하사
於一切相好와 一切毛孔과 一切身分과 一切肢節과 一切
莊嚴具와 一切衣服中에
現毘盧遮那等過去一切諸佛과 未來一切諸佛의 已得
授記未授記者와 現在十方一切國土에 一切諸佛과 幷
其衆會하며
亦現過去에 行檀那波羅蜜과 及其一切受布施者의 諸
本事海하며

亦現過去에 行尸羅波羅蜜諸本事海하며
亦現過去行羼提波羅蜜에 割截肢體호되 心無動亂 諸本事海하며
亦現過去行精進波羅蜜에 勇猛不退 諸本事海하며
亦現過去에 求一切如來禪波羅蜜海하야 而得成就 諸本事海하며
亦現過去에 求一切佛의 所轉法輪과 所成就法에 發勇猛心하야 一切皆捨 諸本事海하며
亦現過去에 樂見一切佛과 樂行一切菩薩道와 樂化一切衆生界 諸本事海하며
亦現過去所發一切菩薩大願의 淸淨莊嚴 諸本事海하며
亦現過去菩薩所成力波羅蜜의 勇猛淸淨 諸本事海하며
亦現過去一切菩薩所修圓滿智波羅蜜의 諸本事海하사
如是一切本事海 悉皆徧滿廣大法界하야
至佛所已에 頂禮佛足하고
卽於上方에 化作一切金剛藏莊嚴樓閣과 及帝靑金剛王蓮華藏師子之座하사
以一切寶光明摩尼王網으로 羅覆其身하며 以演說三世如來名摩尼寶王으로 爲髻明珠하고
與其眷屬으로 結跏趺坐하시니라

　상방으로 말할 수 없는 부처님 세계의 티끌 수만큼의 세계 바다를 지나서

그 밖에 또 하나의 세계가 있는데, 그 이름을 '설불종성무유진세계'라 하고,

그 세계에 계신 부처님의 명호는 '보지륜광명음불'이며,

그 부처의 법회 대중 가운데 보살이 있는데, 그 이름을 '법계차별원보살'이라 한다.

그 보살은 말할 수 없는 부처 세계의 티끌 수만큼의 보살들과 함께 그 도량에서 출발하여 이 사바세계의 석가모니 부처님 계신 도량을 향하여 오면서,

일체 잘생긴 모습, 일체 모공, 일체 몸의 부분, 일체 손발가락, 일체 장엄거리, 일체 의복에서

비로자나 등 과거의 일체 부처님, 미래의 일체 부처님으로서 수기를 받기도 하고 못 받기도 한 분, 현재 시방 국토에 계신 일체 부처님과 그 대중들을 나타내며,

또 과거에 보시바라밀을 행하기도 하고, 일체 보시를 받은 이들의 본생 일들을 나타내며,

또 과거에 지계바라밀을 행하였던 본생의 일들을 나타내며,

또 과거에 인욕바라밀을 행하면서 온몸을 도려내되 마음이 흔들리지 않았던 본생의 일들을 나타내며,

또 과거에 정진바라밀을 행하면서 용맹하게 물러가지 않았던 본생의 일들을 나타내며,

또 과거에 일체 여래의 선정바라밀을 구하여 성취하였던 본생의 일들을 나타내며,

또 과거에 일체 부처님의 굴린 법들을 구하여 성취한 법과 용맹심을 내어 일체 모두 버렸던 본생의 일들을 나타내며,

또 과거에 일체 부처님 뵈옵기를 좋아하였고, 일체 보살의 도를 행하기를 좋아하였고, 일체중생을 교화하기를 좋아하였던 본생의 일들을 나타내며,

또 과거에 발원한 보살의 큰 서원을 청정하게 장엄하였던 본생의 일들을 나타내며,

또 과거에 보살이 성취한 역바라밀을 용맹스럽게 청정케 하였던 본생의 일들을 나타내며,

또 과거에 일체 보살이 지혜바라밀을 닦아 원만케 하였던 본생의 일들을 나타내어,

이와 같은 일체 본생의 일들이 광대한 법계에 모두 가득하였다.

그 보살들이 부처님 계신 도량에 이르러 부처님의 발에 이마를 대고 절을 올리고,

상방에서 일체 금강장으로 장엄한 누각과 제청 금강왕으로 만들어진 연화장 사자법좌를 변화하여 만들고서,

일체 보배 광명 마니왕 그물로 몸에 둘렀으며, 삼세 여래의 이름을 언설하는 마니보배 왕으로 상투에 빛나는 구슬을 삼고,

함께 왔던 권속들과 모두 결가부좌하고 앉았다.

● 疏 ●

'相好'等中十句는 通答因問中第十本事因緣이오 兼答波羅蜜과

及所入諸地니 以十度 卽是別地所行故로 別約初句하야 答入一切衆生所住處와 及受一切衆生所施와 幷爲一切衆生說布施功德이니 如文思之니라【鈔_ '別約初句 答入一切衆生所住處'等者는 上辨通答因中二句오 此下는 別答果中三句니 前下方에 有五句問答하고 此有三句는 幷第八問答과 第十影像과 及現相에 答國土故로 十問 具矣라】

 '잘생긴 모습' 등 10구는 因의 물음 가운데 제10 본생의 일에 관한 인연을 통상으로 답하였고, 바라밀과 들어간 바의 모든 지위를 겸하여 답하였다. 십바라밀이 곧 개별 지위에서의 행한 바이기 때문에 개별로 첫 구절을 들어 '일체중생이 머문 곳에 들어감'과 '일체중생이 베푼 바를 받아들임'과 아울러 '일체중생을 위하여 보시공덕을 말해줌'에 대해 답하였다. 이는 경문에서 말한 바와 같이 생각해야 한다.【초_ "개별로 첫 구절을 들어 '일체중생이 머문 곳에 들어감'에 대해 답하였다." 등은 위에서는 因中의 2구를 통상으로 답함을 논변하였고, 이 아래에서는 果中의 3구를 별개로 답하였다. 앞의 '하방세계'에 5구의 문답이 있고, 여기에는 3구와 아울러 제8 문답, 제10 영상과 現相에 국토를 답하였기 때문에 10가지 물음을 갖추었다.】

其答問中에 或不次者는 以十方齊來하고 諸供齊現호되 文不累書일새 隨方異說이니 以問次往收면 無不次矣니라

又皆言'本事'者는 表三世之法이 體常住故오 由得體用非一異智하야 以用隨體에 無不存故오 德相業用이 皆自在故니라 密嚴第

二에 云 '金剛藏菩薩이 現種種形하야 說種種法'이라하고 乃至云 '淨所依止하야 入於佛地如來蘊界常無變異故'니라 若理事別修인댄 則不得爾故니 不同餘處에 現法은 體用俱有하고 過未는 體用皆無은 況於小乘三世有耶아 以彼過未 有體無用故니라【鈔_ 三 '若理事別修'下는 揀異他宗이라 '現法體用俱有'等은 卽大乘義오 '況於小乘'은 卽有宗義라 '以彼過未有體無用'者는 出異所以니 有宗은 過去冥伏有오 未來性有일새 故有體也니 不同現法事有일새 故無用也니라 今以體性融故로 體用俱有니 斯卽有卽非有니 非有之有耳니라】

  그 물음의 답 가운데 간혹 차례를 따르지 않은 것은 시방에서 일제히 찾아왔고, 모든 공양을 일제히 올렸지만, 경문에는 누누이 기록할 수 없기에 지방을 따라 달리 말한 것이다. 물음의 차례로 정리할 경우, 차례를 따르지 않을 수 없다.

  또한 모두 '본생의 일'이라 말한 것은 삼세 법의 본체가 상주하기 때문이며, 체용의 하나도 아니요 다름도 아닌 지혜를 얻음으로 연유하여 작용으로써 본체를 따름에 존재하지 않음이 없기 때문이며, 德相과 業用이 모두 자재함을 나타내기 때문이다.

  대승밀엄경 제2에서 말하였다.

  "금강장보살이 가지가지 형상을 드러내어 가지가지 법을 연설하고, 내지 의지할 바를 청정하게 하여 부처의 지위와 여래와 蘊界에 언제나 변함이 없기 때문이다."

  만일 이법계와 사법계를 별개로 닦으면 그렇지 못하기 때문이다. 나머지 다른 곳의 현재 법은 본체와 작용이 모두 있고, 과거와 미래에 본체와 작용이 모두 없음과 똑같지 않다. 하물며 소승의 삼세가 있는 것이야. 저 과거와 미래에 본체만 있고 작용은 없기 때문이다.【초_ 셋째, "만일 이법계와 사법계를 별개로 닦으면" 이하는 다른 종파와 다름을 구별하였다.

"현재 법은 본체와 작용이 모두 있다." 등은 대승의 의의이다.

'하물며 小乘…'은 有宗의 뜻이다.

"과거와 미래에 본체만 있고 작용은 없다."는 것은 다르게 출현하는 이유이다.

有宗은 과거는 冥伏의 有이며, 미래는 性有이기 때문에 有의 본체이다. 現法의 事有와 같지 않기 때문에 작용이 없다. 여기에서는 體性이 원융하기 때문에 본체와 작용이 모두 있다. 이는 곧 있지만 있지 않은 것이니, 있지 않음이 있는 것이다.】

初別集十方 竟하다

1. 개별로 시방세계에서 모여든 부분을 끝마치다.

입법계품 제39-1 入法界品 第三十九之一

화엄경소론찬요 제98권 華嚴經疏論纂要 卷第九十八

화엄경소론찬요 제99권
華嚴經疏論纂要 卷第九十九

●

입법계품 제39-2
入法界品 第三十九之二

第二, 通讚德行

2. 공통으로 덕행을 찬탄하다

經

如是十方一切菩薩과 幷其眷屬이 皆從普賢菩薩行願中生이라

以淨智眼으로 見三世佛하며

普聞一切諸佛如來所轉法輪修多羅海하며

已得至於一切菩薩自在彼岸하며

於念念中에 現大神變하야 親近一切諸佛如來하며

一身이 充滿一切世界一切如來衆會道場하며

　이와 같이 시방의 일체 보살과 아울러 그 권속들이 모두 보현보살의 행과 서원 가운데서 나왔다.

　청정한 지혜 눈으로 삼세 부처님을 보았고,

　일체 부처님 여래께서 굴리신 법륜인 경전의 바다를 널리 들었으며,

　일체 보살의 자재한 피안에 이미 이르렀고,

　한 생각 한 생각의 찰나에 큰 신통변화를 나타내어 일체 부처님 여래를 가까이하였으며,

　하나의 몸이 일체 세계, 일체 여래의 대중이 모인 도량에 가득하였다.

● 疏 ●

德行中二니

初는 總이오 後 '以淨智' 下는 別이라

就別讚中에 三十四句는 分三이니

初五句는 明上近諸佛德이오

二 '於一塵中' 下 十四句는 下攝衆生德이오

三 '一切菩薩神通' 下 十五句는 大用自在德이오

亦名三種三業이라

今初에

一은 淨眼見佛이니 卽是意業이오

二는 聞如來法이니 卽淨修語業이오

餘三句는 竝顯身業自在니라【鈔_ 亦名三種三業'者는 一은 名近佛三業이오 二는 攝化三業이오 三은 神通三業이라】

덕행의 찬탄 부분은 2단락이다.

1) 총상의 찬탄이며,

2) '以淨智' 이하는 별상의 찬탄이다.

'2) 별상의 찬탄' 부분의 34구는 다시 3단락으로 나뉜다.

(1) 5구는 위로 제불의 덕행을 가까이함을 밝혔고,

(2) '於一塵中' 이하 14구는 아래로 중생을 받아들이는 공덕이며,

(3) '一切菩薩神通' 이하 15구는 큰 작용이 자재한 공덕이다.

또한 3가지의 삼업이라 말하기도 한다.

'(1) 5구'에서 제1구의 청정한 눈으로 부처를 친견함은 意業이며,

제2구의 여래의 법을 들음은 청정하게 語業을 닦음이며,

나머지 3구는 아울러 身業의 자재를 밝혔다.【초_ "또한 3가지의 삼업이라 말한다."는 것은 ① 부처를 가까이하는 삼업, ② 중생을 교화하는 삼업, ③ 신통의 삼업을 말한다.】

經

於一塵中에 普現一切世間境界하야 敎化成就一切衆生호되 未曾失時하며

一毛孔中에 出一切如來說法音聲하며

知一切衆生이 悉皆如幻하며

知一切佛이 悉皆如影하며

知一切諸趣受生이 悉皆如夢하며

知一切業報 如鏡中像하며

知一切諸有生起 如熱時焰하며

知一切世界 皆如變化하야

成就如來十力無畏하며

勇猛自在하야 能師子吼하며

深入無盡辯才大海하며

得一切衆生言辭海諸法智하며

於虛空法界에 所行無礙하며

知一切法이 無有障礙하며

한 티끌 속에 모든 세간의 경계를 나타내어 모든 중생을 교화

하고 성취하되 때를 놓치지 아니하며,

　　한 모공에서 일체 여래의 법을 말하는 음성을 내며,

　　일체중생이 다 환상과 같음을 알며,

　　일체 부처님이 그림자 같음을 알며,

　　일체 모든 세계에 태어남이 꿈과 같음을 알며,

　　일체 업보가 거울 속의 영상과 같음을 알며,

　　일체 생사의 일어남이 더울 적의 아지랑이 같음을 알며,

　　일체 세계가 변화함과 같음을 알아,

　　여래의 열 가지 힘과 두려움 없음을 성취하였으며,

　　용맹하고 자재하게 사자후하여 그지없는 변재 바다에 깊이 들어갔으며,

　　일체중생의 말을 아는 모든 법의 지혜를 얻었으며,

　　허공과 법계에 다님이 걸림 없으며,

　　일체 법이 장애가 없음을 알았다.

● 疏 ●

第二 下攝衆生德中에 三이니

初는 微細化生이오

二 '知一切衆生' 下 七句는 明攝衆生之智라 故末句에 結云 '十力無畏'라하니라 前六은 別明이니 一은 緣集非眞故오 二는 隨機本質하야 暎光有勝劣故오 三은 諸趣思所起故오 四는 隨照暎質有姸媸故오 五는 想所持故오 六은 無而忽有하고 暫有還無故니라

三勇猛下五句는 明攝生語業이니 於中에 初句는 總顯決定이오 下四句는 別明四辯이라【鈔_ 下之四句別明四辯者는 初句는 樂說無礙오 二得一切下는 詞無礙오 三於虛空法界下는 義無礙오 四知一法下는 法無礙니라】

(2) 아래로 중생을 받아들이는 공덕 부분은 3단락이다.

(ㄱ) 미세하게 중생을 교화함이다.

(ㄴ) '知一切衆生' 이하에 7구는 중생을 받아들이는 지혜를 밝힌 까닭에 끝 구절에 끝맺기를 '十力無畏'라 하였다.

앞의 6구는 개별로 밝혔다.

제1구 '一切衆生 悉皆如幻'은 인연이 모여 생겨난 것이지 진실이 아니기 때문이며,

제2구 '一切佛 悉皆如影'은 근기의 본질을 따라서 비추는 광명에 우열이 있기 때문이며,

제3구 '一切諸趣受生 悉皆如夢'은 모든 세계의 길이 생각에서 일어나는 바이기 때문이며,

제4구 '一切業報 如鏡中像'은 비춤에 따라 나타난 바탕에 美醜가 있기 때문이며,

제5구 '一切諸有生起 如熱時焰'은 생각으로 지니는 바이기 때문이며,

제6구 '一切世界 皆如變化'는 없다가 갑자기 있고, 잠시 있다가 또다시 사라지기 때문이다.

(ㄷ) '勇猛自在' 이하 5구는 중생을 받아들여 교화하는 語業을

밝혔다.

5구 가운데 첫 1구[勇猛自在 能師子吼]는 반드시 그러함을 총체로 밝혔으며, 아래 4구는 四無礙辯을 개별로 밝혔다.【초_ "아래 4구는 四無礙辯을 개별로 밝혔다."는 것은

① '深入無盡辯才' 이하는 樂說無礙辯이고,
② '得一切衆生' 이하는 詞無礙辯이고,
③ '於虛空法界' 이하는 義無礙辯이고,
④ '知一切法' 이하는 法無礙辯이다.】

經

一切菩薩神通境界 悉已淸淨하며
勇猛精進하야 摧伏魔軍하며
恒以智慧로 了達三世하며
知一切法이 猶如虛空하야 無有違諍하고 亦無取着하며
雖勤精進이나 而知一切智 終無所來하며
雖觀境界나 而知一切有 悉不可得하며
以方便智로 入一切法界하며
以平等智로 入一切國土하며
以自在力으로 令一切世界로 展轉相入하며
於一切世界에 處處受生하며
見一切世界의 種種形相하며
於微細境에 現廣大刹하며

於廣大境에 **現微細刹**하며

於一佛所一念之頃에 **得一切佛威神所加**하야 **普見十方**하야 **無所迷惑**하며

於刹那頃에 **悉能往詣**하나니

일체 보살의 신통한 경계가 이미 청정하고,

용맹하게 정진하여 마군을 꺾어 굴복시키며,

항상 지혜로 삼세를 통달하고,

일체 법이 허공과 같음을 알고서 다툼이 없고 또한 집착이 없으며,

비록 부지런히 정진하지만 일체 지혜가 마침내 온 데가 없음을 알고,

비록 경계를 보지만 일체 모든 존재를 모두 얻을 수 없음을 알며,

방편 지혜로 일체 법계에 들어가고,

평등한 지혜로 일체 국토에 들어가며,

자재한 힘으로 일체 세계가 차례차례 서로 들어가게 하고,

일체 세계의 곳곳마다 몸을 받아 태어나며,

일체 세계의 가지가지 형상을 보여주고,

미세한 경계에 광대한 세계를 나타내며,

광대한 경계에 미세한 세계를 나타내고,

한 부처님 계신 데서 한 생각의 찰나에 일체 부처님 위신력의 가피를 얻어, 널리 시방세계를 보는 데 미혹한 바 없으며,

찰나 사이에 모두 나아갈 수 있었다.

◉ 疏 ◉

第三大用自在德中에 初句는 總明所得이오

餘는 別明通用이라

於中 三이니

一은 三業摧邪니 勇進通三故오

二'恒以智'下 六句는 明意業自在니 皆權實雙行故라 一은 智了三世事하고 慧達三世空이오 二는 知法如空일새 空無可諍이오 而不壞有일새 故不著空이오 三은 進無進相일새 故曰無來오 四는 卽有而空이오 五는 卽空而有라 故云方便이오 六은 智入性土니라

三'以自在力'下 七句는 身業自在니 可知니라

　(3) 큰 작용이 자재한 공덕 가운데 첫 구절은 얻은 바를 총괄하여 밝혔고,

　　나머지 구절은 공통의 작용을 개별로 밝혔다.

　　'공통의 작용을 개별로 밝힌 부분'은 3단락이다.

　　㈀ 삼업으로 삿된 마군을 꺾음이다. 용맹정진은 삼업에 모두 통하기 때문이다.

　　㈁ '恒以智' 이하 6구는 意業의 자재를 밝혔다. 모두 방편의 權敎와 진리의 실상을 모두 행하기 때문이다.

　　제1구[恒以智慧 了達三世], 밖의 智로써 삼세의 일을 알고, 내면의 慧로써 삼세가 공함을 통달함이다.

　　제2구[知一切法… 亦無取着], 법이 허공과 같음을 알기에 공과 다툴 게 없으며, 有를 무너뜨리지 않기 때문에 공에도 집착하지 않는다.

제3구[雖勤精進… 終無所來], 정진하되 정진한다는 생각이 없기 때문에 온 곳이 없다고 말한다.

제4구[雖觀境界… 悉不可得], 有와 하나가 된 空이며,

제5구[以方便智 入一切法界], 空과 하나가 된 有이기에 방편이라 말한다.

제6구[以平等智 入一切國土], 지혜로 法性土에 들어감이다.

㈐ '以自在力' 이하 7구는 身業의 자재이다. 이는 말하지 않아도 알 수 있다.

經

如是等一切菩薩이 滿逝多林하니 皆是如來威神之力이러라

이러한 모든 보살이 서다림에 가득 모였다. 이는 모두 여래의 위엄과 신통력이다.

● 疏 ●

第三 總結集因이라 可知니라

3. 법회에 모여든 원인을 총괄하여 끝맺었다. 이는 말하지 않아도 알 수 있다.

第四 明集新衆分 竟하다

제4. 새로운 대중이 모임을 밝힌 부분을 끝마치다.

● 論 ●

'如是十方一切菩薩'已下로 至'皆是如來威神之力'히 有二十五
行經은 歎如上十方諸來菩薩의 至德用分이라

又就以報上하야 加神通所嚴호되 初陳樓閣莊嚴하며 次陳寶地徧
周莊嚴하며 次陳虛空莊嚴하며 次陳十方諸菩薩來集身相莊嚴
하니 一一莊嚴이 皆暎徹相入하야 互體重重이라 十方諸佛菩薩衆
海의 身土及莊嚴이 一一相入하야 自在無礙者는 但約法身根本
智爲體일새 差別智報得萬事合然故니 設一切如來 起一切神通
이라도 不離此智코 起大用故로 無不自在하며 無不相入하며 無不明
淨이니 如是之智는 以如上五位로 和會進修하야사 乃得成故요 獨
修一法이면 不可得也니 只可多不離一이언정 不可守一하야 以爲自
然이니라

此逝多林과 及一切法界國土莊嚴이 不離二法하니
一은 約往昔所修行理智大慈大悲大願衆行所成이요
二는 以佛菩薩不思議神通所嚴이라 如經自明하니 是答前諸菩
薩四十問이니라

'如是十方一切菩薩' 이하로부터 '皆是如來威神之力'까지 25
행의 경문은 위에서 말한 바와 같이 "시방에서 찾아온 모든 보살의
지극한 공덕의 작용을 찬탄"한 부분이다.

또한 과보의 측면에 신통으로 장엄한 바를 더하되,

처음엔 누각의 장엄을 말하였고,

다음은 보배의 땅에 두루 장엄함을 말하였고,

다음은 허공의 장엄을 말하였고,

다음은 시방의 모든 보살이 찾아와 모인 그들의 몸매 장엄을 말하였다.

하나하나의 장엄이 모두 사무치게 비치면서 서로서로 들어가 서로의 모습이 거듭거듭 이뤄졌다.

시방 제불보살 대중의 몸과 국토, 그리고 장엄이 하나하나 서로 들어가 자재하게 걸림이 없는 것은, 다만 법신의 근본지를 본체로 삼은 것이기에 차별지의 보답으로 얻은 만사가 당연히 그처럼 되는 것이다. 설사 일체 여래가 일체의 신통을 일으킬지라도 이 지혜를 여의지 않고 큰 작용을 일으키는 것이다. 이 때문에 자재하지 않음이 없고, 서로 들어가지 않음이 없고, 밝고 청정하지 않음이 없다.

이와 같은 지혜는 위와 같은 5위로 융화 회통하여 닦아나가야 비로소 성취하는 것이지, 오직 하나의 법만을 닦으면 얻을 수 없다. 다만 많은 것은 하나를 여의지 않을지언정, 하나의 자리를 지키는 것만으로 자연을 삼아서는 안 된다.

이 서다림과 일체 법계의 국토 장엄이 2가지 법에서 벗어나지 않는다.

(1) 과거에 수행한 理智와 대자·대비·대원의 모든 행으로 성취한 바를 들어 말하였다.

(2) 불보살의 불가사의한 신통으로 장엄하였다.

경문에서 스스로 밝힌 바와 같다. 이는 앞의 여러 보살이 물었던 40가지 물음에 답한 것이다.

大文 第五 擧失顯得分
亦名擧劣顯勝이니 明不共故니라
於中三이니
初는 明不見之人이오 二는 明所不見境이오 三은 釋不見所由니라
今은 初라

　　제5. 잘못을 들추어 잘함을 밝힌 부분

　　또한 '용렬함을 들어서 훌륭함을 밝힘'으로 부르기도 한다. 이는 그 누구도 함께할 수 없는 여래의 공덕을 밝혔기 때문이다.

　　이는 3단락이다.

　　1. 일찍이 볼 수 없었던 사람임을 밝혔고,
　　2. 일찍이 볼 수 없었던 경계임을 밝혔으며,
　　3. 일찍이 볼 수 없었던 이유를 해석하였다.

　　이는 '1. 일찍이 볼 수 없었던 사람임을 밝힌' 부분이다.

經

于時에 上首諸大聲聞인 舍利弗과 大目犍連과 摩訶迦葉과 離婆多와 須菩提와 阿㝹樓馱와 難陀와 劫賓那와 迦旃延과 富樓那等의 諸大聲聞이 在逝多林호되

　　그때에 상수보살의 큰 성문으로는 사리불, 대목건련, 마하가

섭, 이바다, 수보리, 아누루타, 난타, 겁빈나, 가전연, 부루나 등 많은 큰 성문들이 서다림에 있었는데,

◉ 疏 ◉

舍利는 此云鶖鷺니 其母 目睛明利 似彼鳥故니라 弗者는 子也니 從母立稱일세 故標子言이라【鈔_ 今初는 舍利弗이라 然諸弟子 古今譯殊어늘 今多依羅什三藏이라 又舍利는 亦翻爲身이니 母好身品故니라 或舍利云珠니 母之聰利 相在眼珠故라 竝從母之稱이오 增一云 我佛法中에 智慧無窮하야 決了諸疑者는 舍利弗이 第一이라하고 智論四十一에 稱爲如來左面弟子니 父名優婆提舍라하니라】

'사리'는 중국에서는 새의 이름인 '무수리'라는 뜻이다. 그 어머니의 해맑고 총명한 눈동자가 무수리의 눈을 닮았기 때문이다.

'弗'이란 아들이라는 뜻이다. 모계를 따라 그 이름을 붙였기 때문에 '…의 아들[子]'이라는 말을 내세운 것이다.【초_ 이의 첫 성문은 사리불이다. 그러나 모든 제자의 명호에 대한 고금의 번역이 다르다. 여기에서는 구마라습 삼장법사의 설을 따른 바 많다.

또한 '사리'는 몸매[身]로 번역하기도 한다. 그의 모친이 아름다운 몸매를 지녔기 때문이다.

어떤 사람은 '사리'란 구슬을 말한다고 한다. 모친의 총명한 모습이 구슬을 닮은 눈을 지녔기 때문이라 한다.

아무튼 이는 모두 모친을 따라 명호를 세운 것이다.

증일아함경에서는 "우리의 불법에 무궁한 지혜로 모든 의심을

결정해 주는 보살로는 사리불이 제일이다."고 하였으며, 지도론 41에서는 '여래의 좌측에 있는 제자'라 하였다.

부친의 이름은 '우바제사'이다.】

目犍連은 此云采菽氏니 上古仙人이 山居豆食이러니 尊者母是彼種이라 從外氏立名이라 有大神通하니 揀餘此姓일세 故復云大라하니라【鈔_ 智論云'舍利弗은 以才明見貴오 目犍連은 豪彦最重이라 智藝相比하고 德行互同이라'하고 增一云'我弟子中에 神通輕擧하야 飛到十方者는 大目連이 第一이라'하고 智論四十一에 稱爲右面弟子라 焚得勝之殿하고 蹴耆域之車하고 壓調達五百之徒하고 尋佛聲 過恒河沙界하니 德難稱也니라】

'목건련'은 중국에서는 '采菽氏'라는 뜻이다. 아주 옛날 仙人이 산중에 거처하면서 콩을 주식으로 하였다. 존자의 모친이 그 종족이다. 모계를 따라 그 이름을 붙인 것이다. 큰 신통력이 있는 존자이기에, 이 성씨를 지닌 다른 사람들과 구별하기 위하여 성씨에다가 또한 大를 붙여 '大目犍連'이라 말하였다.【초_ 지도론에서는 "사리불은 밝은 재예로 고귀하였고, 목건련은 호걸스럽고 출중함이 가장 으뜸이었다. 지혜가 서로 같고 덕행이 서로 똑같다."고 하였으며,

증일아함경에서는 "우리 제자 가운데 신통으로 가뿐이 시방을 날아다니는 이로는 대목건련이 으뜸이다."고 하였으며,

지도론 41에서는 '여래의 우측에 있는 제자'라 하였다.

항상 주술을 숭상한 得勝王의 궁전을 불태웠고, 耆域의 수레

를 발로 걷어찼으며, 調達의 5백 무리를 압도하였고, 부처의 음성을 찾아 恒河沙界를 지나가기도 하였다. 이처럼 그의 공덕은 이루 말하기 어렵다.】

摩訶迦葉은 此云大飮光이니 本族은 仙人이러니 及尊者身하야 竝有光明하야 飮蔽日月이라 頭陀第一이니 揀餘迦葉일새 故云大也니라

【鈔_ 此云飮光者는 眞諦等은 同譯爲飮光이오 上古에 譯云龜氏라 其先이 學道러니 靈龜 負圖而應之하야 因以命族이라하고

增一阿含에 云 羅閱祇大富長者니 名迦毘羅오 婦名은 檀那오 子名은 畢鉢羅오 婦名은 婆陀라 其家 千倍 勝缾沙王이라 十六大國이 無與爲鄰하다 畢鉢羅는 卽迦葉名也라 其父禱此樹而生故라하고

付法藏傳에 云 毘婆尸佛 滅後 其塔中像에 金色缺壞이어늘 時有貧女得金珠하야 請打爲箔한대 金師 歡喜하야 治瑩佛畢하고 立誓爲夫婦러니 九十一劫에 天上人中에 身恒金色이오 恒受快樂이러니 最後爲迦葉夫婦하다 畏勝王 得罪에 減一犂하야 但用九百九十九雙牛金犁라하고

又經云 其家에 有氎하니 最下品者 直百千兩金이라 以釘으로 釘入地十尺이로되 氎不穿하야 如本不異오 六十庫 金栗하니 一庫에 管三百四十斛이라하고

又經云 以麥飯으로 供養辟支佛하야 恒趣忉利하야 各千返受樂이오 身三十二相이라 但論金色耳라 剡浮邶陀金은 在濁水底라도 光徹水上하야 在暗暗滅이어늘 迦葉身光은 勝此金光이라 照一由旬이라하고

增一云'佛法中에 行十二頭陀難行苦行은 大迦葉 第一이라'하다
'揀餘迦葉'者는 卽如十力迦葉 優樓頻螺等이라】

'마하가섭'은 중국에서는 '大飮光'의 뜻이다. 본래 그 종족은 仙人이었다. 존자의 몸에 이르러 아울러 광명이 빛나 해와 달빛을 가렸다. 두타행이 으뜸이다. 가섭 성씨를 지닌 나머지 사람들과 구별하기 위해서 '마하가섭'이라 말하였다. 【초_ '此云飮光'이란 眞諦 등은 모두 '飮光'으로 번역하였다. 아주 옛적에는 '龜氏'라 하였다. 그 선조가 도를 배웠는데, 거북이 그림을 짊어지고 나왔기에, 이로 인해 종족의 성씨를 삼았다고 한다.

증일아함경에서 말하였다.

"나열기 대부장자이다. 그 이름은 가비라이며, 그 부인의 이름은 단나이며, 아들의 이름은 필발라이며, 그 부인의 이름은 바타이다. 그의 집안은 병사왕에 비해 천 곱절이나 더 나았다. 16대국이 그와 이웃하지 못하였다. 필발라[보리수]는 가섭의 이름이다. 그의 부친이 보리수에 기도하여 가섭을 낳았다고 한다."

부법장전에서 말하였다.

"비바시불이 열반 후, 그 부도에 모셔진 형상에 금색이 떨어져 나가사, 당시 가난한 여인이 금을 얻어 금박지를 만들려고 하니, 금을 다루는 장인이 그 여인을 사모하여 부처의 도금을 잘 마치고서 훗날 부부로 태어날 것을 맹세하였다.

이런 인연으로 91겁 동안 천상과 인간으로 그의 몸은 언제나 황금색이었으며, 언제나 즐거움을 누리다가 최후로 가섭의 부부

가 되었다. 외승왕은 죄를 얻어 하나의 쟁기가 줄어듦으로써 다만 999쌍의 소에 황금쟁기를 사용하였을 뿐이다."

또 경에서 말하였다.

"그의 집안에 모직이 있는데, 가장 하품의 값이 황금 백천 냥이었다. 땅속 10자를 박을 수 있는 못으로도 모직을 뚫을 수 없어 본래 모습 그대로였다.

60곳의 창고에 황금과 곡식이 쌓여 있었는데, 하나의 창고마다 340휘[斛]를 담을 수 있었다."

또 경에서 말하였다.

"보리밥으로 벽지불을 공양한 공덕으로 언제나 도리천에 나아가 각기 1천 번 즐거움을 누렸고, 몸은 32가지의 아름다움을 갖췄는데, 다만 황금색이었다. 섬부나타황금은 아무리 흐린 물 속에 있을지라도 그 광명이 물위까지 사무쳐 어둠 속에 있으면 어둠이 사라졌다. 가섭의 몸에서 쏟아지는 광명은 그 황금빛보다 더 훌륭하여, 1유순을 뻗어갔다."

아함경에서 말하였다.

"불법 가운데 행하기 어려운 12두타 고행은 대가섭이 으뜸이다."

'나머지 가섭과 구별함'이란 예컨대 십력가섭, 우루빈라 등이다.】

離波多는 此云室星이니 祀之而生故니라 或云所供養이며 或云假和合이라하니 卽智論에 二鬼 食人之事라【鈔_ '智論二鬼食人之事'者는 謂此人이 行涉空亭止宿이라가 見二鬼爭屍하야 皆言我先

持來라하야 二鬼共言호되 取其分判이라하나 此人이 實見小鬼持來라 及被鬼問에 竊自思惟호니 我隨言一持來면 彼不得者 必當見害로되 我寧實語而死언정 終不虛誑而終이라하고 遂如實答하야 小者持來라하야 被其大鬼 拔其手足하야 隨而食之어늘 得屍之鬼 便取其屍하야 手足隨安하다 彼鬼 食竟에 拭口而去어늘 及明에 憂惱하야 不測誰身이라 言假和合이라하다 初常疑호되 云若我本身인댄 眼見拔去오 若是他身인댄 復隨我行住라하야 疑惑猶豫하야 逢人卽問호되 汝見我身不아 衆僧 見之하고 云此人易度라하고 而語之云 汝身은 本是他人之遺體오 非己有也니라 悟此假合하고 因卽得道는 以常問故로 亦云常作聲也라하다】

'이바다'는 중국에서는 '室星'의 뜻이다. 이 별에 기도하여 얻은 아들이기 때문이다.

어떤 사람은 '공양한 바로 얻은 사람[所供養]'이라 말하고, 어떤 사람은 '임시의 화합으로 생겨남을 깨달은 사람[假和合]'이라 한다. 이는 지도론에서 말한 두 귀신이 사람을 잡아먹은 고사이다. 【초_ "지도론에서 말한 두 귀신이 사람을 잡아먹은 고사"란 다음과 같다.

그 사람이 길을 가다가 빈 정자에 머물러 잠을 자게 되었는데, 두 귀신이 하나의 시체를 놓고 서로 싸우는 것을 보았다.

모두가 "내가 먼저 가져왔다."고 말하면서, 두 귀신이 똑같이 "절반씩 나누자."고 하였다.

그 사람은 실제 작은 귀신이 가져온 것을 보았지만, 귀신의 물음을 회피하면서 곰곰 생각하였다.

'내가 어떤 귀신이 가져왔다고 따라 말하면, 그 절반을 가져가지 못할 귀신이 반드시 나에게 해코지를 하겠지만, 나는 차라리 사실대로 말하다 죽을지언정 결코 거짓말을 하지 않겠다.'

그 사람이 끝내 사실대로 작은 귀신이 가져왔다고 답하자, 그 큰 귀신이 그 사람의 손발을 뽑아 먹어치워 버렸다. 시체를 차지한 작은 귀신이 그 시체의 손발을 가져다가 다시 그 자리에 붙여주었다. 작은 귀신은 시체를 모두 먹고서 입을 닦고 떠나갔다.

그 이튿날 아침에 그 사람은 고민이 되었다. 이 손발이 누구의 몸인 줄 알 수 없기 때문이다.

'임시의 화합'이라 말함은 처음엔 언제나 의문이었다.

"만일 나의 본래 몸이라면 뽑아간 것을 나의 눈으로 보았다.

만일 이것이 남의 몸이라면 또한 나의 몸을 따라 움직이고 있다.'

이런 의혹 속에서 사람을 만나면 곧 그에게 물었다.

"그대가 보기에 나의 몸으로 보이느냐?"

대중 스님이 그런 그를 보고서 '이 사람은 제도하기 쉽다.' 생각하고, 그에게 말하였다.

"그대의 몸은 본래 다른 사람의 몸에서 남겨진 존재이다. 원래 나의 소유가 아니다."

그 사람은 '임시의 화합'으로 생겨난 몸임을 깨닫고서 이로 인해 바로 득도하였다.

이처럼 언제나 물었기에 또한 그 이름을 '항상 소리를 내는 사람[常作聲]'이라고도 한다.】

須菩提는 此云善現이니 生而室空하야 現善相故니라【鈔_ '生而室空'者는 相師 占云'是善相故로 亦云善吉이오 亦曰空生이라하니 其義一耳라 解空第一이라 得無諍三昧하야 有供養者는 現與其福하니 亦曰善吉이라하다】

'수보리'는 중국에서는 '善現'이라는 뜻이다. 그가 태어날 적에 집이 텅 비면서 좋은 모양을 나타냈기 때문이다.【초_ "그가 태어날 적에 집이 텅 비었다."는 것은 관상을 보는 사람이 점으로 말하였다.

"이처럼 좋은 상이 있기 때문에 또는 善吉, 또는 空生이라 한다."

그 뜻은 하나이다. 공도리를 아는 것이 으뜸이다.

다툼이 없는 삼매를 얻어 그에게 공양한 자는 바로 그 복을 주었다. 이 때문에 또한 '善吉'이라 말하기도 한다.】

阿㝹樓馱는 此云無滅이니 一食之施로 九十一反을 天上人間이오 不沒惡趣故니라【鈔_ '阿㝹樓馱'等者는 亦云阿泥㝹豆며 或阿那律이오 亦云阿泥嚕多니 竝梵音楚夏니 皆云無滅이오 亦曰無貧이라 言'一食之施'者는 賢愚經說호되 弗沙佛末에 時世饑饉이어늘 有辟支佛하니 名利吒라 行乞에 空鉢無獲이러니 有一貧人이 見而悲憐하야 白言勝士시여 能受稗不아 卽以所嗷奉之하니 食已에 作十八變이러라

後更採稗할새 有兔跳어늘 抱其背하니 變爲死人이라 無伴得脫이러니 待暗還家하야 委之於地한대 卽成金人이라 拔指隨生하고 用却還出하야 取之無盡이어늘 惡人이 告王하니 欲來奪之한대 但見死屍오 而

其所覩는 卽是金寶라 現報若是하니 九十一反은 卽果報也라 又其生已에 復家業豐溢하야 日夜增益이러니 父母欲試之하야 蓋空器皿往送하니 撥看에 百味具足이라 而其門에 日日常有一萬六千取債하고 一萬六千還直이라 出家後에 隨所至處에 人見歡喜하고 欲有所須에 如己家無異라 卽世尊之堂弟니 斛飯王之次子也라】

'아누루타'는 중국에서는 '無滅'의 뜻이다. 한 그릇의 음식 보시로 91차례나 천상과 인간에 태어나고 악도에 떨어지지 않았기 때문이다.【초_ '아누루타' 등이란 또한 '아니누두', 또는 '니누두', 또는 '아나율', 또는 '아니로다'라 한다. 이는 모두 범음의 방언과 표준의 차이이다. 모두 '無滅'이라 하며, 또한 '無貧'이라 말한다.

'한 그릇의 음식 보시'라 말한 것은 현우경에서 말하였다.

불사불의 말엽에 흉년이 들었는데, '리타'라는 벽지불이 있었다. 행걸을 할 적에 빈 바리때로 하나도 얻은 바 없었는데, 어느 가난한 한 사람이 그를 보고서 가엾이 여겨 말하였다.

"훌륭하신 스님이시여, 이처럼 거친 피라도 받겠습니까?"

곧 입으로 씹은 피를 받들어 올리자, 이를 먹고서 18가지 신통변화를 부렸다.

그 가난한 사람이 훗날 다시 피를 캐러 갔을 적에 토끼가 뛰어가자, 토끼의 뒷덜미를 잡았는데, 그 토끼는 사람이 죽은 시체로 변하였다. 때마침 이를 본 사람이 없어 죄에서 벗어날 수 있었다. 날이 저물녘까지 기다렸다가 집에 돌아와 땅바닥에 내던지자, 바로 황금 사람으로 변하였다. 손가락으로 가리키자, 손가락을 따라

금은보화가 생겨나고, 모두 다 쓰고 나면 다시 생겨나 아무리 취하여도 다함이 없었다.

악한 사람이 이를 왕에게 고하자, 찾아와 빼앗아 가려고 하였다. 그러나 그들의 눈에는 시체만 보였고, 그의 눈에는 금은보화로 보였다. 현세의 과보가 이와 같았다.

91차례나 천상과 인간에 태어남은 바로 과보이다.

또한 그처럼 금은보화가 생겨나자, 다시 가업이 풍성하여 날밤으로 더욱 더하였다. 부모가 시험하고자 빈 그릇을 덮어 보냈는데, 열어보니 1백 가지의 맛이 모두 넉넉하게 들어 있었다.

그의 문 앞에는 날마다 1만 6천 금의 빚을 빌려가고, 1만 6천 금을 되갚은 사람으로 가득하였다. 출가 후에는 가는 곳마다 보는 사람들이 좋아하고, 필요한 것이 있으면 자기 집처럼 다름없이 사용하였다. 그는 세존의 사촌 동생이자, 곡반왕의 둘째 아들이다.】

難陀는 此云歡喜니 性極聰敏하고 音聲絶倫故니라【鈔_ 難陀'等者는 卽放牛難陀니라】

'난타'는 중국에서는 '歡喜'의 뜻이다. 타고난 성품이 아주 총명하고 민첩하며, 음성이 여느 사람들보다 뛰어났기 때문이다.【초_ '난타' 등이란 '소를 풀어준 난타[放牛難陀]'이다.】

劫賓那는 此云黃頭니 黃頭仙人之族故니라【鈔_ 劫賓那者는 疏釋은 卽音義中이니 大乘法師와 及天台等의 舊譯에 爲房宿라 然有二義하니 一은 以父母禱此星宿하야 感此子生故오 二는 云與佛同房宿故니 謂初出家時에 未得見佛이라 始向佛所러니 夜復値雨하

야 寄宿陶師家房中할새 以草爲座러니 晚又一比丘寄宿이어늘 卽推草座與之하고 自在地坐하다 中夜相問호되 欲何所之오 答云覓佛이로다 後比丘卽說法辭去어늘 豁然得道하니 後比丘는 卽佛也라 增一阿含云 '我佛法中에 善知星宿者는 劫賓那 第一이라'하니 則亦從所知爲名이라】

'겁빈나'는 중국에서는 '黃頭'의 뜻이다. 황두선인의 종족이기 때문이다.【초_ '겁빈나'란 청량소의 해석에서는 音義 부분으로 말한 것이다. 대승법사와 천태지자 등의 옛 번역에서는 '房宿'라 하였다.

그러나 여기에는 2가지 뜻이 있다.

① 부모가 동방의 '房'이라는 星座에 기도하여 아들을 얻었기 때문이며,

② 부처와 한 방에서 잠을 잤기 때문이다.

처음 출가했을 적에 부처를 친견하지 못한 터라, 처음 부처님 계신 곳을 찾아가다가 밤이 되었고, 또 비를 만나 질그릇 굽는 사람의 집에서 하룻밤을 묵게 되었다. 풀을 깔아 자리를 마련했는데, 저물녘에 또 다른 한 비구가 묵어가게 되었다. 그는 풀을 깔아놓은 자리를 비구에게 밀어주고, 자기는 맨땅에 앉았다.

한밤중에 서로 물었다.

"어디로 가려고 하는가?"

"부처님을 찾아간다."

그러자 비구가 바로 설법을 하고 떠나갔는데, 그의 설법을 듣

고서 밝은 깨달음을 얻었다.

훗날 알고 보니, 그 비구는 바로 부처였다고 한다.

증일아함경에서 말하였다.

"우리 불법 가운데 별자리를 가장 잘 아는 이로는 겁빈나가 으뜸이다."

이 또한 그가 '잘 아는 것[善知第一]'으로 명호를 삼은 것이다.】

迦旃延은 此云剪剃種이라【鈔_ 迦旃延者는 即大乘法師釋이니 謂上古多仙이 山中靜處할세 年歲既久에 鬚髮稍長호되 無人爲剃어늘 婆羅門法에 要剃髮故니라 一仙有子하니 兄弟二人이 俱來觀父라가 小者 乃爲諸仙剃之하니 諸仙願護하야 後成仙道하니 爾來此種을 皆稱剪剃라】

'가전연'은 중국에서는 '剪剃種'이라는 뜻이다.【초_ '가전연'이란 대승법사의 해석이다.

아주 먼 옛날, 많은 선인이 산중에서 고요히 거처하였는데, 그들의 나이가 이미 많았고, 수염과 머리털이 조금 자랐지만 이를 깎아줄 사람이 없었다. 바라문의 법에 반드시 머리털을 깎아야 하기 때문이다.

어느 선인에게 아들 형제가 있었는데, 그 형제 두 명이 함께 와서 부친을 보살폈다. 작은아들이 이에 많은 선인을 위해 머리를 깎아주자, 많은 선인의 원력과 가호로 그 후에 仙道를 성취하였다. 그 후로 그 종족을 모두 '剪剃[이발사]'라 칭하였다.】

富樓那는 此云滿이오 具云滿慈子라 其母甚慈라 亦從母稱이니라

【鈔_ 增一云善能廣說하야 分別義理는 滿願子 最第一이라하다】

'부루나'는 중국에서는 '滿'의 뜻이며, 구체적으로 말하면 '자비가 원만한 이의 아들[滿慈子]'이라는 뜻이다. 그의 모친이 매우 자애로웠다. 이 또한 모계를 따라 그 이름을 붙인 것이다.【초_ 증일아함경에서 말하였다.

"잘 설법하여 이치를 잘 분별하는 이로는 滿願子가 가장 으뜸이다."】

而言'等'者는 等取五百이라
廣辨古今譯殊와 德行緣起는 如智論과 及音義中說이라

'等'이라 말한 것은 5백 존자를 평등하게 취함이다.

고금 번역의 차이와 덕행의 연기를 자세히 논변함은 지도론과 音義에서 말한 바와 같다.

第二明所不見境

2. 일찍이 볼 수 없었던 경계임을 밝히다

經

皆悉不見如來神力과 如來嚴好와 如來境界와 如來遊戲와 如來神變과 如來尊勝과 如來妙行과 如來威德과 如來住持와 如來淨刹하나니라
亦復不見不可思議菩薩境界와 菩薩大會와 菩薩普入

과 菩薩普至와 菩薩普詣와 菩薩神變과 菩薩遊戲와 菩薩眷屬과 菩薩方所와 菩薩莊嚴師子座와 菩薩宮殿과 菩薩住處와 菩薩所入三昧自在와 菩薩觀察과 菩薩頻申과 菩薩勇猛과 菩薩供養과 菩薩受記와 菩薩成熟과 菩薩勇健과 菩薩法身淸淨과 菩薩智身圓滿과 菩薩願身示現과 菩薩色身成就와 菩薩諸相具足淸淨과 菩薩常光衆色莊嚴과 菩薩放大光網과 菩薩起變化雲과 菩薩身徧十方과 菩薩諸行圓滿하나니라
如是等事를 一切聲聞諸大弟子 皆悉不見하니

모두가 여래의 신통력, 여래의 잘생긴 모습, 여래의 경계, 여래의 유희, 여래의 신통변화, 여래의 높으심, 여래의 미묘한 행, 여래의 위덕, 여래의 머무심, 여래의 청정한 세계들을 보지 못하였다.

또 불가사의한 보살의 경계, 보살의 대회, 보살의 두루 들어감, 보살의 널리 모여듦, 보살의 널리 나아감, 보살의 신통변화, 보살의 유희, 보살의 권속, 보살의 방소, 보살의 장엄한 사자좌, 보살의 궁전, 보살의 계신 곳, 보살의 들어간 삼매의 자재함, 보살의 관찰, 보살의 기지개, 보살의 용맹, 보살의 공양, 보살의 수기 받음, 보살의 성숙함, 보살의 씩씩함, 보살의 청정한 법신, 보살의 원만한 지혜의 몸, 보살의 원하는 몸으로 나타남, 보살의 육신을 성취함, 보살의 모든 모습이 두루 청정함, 보살의 변함없는 광명이 여러 빛으로 장엄함, 보살이 쏟아내는 큰 광명의 그물, 보살이 일으키는 변화의 구름, 보살의 몸이 시방에 두루 함, 보살의 행이 원만함을 보지 못

하였다.

이러한 일들을 모든 성문 제자들이 모두 다 보지 못하였다.

● 疏 ●

不見境中三이니

初는 不見果니 有十句니 初는 總이오 餘는 別이라 多同念請果中 初之十句니라 重閣同空等은 卽是神變이오 不壞本相은 卽是遊戲니 餘可準思니라

보지 못하는 경계 부분은 3단락이다.

(1) 佛果를 보지 못함이다.

10구이다. 첫 구절은 총상이고, 나머지 구절은 별상이다.

생각으로 청한 과덕 가운데 처음의 10구와 대부분 같다.

'중각이 허공과 같다.' 등은 신통변화이며,

'본래 모습을 무너뜨리지 않는다.'는 유희이다.

나머지는 말하지 않아도 이에 준하여 생각하면 알 수 있다.

次亦復下는 明不見因이니 卽諸菩薩이라

初는 總明이니 卽分齊境界오

次菩薩大會下는 別顯이라 會는 通新舊오 入은 謂身徧刹塵과 智入諸法等이오 普至는 卽新來오 普詣는 卽此往이라

皆言'普'者는 一은 橫豎徧故오 二는 一卽一切故니라

餘句는 準上諸來菩薩作用中辨과 及上離世間品十十所明이라

(2) '亦復' 이하는 보지 못하는 원인을 밝혔다. 이는 곧 모든 보

199

살이다.

첫 구절은 총상으로 밝혔다. 이는 곧 구분과 한계의 경계이며,

다음 '菩薩大會' 이하는 별상으로 밝혔다.

'菩薩大會'의 대법회는 보살의 새로운 법회와 예전의 법회에 모두 통하고,

'菩薩普入'의 들어감[入]이란 보살의 몸으로 두루 국토와 미진에 들어감과 지혜로 모든 법에 들어감 등을 말하며,

'普至'는 보살이 새로 찾아옴이며,

'普詣'는 보살이 여기에서 그곳으로 찾아감이다.

모두 '普入'·'普至' 등이라 말한 것은 2가지이다.

① 시간과 공간에 두루 이르기 때문이며,

② 하나가 곧 일체이기 때문이다.

나머지 구절은 위의 '모두 찾아온 보살의 작용' 부분에서 논변한 바와 위 제38 이세간품에서 10지위를 10가지로 밝힌 바에 준해야 한다.

後'如是等'下는 總結不見이라

(3) '如是等' 이하는 보지 못함을 총괄하여 끝맺었다.

第三 不見所由者라 然皆廢本從迹하야 以顯一乘因果의 不共深玄하야 篤諸後學하야 令習因種이라
文中二니 先徵後釋이라

徵意에 云`身廁祇園하고 目對尊會`로되 而莫覩神變은 其故何耶오`
後釋意에 云`彼境殊勝`이어늘 宿因·現緣이 竝皆闕故니라 其猶日月
麗天이로되 盲者不覩하고 雷霆震地로되 聾者不聞이라 道契則隣이라
不在身近이라 故로 菩薩은 自遠而至하고 聲聞은 在會로되 不知니라`
文自廣釋할새 分爲三別이니

初는 法이오 次는 喩오 後는 徵以結成이라

今初 分二니

先은 明闕宿因故오 後는 明闕現緣故니라

今은 初라

3. 일찍이 볼 수 없었던 이유를 해석하다

그러나 모두 근본을 버려두고 자취만을 따라서 一乘 인과의 그 누구도 함께할 수 없는 심오하고 현묘한 도리를 밝혀, 모든 후학을 독려하여 하여금 因種을 익히도록 함이다.

경문은 2단락이다.

앞에서는 묻고, 뒤에서는 해석하였다.

물음의 뜻은 다음과 같다.

"몸은 기원정사에 함께 머물면서 부처님의 법회를 직접 마주보고서도 정작 신통변화를 보지 못하는 것은 무엇 때문인가?"

뒤 해석의 뜻은 다음과 같다.

"그 경계는 뛰어난데 과거의 원인과 현재의 반연이 아울러 모두 없기 때문이다. 그것은 마치 해와 달이 하늘에 떠 있지만 봉사는 이를 보지 못하고, 천둥소리가 땅을 진동해도 귀머거리는 듣지

못하는 것과 같다.

　도에 계합하면 이웃이다. 나의 몸 가까이에 있지 않기 때문에 보살들은 먼 곳에서 찾아오고, 성문은 법회에 있으면서도 이를 알지 못한다."

　경문에 스스로 자세히 해석하고 있다. 이는 3가지의 개별로 나뉜다.

　1) 법, 2) 비유, 3) 묻고 끝맺음이다.

　'1) 법을 해석한' 단락은 다시 2부분으로 나뉜다.

　(1) 과거의 원인이 없음을 밝힌 때문이며,

　(2) 현재의 반연이 없음을 밝힌 때문이다.

　이는 '(1) 과거의 원인이 없음'이다.

經
何以故오
以善根不同故며

　무엇 때문일까?

　선근이 똑같지 않기 때문이며,

● 疏 ●

分四니

初一은 總標大小善差오

二는 擧劣異勝이오

三은 擧勝揀劣이오

四는 結不見聞이라

今은 初니 有小善根하야 得廁嘉會로되 大小善異로 不覩希奇니라

4단락으로 나뉜다.

㈀ 크고 작은 선근의 차이를 총체로 밝혔고,

㈁ 용렬한 근기를 들어 수승한 근기와 다름을 말하였고,

㈂ 수승한 근기를 들어 용렬한 근기와 차이가 있음을 말하였고,

㈃ 보고 들을 수 없음을 끝맺었다.

이는 '㈀ 크고 작은 선근의 차이'이다.

작은 선근이 있어 아름다운 법회에 함께하면서도 크고 작은 선근의 차이 때문에 부처님의 보기 드물고 기이한 공덕을 보지 못한 것이다.

經

本不修習見佛自在善根故며

本不讚說十方世界一切佛刹淸淨功德故며

本不稱歎諸佛世尊種種神變故며

本不於生死流轉之中에 發阿耨多羅三藐三菩提心故며

本不令他로 住菩提心故며

本不能令如來種性으로 不斷絶故며

本不攝受諸衆生故며

本不勸他하야 修習菩薩波羅蜜故며

本在生死流轉之時에 不勸衆生하야 求於最勝大智眼故며

本不修習生一切智諸善根故며

本不成就如來出世諸善根故며

本不得嚴淨佛剎神通智故며

　　본래 과거에 부처님의 자재한 선근을 익히지 않았기 때문이다.

　　본래 과거에 시방세계 일체 부처님 국토의 청정한 공덕을 찬탄하지 않았기 때문이다.

　　본래 과거에 부처님 세존의 가지가지 신통과 변화를 칭찬하지 않았기 때문이다.

　　본래 과거에 생사의 윤회 속에서 아뇩다라삼먁삼보리심을 내지 않았기 때문이다.

　　본래 과거에 다른 이를 보리심에 머물게 한 적이 없었기 때문이다.

　　본래 과거에 여래의 종성을 끊이지 않도록 하지 않았기 때문이다.

　　본래 과거에 중생을 거두어 받아주지 않았기 때문이다.

　　본래 과거에 다른 이를 권하여 보살의 바라밀을 닦도록 하지 않았기 때문이다.

　　본래 과거에 생사의 윤회 속에서 중생에게 가장 훌륭한 큰 지혜의 눈을 구하도록 권하지 않았기 때문이다.

　　본래 과거에 일체 지혜를 내는 선근을 닦지 않았기 때문이다.

본래 과거에 여래의 출세간 선근을 성취하지 못하였기 때문이다.

본래 과거에 부처님 세계를 장엄하는 신통과 지혜를 얻지 못하였기 때문이다.

● 疏 ●

二本不修下는 擧劣異勝이니 有十八句하니

前十二句는 釋不見佛果之因이오

後六句는 釋不見菩薩之因이라

前中 初句는 總이오 餘句는 別이라

由不讚等은 卽是不集見佛自在善根이라

於中二니

初二句는 不讚果故오 後九句는 不修因故라

於中 亦二니

前五句는 闕自分行이오 後四句는 闕勝進行이라

亦是前明陜心하고 後顯劣心일세 故不能見이라

(ㄴ) '本不修' 이하는 용렬한 근기를 들어 수승한 근기와 다름을 말하였다.

이는 18구이다.

앞의 12구는 佛果를 보지 못하는 원인을 해석하였고,

뒤의 6구는 보살을 보지 못하는 원인을 해석하였다.

'앞의 12구' 가운데 첫 구절은 총상이고, 나머지 11구절은 별상이다.

"시방세계 일체 부처님 국토의 청정한 공덕을 찬탄하지 않은" 등의 연유로 부처의 자재한 선근을 모으지 못한 것이다.

'나머지 별상 11구절'은 다시 2부분으로 나뉜다.

첫 2구는 佛果를 찬탄하지 않았기 때문이며,

뒤의 9구는 원인을 닦지 못하였기 때문이다.

'뒤의 9구'는 또다시 2단락이다.

앞의 5구는 자신의 본분 행이 없음이며,

뒤의 4구는 잘 닦아나가는 행이 없음이다.

이 또한 앞에서는 협소한 마음을 밝혔고, 뒤에서는 용렬한 마음을 밝혔다. 이 때문에 보지 못한 것이다.

經

本不得諸菩薩眼所知境故며
本不求超出世間不共菩提諸善根故며
本不發一切菩薩諸大願故며
本不從如來加被之所生故며
本不知諸法如幻하고 **菩薩如夢故**며
本不得諸大菩薩의 廣大歡喜故니

본래 과거에 보살의 눈으로 아는 경계를 얻지 못하였기 때문이다.

본래 과거에 세간에서 뛰어나 그 누구도 함께하지 못하는 보리의 선근을 구하지 않았기 때문이다.

본래 과거에 일체 보살의 큰 서원을 내지 않았기 때문이다.

본래 과거에 여래의 가피로 태어나지 못하였기 때문이다.

본래 과거에 모든 법이 요술과 같고 보살이 꿈과 같음을 알지 못하였기 때문이다.

본래 과거에 여러 큰 보살의 광대한 환희를 얻지 못하였기 때문이다.

● 疏 ●

二는 釋不見菩薩所因이니

一은 不見十眼所見無礙法界오

二는 闕無障礙智之因이니

若但修眞常離念이면 卽共二乘菩提之善이라 法華에 遊戲神通을 卽聞而不樂하고 此中에 樂而不聞이라 餘可思之니라【鈔_ 法華遊戲神通 等者는 擧法華揀異니 亦是通妨이라 今云 揀異 者는 卽法華信解品에 四大聲聞이 自敘云 世尊이 往昔에 說法旣久일새 我時在座호되 身體疲懈하야 但念空無相無作이오 於菩薩法인 遊戲神通과 淨佛國土와 成就衆生은 心不喜樂호이다하니 卽聞而不樂也라 下偈에 兼出不樂所以하야 云 一切諸法이 皆悉空寂이라 無生無滅하고 無大無小하고 無漏無爲라 如是思惟하야 不生喜樂호이다하니 釋曰 旣了無生일새 故不喜樂이라 是以로 結云 勿滯寂故라하니라 八地云 諸法眞常離心念이라 二乘於此亦能得也니라 言 通妨 者는

此何令其不聞이며 彼何令其得聞가 此義는 至下釋之호리라】

뒤는 보살을 보지 못하는 원인을 해석하였다.
① 10가지 눈으로 보는, 걸림 없는 법계를 보지 못함이며,
② 장애 없는 지혜의 因이 없기 때문이다.

만일 眞常으로 생각을 여의는 것만 닦으면 이승 보리의 선과 같다.

법화경에서는 유희신통을 듣고서도 즐거워하지 않았는데, 여기에서는 좋아하면서도 듣지 않았다.

나머지는 말하지 않아도 알 수 있다.【초_ "법화경에서는 유희신통" 등은 법화경을 들어서 그 차이점을 구별하였다. 이 또한 논란에 답함이다. 여기에서 '그 차이점을 구별하였다.'는 것은 법화경 신해품의 四大聲聞[慧命須菩提, 摩詞迦旃延, 摩詞迦葉, 摩詞目犍連]이 스스로 서술한 바에 의하면, 다음과 같다.

"세존께서 옛날부터 설법하신 지 오래이므로 저희가 그때, 법회 자리에 있었지만 몸이 피곤하고 게을러서 그저 공하여 모양이 없고 더 이상 할 것이 없다는 것만을 생각하였을 뿐, 보살의 법인 신통의 유희, 불국토의 청정, 중생의 성취에 대해 좋아하는 마음이 없었습니다."

위는 듣고서도 즐거워하지 않음이다. 그 아래의 게송에 겸하여 듣고서도 즐거워하지 않은 이유에 대해 말하였다.

"일체 모든 법이 모두 空寂한 터라, 생겨남도 없고 사라짐도 없으며, 큰 것도 없고 작은 것도 없으며, 번뇌도 없고 작위도 없다.

이처럼 생각한 나머지 좋아하는 마음을 내지 않았습니다."

이에 대한 해석은 다음과 같다.

"이미 생겨남이 없기에 좋아하는 마음이 없었다. 이 때문에 결어에 이르기를 '공적에 집착하지 말라.'고 한다. 제8지의 게송에서 '모든 법의 眞常은 마음의 생각 여읜 터라, 이승 또한 이를 얻을 수 있다.'고 하였다."

'논란에 답함'이라 말한 것은, 여기에서는 어찌하여 듣지 못하며, 저기에서는 어찌하여 들을 수 있는 것일까? 이런 뜻은 아래의 해당 부분에서 해석하고자 한다.】

既本因中에 不修不見이니 願諸後學은 修見佛因이오 勿滯冥寂이어다

이미 本因에서 닦아오지 않았기에 오늘날 앞에 마주하고서도 그 신통변화를 보지 못한 것이다. 바라건대, 모든 후학은 부처님을 친견할 수 있는 本因을 닦아야 할 것이며, 冥寂에 잠겨서는 안 된다.

經

如是 皆是普賢菩薩智眼境界라 不與一切二乘所共일세

이와 같은 것이 모두 보현보살의 지혜 눈으로 볼 수 있는 경계이다. 모든 이승과는 함께할 수 있는 바가 아니다.

◉ 疏 ◉

第三은 擧勝揀劣이라 言'如是'等者는 指前佛神通等 所不見法이라 普賢智境은 卽是擧勝이오 不共二乘은 名爲揀劣이라

㈢ 수승한 근기를 들어 용렬한 근기와 차이가 있음을 말하였다.

'如是皆是普賢' 등이라 말한 것은 앞서 말한 '부처의 신통' 등의 볼 수 없는 바의 법을 가리킨다.

"보현보살의 지혜 눈으로 볼 수 있는 경계"는 훌륭한 점을 들어 말하였고,

"이승과는 함께할 수 있는 바가 아니다."는 용렬함과 다름을 구별함을 말하였다.

經

**以是因緣으로 諸大聲聞이 不能見하며 不能知하며 不能聞하며 不能入하며 不能得하며 不能念하며 不能觀察하며 不能籌量하며 不能思惟하며 不能分別하나니
是故로 雖在逝多林中이나 不見如來諸大神變이니라**

이런 인연으로 여러 큰 성문들이 보지도 못하고, 알지도 못하고, 듣지도 못하고, 들어가지도 못하고, 얻지도 못하고, 기억하지도 못하고, 관찰하지도 못하고, 헤아리지도 못하고, 생각하지도 못하고, 분별하지도 못한다.

이 때문에 비록 서다림에 함께 있으면서도 여래의 여러 가지 큰 신통변화를 보지 못하였다.

● 疏 ●

第四는 結不見聞이라 以前闕因이 境勝因緣일새 故不能見이라

於中에 初後는 總明이오 中十은 別顯이니 謂眼不見이오 心不知오 耳不聞이오 本有不證이오 新成不獲이오 無方便이라 不能念·觀이오 無後得이라 不能籌量淺深하고 思惟旨趣하고 分別事理니라

(ㄹ) 보고 들을 수 없음을 끝맺었다.

이전에 인연이 없다는 것은 바로 경계의 수승한 인연이 없기에, 이를 볼 수 없는 것이다.

이의 경문에 첫 부분[以是因緣諸大聲聞]과 맨 끝 구절[是故~不見如來諸大神變]은 총괄하여 밝혔고,

가운데 10구는 개별로 밝히고 있는데, 다음과 같다.

① [不能見] 눈으로 보지 못하며,

② [不能知] 마음으로 알지 못하며,

③ [不能聞] 귀로 듣지 못하며

④ [不能入] 본래 있는 것을 증득하지 못하며,

⑤ [不能得] 새로 이룬 것을 얻지 못하며,

⑥~⑦ [不能念, 不能觀察] 방편이 없어 '기억'하거나 '관찰'하지 못하며,

⑧~⑩ [不能籌量, 不能思惟, 不能分別] 後得智가 없어 얕고 깊음을 헤아리지 못하며, 종지를 사유하지 못하며, 사리를 분별하지 못함이다.

第二는 明闕現緣故로 不見中三이니

初는 明無勝德行이라 故不見이오

次는 明住自乘解脫이라 故不見이오

後는 結成不見이라

今은 初라

   (2) 현재의 반연이 없기 때문에 보지 못함을 밝힌 부분은 3단락이다.

    (ㄱ) 수승한 덕행이 없기에 보지 못함을 밝혔고,

    (ㄴ) 自乘의 해탈에 머문 까닭에 보지 못함을 밝혔으며,

    (ㄷ) 보지 못함을 끝맺었다.

   이는 '(ㄱ) 수승한 덕행이 없기에 보지 못함'이다.

經

復次諸大聲聞이 無如是善根故며 無如是智眼故며 無如是三昧故며 無如是解脫故며 無如是神通故며 無如是威德故며 無如是勢力故며 無如是自在故며 無如是住處故며 無如是境界故라

是故로 於此에 不能知하며 不能見하며 不能入하며 不能證하며 不能住하며 不能解하며 不能觀察하며 不能忍受하며 不能趣向하며 不能遊履하며

又亦不能廣爲他人하야 開闡解說하며 稱揚示現하며 引導勸進하야 令其趣向하며 令其修習하며 令其安住하며 令其證入이니

또한 여러 큰 성문들은

이런 선근이 없기 때문이며,

이런 지혜의 눈이 없기 때문이며,

이런 삼매가 없기 때문이며,

이런 해탈이 없기 때문이며,

이런 신통이 없기 때문이며,

이런 위덕이 없기 때문이며,

이런 세력이 없기 때문이며,

이런 자재함이 없기 때문이며,

이런 머물 곳이 없기 때문이며,

이런 경계가 없기 때문이다.

그러므로 이를 알지 못하고, 보지 못하고, 들어가지 못하고, 증득하지 못하고, 머물지 못하고, 이해하지 못하고, 관찰하지 못하고, 참고 받아들이지 못하고, 나아가지 못하고, 두루 다니지 못하며,

또한 널리 다른 이들을 위하여 열어 보이고 해설하거나, 칭찬하고 나타내 보이거나, 인도하여 나아가게 권면하지 못하여, 그들로 하여금 향하여 나아가게 하지 못하고, 닦아 익히게 하지 못하고, 편안히 머물게 하지 못하고, 증득하게 하지 못하는 것이다.

● 疏 ●

分二니

先十句는 明無勝德行이니 卽是前所不見境이오 亦卽是前宿因

不修勝進四句니 不修故無오 無故不見이라 初總 餘別이라 勢力은 卽是加持요 餘皆同前이라
後'是故於此'下 十句는 顯不能見이라 入有二義하니 前文約證이오 今約了達이라 餘可知니라

2단락으로 나뉜다.

① 10구는 수승한 덕행이 없음을 밝혔다. 이는 앞서 말한 보지 못하는 경계이며, 또한 이는 앞서 말한 과거의 인연에 잘 닦아나가지 못한 부분의 4구이다.

닦지 않았기에 없고, 없기 때문에 보지 못하는 것이다.

첫 구절은 총상이고, 나머지 구절은 별상이다.

'세력'은 곧 加持이며, 나머지는 모두 전후가 같다.

② '是故於此' 이하 10구는 볼 수 없음을 밝혔다.

'不能入'의 '入' 자에는 2가지 뜻이 있다. 앞의 경문은 증득으로 말하였고, 여기에서는 了達로 말하였다.

나머지는 말하지 않아도 알 수 있다.

第二 明住自乘故不見

(ㄴ) 自乘에 머문 까닭에 보지 못함을 밝히다

何以故오
諸大弟子가 **依聲聞乘**하야 **而出離故**로 **成就聲聞道**하며 **滿足聲聞行**하며 **安住聲聞果**하며 **於無有諦**에 **得決定智**하며 **常住實際**하며 **究竟寂靜**하며 **遠離大悲**하며 **捨於衆生**하며 **住於自事**일세
於彼智慧에 **不能積集**하며 **不能修行**하며 **不能安住**하며 **不能願求**하며 **不能成就**하며 **不能淸淨**하며 **不能趣入**하며 **不能通達**하며 **不能知見**하며 **不能證得**이라

무엇 때문일까?

큰 제자들이 성문승을 의지하여 삼계를 벗어난 까닭에 성문의 도를 성취하고, 성문의 행을 만족하며, 성문의 과보에 머물고, 없다 있다의 진리에 결정한 지혜를 얻으며, 실제에 항상 머물고, 끝까지 고요하며, 대비의 마음을 멀리 여의고, 중생을 버리며, 자기의 일에만 머물기에,

저 대보살의 지혜는 쌓아 모으지도 못하고, 닦아 행하지도 못하며, 편안히 머물지도 못하고, 원하여 구하지도 못하며, 성취하지도 못하고, 청정하지도 못하며, 들어가지도 못하고, 통달하지도 못하며, 알고 보지도 못하고, 증득하지도 못하는 것이다.

◉ **疏** ◉

先徵後釋이니 **以此二段**이 **反覆相成**이라 **故徵以釋之**니

謂何以無如是善根等가 由住自乘作證故니라
亦應徵云何以作證고 由無上善根故니 所無는 在前이라 故畧不明耳니라
此段은 亦同法華 自釋 '心不喜樂'云 '何以故오 世尊이 令我等으로 出於三界하야 得涅槃證故라'하니라【鈔_ '所無在前'者는 即前無如是善根故오 無如是智眼故等이라】

먼저 묻고 뒤에 해석하였다.

이 2단락은 반복하여 서로 이루고 있기 때문에 물음을 통하여 이를 해석하였다.

"어찌하여 이처럼 선근 등이 없는 것일까?"

"자신이 추구하는 법에 안주하여 증득을 삼은 데서 연유하기 때문이다."

또다시 다음과 같이 물을 것이다.

"무엇으로 증득을 삼았는가?"

"위에서 말한 선근이 없는 데서 연유하기 때문이다."

선근이 없는 바는 앞에서 말한 바 있다. 이 때문에 이를 생략하여 밝히지 않았다.

이 단락은 또한 법화경에서 "기뻐하지 않은 마음[心不喜樂]" 구절을 스스로 해석한 바와 같다.

"무엇 때문일까?

세존이 우리로 하여금 삼계를 벗어나 열반의 깨달음을 얻도록 한 때문이다."【초_ "선근이 없는 바는 앞에서 말한 바 있다."는 것

은 앞에서 "이와 같은 선근이 없기 때문이고, 이와 같은 지혜의 눈 등이 없기 때문이다."고 하였다.】

釋文亦二니

先은 明住自乘作證이오

後於彼智慧下는 結成所無라

今初十句는 初總餘別이니

別中에 一道者는 以見修等道로 斷惑集故니 不同菩薩無住道等이오

二三은 行果니 可知오

四는 觀諦智別이니 謂我空法有하고 不能我有法空일새 名無有諦라하고 以證現觀을 名決定智라 故無菩薩中道第一義三諦之理니 亦如涅槃에 聲聞은 有諦而無眞實이오

五는 已證理故오

六은 捨事故니라

下三句는 成上聲聞行이니 一은 內無悲오 二는 外捨物이오 三은 但自調니라

又上十句는 總爲四失이니

一初句는 出麤而不出細니 但出分段故오 次四句는 得權失實이오 次三句는 滯寂失悲오 後二句는 捨生自度오

二 結成所無는 卽由住自乘일새 故無前智等이니 亦有十句라 但於前一智에 有十不能이니 餘三昧等은 例此可知니라

경문의 해석 또한 2단락이다.

① 자신이 추구하는 법에 안주하여 증득을 지으려는 것임을 밝혔고,

② '於彼智慧' 이하는 얻은 게 없는 바를 끝맺었다.

'① 자신이 추구하는 법에 안주'하는 첫 단락의 10구 가운데 첫 구절은 총상이고, 나머지 구절은 별상이다.

'별상 9구'는 다음과 같다.

제2구[成就聲聞道], 道란 見道·修道 등의 道로 惑集을 끊어주기 때문이다. 보살의 無住道 등과는 같지 않다.

제3구[滿足聲聞行], 제4구[安住聲聞果]는 성문의 行과 果이다. 이는 말하지 않아도 알 수 있다.

제5구[於無有諦得決定智]는 진리를 관찰하는 지혜를 구별함이다. 我空은 이뤘지만 법은 남아 있다. 我는 있지만 法空을 이루지 못하였기에 '無諦·有諦'라 말하며,

'바로 눈앞에서 직접 명료하게 관하는 現觀'을 증득하였기에 '決定智'라 말한다.

이 때문에 보살의 中道, 第一義三諦의 이치가 없다. 또한 열반에 있어 성문은 진리는 있지만 진실이 없다는 것과 같다.

제6구[常住實際], 이미 이법계를 증득하였기 때문이며,

제7구[究竟寂靜], 사법계를 버렸기 때문이다.

아래 3구는 위 성문행의 성취이다.

제8구[遠離大悲]는 내면으로 중생을 가엾이 여기는 마음이 없음이며,

제9구[捨於衆生]는 밖으로 중생을 버림이며,

제10구[住於自事]는 단 자신의 일만을 길들일 뿐이다.

또한 위의 10구를 총괄하면 4가지 잘못이 된다.

첫 구절[依聲聞乘而出離故]은 거친 부분에서는 벗어났지만, 미세한 경계에서는 벗어나지 못하였다. 범부의 삼계 分段生死에서 벗어났을 뿐이기 때문이다.

다음 4구는 權敎를 얻었을 뿐, 實敎는 잃었고,

다음 3구는 空寂에 빠져 자비의 중생제도를 잃었으며,

마지막 2구는 중생을 버리고 자신만을 제도하였다.

'② 얻은 게 없는 바를 끝맺음'은 자신이 추구하는 법에 안주한 데서 연유하기 때문에 앞서 말한 지혜 등이 없는 것이다.

이 또한 10구이다. 다만 앞서 말한 하나의 지혜에 10가지 능하지 못함이 있다.

삼매 등은 이에 준하여 알 수 있다.

三 結成不見

(ㄷ) 부처님의 신통변화를 보지 못함에 대해 끝맺다

經

是故로 雖在逝多林中하야 對於如來나 不見如是廣大神變이니라

비록 서다림 안에 있으면서도 여래를 대하여 이렇게 광대한 신통변화를 보지 못하였다.

◉ 疏 ◉

可知라

이는 설명하지 않아도 알 수 있다.

初法釋 竟하다

1) 법에 대한 해석을 끝마치다.

第二喻顯

文有十喻라

自古諸德이 皆將配前所迷佛果十句로되 唯第九二天一喻는 喻上第二如來嚴好오 餘皆如次라하니 此亦有理로되 今解有二니

一者는 隨一一喻하야 總喻不見因果等境이니 以合文中에 亦言不見菩薩衆故며 又不喻菩薩之德이니 義不盡故며 又合文中에 多從總合하야 但言不見如來神變이니 明通諸句니라

二者는 別喻諸德이니 若全不別이면 何俟多喻리오 然雖別喻로되 亦通因果니 而前九는 約勝境爲喻니 謂恒河須彌等은 喻佛德故며 後一은 就劣法爲喻니 入滅盡定은 喻二乘故니라 於前九中에 配所迷菩薩之德은 其義則次오 配所迷如來之德은 義少不次니 所喻義別은 至文當知니라

又第一·五·十은 單喻聲聞不見이오 第二·三·四·七은 雙喻菩薩聲聞見不見別이오 餘三은 佛對聲聞하야 論見不見이니 有此三類者는 文影畧耳라

又唯約聲聞說者인댄 十喻는 皆喻彼無德故니라 就中에 初一은 兼喻有障故오 後一은 兼喻住自乘故니라 且就前九하야 約勝境爲喻하야 顯九種勝德인댄 其後一種은 總明不共하야 顯十無盡이니 前九德中에 一一皆具通別二意니라

今初는 鬼對恒河喻라

2) 비유로 밝히다

경문에 10가지 비유가 있다.

예로부터 많은 대덕스님이 모두 앞서 말한 '佛果를 알지 못한 바'의 10구에 짝지어 말했는데, 유독 (9) '二天隨人喻'는 위 (2) 如來嚴好에 짝하고, 나머지는 모두 차례와 같다고 하였다.

이러한 해석 또한 이치가 있으나, 이의 해석에는 2가지가 있다.

첫째, 하나하나의 비유를 따라, 인과 등의 경계를 알지 못한 이유를 총괄하여 비유하였다.

종합 부분의 경문 또한 보살 대중을 보지 못함을 말한 때문이며, 또한 보살의 덕을 비유하지도 않았다. 옛 대덕스님의 말한 뜻이 미진하기 때문이다.

또 종합 부분의 경문에서 총괄의 종합을 따른 바 많아, 다만 "여래의 신통변화를 보지 못한다."고 말하였을 뿐이다. 이는 여러 구절을 모두 통하여 밝힌 것이다.

둘째, 여러 공덕을 개별로 비유하였다.

만일 전체를 개별로 비유한 게 아니라면 굳이 많은 비유를 필요로 하겠는가. 그러나 비록 개별로 비유하였으나 또한 인과에 모두 통한다.

앞의 9구는 뛰어난 경계를 들어 비유를 삼았다. 항하와 수미산 등은 부처의 공덕을 비유한 때문이다.

맨 끝의 1구는 용렬한 법으로 비유를 삼았다. 멸진정에 든 것은 이승을 비유한 때문이다.

앞의 9구 가운데 '보살의 공덕을 알지 못한 바'에 짝지어 보면 그 뜻이 차례대로 맞고, '여래의 공덕을 알지 못한 바'에 짝지어 보면 그 뜻은 조금 차례가 맞지 않다.

비유한 바의 뜻과 별개는 해당 경문에서 알 수 있다.

또한 (1) 鬼對恒河喻, (5) 盲不見寶喻, (10) 滅定不行喻는 성문이 보지 못한 바를 하나씩 들어 비유하였고,

(2) 覺夢相對喻, (3) 愚對雪山喻, (4) 伏藏難知喻, (7) 偏處定境喻는 보살과 성문이 볼 수 있는 것과 볼 수 없는 것에 대한 별상을 쌍으로 비유했으며,

나머지 3가지 비유[淨眼無障, 妙藥翳形, 二天隨人喻]는 부처를 들어 성문을 상대로 볼 수 있는 것과 볼 수 없는 것을 논하였다.

이처럼 3가지 유는 경문에서 일부분을 생략하여 밝혔다.

또한 성문만을 들어 말한다면, 10가지 비유는 모두 그들의 공덕이 없음을 비유한 때문이다.

그 가운데 (1) 귀대항하유는 장애가 있음을 겸하여 비유한 때문이며,

맨 끝의 멸정불행유는 자신이 추구하는 법에 안주했음을 겸하여 비유한 때문이다.

또한 앞의 9가지에서 뛰어난 경계를 들어 비유하여 9가지의 수승한 공덕을 밝힌 것으로 말하면, 그 맨 끝의 (9) 二天隨人喩는 그 누구도 함께할 수 없는 부처의 공덕을 총체로 밝혀 10가지 그지없음[十無盡]을 밝힌 것이다.

앞의 9가지 공덕 가운데 하나하나 모두 통상과 별상 2가지 뜻을 갖추고 있다.

(1) 아귀가 항하를 마주하고도 마시지 못한다는 비유

經

佛子야 如恒河岸에 有百千億無量餓鬼 裸形飢渴하며 擧體焦然하며 烏鷲豺狼이 競來搏撮하며 爲渴所逼하야 欲求水飮하며 雖住河邊이나 而不見河하며 設有見者라도 見其枯竭하나니 何以故오 深厚業障之所覆故인달하야 彼大聲聞도 亦復如是하야 雖復住在逝多林中이나 不見如來廣大神力하나니 捨一切智하야 無明瞖膜이 覆其眼故며 不曾種植薩婆若地諸善根故니라

불자여, 마치 항하의 언덕에 백천억 한량없는 아귀들이 맨몸뚱이에 굶주리고 목마르며, 온몸에 불이 타오르고, 까마귀, 독수리,

승냥이, 이리들이 다투어 달려들어 내리치고 할퀴며, 목마름에 시달리어 물을 마시려 하지만, 강가에 있으면서도 물을 보지 못하고, 설령 물을 볼지라도 강물이 메말라 물 한 방울도 없었다.

무엇 때문일까?

두터운 업장으로 덮여 있기 때문인 것처럼, 저 성문들도 또한 그와 같다.

비록 서다림에 있으면서도 여래의 광대한 신통력을 보지 못한다.

일체 지혜를 버린 나머지, 무명의 어두운 막이 그들의 눈을 덮었기 때문이며, 일찍이 일체 지혜의 선근을 심지 못하였기 때문이다.

● 疏 ●

其恒河淸流는 通喩佛及菩薩潤益甚深德이오 別喩佛神力과 及菩薩境界德이니 以此二句로 爲初總故니라 鬼는 喩二乘이 有所知障故로 不見이오 亦喩不得諸法喜故니라
言'餓鬼'等者는 生分已盡 爲鬼오 未得無生忍衣 爲裸形이오 不得法界行食 爲饑오 不得眞解脫味 爲渴이니 由此故로 稱爲餓니라 此上은 竝無眞道니 卽是業餘오 行苦所遷이 爲擧體焦然이니 卽是苦餘라
空見이 爲烏鷲오 有見이 爲豺狼이오 於斯에 作決定解 爲搏撮이오 內含大機하야 有眞脫分을 名爲渴所逼하야 欲求水飮이오 身在法會를 名住河邊이오 不覩神變을 名不見河오 雖覩世尊이나 但見丈

六을 爲見枯竭이오 無明瞖膜을 名爲業障이니 卽煩惱餘라【鈔_ 三餘之義는 已見上文하다】

항하의 맑은 물줄기는 부처와 보살의 윤택의 이익이 매우 깊은 공덕을 통상으로 비유하였고, 부처의 신통력과 보살의 경계 공덕을 별상으로 비유하였다. 이 2구로 첫 총상을 삼기 때문이다.

아귀는 이승에게 所知障이 있기 때문에 보지 못함을 비유하였고, 또한 모든 법희를 얻지 못함을 비유한 때문이다.

'아귀' 등을 말한 것은 생명이 이미 다하면 귀신이 되고,

無生忍衣를 얻지 못함이 벌거숭이의 맨몸뚱이며,

法界行食을 얻지 못함이 굶주림이며,

眞解脫味를 얻지 못함이 목마름이다.

이를 모두 통하여 '아귀'라 일컫는다.

이상은 아울러 진실한 도가 없음이니, 곧 업의 나머지 결과이다.

三苦의 하나인 '생멸변화의 고통[行苦]'으로 변천해 가는 것이 온몸에 불이 타오름이다. 이는 곧 고통의 나머지 결과이다.

공하다는 견해[空見]가 까마귀와 독수리이며,

있다는 견해[有見]가 승냥이와 이리이며,

이에 결정의 견해를 지음이 내리치고 할큄이며,

안으로 大機를 함유하여 참으로 해탈할 수 있는 본분이 있음을 '목마름에 시달려 물을 마시고자 구함'이라 말하며,

몸이 법회에 있음을 '항하 곁에 머묾'이라 말하며,

신통변화를 보지 못함을 '항하를 보지 못한다.'고 말하며,

세존을 보면서도 그저 보이는 몸만을 봄을 '항하의 강물이 메마른 것만을 본다.'고 말하며,

무명의 꺼풀을 '업장'이라 한다. 이는 번뇌의 나머지 결과이다. 【초_ '三餘'에 관한 의의는 이미 위의 문장에서 밝힌 바 있다.】

後'彼大'下는 合中에 先合業障이오 '不曾'已下는 合裸形等이라 【鈔_ '不曾已下 合裸形'等者는 無生忍衣와 法界行食이 皆一切智諸善根也라】

뒤의 '彼大聲聞' 이하는 종합 부분에서 먼저 '업장'에 맞춰 말하였고, '不曾種植' 이하는 맨몸뚱이 등에 맞춰 말하였다.【초_ "不曾種植 이하는 맨몸뚱이 등에 맞춰 말하였다."는 것은 無生忍衣와 法界行食이 모두 一切智의 여러 선근이기 때문이다.】

第二 覺夢相對喻

(2) 꿈속에 제석천궁을 본 자와 보지 못한 이가 서로 마주한다는 비유

經
譬如有人이 於大會中에 昏睡安寢이라가 忽然夢見須彌山頂에
帝釋所住善見大城의
宮殿園林이 種種嚴好하며

天子天女의 百千萬億이 普散天華하야 徧滿其地하며
種種衣樹 出妙衣服하며
種種華樹 開敷妙華하며
諸音樂樹 奏天音樂하며
天諸婇女 歌詠美音하며
無量諸天이 於中戲樂하고
其人이 自見着天衣服하고
普於其處에 住止周旋호되
其大會中一切諸人은 雖同一處나 不知不見하나니
何以故오
夢中所見이 非彼大衆의 所能見故인달하야
一切菩薩世間諸王도 亦復如是하야
以久積集善根力故며
發一切智廣大願故며
學習一切佛功德故며
修行菩薩莊嚴道故며
圓滿一切智智法故며
滿足普賢諸行願故며
趣入一切菩薩智地故며
遊戲一切菩薩所住諸三昧故며
已能觀察一切菩薩智慧境界無障礙故라
是故로 悉見如來世尊의 不可思議自在神變호되 一切聲

聞諸大弟子는 皆不能見하며 皆不能知하나니 以無菩薩 淸淨眼故니라

비유하면, 어떤 사람이 수많은 사람이 모인 데서 편안히 자다가 꿈을 꾸었는데, 수미산 꼭대기의 제석천왕 선견성을 보았다.

궁전과 동산 숲이 가지가지 훌륭하고,

천자와 천녀 백천만억 인들이 하늘 꽃을 뿌려 그 땅에 가득하며,

가지가지 의복 나무에서는 미묘한 의복이 나오고,

가지가지 꽃나무에는 아름다운 꽃이 피어나며,

음악 나무에서는 하늘 음악이 울려 나오고,

하늘의 아름다운 여인들은 아름다운 음성으로 노래하며,

한량없는 하늘 대중이 그 속에서 즐겁게 놀고,

그 자신도 하늘 옷을 입고서,

그곳에서 오고 가는 것을 보았지만,

그 모임 속에 있는 수많은 사람은 비록 한자리에 있으면서도 알지도 못하고 보지도 못하였다.

무엇 때문일까?

꿈속에 보았던 것은 그 대중들이 볼 수 있는 바가 아닌 것처럼, 일체 보살과 세간의 임금들 또한 그와 같다.

본래부터 선근을 쌓아온 힘 때문이며,

일체 지혜의 광대한 원을 내었기 때문이며,

일체 부처의 공덕을 닦고 배워왔기 때문이며,

보살의 장엄하는 도를 수행하였기 때문이며,

일체 지혜의 지혜 법이 원만하였기 때문이며,

보현의 행과 원이 만족하였기 때문이며,

일체 보살의 지혜에 들어갔기 때문이며,

일체 보살의 머무는 삼매에 유희하기 때문이며,

이미 일체 보살의 지혜의 경계를 관찰하여 걸림이 없기 때문이다.

이 때문에 여래 세존의 불가사의한 자재한 신통변화를 모두 보여주지만, 일체 성문인 제자들은 이를 보지도 못하고 알지도 못하는 것이다.

보살의 청정한 눈이 없기 때문이다.

● 疏 ●

夢游天宮은 通喩佛及菩薩高顯廣大德이오 別喩如來游戱神變二句와 及菩薩大會已下十一句니 喩甚相似니라【鈔_ '及菩薩大會下十一句'者는 卽上文不見因中에 謂一 菩薩大會와 二 菩薩普入과 三 菩薩普至와 四 普詣와 五 神變과 六 遊戲와 七 眷屬과 八 方所와 九 莊嚴師子座와 十 宮殿과 十一 菩薩住處니라 今文에 夢往須彌山은 卽普至·普詣오 入善見大城等宮殿은 卽菩薩宮殿城池園林이니 卽是住處오 天子·天女는 卽眷屬이오 開華·奏樂은 卽是神變이오 歌詠·戱樂은 卽是遊戲오 住止·周旋은 卽是座矣라】

꿈속에 제석천궁을 찾아간 것은 부처님과 보살의 드높고 뚜렷하며 광대한 공덕을 통상으로 비유하였고,

여래의 유희, 신통변화 2구와 보살대회 이하의 11구를 별상으로 비유하였는데, 비유가 매우 비슷하다.【초_ '보살대회 이하의 11구'는 위의 '부처님의 신통변화를 볼 수 없는 원인'을 말한 경문에서 ① 보살의 대회, ② 보살이 두루 들어감, ③ 보살이 모두 이르러 옴, ④ 보살이 모두 나아감, ⑤ 보살의 신통변화, ⑥ 보살의 유희, ⑦ 보살의 권속, ⑧ 보살의 方所, ⑨ 보살의 장엄사자좌, ⑩ 보살의 궁전, ⑪ 보살이 머문 곳을 말한다.

　　이의 경문에서 꿈속에 수미산을 찾아간 것은 ③ 보살이 모두 이르러 옴과 ④ 보살이 모두 나아감이며,

　　선견대성 등 궁전에 들어감은 보살의 궁전, 성곽, 연못, 후원, 숲이니 ⑪ 보살이 머문 곳이며,

　　天子·天女는 ⑦ 보살의 권속이며,

　　꽃이 피고 음악이 울린 것은 ⑤ 보살의 신통변화이며,

　　노래 부르고 유희의 즐거움은 ⑥ 보살의 유희이며,

　　머물고 주선함은 ⑨ 보살의 장엄사자좌이다.】

然此下八喩는 約二乘喩하야 明其無德이니 亦有通別이라
通은 則於一一德不了니 皆由前闕因緣故오
別은 則各喩無德不同이니 此一은 喩無如是神通故오 又不知菩薩如夢故니라
然合文中에 明'無如是智眼故'者는 從通相合이라 故下數段은 皆合無眼이라
文中에 先은 喩오 後 '一切菩薩' 下는 合이라

合中 二니
先은 合夢者自見이오 後 '一切聲聞'下는 合大會不見이니 竝可思也니라

그러나 이 아래에 8가지 비유는 이승을 들어서 그들에게 이러한 공덕이 없음을 비유하여 밝혔는데, 이 또한 통상과 별상으로 말하였다.

통상으로는 하나하나의 공덕을 잘 알지 못함이니, 이는 모두 앞서 말한 인연들이 없는 데서 연유한 까닭이며,

별상으로는 공덕 없음의 똑같지 않음을 각각 비유하였다.

이 하나는 이러한 신통이 없음을 비유한 때문이며, 또한 보살이 꿈과 같음을 알지 못하였기 때문이다.

그러나 종합 부분에 '이러한 지혜의 눈이 없기 때문'이라 밝힌 것은 통상을 따라 종합한 것이다. 이 때문에 아래의 몇 단락은 모두 지혜의 눈이 없는 데에 맞춰 말하였다.

경문의 앞부분은 비유이고, 뒤의 '一切菩薩' 이하는 종합이다.

종합 부분은 2단락이다.

앞은 꿈을 꾼 자가 스스로 본 것에 맞춰 말하였고,

뒤의 '一切聲聞' 이하는 대회의 사람들이 보지 못한 데에 맞춰 말하였다.

이는 모두 생각하면 알 수 있다.

第三 愚對雪山喻

(3) 어리석은 이는 설산의 약초를 마주하고서 모른다는 비유

經

譬如雪山에 **具衆藥草**하니 **良醫詣彼**하야 **悉能分別**이어니와 **其諸捕獵放牧之人**은 **恒住彼山**호되 **不見其藥**인달하야 **此亦如是**하야 **以諸菩薩**은 **入智境界**하야 **具自在力**일세 **能見如來廣大神變**이어니와 **諸大弟子**는 **唯求自利**하고 **不欲利他**하며 **唯求自安**하고 **不欲安他**일세 **雖在林中**이나 **不知不見**이니라

비유하면, 설산에 많은 약초가 있는데, 훌륭한 의원은 설산을 찾아가 모든 약초를 잘 알지만, 그 사냥꾼이나 목동들은 그 산에서 항상 살면서도 약초를 보지 못하는 것처럼, 이 역시 그와 같다.

보살들은 지혜의 경계에 들어가서 자재한 힘을 갖추었기에, 여래의 광대한 신통변화를 보지만, 성문의 제자들은 자기만의 이익을 추구할 뿐 다른 이의 이익을 원하지 않으며, 자기만의 편안함을 추구할 뿐 다른 이의 편안함을 원하지 않는다.

이 때문에 비록 서다림 속에 있으면서도 부처의 신통변화를 알지도 못하고 보지도 못하는 것이다.

● 疏 ●

雪山良藥은 通喩幽邃難見德이오 別喩는 亦喩佛境界 所悲境故오 喩菩薩所住處니 悲救衆生爲所住故니라 其捕獵等은 喩聲聞無大悲救衆生病이니 亦是無如是境界故니라

설산의 좋은 약초는 그윽하여 보기 어려운 공덕을 통상으로 비유하였고, 별상의 비유로는 또한 부처 경계에서 중생을 가엾이 여기는 바의 경계를 비유한 때문이며, 보살이 머문 곳을 비유하였다. 중생을 가엾이 여기는 마음으로 구제함이 머물 곳이기 때문이다.

그 사냥꾼 등은 성문에게 가엾이 여기는 마음으로 중생을 구제함이 없는 병폐를 비유하였다. 또한 이와 같은 경계가 없기 때문이다.

第四 伏藏難知喩
(4) 묻혀 있는 보물을 찾기 어렵다는 비유

經

譬如地中에 有諸寶藏하야 種種珍異 悉皆充滿이어든 有一丈夫 聰慧明達하야 善能分別一切伏藏하며 其人이 復有大福德力하야 能隨所欲하야 自在而取하야 奉養父母하고 賑卹親屬하며 老病窮乏에 靡不均贍호되 其無智慧無福德人은 雖亦至於寶藏之處나 不知不見하야 不得其益인달하야

233

此亦如是하야 諸大菩薩은 有淨智眼하야 能入如來不可思議甚深境界하며 能見佛神力하며 能入諸法門하며 能遊三昧海하며 能供養諸佛하며 能以正法으로 開悟衆生하며 能以四攝으로 攝受衆生이어니와 諸大聲聞은 不能得見如來神力하며 亦不能見諸菩薩衆이니라

비유하면, 땅속에 여러 가지 보배와 가지가지 진귀한 물건이 모두 가득한데, 어떤 사람이 총명한 지혜로 잘 알고서 일체 묻혀 있는 보물을 잘 알고, 또 큰 복덕의 힘이 있어 마음대로 가져다가 부모를 봉양하고, 친족에게 나누어주고, 늙고 병들고 곤궁한 이들을 구제하는 데 모두 풍족하게 쓰지 않음이 없지만, 그 지혜가 없고 복덕이 없는 사람은 아무리 보물이 묻힌 곳을 갈지라도 알지 못하고 보지 못하여 이익을 얻지 못하는 것처럼, 이 또한 그와 같다.

큰 보살들은 청정한 지혜의 눈이 있어 여래의 불가사의한 깊은 경계에 들어가며, 부처의 신통력을 보며, 여러 가지 법문에 들어가며, 삼매의 바다에 놀며, 부처님께 공양하며, 바른 법으로 중생들을 깨우치며, 네 가지 거두어 주는 법[四攝法: 布施·愛語·利行·同事]으로 중생을 받아들이지만, 성문들은 여래의 신통력을 보지도 못하고, 보살 대중을 보지도 못하는 것이다.

● 疏 ●

藏은 則通喩秘密難知德이오 別喩如來尊勝 可寶重故며 喩菩薩 所入三昧와 及觀察·頻申과 勇猛·供養이니 如喩思之니라 薄福은

喻聲聞 無如是威德故니라【鈔_ 喻菩薩下 如喻思之者는 然合文自具이니와 若約喻者인댄 伏藏은 猶如三昧오 聰慧分別은 卽是觀察이오 隨欲而取는 卽是頻申이오 有大福力은 卽當勇猛이오 奉養父母는 卽供養也라】

藏이란 비밀스러워 알기 어려운 공덕을 통상으로 비유하였고,

여래의 존귀하고 훌륭함이 보배처럼 귀중함을 별상으로 비유한 때문이며,

보살이 들어간 삼매, 관찰, 기지개를 폄, 용맹, 공양을 비유하였다. 비유와 같이 생각하면 알 수 있다.

박복한 사람이란 성문의 이와 같은 위덕이 없음을 비유한 때문이다.【초_ "보살이 들어간 삼매, …비유하였다. 비유와 같이 생각하면 알 수 있다."는 것은 그러나 종합 부분의 문장에 그 나름 잘 갖춰져 있지만, 비유 부분을 들어 말한다면, 伏藏은 삼매와 같고, 총명한 지혜로 분별함은 관찰이며, 원하는 대로 취함은 기지개를 폄이고, 큰 복덕의 힘이 있음은 용맹에 해당하며, 부모를 봉양함은 곧 공양이다.】

第五 盲不見寶喻

(5) 맹인은 보배를 볼 수 없다는 비유

經
譬如盲人이 至大寶洲하야 若行若住하며 若坐若臥호되 不

能得見一切衆寶하나니 以不見故로 不能採取하며 不得受用인달하야
此亦如是하야 諸大弟子 雖在林中하야 親近世尊이나 不見如來自在神力하며 亦不得見菩薩大會하나니
何以故오
無有菩薩無礙淨眼하야 不能次第悟入法界하며 見於如來自在力故니라

비유하면, 눈먼 사람이 보물섬에 이르러 다니고 서고 앉고 누우면서도 모든 보배를 보지 못하는 것과 같다. 보지 못하기에 채취하지도 못하고, 사용하지도 못하는 것처럼, 이 또한 그와 같다.

성문의 제자들이 비록 서다림에 머물면서 세존과 가까이 있으나, 여래의 자재한 신통을 보지 못하며, 보살 대중도 보지 못한다.

무엇 때문일까?

보살의 걸림 없는 청정한 눈이 없어서 차례차례 법계에 깨달아 들어가지 못하고, 여래의 자재한 힘을 보지 못하기 때문이다.

● 疏 ●

寶洲는 通喩逈絕難測德이오 別喩如來妙行 積行圓妙故오 喩菩薩受記成熟勇猛이니 可知니라 盲은 喩二乘無如是善根故니라
【鈔_ 喩菩薩受記等者는 不能採取는 卽無勇猛이오 不得受用은 卽無授記成就義也니라】

보물섬이란 아득히 먼 곳으로 헤아리기 어려운 공덕을 통상으

로 비유하였고,

　여래의 미묘한 행을 쌓아 행함이 원만하고 미묘함을 별상으로 비유한 때문이며,

　보살의 수기, 성숙, 용맹을 비유하였다. 이는 말하지 않아도 알 수 있다.

　맹인은 이승에게 이와 같은 선근이 없음을 비유한 때문이다.
【초_ "보살의 수기, 성숙, 용맹을 비유하였다."는 것은 채취하지 못함은 용맹이 없음이며, 사용하지 못함은 곧 수기와 성취가 없음을 말한 뜻이다.】

第六淨眼無障喩
　(6) 해맑은 눈은 가림이 없다는 비유

經
譬如有人이 得淸淨眼하니 名離垢光明이니 一切暗色이 不能爲障이라 爾時彼人이 於夜暗中에 處在無量百千萬億人衆之內하야 或行或住하며 或坐或臥할새 彼諸人衆의 形相威儀는 此明眼人이 莫不具見이어니와 其明眼者의 威儀進退는 彼諸人衆이 悉不能覩인달하야
佛亦如是하야 成就智眼淸淨無礙하사 悉能明見一切世間이나 其所示現神通變化와 大菩薩衆의 所共圍遶는 諸

大弟子 悉不能見이니라

비유하면, 어떤 사람이 청정한 눈을 얻으면 그 이름을 '때가 없는 광명'이라고 말한다. 일체 그 어떤 어둠이든 장애가 되지 않는다.

그때, 그 사람이 캄캄한 밤중에 백천만억 사람이 있는 곳에서 걷고 서고 앉고 누울 적에 그 모든 사람의 형상과 위의를 이 눈 밝은 사람이 모조리 보지 못하는 바가 없지만, 그 눈 밝은 이의 위의와 오고 가는 행동은 저 많은 사람이 보지 못하는 것처럼, 부처님 또한 그와 같다.

지혜의 눈을 성취하여 청정하고 걸림이 없어, 일체 세간 중생을 모조리 보지만, 부처님이 보여주신 신통변화와 큰 보살들이 둘러싸고 있는 바를 성문의 제자들은 모두 보지 못한다.

● 疏 ●

通喩智照難量德이오 別喩如來威德과 '菩薩法身'已下 五句라 不覩威儀는 喩二乘無如是自在故니라【鈔_ '喩菩薩法身下五句'者는 卽菩薩法身淸淨과 菩薩智身圓滿과 願身示現과 色身成就와 菩薩諸相具足이라 釋曰 五句는 不出菩薩形相威儀故니라】

지혜의 관조를 헤아리기 어려운 공덕을 통상으로 비유하였고, 여래의 위덕과 '보살법신' 이하 5구를 별상으로 비유하였다.

부처의 위의를 보지 못함은 이승에게 이와 같은 자재가 없음을 비유한 때문이다.【초_ '보살법신 이하 5구'는 보살의 법신청정, 보살의 지신원만, 願身의 시현, 색신의 성취, 보살의 모든 모습이 두루 갖추어짐이다.

이에 대한 해석은 다음과 같다.

"5구는 보살의 형상과 위의에서 벗어나지 않기 때문이다."】

第七 徧處定境喻

(7) 모든 곳이 선정삼매의 경계라는 비유

經
譬如比丘 在大衆中하야 入徧處定하나니
所謂地徧處定과 水徧處定과 火徧處定과 風徧處定과
青徧處定과 黃徧處定과 赤徧處定과 白徧處定과 天徧
處定과 種種衆生身徧處定과 一切語言音聲徧處定과
一切所緣徧處定이라
入此定者는 見其所緣하나니 其餘大衆은 悉不能見이오
唯除有住此三昧者인달하야
如來所現不可思議諸佛境界도 亦復如是하야 菩薩은 具
見호되 聲聞은 莫覩니라

비유하면, 어떤 비구가 대중 가운데 있으면서 '두루 모든 곳에서의 선정[徧處定]'에 들어갔다.

이른바 땅의 모든 곳에서의 선정,

물의 모든 곳에서의 선정,

불의 모든 곳에서의 선정,

바람의 모든 곳에서의 선정,

푸른색의 모든 곳에서의 선정,

누른색의 모든 곳에서의 선정,

붉은색의 모든 곳에서의 선정,

흰색의 모든 곳에서의 선정,

하늘의 모든 곳에서의 선정,

가지가지 중생 몸의 모든 곳에서의 선정,

일체 언어와 음성의 모든 곳에서의 선정,

일체 반연의 모든 곳에서의 선정이다.

이런 선정에 든 이는 그의 반연한 바를 보지만, 그 나머지 대중은 모두 보지 못한다. 오직 이 삼매에 머무른 이는 예외인 것처럼, 여래가 나타내는 불가사의한 부처님의 경계 또한 그와 같다.

보살들은 모두 보지만 성문은 보지 못한다.

● 疏 ●

通喩周徧難思德이오 別喩如來淨刹과 菩薩常光과 衆色莊嚴과 菩薩放大光明網이니 不見定境은 喩聲聞無如是三昧故니라 喩中에 言徧處者는 於一切處에 周徧觀察하야 無有間隙일새 故名徧處니라 然瑜伽·智度·俱舍等論에 皆說有十이어늘 今有十二하니 前八은 同彼靑 黃 赤 白 地 水 火 風이오 彼中九名空徧處오 十名識徧處라 先觀靑等普徧하고 次觀靑等이 爲何所依하야 知由地等하고 次思

所觀이 由何廣大하야 知由於空하고 次思能觀하야 知由依識이니 前八은 依第四靜慮하야 觀欲可見色이오 後二는 依無色定이라
今以宗別로 合空識二하야 爲天徧處니 皆容假想이나 種性周徧일새 加於三事하니
十은 名種種衆生身徧處者니 卽眼等根色이오
十一은 語言音聲이니 卽前聲塵이오
十二는 一切所緣이니 卽六塵境이니 則收前香味及法塵境이니 例此天徧處言이면 亦可通於諸天이라【鈔_ 例此下는 以論例經이니 重釋前天徧處니라】

두루 불가사의한 공덕을 통상으로 비유하였고,

여래의 청정 국토, 보살의 변함없는 광명, 온갖 색의 장엄, 보살의 큰 광명의 그물을 쏟아냄을 별상으로 비유하였다.

선정의 경계를 보지 못함은 성문에게 이와 같은 삼매가 없음을 비유한 때문이다.

비유 부분에서 '徧處' 즉 '두루 모든 곳'이라 말한 것은 일체 모든 곳을 두루 관찰하여 사이와 틈이 없기에 '두루 모든 곳'이라 말한다.

그러나 유가사지론, 지도론, 구사론 등에서는 모두 10가지를 말했는데, 여기에서는 12가지가 있다.

앞의 8가지는 청색, 황색, 적색, 백색, 땅, 물, 불, 바람과 같다. 그 가운데 제9의 이름은 '하늘의 모든 곳에서의 선정'이며, 제10의 이름은 '식의 모든 곳에서의 선정'이다.

청색 등 두루 모든 곳을 먼저 관찰하고, 다음으로 청색 등이 그 어디에 의지한 것인가를 보고서 땅 등에 연유함을 알며,

그다음으로 관찰한 바가 그 무엇으로 연유하여 광대한가를 생각하여, 허공에 연유함을 알며,

그다음으로 관찰의 주체를 생각하여, 의식에 연유함을 아는 것이다.

앞의 8가지는 제4 靜慮에 의하여 욕계의 볼 수 있는 색을 살펴봄이며, 뒤의 2가지는 '육체와 물질의 속박을 벗어난 선정[無色定]'을 의지함이다.

여기에서는 宗別로 空과 識 2가지를 합하여 '하늘의 모든 곳'을 삼았다. 이는 모두 假想에 용납하나 종성이 두루 모든 곳에 있기에 3가지 일을 더하였다.

제10구의 '가지가지 중생 몸의 모든 곳'은 눈·귀 등 6근의 색신이며,

제11구의 '일체 언어와 음성'은 앞의 聲塵이며,

제12구의 '일체 반연'은 곧 6진 경계이다. 앞의 香·味 및 法塵의 경계를 정리하였다.

'하늘의 모든 곳'이란 말에 준하면 또한 모든 허늘에 다 통한다.
【초_ '例此' 이하는 논으로 경문을 예시함이다. 거듭 앞서 말한 '하늘의 모든 곳'을 해석하였다.】

次如來所現下는 合文이니 可知니라

다음 '如來所現' 이하는 비유를 종합한 경문이다. 이는 말하지

않아도 알 수 있다.

第八 妙藥翳形喩

(8) 바르면 몸이 보이지 않는 미묘한 약의 비유

經

譬如有人이 以翳形藥으로 自塗其眼하고 在於衆會하야 去來坐立에 無能見者로대 而能悉覩衆會中事인달하야 應知如來도 亦復如是하야 超過於世하사 普見世間하나니 非諸聲聞의 所能得見이오 唯除趣向一切智境諸大菩薩이니라

비유하면, 어떤 사람이 몸을 숨기는 약을 자신의 눈에 바르면, 대중 가운데서 오고 가고 앉고 서 있어도 보는 이가 없지만, 대중의 하는 일은 모두 볼 수 있는 것처럼, 여래 또한 그와 같음을 알아야 한다.

세간을 초월하고서도 세간 중생을 두루 보는 것이다. 성문으로서는 볼 수 있는 바가 아니다. 오직 일체 지혜의 경계에 나아가는 대보살만큼은 예외이다.

◉ 疏 ◉

通喩隱顯超世德이오 別喩如來住持하야 喩菩薩起變化雲德이라

不覩者는 喩聲聞無如是解脫故니라

　세간을 초탈하여 몸을 숨기기도 하고 나타내기도 하는 공덕을 통상으로 비유하였고,

　여래의 住持를 별상으로 비유하여, 보살이 변화의 구름을 일으키는 공덕을 비유하였다.

　볼 수 없는 것은 성문에게 이와 같은 해탈이 없음을 비유한 때문이다.

第九 二天隨人喩
　(9) 사람이 태어나면 두 하늘이 따르는 비유

經

如人이 生已에 則有二天이 恒相隨逐하나니 一日同生이오 二日同名이라 天常見人호되 人不見天인달하야 應知如來도 亦復如是하야 在諸菩薩大集會中하사 現大神通하사대 諸大聲聞은 悉不能見이니라

　마치 사람이 태어나면 두 하늘이 항상 따라다닌다.

　첫째는 같이 태어남이며,

　둘째는 같은 이름이다.

　이 하늘은 언제나 사람을 보지만, 사람은 하늘을 보지 못하는 것처럼, 여래 또한 그와 같음을 알아야 한다.

보살들이 많이 모인 가운데서 아무리 큰 신통을 나타낼지라도 성문들은 모두 보지 못한다.

● 疏 ●

通喩微妙難壞德이오 別喩如來嚴好와 菩薩身徧十方과 諸行圓滿德이라
不覩二天은 喩二乘無如是勢力故며 亦喩無悲하야 捨衆生故니라

　미묘하여 무너뜨릴 수 없는 공덕을 통상으로 비유하였고,

　여래의 아름다운 장엄과 보살의 몸이 시방에 두루 있음과 모든 행이 원만함을 별상으로 비유하였다.

　두 하늘을 보지 못함이란 이승에게 이와 같은 힘이 없음을 비유한 때문이며,

　또한 가엾이 여기는 마음이 없어 중생을 버렸음을 비유한 때문이다.

第十. 滅定不行喩

⑽ 멸진정에 들어 6근이 행하지 않는 비유

經

譬如比丘 得心自在하야 入滅盡定에 六根作業이 皆悉不行하며 一切語言을 不知不覺호되 定力持故로 不般涅

繫인달하야

一切聲聞도 亦復如是하야 雖復住在逝多林中하야 具足六根이나 而不知不見不解不入如來自在菩薩衆會諸所作事하나니라

　비유하면, 어떤 비구가 마음의 자재함을 얻어 멸진정에 들어가자, 6근으로 짓는 업이 모두 행하지 않고, 일체 말을 알지 못하고 깨닫지 못하지만, 선정의 힘으로 유지되는 까닭에 열반에 들지 않는 것처럼, 일체 성문 또한 그와 같다.

　비록 서다림 속에 있으면서 두루 6근을 갖췄지만 여래의 자재하심과 보살의 대중법회에서 하는 일들을 알지 못하고 보지 못하고 이해하지 못하고 들어가지 못한다.

◉ 疏 ◉

唯喩聲聞이 安住自乘하야 證實際故며 亦總喩無德이라【鈔_ '第十滅定不行喩'者는 然滅定之義는 六地에 已略明이나 今當更說호리라 薩婆多宗은 此定이 唯依有頂地起오 以下諸地는 皆名有想이니 行相粗動하야 難可止息이로되 此有頂地는 名爲非想이니 行相微細하야 易可止息일새 故唯有頂이라야 有滅盡定이라 俱舍頌에 云 '滅盡定名體니 爲淨住有頂'이라하니 謂滅盡定은 以二十二法으로 爲體니 謂修定前에 有二十一心所와 及心王故니라 言'二十一心所'者는 謂大地十과 大善地十과 欣厭隨一로 爲滅定이라 故有二十二法하야 不相應行替處를 名爲滅定이니 隨滅爾許心心所

法으로 爲定體也니라

若成實論 第十六 滅定品에 云'問曰 若此中意 以泥洹爲滅者
는 是汝先言 九次第定中滅定 心心數滅이라하니 是則相違니라 答
曰'滅定 有二하니 一은 諸煩惱盡이오 二는 煩惱未盡이라 煩惱盡者
는 在解脫中이오 煩惱未盡은 在次第中이라 一은 滅煩惱라 故名滅
定이오 二는 滅心心數法이라 故名滅定이라 滅煩惱는 是第八解脫이
니 亦名阿羅漢果라 若唯識第七에 云滅盡定者는 謂有無學(卽羅
漢及獨一辟支也)과 或有學(卽三果 身證阿那含)이 已伏惑障하야 無所有
貪(謂無所有 已下 諸貪 滅)이나 上貪 不定(上貪未滅也)하고 由止息想하
야 作意爲先하야 令不恒行六識染污(染污第七)하야 心心所滅(令上
二識 俱不行故) 令身安和 故亦名定이오(謂有心定은 令心平等하야 安帖
和悅로 爲安和로되 今無心定은 由定前心力으로 能令身心平等和悅이 如有心定
일세 故亦名定이라) 由偏厭想受도 亦名滅彼定也(卽加行心)니라 顯揚
第一에 云滅盡定者는 謂已離無所有處欲이어나 或入非非想處
定이나 或復上進하야 入無想定이나 或復上進하야 由起暫息想하야
作意前方便故로 止息所緣하야 不恒行諸心心法과 及恒行一分
諸心心法滅也니라 餘文 可知니라】

오직 성문의 그 자체에 안주하여 실제를 증득함을 비유한 때문이며, 또한 공덕이 없음을 총상으로 비유하였다.【초_ '⑩ 멸진정에 들어 6근이 행하지 않는 비유'는 그러나 멸진정이라는 의의는 제6 현전지에서 이미 간추려 밝힌 바 있으나, 여기에서 다시 말하고자 한다.

薩婆多宗에서는 이 선정이란 오직 有頂地에 의해 일어나고, 이하의 모든 지위는 모두 有想이라 말한다. 行相이 거칠게 움직여 멈추기 어렵지만, 이 유정지의 이름을 '非想'이라 하는데, 행상이 미세하여 쉽게 멈출 수 있다. 이 때문에 오직 유정지만이 멸진정이 있다.

구사론의 게송에서 "멸진정의 이름은 본체이다. 청정하게 有頂天에 머문다."고 하였다. 여기에서 말한 멸진정은 22법으로 본체를 삼는다. 선정을 닦기 이전에 21心所 및 心王이 있기 때문이다.

'21心所'라 말한 것은 大地 10, 大善地 10, 좋아하고 싫어하는 하나를 따르는 것으로 멸진정을 삼는다. 이 때문에 22가지 법을 가지고서 상응하지 않게 교체하는 곳을 멸진정이라 한다. 그런 마음과 心所의 법을 따르는 것으로 선정의 본체를 삼는다.

예컨대 성실론 제16 멸정품에서 말하였다.

어떤 이가 물었다.

"여기에서 말한 뜻에 열반으로 滅이라 한 것은, 그대가 앞서 말할 적에는 9단계의 선정[九次第定] 가운데 滅定은 心과 心數가 사라짐이라고 하였다. 이는 서로 어긋나는 말이다."

답하였다.

"멸정에는 2가지가 있다.

첫째는 모든 번뇌가 다함이며,

둘째는 번뇌가 다하지 못함이다.

번뇌가 다함이란 해탈 속에 있고, 번뇌가 다하지 못함이란 9단계의 선정 과정 속에 있다.

첫째는 번뇌가 다함이라, 멸정이라 말하고,

둘째는 心과 心數가 사라짐이라, 멸정이라 말한다.

번뇌가 사라짐은 제8 해탈이다. 또한 阿羅漢果라 말하기도 한다.

예컨대 유식론 제7에서 말한 멸진정이란 아직도 배울 게 있는 자와 더 이상 배울 게 없는 자(나한 및 獨一辟支)와 혹은 아직도 배울 게 있는 자(三果, 즉 몸으로 아나함을 증득한 자)가 이미 惑障을 조복하여 탐한 바 없으나(탐한 바 없다는 이하는 모든 탐욕이 사라짐이다.) 上貪이 선정에 들지 못한(上貪이 사라지지 않음) 나머지, 이를 저지하고 멈추려는 생각에 의하여 강작의 생각을 우선으로 하고, 언제나 6識의 더러움(染汚 제7)이 행하지 못하도록 하기에, 마음과 마음의 작용이 사라져(위의 2識을 모두 행하지 못하도록 한 때문이다.) 몸을 편안하고 화평하게 한다. 이런 까닭에 또한 선정이라 말한다.(마음에 선정이 있음은 마음을 평등하게 하여 편안하고 기쁨으로 몸이 편안하고 화평하게 되는데, 여기에서 말한 무심의 선정은 앞의 心力을 선정에 듦으로 연유하여 몸과 마음을 평등하게 和悅함이 마치 마음의 선정이 있는 것과 같기에 이 또한 定이라고 말한다.) 유독 想受만을 싫어하는 것 또한 저것을 없앤 선정[滅彼定]이라 한다(즉 加行心).

현양론 제1에서 말한 멸진정이란 이미 無所有處의 욕심을 여의었거나, 혹은 非非想處의 선정에 들었거나, 혹은 또다시 위로 올라가 無想定에 들었거나, 혹은 또다시 위로 올라가 잠시 사라진 생각이 일어남에 따라서 앞의 방편을 억지로 생각한 까닭에 반연한 바를 멈춰, 모든 마음과 마음의 작용을 행하지 못하게 함과 언제나 일부분의 모든 마음과 마음의 법이 사라짐을 행한 때문이다."

나머지 문장은 말하지 않아도 알 수 있다.】

又上十喻를 從後逆次하야 配前闕因과 後之十句니 謂一은 喻無法喜오 二는 喻不知菩薩如夢이오 三은 喻不從如來加被之所生等이니 如理思之니라 其前十句는 但通爲不見之因이라【鈔_ '又上十喻 從後逆次配前闕因 後之十句'者는 疏但出三이라

謂一 鬼對恒河喻는 喻無法喜니 法喜爲食故오

二 夢遊天宮喻는 喻不知菩薩如夢幻故니 此相甚顯이오

三 愚對雪山喻는 喻不從如來加被之所生故니라 其合經云 '以諸菩薩이 入智境界하야 具自在力하야 得見如來神變自在'는 卽如來加被之力이라 其捕獵者는 卽無加被也라

四 伏藏難知喻는 喻本不發一切菩薩諸大願力故니라 謂無福力은 卽闕大願이라

五 盲不見寶喻는 喻不求超出世間하야 不共菩薩諸善根故니라 無眼이면 不見於寶는 卽闕不共善根이라

六 淨眼無障喻는 乃喻本不得諸菩薩眼所知境故니라 此喻更顯諸人不見이오 喻於二乘不見淨眼境故니라

七 徧處定境喻는 喻本不得嚴淨佛刹神通智故니라 靑等徧淨은 卽淨刹也라

八 妙藥翳形喻는 喻本不成就如來出世諸善根故니라 翳形之藥

은 卽出世善根이라

九 二天隨人喩는 喩本不修習生一切智諸善根故니라 二天見人은 卽一切智이오 人不見天일새 故無此也니라

十 滅定不行喩는 喩本在生死流轉之時에 不勸衆生求於最勝大智眼故니라 諸識不行이니 豈當有眼이리오 故於六境에 都不見知라 是故로 十喩는 對前十因하야 文相甚顯이니 令如理思니라】

또한 위의 10가지 비유를 뒤로부터 차례를 거슬러 앞의 闕因과 뒤의 10구에 짝하였다.

(1) 法喜가 없음을 비유하였고,

(2) 보살이 꿈과 같음을 비유하였으며,

(3) 여래의 가피로 태어난 바가 아님 등을 비유하였다. 이치대로 생각해야 한다.

그 앞의 10구는 다만 공통으로 보지 못함의 원인이 된다.【초_ "또한 위의 10가지 비유를 뒤로부터 차례를 거슬러 앞의 闕因과 뒤의 10구에 짝하였다."에 대해 청량소에서는 3가지만을 말하였을 뿐이다.

(1) 아귀가 항하를 마주하고도 마시지 못한다는 비유는 法喜가 없음을 비유하였다. 법희로 음식을 삼기 때문이다.

(2) 꿈속에 제석천궁을 본 자와 보지 못한 이가 서로 마주하는 비유는 보살이 꿈과 같음을 비유하였다. 이의 모양은 매우 뚜렷하다.

(3) 어리석은 이는 설산의 약초를 마주하고서 모른다는 비유는 여래의 가피로 태어난 바가 아님을 비유하였다.

그 종합 부분의 경문에서 말한 "보살들은 지혜의 경계에 들어가서 자재한 힘을 갖추었기에, 여래의 광대한 신통변화를 보았다."는 것은 바로 여래 가피의 힘이다.

그 사냥꾼은 곧 여래 가피가 없는 자이다.

(4) 묻혀 있는 보물을 찾기 어렵다는 비유는 본래 일체 보살의 큰 서원의 힘을 일으키지 않았기 때문임을 비유하였다.

복덕의 힘이 없음은 바로 큰 서원의 힘이 없었기 때문이다.

(5) 맹인은 보배를 볼 수 없다는 비유는 세간에서 벗어남을 추구하지 않아서 보살의 선근을 함께하지 못한 때문임을 비유하였다.

눈이 없으면 보배를 볼 수 없다는 것은 보살의 선근을 함께한 바가 없었기 때문이다.

(6) 해맑은 눈은 가림이 없다는 비유는 본래 모든 보살의 눈으로 아는 바의 경계를 얻지 못한 때문임을 비유하였다.

이는 다시 많은 사람이 보지 못함을 비유하였다. 이승은 청정한 눈으로 보는 경계를 볼 수 없기 때문임을 비유하였다.

(7) 모든 곳이 선정삼매의 경계라는 비유는 본래 불국토를 장엄 청정하는 신통 지혜를 얻지 못한 때문임을 비유하였다. 청색 등 누부 청정함은 바로 청정 국토이다.

(8) 바르면 몸이 보이지 않는 미묘한 약의 비유는 본래 여래 출세간의 모든 선근을 성취하지 못한 때문임을 비유하였다. 몸이 보이지 않는 약은 바로 출세간의 선근이다.

(9) 사람이 태어나면 두 하늘이 따르는 비유는 본래 일체 지혜

의 모든 선근을 닦지 못한 때문임을 비유하였다.

2가지 하늘이 사람을 보는 것은 바로 일체 지혜이며, 사람이 하늘을 보지 못한 까닭에 이 일체 지혜가 없다.

⑽ 멸진정에 들어 6근이 행하지 않는 비유는 본래 생사의 유전에 있을 적에 중생에게 가장 수승한 큰 지혜의 눈을 추구하도록 권면하지 않았기 때문임을 비유하였다.

6식이 행하지 않으니 어찌 안근이 있다 하겠는가. 이 때문에 6경에 모두 보거나 알지 못한 것이다. 따라서 10가지의 비유는 앞의 10가지 원인을 상대하여 문장이 매우 뚜렷하다. 이치대로 생각하도록 해야 한다.】

第二 喩 竟하다

2) 비유를 끝마치다.

第三 徵以結成

3) 묻고 끝맺다

經

何以故오

如來境界 甚深廣大며 難見難知며 難測難量이며 超諸世間이며 不可思議며 無能壞者며 非是一切二乘境界일세 是故 如來의 自在神力과 菩薩衆會와 及逝多林이 普徧

一切淸淨世界한 **如是等事**를 **諸大聲聞**이 **悉不知見**이니 **非其器故**니라

무엇 때문일까?

여래의 경계는 매우 깊고 광대하며, 보기 어렵고 알기 어려우며, 측량하기 어렵고 헤아리기 어려우며, 모든 세간을 초월하며, 불가사의하며, 파괴할 이가 없으며, 일체 이승의 경계가 아니다.

이 때문에 여래의 자재하신 신통력, 보살 대중의 모임, 서다림이 일체 청정한 세계에 두루 존재하는, 이러한 일들을 여러 성문은 모두 알고 보지 못한다. 그 그릇이 아니기 때문이다.

● 疏 ●

文有十句하야 結前十喩니 唯第七·八 爲順前合일세 故有前却이오 餘皆如次니라【鈔_ '餘皆如次'者는
一 如來境界甚深은 結鬼對恒河喩오
二 廣大는 結夢遊天宮喩오
三 難見은 結愚對雪山喩오
四 難知는 結伏藏難知喩오
五 難測은 結盲不見寶喩오
六 難量은 結淨眼無障喩오
七 超諸世間은 結徧處定境喩오
八 不可思議는 結妙藥翳形喩오
九 無能壞者는 結二天隨人喩오

十非是一切二乘境界는 結滅定不行喻라

六根作業이 皆不行故니라 其間文意 極相順故니라】

　　경문의 10구는 앞의 10가지 비유를 끝맺음이다. 오직 (7)·(8) 앞의 비유에 종합하여 차례를 따른 까닭에 앞뒤의 순서가 바뀌었고, 나머지는 모두 차례와 같다.【초_ "나머지는 모두 차례와 같다."는 것은 아래와 같다.

　　① 如來境界甚深은 (1) 아귀가 항하를 마주하고도 마시지 못한다는 비유를 끝맺음이며,

　　② 廣大는 (2) 꿈속에 제석천궁을 본 자와 보지 못한 이가 서로 마주한다는 비유를 끝맺음이며,

　　③ 難見은 (3) 어리석은 이는 설산의 약초를 마주하고서 모른다는 비유를 끝맺음이며,

　　④ 難知는 (4) 묻혀 있는 보물을 찾기 어렵다는 비유를 끝맺음이며,

　　⑤ 難測은 (5) 맹인은 보배를 볼 수 없다는 비유를 끝맺음이며,

　　⑥ 難量은 (6) 해맑은 눈은 가림이 없다는 비유를 끝맺음이며,

　　⑦ 超諸世間은 (7) 모든 곳이 선정삼매의 경계라는 비유를 끝맺음이며,

　　⑧ 不可思議는 (8) 바르면 몸이 보이지 않는 미묘한 약의 비유를 끝맺음이며,

　　⑨ 無能壞者는 (9) 사람이 태어나면 두 하늘이 따르는 비유를 끝맺음이며,

⑩ 非是一切二乘境界는 ⑩ 멸진정에 들어 6근이 행하지 않는 비유를 끝맺음이다.

6근으로 짓는 업이 모두 행하지 않기 때문이다. 그 사이의 문장 의의는 매우 서로 따르기 때문이다.】

上來法喩는 廣顯聲聞不見聞等이라
問般若經에 明聲聞若智若斷이 皆是菩薩無生法忍이니 若是其忍인댄 何以上文에 皆言無菩薩德耶아 又文殊巡行經中에 五百聲聞이 聞而不信이라하고 法華에 不輕이 亦令其聞이어늘 何得此中에 不令聞耶아
答爲顯不共故니라 故智論에 明般若 有共不共이니 指此不思議經이 不共二乘說故니라【鈔_ '問般若'下는 申難也라 引於三經이나 而有二難이니 一은 引大品하야 難無現緣이라 言 '若智若斷'者는 彼經에 具云 '須陀洹 若智若斷은 皆菩薩無生法忍이오 斯陀含 若智若斷은 皆是菩薩無生法忍이오 阿那含 若智若斷은 皆是菩薩無生法忍이오 阿羅漢과 辟支佛은 皆別之로되 若智若斷은 皆是菩薩無生法忍이라 下 結難은 可知니라
又 '文殊巡行經'下는 後引二經은 不令聞이니 今此一經은 畧以義引耳라 若具引者인댄 名'文殊師利巡行經'이니 以說文殊徧巡五百比丘房할새 皆見寂定하고 因以爲名하다
最後는 難舍利弗하야 以顯甚深般若라
問舍利弗言호되 '我時見汝獨處一房호되 結跏趺坐하고 折伏其身하나니 汝爲當坐禪耶아 不耶아

答云 坐니라

難云 爲欲令未斷者斷故로 坐禪耶等이라

因此廣顯性空無得之理니라

時에 五百比丘 從座而起하야 於世尊前에 高聲唱言호되 從今已去로 更不須見文殊身이오 不須聞其名字라 如是方處를 速應捨離하라 所有文殊一切住處를 亦莫趣向이니라 所以者何오 文殊煩惱解脫이 一相說故得일세니라

舍利弗이 令文殊로 爲決了러니

文殊言호되 實無文殊而可得故니라 若實無文殊可得者는 彼亦不可見等이라하야 廣爲說法이러니

四百比丘 漏盡得果하고 一百은 更謗이라가 陷入地獄이러니 後還得道하니 廣如彼說이라 故云 五百比丘 聞而不信이라하니 意云 何以此會에 不令其聞而不信耶아

法華不輕 亦令其聞者는 引意同前이라 卽第六經 常不輕品에 不輕이 徧禮四衆하고 云 我不輕汝等이라 汝等이 行菩薩道면 當作佛하리라 卽宣一切衆生 皆有佛性과 如來知見平等之理하야 爲令聞也라 衆人이 或以杖木瓦石而打擲之어늘 復於千劫에 入阿鼻地獄하야 受大苦惱하고 從地獄出하야 還遇常不輕敎化하니 卽跋陀婆羅等菩薩이라 卽二經之中에 皆令其聞이오 一時之謗이라도 後皆成益이어늘 今何不爾오 答이라 爲顯不共下 第三會釋이니 於中有五하니 一은 顯不共般若니 不共般若는 已如前引이오 若準天台意면 前以通敎로 難於圓別이어니와 今以圓別로 揀異於通이라】

위의 법과 비유는 성문으로서는 보거나 들을 수 없다는 등을 자세히 밝혔다.

물었다.

"반야경에서는 성문의 지혜와 결단이 모두 보살의 無生法忍이라 밝혔다. 만약 그 말처럼 무생법인이라면 어떻게 위의 경문에서 모두 보살의 공덕이 없다고 말할 수 있는가?

또한 문수순행경에서는 '5백 성문이 듣고서도 믿지 않는다.'고 하였고,

법화경에서는 불경보살 또한 그들로 하여금 듣도록 했는데, 어떻게 여기에서는 듣지 못하도록 하였는가?"

답하였다.

"그 누구도 함께할 수 없는 여래의 공덕을 밝히기 위한 까닭이다.

따라서 지도론에서는 함께할 수 있는 반야와 함께할 수 없는 반야가 있음을 밝혔다. 이는 부사의경에서 이승과 함께할 수 없음을 말하였기 때문이다."【초_ "물었다. 반야경에서는" 이하는 거듭 논란함이다. 세 경전을 인용했으나 2가지 논란이 있다.

첫째는 대품경을 인용하여, 현재의 반연이 없음을 논란하였다. '若智若斷'이라 말한 것은 대품경에 구체적으로 말하고 있다.

"수다원의 지혜와 결단은 모두 보살의 무생법인이며,

사다함의 지혜와 결단은 모두 보살의 무생법인이며,

아나함의 지혜와 결단은 모두 보살의 무생법인이며,

아라한과 벽지불은 모두 차별이 있지만 지혜와 결단은 모두 보살의 무생법인이다."

이하는 논란을 끝맺음임을 말하지 않아도 알 수 있다.

또한 '문수순행경' 이하는 뒤에 두 경전을 인용함은 듣지 못하도록 함이다. 여기에서 말한 '문수순행경'은 간략하게 그 뜻을 간추려 인용한 경전의 명칭이다. 만약 이를 구체적으로 인용한다면 '문수사리순행경'이라고 말했어야 한다. 문수보살이 5백 비구의 방을 두루 순행할 적에 모두 寂定에 있는 것을 보았다고 말한 까닭에 이를 계기로 경전의 명칭을 삼은 것이다.

맨 끝은 사리불에게 논란하여, 매우 심오한 반야를 밝혔다.

사리불에게 물었다.

"내가 그 당시 그대가 홀로 하나의 방에 머물고 있는 것을 살펴보니 가부좌를 하고 그 몸을 折伏하였다. 그대는 좌선을 한 것인가?"

"좌선하였다."

다시 따져 물었다.

"끊지 못한 것을 끊기 위해 좌선을 하는가?"

등이다. 이로 인하여 성품은 공하여 얻을 게 없는 이치임을 자세히 밝혀주었다.

그러자 그 당시에 5백 비구가 자리에서 일어나 세존 앞에서 큰 소리로 외쳤다.

"오늘 이후로 다시는 문수의 몸을 보지 않을 것이며, 그의 이름자도 듣지 않을 것입니다. 이 자리에서 속히 떠나도록 하십시오. 문수가 있는 그 모든 곳을 또한 찾아가지 않을 것입니다.

무엇 때문인가?

문수의 번뇌 해탈이 一相을 말한 까닭에 그런 것입니다."

사리불이 문수보살로 하여금 그들의 의혹을 결정해 주도록 하자,

문수보살이 말하였다.

"실로 문수로서 얻을 게 없기 때문이다. 실로 문수로서 얻을 게 없는 것을 그들 또한 볼 수 없다."

등등을 말하여 자세히 설법해 주었다. 4백 비구는 번뇌가 다하여 佛果를 얻었고, 1백 비구는 다시 험담을 하다가 지옥에 떨어졌는데, 훗날 다시 득도하였다. 자세히 문수보살이 말한 바와 같다. 이 때문에 "5백 비구가 듣고서도 믿지 않았다."고 말한다. 그것은 "어찌하여 이 법회에 그들이 듣도록 하지 않아서 믿지 못하게 하는가?"라는 뜻이다.

'法華不輕 亦令其聞'이란 인용한 뜻이 앞서 말한 바와 같다. 이는 제6經 常不輕品에서 말한 바와 같다.

불경보살이 사부대중에게 두루 절을 하고 말하였다.

"나 불경이 바로 그대들이다. 그대들이 보살의 도를 행하면 당연히 부처가 될 것이다."

그가 바로 일체중생이 모두 불성이 있다는 것과 여래의 지견이 평등하다는 이치를 연설하여 그들에게 들려주자, 대중들은 혹

몽둥이와 기왓장을 들어 던졌다. 그들은 다시 천겁 동안 아비지옥에 들어가 큰 고뇌를 받고 지옥에서 나와서 다시 불경보살의 교화를 받았다. 그들이 바로 발타바라보살 등이다.

위에서 인용한 두 경문에서 모두 그들에게 법문을 들도록 마련해 줌을 말한다. 듣기만 하면 일시의 비방으로도 훗날 모두 이익을 성취하는데, 지금 어찌하여 듣지 않는가.

이에 대해 답하였다.

'爲顯不共' 이하는 제3의 회통 해석이다. 그 가운데 5가지가 있다.

첫째는 그 누구도 함께할 수 없는 반야를 밝혔다. 그 누구도 함께할 수 없는 반야는 이미 앞에서 인용한 바와 같다. 만약 천태지자의 뜻에 준하여 살펴보면, 앞에서는 通敎로써 圓·別을 논란하였지만, 여기에서는 圓·別로써 通敎와 다름을 구별한 것이다.】

又大聖化儀 其類不等하니
或令聞不信하야 以爲遠種이니 如上所引이오
或以威力으로 令其出會니 如法華中 五千拂席이오
或令在會라도 使其不聞이니 卽如今經이라
然法華는 漸敎之終이라 將收敗種일세 故加令其去하야 篤勵在會하야 使其信受어니와 此經은 頓敎之始라 爲顯深勝이라 留使不聞하야 令諸後學으로 修見聞種이라【鈔_ '法華是漸者는 化儀漸故로 先說三乘하야 引導衆生하고 然後에 但以大乘而度脫之일세 故云漸也니 非法門爲漸이라

【'將收敗種'者는 義如前引이니 謂二乘結斷이 如根敗土오 無利五欲은 如燋穀子하야 不能生芽니 卽昔敎意어늘 今至法華하야 三根聲聞이 皆得記別하야 不在此會로되 亦爲宣陳은 則燋穀生芽오 盲聾視聽이오 死屍再起오 寒灰重熱이어늘 而言將收者는 當未廣說하고 先且斥之하야 使在會者로 自欣多幸일새 故云激勵니라 是以로 經云 '此衆無枝葉이오 唯有諸眞實'이라 故彼疏中에 云 '繁柯旣亡이면 則貞幹存焉'이라 廣說之後에 方復收之라 故不在會라도 亦合爲說이라'

'此經 頓敎之始'者는 初成頓說故로 未有滯權이오 不須引斥하고 直彰不共하야 顯法難思니 在會不聞은 由無因種이나 若修因種이면 於何不聞가 故云令修見聞種也니라】

또한 대성자의 교화 위의는 그 종류가 똑같지 않다.

혹은 하여금 듣고서도 믿지 않음으로써 먼 훗날의 종자를 삼게 함이다. 이는 위에 인용한 바와 같다.

혹은 위력으로써 그를 법회에 나오도록 함이다. 법화경에서 말한 5천 명의 자리를 펼쳐놓음과 같다.

혹은 법회에 있으면서도 그들이 듣지 못함이다. 이는 여기에서 말한 경문과 같다.

그러나 법화경은 漸敎의 끝이다. 장차 敗種(성문과 연각 이승을 초목의 썩은 종자에 비유하여 이르는 말)을 거둬 받아들이기 때문에 더욱 그들로 하여금 법회에 찾아가도록 독려하여, 그들이 믿고 받아들이도록 한 것이지만, 이 화엄경은 頓敎의 시작이다. 매우 수승함을 밝힌 까닭에 그들을 듣지 못한 그대로 남겨 둔 채, 모든 후학으로 하여금 보고 듣는 종자를 닦도록 함이다.【초_ "법화경은 점교"라 말한 것은 교화 위의가 점교이기에 먼저 三乘을 말하여 중생을 인도하고, 그 후에 대승으로 제도하여 해탈시키는 것이다. 이 때문에 '점교'라 말한 것이지, 법문이 점교라는 것은 아니다.

'將收敗種'에 관한 뜻은 앞에서 인용한 바와 같다. 성문과 연각의 결단이 마치 썩은 흙에 뿌리를 내리는 것과 같고, 아무런 이익이 없는 5욕은 볶은 씨앗과 같아서 새싹이 트지 못한다. 이는 옛적에 가르침의 뜻인데 이 법화경에 이르러서는 三根의 성문이 모두 기별을 얻어 이 법회에 있지 않지만 또한 그들을 위하여 말해주는 것은 볶은 씨앗에서 새싹이 돋아나고, 봉사와 귀머거리가 보고 들으며, 주검이 다시 일어서고, 꺼진 재가 다시 불이 붙은 것이다.

그럼에도 "장차 거둬 받아들인다."고 말한 것은 그 당시 자세히 설법하지 않았고, 먼저 또한 그들을 배척하여, 법회에 있는 이들로 하여금 스스로가 다행임을 기뻐하도록 하고자 이를 '격려'라고 말한다.

이 때문에 경문에 이르기를, "이 대중은 가지와 잎이 없고, 오직 모든 진실만이 있을 뿐이다."고 하였다. 그 청량소에서 다음과 같이 말하였다.

"쓸모없는 곁가지가 사라지면, 바른 줄기만 남는다. 자세히 설법한 후에 비로소 그들을 다시 거둬들이는 것이다. 이 때문에 법회에 있지 않을지라도 또한 당연히 그들을 위해 설법해야 한다."

"이 화엄경은 頓敎의 시작"이란 처음으로 頓說을 완성했기 때문에 방편의 權敎에 막힘이 없고, 굳이 끌어오거나 배척할 게 없다. 직접 그 누구도 함께할 수 없는 佛果를 밝혀 불가사의한 법을 밝힌 것이다. 법회에 있으면서도 듣지 못함은 원인의 종성이 없는 데서 연유한 것이지만, 만약 원인의 종성을 닦으면 그 무엇인들 듣지 못할 턱이 있겠는가. 이 때문에 보고 듣는 종성을 닦도록 하는 것이다.】

又復大乘이 該於小乘이면 則其智斷이 皆是菩薩法忍이어니와 小智不知大智일세 故此云'於有無諦에 作決定解하야 不見不聞이라'하나니라【鈔_ 小乘은 猶於百川이니 不攝大海어니와 大乘은 猶如大海니 必攝百川이라】

또한 대승이 소승을 갖추면 그 지혜의 결단이 모두 보살법인이지만, 작은 지혜는 큰 지혜를 알지 못하기에 여기에서 이르기를, "有諦·無諦에 결정된 견해를 지녔기에 보지도 못하고 듣지도 못한다."고 말하였다.【초_ 소승은 강물과 같아서 큰 바다를 받아들이지 못하지만, 대승은 큰 바다와 같아서 반드시 모든 강물을 받아들인다.】

又若已開顯인댄 卽權爲實漸이라 故法華云'汝等所行이 是菩薩道'라하거니와 若權實相對면 則如聾盲이니 非其器故니라 其猶黎庶로 以對於王이면 貴賤懸隔이어니와 以王收人이면 則率土之內莫非王人이라 是以로 若約普收면 卽一切衆生이 無不具有如來智慧은 況於二乘 無漏因果아 若挍優劣이면 則權敎에 久行菩薩도 尙不信

聞이온 況於二乘이며 二乘上首도 尙如聾盲이온 況凡夫外道아 旣非其器면 本不合列이어늘 爲顯法勝하야 大權菩薩이 示爲聾盲이니 是知聾盲이 於勝有力하야 能顯勝故니라 勝劣相望하고 力用交徹하야 成大緣起일새 方是深玄이라

또한 만약 이미 밝힌 것으로 말하면, 곧 방편의 권교는 실상의 漸敎가 되기에 법화경에서는 "그대들이 행한 바가 보살의 도이다."고 말했지만, 권교와 실교를 상대로 말하면, 귀머거리와 맹인과 같다. 그 그릇이 아니기 때문이다.

그것은 마치 백성으로 왕에 상대하여 말하면 귀천의 차이가 현격하지만, 왕의 입장에서 백성을 거둬들이는 것으로 말하면 온 누리의 안에 있는 백성은 왕의 신하 아닌 자가 없음과 같다. 이 때문에 만약 널리 거둬들이는 것으로 말하면, 일체중생이 여래의 지혜를 지니지 않은 이가 없다. 하물며 무루인과를 얻은 이승이야 오죽하겠는가.

만일 우열을 헤아려보면, 권교의 오랜 수행을 거친 보살도 오히려 믿고 듣지 못하는데, 하물며 이승이야.

이승의 상수보살도 오히려 귀머거리와 맹인과 같은데 하물며 범부와 외도야.

이미 그 법 그릇이 아니면 본래 함께 나열할 수 없는 법인데, 법의 수승함을 밝히기 위하여 大權菩薩을 귀머거리와 맹인이라 말함을 보여준 것이다. 이로 인하여 알 수 있는 것은, 귀머거리와 맹인이 수승함에 힘이 있어 수승함을 나타낸 때문이다. 수승함과

용렬함이 서로 대조가 되고, 힘의 작용이 서로 통하여 큰 緣起를 성취하기에 바야흐로 법이 심오하고 현묘하다.

● 論 ●

'佛子如恒河岸有百億無量餓鬼'已下로 至'諸大聲聞悉不知見非其器故'히 有七十四行半經은 有十種喩하야 比聲聞이 無有廣大菩提善根일새 在於會中호되 不知不見如來自在分이라
其所有十喩는 經文自明하니 如是聲聞이 示同不聞不見如來變化神力境界와 菩薩海衆하야 令諸實是聲聞으로 廻心種如來大願大智大慈悲하야 常處生死하야 廣利衆生故니라

'佛子如恒河岸有百億無量餓鬼' 이하로부터 '諸大聲聞悉不知見非其器故'까지 74행 반의 경문에는 10가지 비유가 있다. 성문이 광대한 보살의 선근이 없기에 법회 속에 있으면서도 여래의 자재한 신통변화를 알지도 못하고 보지도 못함을 비유한 부분이다.

그 10가지 비유는 경문에 그 뜻이 나름 분명하다.

이와 같은 성문이 여래의 변화 신통력의 경계와 보살 대중을 듣지도 못하고 보지도 못함을 보여서, 모든 '참다운 성문[實是聲聞]'으로 하여금 마음을 돌려서 여래의 큰 서원, 큰 지혜, 큰 자비의 종자를 심어서 언제나 생사에 머물면서 널리 중생에게 이익을 베풀도록 한 때문이다.

第五 擧失顯得分 竟하다

제5. 잘못을 들추어 잘함을 밝힌 부분을 끝마치다.

大文 第六 偈頌讚德分

旣至詠德하야 顯所證故니라

文中에 十方菩薩이 卽爲十段이니

初二는 讚道場三昧等用이오 餘八은 通讚佛德이라

今初는 東方이니 總讚一會라

제6. 게송으로 공덕을 찬탄한 부분

이미 공덕을 읊음에 이르러 증득한 바를 밝힌 때문이다.

경문의 시방 보살이 바로 10단락이다.

처음 2단락은 도량과 삼매 등의 작용을 찬탄하였고,

나머지 8단락은 부처의 공덕을 전체로 찬탄하였다.

1. 동방 비로자나원광명보살 게송

하나의 법회를 총괄하여 찬탄하였다.

經

爾時에 毘盧遮那願光明菩薩이 承佛神力하사 觀察十方하고 而說頌言하사대

그때, 비로자나원광명보살이 부처님의 위신력을 받들어 시방을 살펴보고 게송으로 말하였다.

汝等應觀察　　　　　　佛道不思議하라
於此逝多林에　　　　　　示現神通力이로다

　　그대들은 살펴보라
　　불가사의한 부처님의 도를
　　이 서다림에서
　　신통력 보이셨어라

● 疏 ●

十頌은 分二니
初는 總이오 餘는 別이라

　　10수 게송은 2단락으로 나뉜다.
　　첫 게송은 총상이고, 나머지 9수 게송은 별상이다.

經

善逝威神力으로　　　　　所現無央數라
一切諸世間이　　　　　　迷惑不能了로다

　　잘 가신 이여, 위력과 신통으로
　　나타내신 변화 끝없으련만
　　일체 세간 중생이
　　혼미하여 이를 알지 못하여라

法王深妙法이　　　　　　無量難思議라

所現諸神通을 　　擧世莫能測이로다
　　법왕의 깊고 미묘한 법
　　한량없고 헤아릴 수 없어
　　나타내신 그 모든 신통을
　　온 세간 중생 아는 이 없어라

以了法無相일세 　　是故名爲佛이나
而具相莊嚴하니 　　稱揚不可盡이로다
　　법이 모양 없음 깨달았기에
　　그 이름 부처라 하거니와
　　장엄한 몸매 갖추시어
　　뭐라 칭찬할 수 없어라

今於此林內에 　　示現大神力이
甚深無有邊하야 　　言辭莫能辯이로다
　　지금 이 서다림 속에
　　큰 신통력 보이시는 일
　　끝없이 깊고 깊어
　　말로 다할 수 없어라

◉ 疏 ◉

別中亦二니

前四는 歎佛이라

於中에 初二는 歎內德이니 一廣, 二深이오

次一은 歎內外無礙오

後一은 結成今用이라

개별 가운데 또한 2단락이다.

앞의 4수 게송은 부처의 공덕을 찬탄함이다.

그 가운데 첫 2수 게송은 내면의 공덕을 찬탄하였는데, 제1게송은 광대함을, 제2게송은 심오함을 찬탄하였다.

제3게송은 안팎에 걸림이 없음을 찬탄하였고,

제4게송은 여기에서의 작용을 끝맺었다.

經

汝觀大威德　　　無量菩薩衆하라
十方諸國土에　　而來見世尊이로다

그대들은 보라, 큰 위덕을 갖춘

한량없는 보살 대중을

시방의 많은 국토에서

세존 친견코자 찾아왔노라

所願皆具足하며　　所行無障礙하니
一切諸世間이　　　無能測量者로다

원하는 바 모두 구족하고

행하는 바 장애 없나니
　　일체 모든 세간 중생이
　　아무도 헤아릴 자 없어라

一切諸緣覺과　　　　　　及彼大聲聞은
皆悉不能知　　　　　　　菩薩行境界로다
　　일체 수많은 연각
　　그리고 큰 성문으로서는
　　모두가 알지 못하네
　　보살이 행한 경계를

菩薩大智慧　　　　　　　諸地悉究竟하고
高建勇猛幢하니　　　　　難摧難可動이로다
　　보살의 큰 지혜
　　모든 지위 끝까지 마치고
　　용맹한 당기 높이 세우니
　　꺾을 수도 흔들 수도 없어라

諸大名稱士의　　　　　　無量三昧力으로
所現諸神變이　　　　　　法界悉充滿이로다
　　명성 널리 알려진 보살
　　한량없는 삼매의 힘으로

나타내는 신통과 변화

법계에 온통 충만하여라

● 疏 ●

後五는 歎菩薩이니

一은 總顯雲集이오 二는 願行深이오 三은 超下位오 四는 智地高오 五는 定用廣이라

뒤의 5수 게송은 보살을 찬탄함이다.
제1게송은 보살의 운집을 총괄하여 밝혔고,
제2게송은 원행이 깊음을,
제3게송은 下位에서 벗어남을,
제4게송은 지혜와 지위가 드높음을,
제5게송은 선정 작용이 광대함을 밝혔다.

第二 南方

唯歎菩薩이나 然旣結歸佛力이니 亦爲歎佛이라

2. 남방 불가괴정진왕보살 게송

오직 보살을 찬탄하고 있으나, 이미 부처의 힘으로 귀결 지었다. 이 또한 부처에 대한 찬탄이다.

經

爾時에 不可壞精進王菩薩이 承佛神力하사 觀察十方하고 而說頌言하사대

    그때, 불가괴정진왕보살이 부처님 신통력을 받들어 시방을 살펴보고 게송으로 말하였다.

汝觀諸佛子하라 　　　智慧功德藏과
究竟菩提行으로 　　　安穩諸世間이로다

    그대들은 모든 불자를 보라
    지혜와 공덕의 법장
    최상의 보리행으로
    온 세간 중생 편안케 하였노라

其心本明達하야 　　　善入諸三昧하며
智慧無邊際하니 　　　境界不可量이로다

    그 마음 본래 밝게 통달하여
    모든 삼매에 잘 들어가
    지혜는 끝이 없고
    경계는 헤아릴 길 없어라

◉ 疏 ◉

十頌은 分五니 初二는 令觀內德이니 於中에 初偈는 二嚴究竟이오

後偈는 定智廣深이라

　　10수 게송은 5단락으로 나뉜다.

　　첫 2수 게송은 내면의 공덕을 보도록 함이다.

　　2수 게송 가운데 첫 게송은 복덕과 지혜 장엄의 마지막 경계이며,

　　뒤의 게송은 선정과 지혜가 광대하고 심오함이다.

經

今此逝多林이　　　　　種種皆嚴飾하니
菩薩衆雲集하야　　　　親近如來住로다

　　지금 이 서다림이

　　가지가지 모두 장엄하니

　　보살 대중 구름처럼 모여

　　여래 가까이 모셨어라

汝觀無所着인　　　　　無量大衆海하라
十方來詣此하야　　　　坐寶蓮華座로다

　　그대들은 보라, 집착한 바 없는

　　한량없는 대중들을

　　시방에서 이곳 찾아와

　　연꽃 법좌 앉았노라

● 疏 ●

次二는 示其集處니라

다음 2수 게송은 보살이 운집한 곳을 보여줌이다.

經

無來亦無住하며　　無依無戲論하며
離垢心無礙하야　　究竟於法界로다

　　온 데도 없고 머무름도 없으며
　　의지함도 없고 희론도 없으며
　　때를 여읜 마음 걸림이 없어
　　법계의 끝까지 다하였어라

建立智慧幢하야　　堅固不動搖하며
知無變化法호되　　而現變化事로다

　　지혜의 당기 높이 세워
　　흔들림 없이 든든하고
　　변화 없는 법 알지만
　　변화의 일 나타내노라

十方無量刹　　　　一切諸佛所에
同時悉往詣호되　　而亦不分身이로다

　　시방의 한량없는 세계

일체 부처님 계신 도량
한꺼번에 모두 찾아가지만
또한 분신 아니어라

◉ 疏 ◉

次三은 明寂用無礙니
初一偈半은 卽寂이오
後一偈半은 起用이라

다음 3수 게송은 空寂과 작용에 걸림이 없음을 밝혔다.
첫 1수 반의 게송은 공적이고,
뒤의 1수 반 게송은 작용을 일으킴이다.

經

汝觀釋師子의　　　自在神通力하라
能令菩薩衆으로　　一切俱來集이로다

　그대들은 보라, 석가 사자의
　자재하신 신통력을
　보살 대중 일체가
　모두 여기 모이도록 하였어라

◉ 疏 ◉

次一은 結歸佛力이라

다음 1수 게송은 부처의 신통력에 귀결 지었다.

經

一切諸佛法이 　　　　　法界悉平等호되
言說故不同을 　　　　　此衆咸通達이로다

일체 모든 불법이
법계에 모두 평등하지만
언어로 말한 까닭에 똑같지 않음을
이 대중이 모두 통달하였어라

諸佛常安住 　　　　　法界平等際나
演說差別法에 　　　　　言辭無有盡이로다

모든 부처님 언제나 안주하심이
법계에 평등하지만
차별의 법 연설하심에
그 말씀 그지없어라

疏

後二는 結其德廣이니 同諸佛故일세니라

뒤의 2수 게송은 그 광대한 공덕을 끝맺었다. 제불과 같기 때문이다.

第三 西方

下는 唯歎佛德이라 然雖通諸德이나 隨多顯名이니 今此는 歎智用應時德이라

3. 서방 보승무상위덕왕보살 게송

이하는 오직 부처의 공덕만을 찬탄하였다.

그러나 비록 모든 공덕에 통하지만 많은 부분을 따라 그 이름을 나타냈다.

여기에서는 지혜 작용으로 때에 맞춰 감응하는 공덕을 찬탄하였다.

經

爾時에 普勝無上威德王菩薩이 承佛神力하사 觀察十方하고 而說頌言하사대

그때, 보승무상위덕왕보살이 부처님의 위신력을 받들어 시방을 살펴보고 게송으로 말하였다.

汝觀無上士의　　　廣大智圓滿하라
善達時非時하야　　爲衆演說法이로다

그대들은 보라, 위가 없는 부처님의
광대한 지혜, 원만함을
때인지 때가 아닌지 잘 알고서

대중 위해 법문 연설하셨어라

摧伏衆外道와　　　　　**一切諸異論**하고
普隨衆生心하야　　　　**爲現神通力**이로다

　모든 외도와
　일체 희론 꺾어 굴복시키고
　널리 중생의 마음 따라
　신통력 나타냈노라

正覺非有量이며　　　　**亦復非無量**이니
若量若無量을　　　　　**牟尼悉超越**이로다

　바른 깨달음 한량없고
　또한 한량없는 것도 아니다
　한량이 있음과 없음을
　석가모니시여, 모두 초월하였노라

● 疏 ●

十頌은 分二니

初三은 法說이니

一은 內德이오 二는 外用이오 三은 總結離言이라

　10수 게송은 2단락으로 나뉜다.
　첫 3수 게송은 법으로 말하였다.

제1게송은 내면의 공덕이고,
제2게송은 외면의 작용이며,
제3게송은 언어를 초월함을 총체로 끝맺었다.

經

如日在虛空에　　　照臨一切處인달하야
佛智亦如是하야　　了達三世法이로다

　태양이 허공에 높이 떠
　모든 곳을 비춰주듯
　부처님 지혜 그와 같아
　삼세 법 통달하였어라

譬如十五夜에　　　月輪無減缺인달하야
如來亦復然하야　　白法悉圓滿이로다

　15야 보름달이
　조금도 이지러짐 없듯이
　여래 또한 그와 같아
　정정한 법이 모두 원만하여라

譬如空中日이　　　運行無暫已인달하야
如來亦如是하야　　神變恒相續이로다

　비유하면 허공의 태양이

잠시도 멈추지 않고 운행하듯이
　　여래 또한 그와 같아
　　신통변화 언제나 계속되어라

譬如十方刹이　　　　　於空無所礙인달하야
世燈現變化도　　　　　於世亦復然이로다
　　비유하면 시방세계
　　허공에 걸림 없듯이
　　세간 등불 부처님 변화도
　　세간에 또한 그와 같아라

譬如世間地　　　　　　群生之所依인달하야
照世燈法輪도　　　　　爲依亦如是로다
　　비유하면 세간 땅덩이
　　모든 생물 의지하듯이
　　세간 비춰주신 부처의 등불
　　법륜을 의지함 또한 그와 같아라

譬如猛疾風이　　　　　所行無障礙인달하야
佛法亦如是하야　　　　速徧於世間이로다
　　마치 사나운 바람
　　거침없이 불어대듯이

부처님 법 그와 같아

세간에 빠르게 두루 하네

譬如大水輪이　　　　　世界所依住인달하야
智慧輪亦爾하야　　　　三世佛所依로다

마치 큰 수륜을

세계가 의지하듯이

지혜 바퀴도 그와 같아

삼세 부처님 의지한 바라네

● 疏 ●

後七은 喩顯이니 一은 喩前廣大오 二는 喩圓滿이오 三·四는 喩現通이니 一은 長時오 二는 無礙라 五는 喩演法이오 六은 喩摧邪오 七은 總喩前德諸佛同依라

뒤의 7수 게송은 비유로 밝혔다.

제1게송은 앞의 광대함을 비유하였고,

제2게송은 원만함을 비유하였고,

제3, 4게송은 신통을 나타냄을 비유하였나. 세3세송은 오랜 시간을, 제4게송은 장애가 없음을 비유하였다.

제5게송은 법문 연설을 비유하였고,

제6게송은 삿된 마군을 꺾음을 비유하였고,

제7게송은 앞의 공덕이 제불이 모두 의지함임을 총괄하여 비

유하였다.

第四 北方
十偈는 九喻니 歎三德深廣이라

4. 북방 무애승장왕보살 게송

10수 게송은 9가지 비유이다. 3업의 공덕이 심오하고 광대함을 찬탄하였다.

經

爾時에 **無礙勝藏王菩薩**이 **承佛神力**하사 **觀察十方**하고 **而說頌言**하사대

그때, 무애승장왕보살이 부처님의 위신력을 받들어 시방을 살펴보고 게송으로 말하였다.

譬如大寶山이	饒益諸含識인달하야
佛山亦如是하야	普益於世間이로다

비유하면 큰 보배 산이
많은 중생 이익 주듯이
부처님 지혜 그와 같아
세간 중생 널리 이익 베풀어라

譬如大海水 澄淨無垢濁인달하야
見佛亦如是하야 能除諸渴愛로다

    비유하면 큰 바닷물이
    청정하고 때 없듯이
    부처님을 친견함도 그와 같아
    목마른 애정 없애주어라

譬如須彌山이 出於大海中인달하야
世間燈亦爾하야 從於法海出이로다

    비유하면 수미산이
    큰 바다에 우뚝 솟듯이
    세간 등불 그와 같아
    법 바다에 우뚝하여라

如海具衆寶에 求者皆滿足인달하야
無師智亦然하야 見者悉開悟로다

    마치 바다에 많은 보배 있어
    구하는 이 모두 만족하듯이
    스승 없이 얻은 지혜 그와 같아
    보는 이마다 모두 깨달음 얻어라

如來甚深智 無量無有數일세

是故神通力으로　　　**示現難思議**로다

여래의 깊고 깊은 지혜
한량없고 헤아릴 수 없어라
이 때문에 신통력으로
나타내는 일 불가사의여라

● 疏 ●

於中二니
前五偈 四喩는 內德이니 一恩이오 二斷이며 次三喩는 喩智니 前一은 高遠이오 次二는 深廣이라

이는 2단락이다.
앞의 5수 게송 4가지 비유는 내면의 공덕을 비유하였다.
제1게송은 은덕을,
제2게송은 단절을 비유하였고,
다음 3수 게송의 비유는 지혜를 비유하였다.
제3게송은 지혜의 높고 원대함을,
다음 2수 게송은 지혜의 깊고 광대함을 비유하였다.

經

譬如工幻師　　　　**示現種種事**인달하야
佛智亦如是하야　　**現諸自在力**이로다

비유하면 뛰어난 요술쟁이가

가지가지 요술 나타내듯이
　　부처의 지혜 그와 같아
　　자재한 힘 보여주노라

譬如如意寶　　　　　能滿一切欲인달하야
最勝亦復然하야　　　滿諸淸淨願이로다
　　비유하면 여의주 보배
　　모든 이 욕구 채워주듯이
　　가장 훌륭한 이 그와 같아
　　청정한 소원을 채워주어라

譬如明淨寶　　　　　普照一切物인달하야
佛智亦如是하야　　　普照群生心이로다
　　비유하면 맑고 청정한 보배
　　일체 물건 두루 비추듯
　　부처의 지혜 그와 같아
　　중생의 마음 두루 비추노라

譬如八面寶　　　　　等鑑於諸方인달하야
無礙燈亦然하야　　　普照於法界로다
　　비유하면 팔면의 보배
　　여러 방위 평등하게 비추듯

걸림 없는 등불 그와 같아

법계 두루 비추노라

譬如水淸珠　　　　**能淸諸濁水**인달하야
見佛亦如是하야　　　**諸根悉淸淨**이로다

　비유하면 물을 맑히는 구슬이

　혼탁한 물 정화하듯이

　부처님 친견 그와 같아

　6근 모두 청정하여라

◉ 疏 ◉

後五는 喩大用이니 一은 巧示오 二는 隨欲이오 三은 照機오 四는 合理오 五는 結益이라

　뒤의 5수 게송은 큰 작용을 비유하였다.

　제1게송은 뛰어나게 보여줌이며,

　제2게송은 욕구를 따라줌이며,

　제3게송은 근기에 따라 비춰줌이며,

　제4게송은 이치에 부합함이며,

　제5게송은 이익을 끝맺음이다.

第五 東北方法界願月王

十頌이니 歎普益衆生德이라

5. 동북방 화현법계원월왕보살 게송

10수 게송이다.

널리 중생에게 이익을 주는 공덕이다.

經

爾時에 化現法界願月王菩薩이 承佛神力하사 觀察十方하고 而說頌言하사대

　　그때, 화현법계원월왕보살이 부처님의 위신력을 받들어 시방을 살펴보고 게송으로 말하였다.

譬如帝靑寶　　　　能靑一切色인달하야
見佛者亦然하야　　悉發菩提行이로다

　　비유하면 제청보배가
　　모든 빛 푸르게 만들듯이
　　부처님 친견한 이 그와 같아
　　보리의 행을 내어라

● 疏 ●

分四니
初偈는 總喻見無不益이라

　　4단락으로 나뉜다.

첫째, 1수 게송은 부처님을 친견하면 이익을 얻지 않음이 없음을 총괄하여 비유하였다.

經

一一微塵內에　　　佛現神通力하사
令無量無邊한　　　菩薩皆淸淨이로다

 하나하나 티끌 속에
 부처님 신통 나타내어
 한량없고 그지없는
 보살 모두 청정하여라

甚深微妙力을　　　無邊不可知라
菩薩之境界를　　　世間莫能測이로다

 깊고 깊은 미묘한 힘
 그지없어 알 수 없어라
 보살의 경계를
 세간 중생 가늠하지 못하여라

如來所現身이　　　淸淨相莊嚴하사
普入於法界하야　　成就諸菩薩이로다

 여래의 나타내신 몸
 청정한 몸매 장엄하여

법계에 널리 들어가

보살을 성취시켰어라

◉ 疏 ◉

次三은 別明益菩薩이니 初一은 淨二障이오 後二는 成妙力이라

다음 3수 게송은 보살에게 베푼 이익을 개별로 밝혔다.

첫 게송은 번뇌장과 소지장을 청정케 함이며,

뒤의 2수 게송은 보살을 성취시켜 주는 부처의 미묘한 힘이다.

經

難思佛國土에 於中成正覺하시니
一切諸菩薩과 世主皆充滿이로다

헤아릴 수 없는 부처님 국토

그곳에서 정각 이루시니

일체 모든 보살과

세간 임금 가득 모였어라

釋迦無上尊이 於法悉自在하사
示現神通力하시니 無邊不可量이로다

위없는 석가모니 부처님

모든 법에 자재하여

신통력 나타내신 일

그지없어 헤아릴 수 없어라

菩薩種種行이　　　　　**無量無有盡**하니
如來自在力으로　　　**爲之悉示現**이로다

　　보살의 가지가지 행
　　한량없고 끝없어라
　　여래의 자재하신 힘으로
　　모두 나타내 보여주노라

佛子善修學　　　　　**甚深諸法界**하야
成就無礙智하야　　　**明了一切法**이로다

　　불자가 깊고 깊은 법계를
　　잘 닦아 배우고서
　　걸림 없는 지혜 이루어
　　일체 법을 분명히 아노라

善逝威神力으로　　　**爲衆轉法輪**하시니
神變普充滿하야　　　**令世皆淸淨**이로다

　　부처님 위신력으로
　　대중 위해 법륜 굴리니
　　신통변화 두루 충만하여
　　세간 중생 모두 청정케 하여라

● 疏 ●

三有五頌은 明益徧이니 一은 成道徧이오 二는 神通徧이오 三은 示行徧이오 四는 了法徧이오 五는 轉法徧이라

셋째, 5수 게송은 두루 이익이 됨을 밝혔다.

제1게송은 도의 성취로 두루 이익이 됨을,

제2게송은 신통력으로 두루 이익이 됨을,

제3게송은 행을 보임으로 두루 이익이 됨을,

제4게송은 법을 깨달아 앎이 두루 이익이 됨을,

제5게송은 법륜을 굴림이 두루 이익이 됨을 밝혔다.

如來智圓滿하며 　　　**境界亦淸淨**하니
譬如大龍王이 　　　**普濟諸群生**이로다

여래의 지혜 원만하고
경계 또한 청정하다
비유하면 큰 용왕이
많은 중생 널리 구제하듯 하여라

● 疏 ●

四有一偈는 結益周普라

넷째, 1수 게송은 이익이 두루 널리 베풀어짐을 끝맺었다.

第六 東南方
十頌이니 歎大用難思德이라

6. 동남방 법혜광염왕보살 게송

10수 게송이다.

큰 작용의 불가사의한 공덕을 찬탄하였다.

經

爾時에 **法慧光焰王菩薩**이 **承佛神力**하사 **觀察十方**하고 **而說頌言**하사대

그때, 법혜광염왕보살이 부처님의 위신력을 받들어 시방을 살펴보고 게송으로 말하였다.

| 三世諸如來의 | 聲聞大弟子 |
| 悉不能知佛의 | 擧足下足事하며 |

 삼세 모든 여래의

 성문 큰 제자들이

 모두 알지 못한다

 부처님의 발을 들고 내리는 일을

| 去來現在世에 | 一切諸緣覺도 |
| 亦不知如來의 | 擧足下足事어든 |

과거, 미래, 현재의

일체 모든 연각도

또한 알지 못한다

여래의 발을 들고 내리는 일을

況復諸凡夫는　　　結使所纏縛이며
無明覆心識이어니　而能知導師아

하물며 범부야

번뇌에 속박되고

무명이 마음을 뒤덮었는데

어떻게 부처를 알까

◉ 疏 ◉

分三이니

初三은 明凡小難思니라

3단락으로 나뉜다.

첫째, 3수 게송은 범부와 소승으로서는 불가사의함을 밝혔다.

經

正覺無礙智　　　超過語言道하야
其量不可測이니　孰有能知見가

정각의 걸림 없는 지혜

294

말로 할 수 있는 것 초월하여

　　얼마인지 모르나니

　　그 누가 알고 볼 수 있을까

譬如明月光을　　　　　　**無能測邊際**인달하야

佛神通亦爾하야　　　　　　**莫見其終盡**이로다

　　비유하면 밝은 달빛

　　그 끝을 모르듯이

　　부처님 신통 그러하여

　　그 끝을 볼 수 없어라

一一諸方便과　　　　　　**念念所變化**를

盡於無量劫토록　　　　　　**思惟不能了**로다

　　하나하나 모든 방편

　　순간순간 변화한 바를

　　한량없는 세월 다하도록

　　아무리 생각해도 알 수 없어라

思惟一切智의　　　　　　**不可思議法**호니

一一方便門이　　　　　　**邊際不可得**이로다

　　일체 지혜의

　　불가사의한 법 곰곰 생각하니

하나하나 방편문
그 끝을 얻을 길 없어라

◉ 疏 ◉

次四는 出難思之法이라

다음 4수 게송은 불가사의한 법을 냄이다.

經

若有於此法에　　　而興廣大願이면
彼於此境界에　　　知見不爲難이로다

　만약 이 법에 대하여
　광대한 서원 일으키면
　그 사람은 이런 경계를
　알고 보기 어렵지 않으리

勇猛勤修習　　　　難思大法海하면
其心無障礙하야　　入此方便門이로다

　불가사의한 법 바다
　용맹으로 부지런히 닦아 익히면
　그 마음 장애 없어
　이 방편문에 들어가리라

心意已調伏하며 **志願亦寬廣**하면
當獲大菩提의 **最勝之境界**로다

    마음은 이미 조복되었고

    원하는 의지 크고 넓으면

    당연히 얻으리라, 큰 보리의

    가장 뛰어난 경계를

◉ 疏 ◉

後三은 顯能知之人이라

    뒤의 3수 게송은 불가사의함을 아는 사람을 밝혔다.

第七 西南方

十頌이니 歎智身難思德이라

    7. 서남방 파일체마군지당왕보살 게송

    10수 게송이다.

    智身의 불가사의한 공덕을 찬탄하였다.

經

爾時에 破一切魔軍智幢王菩薩이 承佛神力하사 觀察十方하고 而說頌言하사대

    그때, 파일체마군지당왕보살이 부처님의 위신력을 받들어 시

방을 살펴보고 게송으로 말하였다.

智身非是身이라　　　　無礙難思議니
設有思議者라도　　　　一切無能及이로다

　　지혜의 몸은 몸이 아니다
　　걸림도 없고 불가사의하다
　　설령 생각하고 말할 이 있어도
　　일체 미칠 수 없어라

● 疏 ●

分四니
初一은 總顯難思니라

　　4단락으로 나뉜다.
　　첫째, 1수 게송은 불가사의함을 총체로 밝혔다.

經

從不思議業하야　　　　起此淸淨身하니
殊特妙莊嚴이　　　　　不着於三界로다

　　불가사의한 업으로부터
　　청정한 이 몸 생겼나니
　　남달리 미묘한 장엄
　　삼계에 집착 없어라

◉ 疏 ◉

次一은 舉因顯果니라

다음 1수 게송은 원인을 들어 결과를 밝혔다.

經

光明照一切하야　　法界悉淸淨하니
開佛菩提門하야　　出生衆智慧로다

　　밝은 광명 일체에 비춰
　　법계 모두 청정하니
　　부처의 보리문 열어
　　많은 지혜 낳았어라

譬如世間日하야　　普放慧光明하사
遠離諸塵垢하고　　滅除一切障이로다

　　비유하면 세간의 햇빛이
　　지혜 광명을 널리 쏟아내어
　　모든 때와 티끌 멀리 여의고
　　일체 장애 없애주어라

普淨三有處하며　　永絶生死流하고
成就菩薩道하야　　出生無上覺이로다

　　삼계 널리 청정케 하여

생사의 물결 길이 끊고
보리의 도 성취하여
위없는 깨달음 내어라

示現無邊色하니　　　　　此色無依處라
所現雖無量이나　　　　　一切不思議로다
　그지없는 빛깔 나타내니
　그 빛이 의지한 데 없이
　나타낸 바 한량없으나
　일체 불가사의하다

菩薩一念頃에　　　　　　能覺一切法이어니
云何欲測量　　　　　　　如來智邊際리오
　보살이 한 생각 찰나에
　일체 법 깨닫나니
　어떻게 헤아리랴
　여래 지혜의 끝을

一念悉明達　　　　　　　一切三世法일세
故說佛智慧　　　　　　　無盡無能壞로다
　한 생각에
　일체 삼세 법 모두 알았기에

부처의 지혜는

끝없고 파괴할 수 없다 말하노라

◉ 疏 ◉

次三은 別示難思之相이니

於中에 三이니

初三은 智照淨障이오 次一은 示現深廣이오 後二는 念智圓融이라

셋째, 6수 게송은 불가사의한 모양을 개별로 보여줌이다.

6수 게송은 3단락이다.

첫 3수 게송은 지혜로 비춰 장애를 청정히 함이며,

다음 1수 게송은 심오하고 광대함을 보여줌이며,

뒤의 2수 게송은 생각과 지혜가 원융함이다.

經

智者應如是　　　　專思佛菩提니
此思難思議라　　　思之不可得이로다

지혜 있는 이 이처럼

부처의 보리 오롯이 생각하니

이 생각 불가사의라

아무리 생각해도 알 수 없어라

菩提不可說이라　　　超過語言路니

諸佛從此生일세　　　**是法難思議**로다

　보리는 말할 수 없다

　말로 할 수 있는 길을 초월한 자리

　여러 부처님 여기서 나오기에

　이 법은 불가사의하여라

● 疏 ●

四有二頌은 結勸이니 謂從不思議生佛智身일새 令絶思議之念이 是思佛矣라

　넷째, 2수 게송은 권면으로 끝맺음이다. 불가사의한 자리에서 부처의 智身을 내기에 생각이나 말로 표현할 수 있다는 생각을 끊도록 함이 바로 부처를 생각하는 것이다.

第八 西北方

十頌이니 歎佛成就菩薩德이라

　8. 서북방 원지광명당왕보살 게송

　10수 게송이다.

　부처의 보살행을 성취한 공덕을 찬탄하였다.

經

爾時에 願智光明幢王菩薩이 承佛神力하사 觀察十方하

고 而說頌言하사대

그때, 원지광명당왕보살이 부처님의 위신력을 받들어 시방을 살펴보고 게송으로 말하였다.

若能善觀察　　　　　　菩提無盡海하면
則得離癡念하야　　　　決定受持法이로다

    만약 보리의 끝없는 바다를
    잘 관찰하면
    어리석은 생각 여의고
    결정코 법을 받으리라

 疏

分二니
初는 總標觀成決定이라

    2단락으로 나뉜다.
    첫 단락은 관찰로써 성취한 결정을 총체로 밝혔다.

經

若得決定心하면　　　　則能修妙行하야
禪寂自思慮하야　　　　永斷諸疑惑이로다

    결정한 마음 얻으면
    미묘한 행을 닦아

선정삼매로 생각하여
길이 모든 의혹 끊으리라

其心不疲倦하면 **亦復無懈怠**하야
展轉增進修하야 **究竟諸佛法**이로다

그 마음 피곤하지 않으면
또한 게으른 생각 없어
점점 더욱 닦아 나아가
결국 불법으로 끝마치리

信智已成就하고 **念念令增長**하야
常樂常觀察 **無得無依法**이로다

믿음과 지혜 성취하고
생각 생각에 더욱 증장하여
항상 즐겁고 항상 관찰함이
얻음도 없고 의지한 법도 없어라

無量億千劫의 **所修功德行**을
一切悉廻向 **諸佛所求道**로다

한량없는 억천 겁에
닦아온 공덕행을
제불이 구하였던 도로

일체 모두 회향하리라

雖在於生死나 而心無染着하고
安住諸佛法하야 常樂如來行이로다

    비록 생사에 있으나
    마음이 물들지 않고
    모든 불법에 안주하여
    언제나 여래행 즐기노라

世間之所有 蘊界等諸法을
一切皆捨離하고 專求佛功德이로다

    세간에 있는
    5온, 18계 모든 법
    일체 모두 버리고
    오롯이 부처 공덕 구하노라

凡夫嬰妄惑하야 於世常流轉일세
菩薩心無礙하야 救之令解脫이로다

    범부는 헛된 미혹에 얽혀
    세간에 항상 헤매기에
    보살의 마음 걸림 없어
    그들을 구제하여 해탈시키노라

◉ 疏 ◉

餘九는 展轉成益이니 於中에 前七偈는 各一行이라

나머지 9수 게송은 점점 이익을 성취함이다.
그 가운데 앞의 7수 게송은 각기 하나의 행이다.

經

菩薩行難稱이라　　擧世莫能思니
徧除一切苦하고　　普與群生樂이로다

보살의 행은 말할 수 없고
온 세간 중생 생각할 수 없어라
일체 고통 두루 없애고
중생에게 널리 즐거움 주었노라

已獲菩提智하고　　復愍諸群生일세
光明照世間하야　　度脫一切衆이로다

이미 보리의 지혜 얻었고
또한 모든 중생 가엾이 여겨
밝은 광명으로 세간 비추어
일체중생 해탈시켰노라

◉ 疏 ◉

後二는 總結深廣이라

뒤의 2수 게송은 부처의 공덕이 심오하고 광대함을 총체로 끝맺었다.

第九 下方菩薩
歎佛難見聞德이라

9. 하방 파일체장용맹지왕보살 게송

부처의 보고 듣기 어려운 공덕을 찬탄하였다.

經

爾時에 **破一切障勇猛智王菩薩**이 **承佛神力**하사 **觀察十方**하고 **而說頌言**하사대

그때, 파일체장용맹지왕보살이 부처님의 위신력을 받들어 시방을 살펴보고 게송으로 말하였다.

無量億千劫에	**佛名難可聞**이어든
況復得親近하야	**永斷諸疑惑**가

한량없는 억천 겁에
부처님 이름 듣지도 못하는데
하물며 친근히 모시고
모든 의혹 길이 끊을 수 있을까

如來世間燈이　　　　　通達一切法하사
普生三世福하야　　　　令衆悉淸淨이로다
　　여래는 세간의 등불
　　일체 법 통달하여
　　삼세 복덕 두루 내어
　　중생을 청정케 하노라

如來妙色身을　　　　　一切所欽歎이라
億劫常瞻仰호되　　　　其心無厭足이로다
　　여래의 미묘한 몸
　　일체중생 존경하고 찬탄하는 바라
　　억겁 세월 언제나 우러러보되
　　그 마음 만족이 없노라

若有諸佛子　　　　　　觀佛妙色身하면
必捨諸有着하고　　　　廻向菩提道로다
　　만약 모든 불자가
　　부처님 미묘한 몸을 보면
　　모든 집착 버리고
　　보리의 도에 회향하오리

如來妙色身이　　　　　恒演廣大音하시니

辯才無障礙하야 　　　　　開佛菩提門이로다

　　여래의 미묘한 몸
　　언제나 광대한 음성으로 연설하시니
　　변재 걸림이 없어
　　부처님의 보리문 열었어라

曉悟諸群生이 　　　　　無量不思議라
令入智慧門하야 　　　　授以菩提記로다

　　깨우쳐준 모든 중생
　　한량없고 불가사의하다
　　지혜 법문 들게 하여
　　보리수기 주셨어라

如來出世間이 　　　　　爲世大福田이라
普導諸含識하야 　　　　令其集福行이로다

　　여래의 출세간이
　　세간 중생 큰 복전 되는 터라
　　모든 중생 널리 인도하여
　　복덕의 행 모으게 하였어라

若有供養佛이면 　　　　永除惡道畏하야
消滅一切苦하고 　　　　成就智慧身이로다

만약 부처님 공양하면
삼악도의 두려움 길이 사라져
일체 고통 사라지고
지혜의 몸 성취하여라

若見兩足尊하고   **能發廣大心**이면
是人恒値佛하야   **增長智慧力**이로다

두 발 가진 중에 가장 존귀한 부처님 뵙고
광대한 마음 내면
이 사람 항상 부처님 만나
지혜의 힘이 증장하여라

若見人中勝하고   **決意向菩提**하면
是人能自知   **必當成正覺**이로다

사람 중에 가장 뛰어난 부처님 뵙고
결단한 뜻으로 보리 향하면
이 사람은 스스로 알리라
반드시 정각 성취를

◉ 疏 ◉

分二니
初一은 標名難聞이니 近必斷疑이오

餘는 別顯益物之相이니

於中에 初一은 生福益이오 次二는 向菩提益이오 次二는 成智益이오 餘四는 就人結益이라

2단락으로 나눈다.

첫 1수 게송은 부처의 명호를 듣기 어려움을 밝혔다. 부처를 가까이하면 반드시 의혹을 끊음이고,

나머지 9수 게송은 중생에게 이익을 주는 모양을 개별로 나타냈다.

'9수 게송' 가운데 첫 1수 게송은 복덕을 내는 이익이며,

다음 2수 게송은 보리를 행한 이익이며,

다음 2수 게송은 지혜 성취의 이익이며,

나머지 4수 게송은 사람에 나아가 이익을 끝맺었다.

第十 上方菩薩

歎佛恩深德重德이라

10. 상방 법계차별원지신통왕보살 게송

부처의 은혜가 깊고 중대한 공덕을 찬탄하였다.

經

爾時에 法界差別願智神通王菩薩이 承佛神力하사 觀察十方하고 而說頌言하사대

그때, 법계차별원지신통왕보살이 부처님의 위신력을 받들어 시

방을 살펴보고 게송으로 말하였다.

釋迦無上尊이　　　　**具一切功德**하시니
見者心淸淨하야　　　**廻向大智慧**로다

　　석가모니 위없는 세존
　　일체 공덕 갖추시니
　　보는 이의 마음 청정하여
　　큰 지혜에 회향하노라

如來大慈悲로　　　　**出現於世間**하사
普爲諸群生하야　　　**轉無上法輪**이로다

　　여래의 크신 자비
　　세간에 나오시어
　　모든 중생 위하여
　　위없는 법륜 굴리셨네

● 疏 ●

分四니

初二는 總擧佛德이니 意在於恩이라

　　4단락으로 나뉜다.
　　첫 2수 게송은 부처의 공덕을 총괄하여 들어 말하니 그 뜻은 은혜에 있다.

經

如來無數劫에　　　勤苦爲衆生하시니
云何諸世間이　　　能報大師恩이리오

　여래의 수없는 겁에
　중생 위해 애쓰시니
　어떡하면 세간 중생이
　부처의 큰 은혜 갚으리까

● 疏 ●

次一은 恩深難報라

　다음 1수 게송은 은혜가 깊어 보답하기 어려움이다.

經

寧於無量劫에　　　受諸惡道苦언정
終不捨如來하고　　而求於出離로다

　차라리 한량없는 겁에
　삼악도의 고통 받을지언정
　끝까지 여래 저버리고
　벗어남을 구하지 않으리

寧代諸衆生하야　　備受一切苦언정
終不捨於佛하고　　而求得安樂이로다

차라리 중생을 대신하여

일체 고통 받을지언정

끝까지 여래 저버리고

안락을 구하지 않으리

寧在諸惡趣하야   **恒得聞佛名**이언정
不願生善道하야   **暫時不聞佛**이로다

차라리 삼악도에서

부처님 명호 항상 들을지언정

선도에 태어나

잠시라도 듣지 못함을 원치 않으리

寧生諸地獄하야   **一一無數劫**이언정
終不遠離佛하고   **而求出惡趣**로다

차라리 지옥에 태어나

하나하나 수없는 겁 지낼지언정

끝까지 부처님 멀리 여의고

삼악도에서 벗어남 구하지 않으리

● 疏 ●

次四는 發荷恩之心이라

다음 4수 게송은 은혜를 입은 마음을 일으킴이다.

何故願久住　　　　　一切諸惡道오
以得見如來하야　　　增長智慧故로다

    무슨 까닭에
    모든 악도에 오래 머물기를 원하는가
    여래 뵈옵고
    지혜 더욱 키우려 함이어라

若得見於佛하면　　　除滅一切苦하고
能入諸如來　　　　　大智之境界로다

    만약 부처님 뵈오면
    일체 고통 없애고
    여래의 크나크신
    지혜 경계 들어가리라

若得見於佛하면　　　捨離一切障하고
長養無盡福하야　　　成就菩提道로다

    만약 부처님 뵈오면
    일체 장애 여의고
    그지없는 복덕 길러
    보리의 도 성취하리라

如來能永斷　　　一切衆生疑하고
隨其心所樂하야　　普皆令滿足이로다

　　여래는 영원히
　　일체중생 의심 끊어주고
　　그들의 좋아하는 마음 따라서
　　모두 만족케 하여라

◉ 疏 ◉

後四는 釋成荷恩之意라【鈔_ 大文第六偈頌分은 可知니라】
　뒤의 4수 게송은 은혜를 졌다는 뜻을 해석하였다.【초_ 제6. 게송 부분임을 설명하지 않아도 알 수 있다.】

◉ 論 ◉

明毘盧遮那菩薩等十菩薩說頌分이라
已下에 有十菩薩은 竝是十方來者 各說一頌호되 各隨自名하야 各歎自法이라 是一切諸佛諸菩薩行이니 皆隨菩薩名下義하야 其頌意에 可見이라
如初毘盧遮那願光明菩薩은 是種種光明이니 直是佛果오
願光者는 是佛果菩薩中行이니 從初總歎하야 令諸菩薩로 觀察逝多林如來境界오
次下九箇는 是總中別이니 各隨菩薩名下義하야 取所頌之法也라
如不可壞精進王者는 還頌不可壞精進義니 王者는 自在義라 已

316

下는 倣此准知니라

비로자나보살 등 열 보살이 말한 게송을 밝힌 부분이다.

이하의 열 보살은 아울러 시방세계에서 찾아오는 이들이 각각 하나의 게송을 말하되 각각 자신의 명호를 따라서 각각 자신의 법을 찬탄하였다. 이는 일체 제불과 모든 보살의 행이다. 모두 보살의 명호에 의한 뜻을 따라서 그 게송으로 읊은 뜻을 나타내면 그 의도를 볼 수 있다.

그 처음에 '毘盧遮那願光明菩薩'은 가지가지 광명이다. 이는 바로 佛果이며, 願光이란 불과 가운데 보살행이다.

처음 총상의 찬탄으로부터 모든 보살로 하여금 서다림의 여래경계를 관찰하게 함이며,

다음 아래의 9가지는 총상 속의 개별이다. 각각 보살의 명호 아래 의의를 따라서 읊은 바의 법을 취함이다.

그 不可壞精進王이란 또한 무너뜨릴 수 없는 정진의 뜻을 읊은 것이다. 王이란 자재하다는 뜻이다.

아래는 이와 같이 준하여 살펴보면 알 수 있다.

第六偈頌讚德分 竟하다

제6. 게송으로 공덕을 찬탄한 부분을 끝마치다.

입법계품 제39-2 入法界品 第三十九之二
화엄경소론찬요 제99권 華嚴經疏論纂要 卷第九十九

화엄경소론찬요 제100권
華嚴經疏論纂要 卷第一百

●

입법계품 제39-3
入法界品 第三十九之三

大文第七 普賢開發分
現土는 顯於法界니 普賢主此일세 方能開故니라
於中에 長行與偈니
前中三이니 初는 明開發意오 二는 能開方便이오 三은 正明開顯이라
今은 初라

제7. 보현의 열어 보여준 부분

現土는 법계를 밝힘이다. 보현보살이 이의 주재라, 바야흐로 열어 보여주는 주체이기 때문이다.

여기는 산문과 게송으로 나뉜다.

1. 산문 부분은 3단락이다.

(1) 방편을 열어 밝혀주었고,

(2) 방편을 잘 보여주었고,

(3) 방편을 열어 밝혀줌을 바로 밝혔다.

이는 '(1) 방편을 열어 밝혀줌'이다.

經

爾時에 普賢菩薩摩訶薩이 普觀一切菩薩衆會하고

그때, 보현보살마하살은 일체 모든 보살의 대중법회를 두루 관찰하고,

● 疏 ●

觀衆會者는 上은 佛入定現相하야 令衆觀親證이오 今은 假言開顯하야 使尋言契實이라

"대중법회를 두루 관찰한다."는 것은 위에서는 부처가 선정의 속에서 모습을 나타내어 중생으로 하여금 몸소 증득하였음을 보도록 함이며, 여기에서는 말을 빌려 밝혀줌으로써 중생으로 하여금 말을 찾아 실상에 계합하도록 하였다.

二 明能開方便

(2) 방편을 잘 보여주었음을 밝히다

經

以等法界方便과 等虛空界方便과 等衆生界方便과 等三世와 等一切劫과 等一切衆生業과 等一切衆生欲과 等一切衆生解와 等一切衆生根과 等一切衆生成熟時와 等一切法光影方便으로

법계와 같은 방편,
허공계와 같은 방편,
중생계와 같은 방편,
삼세와 같은 방편,
일체 겁과 같은 방편,

일체중생의 업과 같은 방편,

일체중생의 욕망과 같은 방편,

일체중생의 이해와 같은 방편,

일체중생의 근성과 같은 방편,

일체중생의 성숙한 때와 같은 방편,

일체 법의 그림자와 같은 방편으로써

◉ 疏 ◉

有十一句라 初句는 總이니 以含事理深廣故라 句初에 以字는 貫下十句이니 謂頻申三昧 業用深廣일새 要以此十無分齊之方便으로 方能開顯이오 況十復表無盡가

餘句는 別이니 虛空은 明其廣無際限이오 餘八은 顯其多無分齊오 光影一種은 兼顯深義니 如光影清淨故니라 又暎光之影이 隨機別故오 揀異水鏡 似本質故니라

11구이다.

첫 구절은 총상이다. 사법계와 이법계가 심오하고 광대함을 포함하기 때문이다.

첫 구절의 서두에 쓰인 '以[以等法界方便]' 자는 아래 10구에 모두 관통한다. 빈신삼매의 작용이 깊고 넓기에, 이 10가지 구분과 한계가 없는 방편으로써 바야흐로 열어 밝혀주어야 할 필요가 있다. 하물며 10가지는 또한 '無盡'을 나타냄이야.

나머지 구절은 별상이다. 허공은 그 광대함이 끝이 없음을 밝

했고, 나머지 8구는 그 많음이 한계가 없음을 밝혔으며, '光影'의 한 가지는 깊은 뜻을 겸하여 밝히고 있는데, 그림자의 청정과 같기 때문이다. 또한 비추는 광명의 그림자가 중생의 근기에 따라 각기 다르기 때문이며, 水鏡이 본질과 유사함과는 다른 점을 구별하기 때문이다.

三 正明開顯
(3) 방편을 열어 밝혀줌을 바로 밝히다

經

爲諸菩薩하사 以十種法句로 開發顯示照明演說此師子頻申三昧하시니
何等이 爲十고
所謂演說能示現等法界一切佛刹微塵中에 諸佛出興次第와 諸刹成壞次第法句하며
演說能示現等虛空界一切佛刹中에 盡未來劫토록 讚歎如來功德音聲法句하며
演說能示現等虛空界一切佛刹中에 如來出世 無量無邊하야 成正覺門法句하며
演說能示現等虛空界一切佛刹中에 佛坐道場菩薩衆會法句하며

演說於一切毛孔에 念念出現等三世一切佛變化身하야 充滿法界法句하며

演說能令一身으로 充滿十方一切刹海하야 平等顯現法句하며

演說能令一切諸境界中에 普現三世諸佛神變法句하며

演說能令一切佛刹微塵中에 普現三世一切佛刹微塵數佛의 種種神變하야 經無量劫法句하며

演說能令一切毛孔으로 出生三世一切諸佛大願海音하야 盡未來劫토록 開發化導一切菩薩法句하며

演說能令佛師子座로 量同法界하야 菩薩衆會와 道場莊嚴이 等無差別하야 盡未來劫토록 轉於種種微妙法輪法句니라

佛子야 此十爲首하야 有不可說佛刹微塵數法句하니 皆是如來智慧境界니라

여러 보살을 위하여 열 가지 법구로 사자빈신삼매를 밝혀 연설하였다.

무엇이 열 가지 법구인가?

이른바 법계와 같은 일체 부처 세계의 티끌 속에서 부처님이 나시는 차례와 모든 세계가 이뤄지고 무너지는 차례를 나타내는 법구를 연설하며,

허공계와 같은 일체 부처 세계에서 미래 세월이 다하도록 여래의 공덕을 찬탄하는 음성을 나타내는 법구를 연설하며,

허공계와 같은 일체 부처 세계에서 여래가 세간에 나오시어 한량없고 그지없이 바른 깨달음을 성취하는 법문을 나타내는 법구를 연설하며,

허공계와 같은 일체 부처 세계에서 부처님이 도량의 보살이 모인 가운데 앉으셨음을 나타내는 법구를 연설하며,

일체 모공에 찰나마다 삼세 부처님의 변화한 몸을 나타내어 법계에 가득한 법구를 연설하며,

하나의 몸이 시방의 일체 세계 바다에 가득하여 평등하게 나타내게 하는 법구를 연설하며,

일체 경계 가운데 삼세 부처님의 신통변화를 나타내는 법구를 연설하며,

일체 부처 세계의 티끌 속에 널리 삼세 일체 부처 세계의 티끌 수와 같은 부처님의 가지가지 신통변화를 나타내어 한량없는 겁을 지나게 하는 법구를 연설하며,

일체 모공에서 삼세 일체 부처님의 큰 서원 바다에 음성을 내어 미래 세월이 다하도록 일체 보살을 열어 교화하고 인도하는 법구를 연설하며,

부처님의 사자법좌 크기가 법계와 같으며, 보살의 모임과 도량의 장엄이 평등하여 차별이 없는데, 미래 세월이 다하도록 가지가지 미묘한 법륜을 굴리는 법구를 연설하였다.

불자여, 이 열 가지가 으뜸이 되어, 말할 수 없는 부처 세계의 티끌 수 법구가 있다. 이는 모두 여래의 지혜의 경계이다.

◉ 疏 ◉

分三이니

初는 總標오 次는 徵釋이오 後는 總結이라

今初以十法句者는 此法을 望前方便이면 卽是所用이오 望三昧境界면 卽是能開라【鈔_ 此法句望前方便 卽是所用者는 此有三重能所니 一은 普賢 是能有오 方便 是所有며 二는 方便 是能用이오 法句 是所用이며 三은 法句 是能開오 三昧境 爲所開니라】

3단락으로 나뉜다.

① 총체로 밝혔고,

② 묻고 해석함이며,

③ 총괄하여 끝맺음이다.

'① 총체로 밝힌' 첫 단락에 10가지 법구란 이 법을 앞의 방편에 대조하면 이는 작용의 대상이고, 삼매 경계에 대조하면 열어 보여주는 주체이다.【초_ "이 법을 앞의 방편에 대조하면 이는 작용의 대상"이라는 것은 이에 3중의 주체와 대상이 있다.

① 보현은 有의 주체요, 방편은 유의 대상이며,

② 방편은 작용의 주체요, 법구는 작용의 대상이며,

③ 법구는 열어 보여줌의 주체요, 삼매 경계는 열어 보여줌의 대상이다.】

二何等下는 徵釋이니 釋中에 一一法句 皆用前來十種方便이오 一一方便은 皆能演斯十句니라 然此十句所開는 卽前所現이오 亦念請中果用十句니 文少開合不次로되 而義無闕이라

初二는 卽淨佛國土니 一은 依正淨이오 二는 法流布淨이라 刹成壞는 卽土니 佛於中興일세 明是佛土니라 前은 念欲知佛土之相이나 今은 明一切佛刹塵中皆有佛土니 土無邊矣라 皆佛所淨이니 下諸句例然이니 皆一毛一塵 卽含攝無盡故니라

次二는 卽成等正覺이니 一主一伴이오

五는 卽爲一切衆生現諸佛影像이오

六은 卽入一切衆生所住處오

七·八 二句는 通顯能現神通이니 卽開智城이나 而境麤塵細爲別이오

九는 卽含前調伏衆生等 四句오

十은 卽轉法輪이라

② '何等' 이하는 묻고 해석함이다.

해석 부분에 하나하나 법구가 모두 앞서 말한 10가지 방편을 씀이며, 하나하나 방편이 모두 이 10구를 연역함이다. 그러나 이 10구를 나누는 바는 곧 앞의 나타낸 바이며, 또한 생각으로 청하는 가운데 佛果의 작용 10구이다. 경문의 분리와 종합이 다소 차례가 맞지 않으나 그 뜻만큼은 빠뜨림이 없다.

첫 2구는 불국토를 청정히 함이다.

제1구는 의보와 정보의 청정이며,

제2구는 법 유포의 청정이다.

'刹의 成壞'는 곧 국토이다. 부처가 그 가운데서 일어나기에 분명히 이는 불국토이다. 앞에서는 불국토의 모양을 알고자 생각함

이지만, 여기에서는 일체 불국토의 미세한 티끌 가운데 모두 불국토가 있음을 밝힌 것이다. 그 국토가 그지없다.

이는 모두 부처가 청정히 한 바이다. 아래의 여러 구절도 이런 예와 같다. 모두 하나의 터럭, 하나의 티끌이 곧 모든 것을 포괄하여 다함이 없기 때문이다.

다음 2구는 등정각의 성취이다. 제3구는 주체이고, 제4구는 객체이다.

제5구는 일체중생을 위하여 제불의 영상을 나타냄이며,

제6구는 일체중생이 머문 곳에 들어감이며,

제7, 제8 2구는 신통을 나타냄을 모두 밝혔다. 이는 지혜의 성문을 열어줌이나, 경계는 거칠고 티끌은 미세함이 각기 다르다.

제9구는 앞의 調伏衆生 등 4구를 포함하고,

제10구는 법륜을 굴림이다.

三. 佛子下는 總結이라

③ '佛子' 이하는 총괄하여 끝맺음이다.

第二偈頌

中二니 先은 說儀意라

2. 게송

이는 2부분이다.

(1) 설법의 의식과 설법할 뜻이다.

經

爾時에 普賢菩薩이 欲重宣此義하야 承佛神力하사

觀察如來하며

觀察衆會하며

觀察諸佛難思境界하며

觀察諸佛無邊三昧하며

觀察不可思議諸世界海하며

觀察不可思議如幻法智하며

觀察不可思議三世諸佛이 悉皆平等하며

觀察一切無量無邊諸言辭法하고

而說頌言하사대

그때, 보현보살이 이 뜻을 다시 말하고자, 부처님의 위신력을 받들어

여래를 관찰하고,

대중법회를 관찰하고,

부처님들의 생각하기 어려운 경계를 관찰하고,

부처님들의 그지없는 삼매를 관찰하고,

불가사의한 세계 바다를 관찰하고,

불가사의한 환상과 같은 법의 지혜를 관찰하고,

불가사의한 삼세 부처님이 모두 평등함을 관찰하고,

일체 한량없고 그지없는 여러 가지 말하는 법을 관찰하고서

게송으로 말하였다.

● 疏 ●

有十句니 初 四句는 說儀오 後六은 觀其所說이라 然多同前念請 果德難思라 餘는 如前辨하다

10구이다.

앞의 4구는 설법 의식이며,

뒤의 6구는 설법 대상을 살펴봄이다.

그러나 앞의 생각으로 법문을 청한 부분에서 말한, 불과의 공덕이 불가사의함과 대체로 같다.

나머지는 앞에서 논변한 바와 같다.

二 正偈

(2) 게송

經

一一毛孔中　　　　微塵數刹海에
悉有如來坐하사　　皆具菩薩衆이로다

하나하나 모공 속
티끌 수의 세계 바다에
모두 부처님 앉아 계시는데
모두 보살 대중 모였어라

一一毛孔中　　　　　無量諸刹海에
佛處菩提座하사　　　如是徧法界로다

    하나하나 모공 속
    한량없는 세계 바다에
    부처님, 보리법좌에 앉으셨는데
    이처럼 법계에 두루 계시어라

一一毛孔中에　　　　一切刹塵佛이
菩薩衆圍遶어든　　　爲說普賢行이로다

    하나하나 모공 속에
    일체 세계 티끌 수의 부처님이
    보살 대중에 둘러싸여 계시는데
    그들 위해 보현행 말씀하시네

佛坐一國土하사　　　充滿十方界하시니
無量菩薩雲이　　　　咸來集其所로다

    부처님은 한 국토에 계시면서도
    시방세계에 가득하시니
    한량없는 보살 대중
    모두 그곳으로 모여든다

億刹微塵數의　　　　菩薩功德海

俱從會中起하야　　　　**徧滿十方界**로다
　　억만 세계 티끌 수 같은
　　보살의 공덕 바다
　　모두 법회에서 일어나
　　시방세계 가득하여라

悉住普賢行하야　　　　**皆遊法界海**하며
普現一切刹하야　　　　**等入諸佛會**로다
　　모두 보현행에 머물면서
　　법계 바다 노닐며
　　일체 세계 두루 나타내어
　　똑같이 부처님 회상 들어가네

安坐一切刹하며　　　　**聽聞一切法**하야
一一國土中에　　　　　**億劫修諸行**이로다
　　모든 세계에 편히 앉아
　　모든 법문 들으면서
　　하나하나 국토에서
　　억겁 동안 모든 행을 닦노라

菩薩所修行이　　　　　**普明法海行**이라
入於大願海하야　　　　**住佛境界地**로다

보살이 닦은 수행
법의 행을 널리 밝혔어라
큰 서원 바다에 들어가
부처의 경계에 머무노라

了達普賢行하야　　出生諸佛法하며
具佛功德海하야　　廣現神通事로다

　보현행을 잘 알고서
　모든 불법 내며
　부처의 공덕 바다 갖추고서
　널리 신통한 일 보여주네

身雲等塵數하야　　充徧一切刹이라
普雨甘露法하야　　令衆住佛道로다

　수많은 몸, 티끌 수 같아
　모든 세계 가득한데
　감로의 법, 널리 내려
　대중을 불도에 머물게 하여라

● 疏 ●

偈中에 頌十法句로되 而開合不次라 初偈는 頌初句오 二는 頌第三이오 三은 頌第二오 四는 頌第四오 五는 頌第五오 其六·七 二頌은 同

頌第六이오 八은 頌第九句오 九는 却合頌第七·八句오 十은 頌第十이니 文並可知니라

10수 게송에서는 앞에서 말한 '그지없는 10가지 법구[十無盡法句]'에 대한 구절을 거듭 읊었지만, 구분과 종합의 차례는 꼭 맞지 않다.

제1게송은 제1구[諸佛出興次第 諸刹成壞次第法句]를,

제2게송은 제3구[如來出世 無量無邊 成正覺門法句]를,

제3게송은 제2구[盡未來劫 讚歎如來功德音聲法句]를,

제4게송은 제4구[佛坐道場菩薩衆會法句]를,

제5게송은 제5구[念念出現等… 充滿法界法句]를,

제6~7게송은 제6구[充滿十方一切刹海 平等顯現法句]를,

제8게송은 제9구[出生三世… 化導一切菩薩法句]를 읊었고,

제9게송은 도리어 제7~8구[普現三世諸佛… 經無量劫法句]를 종합하여 읊었으며,

제10게송은 제10구[佛師子座量同法界… 轉於種種微妙法輪法句]를 읊었다.

경문은 모두 설명하지 않아도 알 수 있다.

● 論 ●

於此十行頌中에 重頌前十無盡句法이니 意明法界體性이 無礙하야 一多互叅하고 大小相入하야 毛孔微塵이 悉含一切諸佛刹海하야 一一境界 皆互容無礙라 頌에 云 一一毛孔中에 微塵數刹海에

335

悉有如來坐하사 皆具菩薩衆이라하시니 如經具明이라 已上二十一段經은 明如來 以師子嚬伸三昧로 令五位中昇進하는 普賢萬行法門으로 會入法界性自圓滿本無和會普賢行故오

自此以下는 如來 放眉間光하시니 名普照三世法界門이라 令諸菩薩로 安住師子嚬伸三昧門이니 已上二十一段은 且會法界中普賢差別智無礙行滿일새 還令普賢으로 說頌歎法이오

已下에 放眉間光은 卽明已法身根本普光明智 與法界中無礙自在 差別同異普賢行門理智體用으로 一時同會일새 卽令文殊로 說頌歎法이시니 以文殊普賢二體 成眞俗二智 法界平等恒然法門이라

此法界中體用二門은 若無普賢이면 卽差別智不行이며 卽就寂無悲行이오 若無文殊면 卽普賢行이 是有爲며 是無常故로 以此二人之法門으로 成一法界之體用이니 一切諸佛法이 總如是라 言其佛者는 但於此二人體用中에 無所住를 名之爲佛이오 言住佛所住者는 佛住無住시니 但於此文殊普賢理智萬行體用中에 而無所住之智로 而得佛名이라

是故로 前普賢은 是以行彰理門이오 後文殊는 是以理顯行門이니 爲言詮立敎일새 卽名有前後어니와 約其法界인댄 二法이 同資하야 元一體用故라 且以如來 擧緣表法인댄 卽師子嚬伸三昧는 屬普賢門이오 眉間毫相光明은 卽屬文殊門이니 以光明은 是法身妙慧의 所顯得根本智所起오 師子嚬伸三昧는 是差別智中行故로 二人同體라야 方成法界自在之門이라 表根本智는 自性無言이오 作

用言說은 是普賢所收니 若也三法이 別行이면 卽是人天生死라 設得道者라도 名爲眇目矬陋며 或止宿草菴이니 不入法界大宅門故라

以前二十一段經은 是以行會理無著門이니 卽以普賢으로 爲主하고 文殊로 爲伴이오 已下에 如來 放眉間光하시니 名普照三世法界門은 卽是以理會行圓融自在無礙門이니 卽以文殊로 爲主하고 普賢으로 爲伴이니 如是主伴이 糸融하야 方名法界自在라 從爾時世尊欲令諸菩薩安住如來師子嚬伸廣大三昧故'已下로 直至不離此逝多林如來之所'히 名以理會行圓融自在無礙門이라

이 10수 게송 가운데 앞의 '그지없는 10가지 법구'를 거듭 읊은 것이다. 그 뜻은 법계 체성이 걸림이 없어 하나와 많음이 서로 함께하고, 크고 작음이 서로 들어가 모공과 미진이 모두 일체 모든 불국토를 포함하여 하나하나 경계가 모두 서로 용납하여 걸림이 없음을 밝힌 것이다.

게송에서 말하였다.

"하나하나 모공 속, 티끌 수의 세계 바다에, 모두 부처님 앉아 계시는데, 모두 보살 대중 모였다."

경문에서 구체적으로 밝힌 바와 같다.

이상 21단락 경문은 여래가 사자빈신삼매로써 五位 가운데 위로 나아가는 보현만행법문으로 법계의 성품 그 자체가 원만하여 본래 和會할 게 없는 보현행에 들어감을 밝힌 때문이다.

이로부터 이하는 여래가 눈썹 사이에서 광명을 쏟아내니 그

이름을 '삼세 법계를 널리 비춰주는 법문[普照三世法界門]'이라 한다. 모든 보살로 하여금 '사자빈신삼매문'에 안주하도록 함이다.

이상 21단락은 또한 법계 가운데 보현 차별지의 걸림 없는 행을 회통하여 원만하기에 또한 보현으로 하여금 게송을 읊어 법을 찬탄하게 하였다.

이하에 눈썹 사이에서 광명을 쏟아냄은 자기의 법신인 근본普光明智가 법계에서 걸림 없이 자재한, 차별에 따라 같기도 하고 다르기도 한 보현행문의 理智의 체용과 일시에 함께 모임을 밝힌 것이다. 이는 곧 문수로 하여금 게송을 읊어 법을 찬탄하게 하였다. 문수와 보현, 두 몸이 眞諦·俗諦 2가지 지혜의 법계에 평등한, 언제나 그러한 법문을 성취하였다.

이 법계 가운데 본체와 작용 2가지 법문은 보현이 없으면 차별지가 행하지 못하며, 곧 寂靜에 나아가 悲行이 없다. 문수가 없으면 보현행이 유위이며 無常이기 때문에 이 두 사람의 법문으로써 하나의 법계의 본체와 작용을 성취하였다. 일체 제불의 법이 모두 이와 같다. 그 부처라 말한 것은 다만 두 사람의 본체와 작용 중에 머문 바가 없는 것을 '佛'이라 말하고, '부처가 머문 곳에 머무른다.'고 말한 것은 부처는 머문 바가 없는 데에 머무시니, 문수·보현의 理智와 萬行의 본체와 작용 중에 머문 바가 없는 지혜로 '부처'라는 이름을 얻은 것이다.

이 때문에 앞의 보현은 행으로써 이치를 나타낸 법문이고, 뒤의 문수는 이치로써 행을 밝힌 법문이다. 언어의 표현으로 가르침을 세우기에 전후가 있다고 이르지만, 그 법계를 말하면, 2가지 법이 함께 의뢰하여 원래 하나의 본체와 작용이기 때문이다.

또한 여래의 인연을 들어 법을 나타내는 것으로 말하면, 사자빈신삼매는 보현의 법문에 속하고, 눈썹 사이 백호상에서의 광명은 문수의 법문에 속한다. 광명은 법신의 미묘한 지혜를 나타내는 근본지에서 생겨난 바이며, 사자빈신삼매는 차별지의 행이기 때문에 문수와 보현 두 사람이 하나의 몸이 되었을 적에 비로소 법계에 자재한 법문을 성취하는 것이다. 근본지는 말이 없는 자성의 자리이며, 작용과 言說은 보현이 수습한 바임을 밝힌 것이다.

만일 3가지의 법이 별개로 행하면 바로 人天의 생사이다. 설령 득도한 자일지라도 그 이름은 애꾸눈, 앉은뱅이라 할 것이며, 혹은 초막에 머문 자라 할 것이다. 그는 법계의 큰 집의 대문에 들어가지 못하기 때문이다.

앞의 21단락 경문은 행으로써 이치를 회통하여 집착이 없는 법문이다. 이는 보현으로 주체를 삼고 문수로 객체를 삼은 것이다.

아래의 여래가 눈썹 사이에서 방광한 그 이름을 '삼세 법계를 두루 비춰주는 법문'이라 함은 이치로써 행을 회통하여 원융 자재하여 걸림이 없는 법문이라 말한다. 이는 문수로 주체를 삼고 보현으로 객체를 삼은 것이다.

이와 같이 주체와 객체가 서로 원융해야 바야흐로 그 이름을 법계자재라 한다.

'爾時世尊欲令諸菩薩安住如來師子嚬伸廣大三昧故' 이하

로부터 바로 '不離此逝多林如來之所'까지는 그 이름을 이치로써 행을 회통하여 원융 자재하여 걸림이 없는 법문이라 말한다.

第七普賢開發分 竟하다

제7. 보현의 열어 보여준 부분을 끝마치다.

大文 第八毫光示益分

令尋智光爲能證故니라

文中四니

初는 毫光普示오 二는 依光見法이오 三은 顯見證因緣이오 四는 明其得益이라

今은 初라

제8. 백호광으로 이익을 보여준 부분

지혜의 광명을 찾아 증득의 주체를 삼도록 하기 때문이다.

이의 경문은 4단락이다.

1. 백호광으로 널리 보여줌이며,

2. 백호광을 의지하여 법을 봄이며,

3. 옛 인연을 보고 증득함을 밝힘이며,

4. 그 얻은 이익을 밝힘이다.

이는 '1. 백호광으로 널리 보여줌'이다.

爾時에 世尊이 欲令諸菩薩로 安住如來師子頻申廣大三昧故로
從眉間白毫相하야 放大光明하시니 其光이 名普照三世法界門이라
以不可說佛刹微塵數光明으로 而爲眷屬하야
普照十方一切世界海諸佛國土하시니라

　그때, 세존께서 모든 보살을 여래의 사자빈신광대삼매에 안주하도록 하고자, 미간의 백호상에서 큰 광명을 쏟아내니, 그 광명의 이름을 '삼세 법계를 널리 비춰주는 법문'이라 하였다.

　말할 수 없는 부처 세계의 티끌 수와 같은 광명으로 권속을 삼아 시방의 일체 세계의 모든 부처님 국토에 널리 비춰주었다.

◉ 疏 ◉

有四니
一은 標光意오
二 從眉間下는 主光體用이니 表卽法界中道 無漏正智로 方能證前所現之法界故라 三世는 是相이오 相은 卽法界니 法界體用이 互爲其門이라 又通皆爲門이니 若見法界之性相이면 卽入三昧之體用故니라
三 以不可下는 光攝眷屬이니 差別之智 皆入法界故니라
四 普照下는 明光分齊니라

4단락으로 나뉜다.

(1) 방광의 의도를 밝혔고,

(2) '從眉間' 이하는 주체의 광명에 대한 본체와 작용이다. 법계 가운데 도와 하나가 된 無漏의 바른 지혜로 바야흐로 앞에 나타난 바의 법계를 증득하였음을 나타내기 때문이다.

삼세는 모양이고, 모양은 곧 법계이다. 법계의 본체와 작용이 서로 그 문이 된 것이다. 또한 공통으로 모두 문이 된다. 만일 법계의 性相을 보면 곧 삼매의 본체와 작용에 들어갈 수 있기 때문이다.

(3) '以不可' 이하는 방광으로 권속을 받아들임이다. 차별지가 모두 법계에 들어가기 때문이다.

(4) '普照' 이하는 방광의 한계를 밝혔다.

第二依光見法
中二니 先은 明此衆普見이오 後는 類通十方이라
今은 初라

2. 백호광을 의지하여 법을 보다

이는 2부분으로 나뉜다.

(1) 여기 모인 대중이 널리 봄을 밝혔고,

(2) 유로 시방을 밝혔다.

이는 '(1) 여기 모인 대중'이다.

時에 逝多林菩薩大衆이 悉見一切盡法界虛空界一切佛刹一一微塵中에 各有一切佛刹微塵數諸佛國土의 種種名과 種種色과 種種淸淨과 種種住處와 種種形相이어든 如是一切諸國土中에 皆有大菩薩이 坐於道場師子座上하야 成等正覺하야 菩薩大衆이 前後圍遶하고 諸世間主 而爲供養하며

或見於不可說佛刹量大衆會中에 出妙音聲하야 充滿法界하야 轉正法輪하며

或見在天宮殿과 龍宮殿과 夜叉宮殿과 乾闥婆와 阿修羅와 迦樓羅와 緊那羅와 摩睺羅伽와 人非人等의 諸宮殿中하며 或在人間村邑聚落王都大處하야

現種種姓과 種種名과 種種身과 種種相과 種種光明하야 住種種威儀하고 入種種三昧하고 現種種神變하며 或時에 自以種種言音하며 或令種種諸菩薩等으로 在於種種大衆會中하야 種種言辭로 說種種法하니라

그때, 서다림에 있는 보살 대중이 모두 보았다.

일체 모든 법계 허공계에 있는 일체 세계의 하나하나 티끌 속에, 각각 일체 세계의 티끌 수와 같은 부처님 국토가 있는데, 가지가지 이름, 가지가지 빛, 가지가지 청정, 가지가지 머무는 곳, 가지가지 형상이 있다. 이와 같은 일체 국토마다 모두 큰 보살들이 도량의 사자법좌에 앉아서 등정각을 이루니, 보살 대중이 앞뒤로 에

워싸고 모든 세간의 임금들이 공양하는 것을….

때로는 말할 수 없는 부처 세계와 같은 양의 대중법회에서 아름다운 음성을 내어 법계에 가득 바른 법륜을 굴리는 것을 보기도 하고,

때로는 하늘 궁전, 용의 궁전, 야차의 궁전, 그리고 건달바, 아수라, 가루라, 긴나라, 마후라가, 사람인 듯 아닌 듯한 등등의 여러 궁전 속에 있기도 하고,

때로는 인간의 마을과 도시와 도성 같은 큰 지방에 있으면서, 가지가지 성씨, 가지가지 이름, 가지가지 몸, 가지가지 모양, 가지가지 광명을 나타내어, 가지가지 위의에 머물고, 가지가지 삼매에 들어가고, 가지가지 신통변화를 나타내며,

어떤 때에는 스스로 가지가지 말을 내기도 하고,

어떤 때에는 여러 가지 보살들로 하여금 여러 가지 대중법회에서 가지가지 언어로 가지가지의 법을 말하였다.

● *疏* ●

文二니

先은 能見人이니 通新舊衆이라

後 悉見下는 明見法이니 亦二라

先은 見此會 徧法界之塵刹이오

後 或見於不可說下는 多類攝化하야 徧周法界니

於中에 分三이라

初는明廣大會徧이오

二或見在天宮下는明徧處不同이니 並在前塵剎之內오

三現種種姓下는別彰所現이니 亦通答前諸所念請일새 故云種種이라

이의 경문은 2단락이다.

앞은 보는 주체로서의 사람들이다. 새로 찾아온 대중과 예전에 있던 대중, 모두에게 통한다.

뒤의 '悉見' 이하는 대중들이 보았던 법을 밝혔다.

이 또한 2단락이다.

(ㄱ) 이 법회가 법계의 미진수 국토에 두루 존재함을 봄이다.

(ㄴ) '或見於不可說' 이하는 많은 부류의 중생을 교화하여 법계에 두루 미침이다.

이는 다시 3단락으로 나뉜다.

① 광대한 법회가 두루 열렸음을 밝혔다.

② '或見在天宮' 이하는 법회가 두루 열린 곳이 똑같지 않음을 밝혔다.

아울러 앞서 말한 미진수 세계 안에서 두루 법회가 열렸다.

③ '現種種姓' 이하는 나타난 중생들을 개별로 밝혔으며, 또한 앞서 말한 '생각으로 청하는 모든 것'을 통상으로 답하였기에 '가지가지[種種]'라고 말하였다.

第二, 類顯十方

則十方衆會同見이라

(2) 유로 시방을 밝히다

經

如此會中菩薩大衆이 見於如是諸佛如來甚深三昧大神通力하야
如是盡法界虛空界東西南北과 四維上下의 一切方海中에 依於衆生心想而住하야 始從前際로 至今現在一切國土身과 一切衆生身과 一切虛空道히 其中一一毛端量處에 一一各有微塵數刹의 種種業起하야 次第而住하야 悉有道場菩薩衆會어든
皆亦如是見佛神力으로 不壞三世하고 不壞世間하야 於一切衆生心中에 現其影像하며 隨一切衆生心樂하야 出妙言音하며 普入一切衆會中하고 普現一切衆生前하야 色相有別이나 智慧無異하며 隨其所應하야 開示佛法하야 敎化調伏一切衆生호되 未曾休息하나니라

　이 회중에 있는 보살 대중이 이와 같은 부처님 여래의 깊고 깊은 삼매, 큰 신통력을 보았던 것처럼,
　이와 같이 온 법계 허공계의 동서남북, 네 간방과 상방, 하방 일체 방향의 바다 가운데 중생의 마음을 의지하여 머물면서, 처음

과거로부터 오늘날의 일체 국토, 일체중생의 몸, 일체 허공에 이르기까지 그 가운데 하나하나 털끝만 한 곳에서 하나하나 티끌 수와 같은 세계가 가지가지 업으로 생겨나 차례로 머물면서, 모두 도량으로 보살 대중이 모여들었다.

또한 모두가 이처럼 부처님의 신통력으로 삼세가 무너지지 않고 세간이 무너지지 않으면서, 일체중생의 마음에 그 영상을 나타내며, 일체중생의 좋아하는 마음을 따라 미묘한 음성을 내고, 일체 대중법회에 널리 들어가고, 일체중생의 앞에 널리 몸을 나타낼 적에 빛과 모양은 다르지만 지혜는 다르지 않으며, 그들에게 마땅한 바를 따라 불법을 보이어 일체중생을 교화하고 조복하되 일찍이 멈추지 않음을 보았다.

● 疏 ●

於中에 二니
先은 舉此顯彼오
後如是盡下는 以彼類此니
於中에 亦二라
先은 舉能見分齊니 謂彼十方微細大會 並同此會之見이오
後皆亦如是下는 明其所見自在니 謂雖廣現이나 而不壞本相故니라

이의 경문은 2단락이다.

(ㄱ) 이곳을 들어서 저 다른 곳을 밝혔고,

(ㄴ) '如是盡法界' 이하는 저 다른 곳으로써 이곳과 같음을 말하였다.

이는 또다시 2단락이다.

① 볼 수 있는 한계를 들어 말하였다. 저 시방세계의 미세한 대중법회가 이 법회에서 보았던 것과 아울러 모두 똑같다.

② '皆亦如是' 이하는 그 보는 바가 자재함을 밝혔다. 비록 널리 그 몸을 나타내지만 본래의 모습을 무너뜨리지 않기 때문이다.

第三 明見證因緣

3. 옛 인연을 보고 증득함을 밝히다

經

其有見此佛神力者는 皆是毘盧遮那如來 於往昔時에 善根攝受며

或昔曾以四攝所攝이며

或是見聞憶念親近之所成熟이며

或是往昔에 敎其令發阿耨多羅三藐三菩提心이며

或是往昔에 於諸佛所에 同種善根이며

或是過去에 以一切智善巧方便으로 敎化成熟이니라

그들이 이러한 부처님의 신통력을 볼 수 있었던 것은 모두 비로자나여래께서 지난 옛적에 선근으로 거두어 주었기 때문이며,

혹은 일찍이 사섭법으로 거두어 주었던 바이며,

혹은 부처님을 보고 듣고 생각하고 기억하며 가까이함으로써 성숙한 바이며,

혹은 옛적에 그를 교화하여 아뇩다라삼먁삼보리심을 내도록 가르침이며,

혹은 옛적에 많은 부처님 도량에서 함께 선근을 심음이며,

혹은 과거에 일체 지혜와 뛰어난 방편으로 교화하여 성숙케 한 이들이다.

● 疏 ●

因緣은 謂頓爾證見이 非無宿因이라 然成前 爲見因이오 順下 爲證因이니 皆是如來所攝受故니 可知니라

옛 인연이란 단번에 증득하여 볼 수 있음은 숙세의 인연이 없지 않았음을 말한다. 그러나 앞을 성취함은 볼 수 있는 원인이 되고, 아래를 따름은 증득의 원인이 된다. 이는 모두 여래가 받아주었기 때문이다. 이는 설명하지 않아도 알 수 있다.

第四 明其得益

中二니

初는 明因見得法이오 二는 荷恩興供이라

前中二니

先은 畧明이오 後는 廣顯이라

今은 初라

4. 그 얻은 이익을 밝히다

이는 2부분으로 나뉜다.

1) 봄으로 인하여 법을 얻음을 밝혔고,

2) 은혜를 입고 공양을 올림이다.

앞의 '1) 봄으로 인하여 법을 얻음'은 다시 2단락이다.

(1) 간략히 밝혔고,

(2) 자세히 밝혔다.

이는 '(1) 간략히 밝힘'이다.

經

是故로 皆得入於如來不可思議甚深三昧의 盡法界虛空界大神通力하며

或入法身하며 或入色身하며 或入往昔所成就行하며 或入圓滿諸波羅蜜하며 或入莊嚴淸淨行輪하며 或入菩薩諸地하며 或入成正覺力하며 或入佛所住三昧無差別大神變하며 或入如來力無畏智하며 或入佛無礙辯才海하나니

彼諸菩薩이 以種種解와 種種道와 種種門과 種種入과 種種理趣와 種種隨順과 種種智慧와 種種助道와 種種方便과 種種三昧로

入如是等十不可說佛刹微塵數佛神變海方便門이니라

　따라서 모두 여래의 불가사의한 깊은 삼매의 온 법계 허공계의 큰 신통력에 들어가며,

　법신에 들어가기도 하고,

　육신에 들어가기도 하고,

　옛적에 성취한 행에 들어가기도 하고,

　원만한 여러 바라밀에 들어가기도 하고,

　장엄청정한 행에 들어가기도 하고,

　보살의 여러 지위에 들어가기도 하고,

　정각을 이루는 힘에 들어가기도 하고,

　부처님이 머무는 삼매의 차별 없는 큰 신통변화에 들어가기도 하고,

　여래의 열 가지 힘과 네 가지 두려움 없는 지혜에 들어가기도 하고,

　부처님의 걸림 없는 변재 바다에 들어가기도 하였다.

　저 보살들이 가지가지 이해, 가지가지 도, 가지가지 문, 가지가지 들어감, 가지가지 이치, 가지가지 따라줌, 가지가지 지혜, 가지가지 조도보리분법, 가지가지 방편, 가지가지 삼매로써 이와 같은 열 가지 말할 수 없는 부처 세계의 티끌 수 부처님 신통변화 바다의 방편문에 들어갔다.

● 疏 ●

略中三이니

一은 明所入이니 初句는 爲總이라 言'是故'者는 是前宿因之故오 '或入'下는 別列十名하야 以顯無盡이라

간략히 밝힌 부분은 3단락이다.

(ㄱ) 앞서 말한 들어간 바를 밝혔다. 첫 구절은 총상이다. '是故'라 말한 것은 앞의 宿因 때문이며, '或入' 이하는 10가지 명칭을 개별로 나열하여 다함이 없음을 나타냈다.

二'彼諸菩薩'下는 顯前能入이니 亦列十門이라

一 解者는 鑑達分明이니 種種不同은 如發心品이오

二 道는 謂一道二道로 乃至無量正道오

三 門은 謂無常門이니 夢境界門等이오

四 入은 謂所證差別이오

五 理趣는 謂意旨不同이오

六은 機法萬差를 並皆隨順이오

餘四는 可知니라 卽此能入이오 亦是所益이라【鈔_ '卽此能入亦是所益'者는 此有兩重能所하니 一은 遮那光照는 是其能益이오 '得解'等十은 卽是所益이며 二는 '此解三昧'等은 是其能入이오 '法身色身'等은 卽是所入이니 不因佛光이면 不得能入이오 不得能入이면 安得所入가 故能所入이 皆是成益也니라】

(ㄴ) '彼諸菩薩' 이하는 앞서 말한 '들어감의 주체'를 밝혔다.

또한 10구로 법문을 열거하였다.

제1구, 解란 비춰보고 통달하고 분명함이다. 가지가지 같지 않음은 제17 초발심공덕품에서 말한 바와 같다.

제2구, 道는 하나의 도, 2가지의 도, 내지 한량없는 바른 도를 말한다.

제3구, 門은 無常의 문과 꿈 경계의 문 등을 말한다.

제4구, 入은 증득 대상의 차별을 말한다.

제5구, 理趣는 뜻이 같지 않음을 말한다.

제6구, 근기와 법이 만 가지로 다른 것을 아울러 모두 따르는 것이다.

나머지 4구는 말하지 않아도 알 수 있다. 이는 들어감의 주체이며, 또한 이익이 되는 바이다.【초_ "이는 들어감의 주체이며, 또한 이익이 되는 바이다."는 것은 여기에 2중의 주체와 대상이 있다.

① 비로자나불의 광명이 비춤은 이익의 주체이며, 이해를 얻는 등 10구는 이익의 대상이다.

② 이에 삼매를 이해함 등은 들어감의 주체이며, 법신·색신 등은 들어감의 대상이다.

비로자나불의 광명을 인연하지 않으면 들어감의 주체를 얻을 수 없고, 들어감의 주체를 얻지 못하면 어떻게 들어감의 대상을 얻을 수 있겠는가. 이 때문에 들어감의 주체와 대상이 모두 이익을 이루는 것이다.】

三 '入如是等'下는 結其所入이니 謂用前解等하야 入前法身等이니 前畧列十이나 實有不可說塵數等이라

㈐ '入如是等' 이하는 들어감의 대상을 끝맺음이다. 앞서 말한 이해 등을 사용하여 앞의 법신 등에 들어감을 말한다.

앞에서는 간단하게 10가지를 나열했으나, 실제로는 말할 수 없는 미진수 등이 있다.

● 論 ●

一은 '爾時世尊欲令諸菩薩'已下로 至'佛神變海方便門'히 有四十四行經은 明諸菩薩이 蒙佛光照하야 得無量神變海方便門分이라

'爾時世尊이 欲令諸菩薩로 安住師子嚬伸三昧하야 放眉間白毫相光明하시니 名普照三世法界門'者는 以此光이 是法性身中根本普光明智니 此智現前時에 卽見三世久遠이 如今一體하며 無盡劫生死도 亦不移現前하야 總無體性하야 成大智海하야 衆法淸涼일세 便以衆行起으로 差別智하야 知根利生에 普周刹海하야 無有休息이 名爲普賢行이라

卽經已下文中에 獲不可說諸三昧門하야 敎化無限諸衆生門은 具如經說이니 如文自具니라

첫째, '爾時世尊欲令諸菩薩' 이하로부터 '佛神變海方便門'까지 44행의 경문은 모든 보살이 부처의 방광의 광명에 힘입어 한량없는 신통변화 바다의 방편문을 얻음에 대해 밝힌 부분이다.

"그때, 세존께서 모든 보살을 여래의 사자빈신광대삼매에 안주하도록 하고자, 미간의 백호상에서 큰 광명을 쏟아내니, 그 광명

의 이름을 '삼세 법계를 널리 비춰주는 법문'이라 하였다."는 것은 이 광명이 法性身(고려대장경에서는 '法界身中'으로 쓰여 있음) 가운데 근본 보광명지이다.

이 지혜가 나타날 때는 바로 삼세의 오랜 세월이 현재처럼 일체임을 보며, 그지없는 겁의 생사 또한 앞에서 변하지 않는다. 모두가 체성이 없어 대지혜의 바다를 성취하여 모든 법이 청량하기에 모든 행으로써 차별지를 일으켜 근기를 알고서 그에 따라 중생을 이롭게 하되, 많은 세계에 널리 두루 베풀면서 멈춤이 없음을 보현행이라 말한다.

이는 아래의 경문에서 말한, "말할 수 없는 모든 삼매 법문을 얻어서 한량없는 모든 중생을 교화하는 법문"은 구체적으로 경문에서 말한 바와 같다. 경문에서 말한 바와 같이 그 나름 갖춰져 있다.

後廣明得法

分二니

先은 廣能入이오 後는 廣其所入이라

前中은 但廣三昧一門이오 例餘九句니라

(2) 자세히 밝히다

2단락으로 나뉜다.

(ㄱ) 들어감의 주체를 자세히 말하였고,

(ㄴ) 그 들어간 대상을 자세히 말하였다.

'㈀ 들어감의 주체' 부분은 하나의 삼매 법문만을 자세히 말하였다.

나머지 9구는 이러한 예로 미뤄보면 된다.

經

云何種種三昧오
所謂普莊嚴法界三昧와
普照一切三世無礙境界三昧와
法界無差別智光明三昧와
入如來境界不動轉三昧와
普照無邊虛空三昧와
入如來力三昧와
佛無畏勇猛奮迅莊嚴三昧와
一切法界旋轉藏三昧와
如月普現一切法界하야 以無礙音으로 大開演三昧와
普淸淨法光明三昧와
無礙繒法王幢三昧와
一一境界中에 悉見一切諸佛海三昧와
於一切世間에 悉現身三昧와
入如來無差別身境界三昧와
隨一切世間하야 轉大悲藏三昧와
知一切法無有跡三昧와

知一切法究竟寂滅三昧와
雖無所得이나 而能變化하야 普現世間三昧와
普入一切刹三昧와
莊嚴一切佛刹하야 成正覺三昧와
觀一切世間主色相差別三昧와
觀一切衆生境界無障礙三昧와
能出生一切如來母三昧와
能修行入一切佛海功德道三昧와
一一境界中에 出現神變하야 盡未來際三昧와
入一切如來本事海三昧와
盡未來際토록 護持一切如來種性三昧와
以決定解力으로 令現在十方一切佛刹海로 皆淸淨三昧와
一念中에 普照一切佛所住三昧와
入一切境界無礙際三昧와
令一切世界로 爲一佛刹三昧와
出一切佛變化身三昧와
以金剛王智로 知一切諸根海三昧와
知一切如來同一身三昧와
知一切法界所安立이 悉住心念際三昧와
於一切法界廣大國土中에 示現涅槃三昧와
令住最上處三昧와

於一切佛刹에 現種種衆生差別身三昧와
普入一切佛智慧三昧와
知一切法性相三昧와
一念普知三世法三昧와
念念中에 普現法界身三昧와
以師子勇猛智로 知一切如來出興次第三昧와
於一切法界境界에 慧眼圓滿三昧와
勇猛趣向十力三昧와
放一切功德圓滿光明하야 普照世間三昧와
不動藏三昧와
說一法이 普入一切法三昧와
於一法에 以一切言音으로 差別訓釋三昧와
演說一切佛無二法三昧와
知三世無礙際三昧와
知一切劫無差別三昧와
入十力微細方便三昧와
於一切劫에 成就一切菩薩行不斷絕三昧와
十方普現身三昧와
於法界에 自在成正覺三昧와
生一切安穩受三昧와
出一切莊嚴具하야 莊嚴虛空界三昧와
念念中에 出等衆生數變化身雲三昧와

如來淨空月光明三昧와

常見一切如來住虛空三昧와

開示一切佛莊嚴三昧와

照明一切法義燈三昧와

照十力境界三昧와

三世一切佛幢相三昧와

一切佛一密藏三昧와

念念中에 所作皆究竟三昧와

無盡福德藏三昧와

見無邊佛境界三昧와

堅住一切法三昧와

現一切如來變化하야 悉令知見三昧와

念念中에 佛日常出現三昧와

一日中에 悉知三世所有法三昧와

普音演說一切法性寂滅三昧와

見一切佛自在力三昧와

法界開敷蓮華三昧와

觀諸法如虛空無住處三昧와

十方海로 普入一方三昧와

入一切法界無源底三昧와

一切法海三昧와

以寂靜身으로 放一切光明三昧와

一念中에 現一切神通大願三昧와

一切時一切處에 成正覺三昧와

以一莊嚴으로 入一切法界三昧와

普現一切諸佛身三昧와

知一切衆生廣大殊勝神通智三昧와

一念中에 其身이 徧法界三昧와

現一乘淨法界三昧와

入普門法界하야 示現大莊嚴三昧와

住持一切佛法輪三昧와

以一切法門으로 莊嚴一法門三昧와

以因陀羅網願行으로 攝一切衆生界三昧와

分別一切世界門三昧와

乘蓮華自在遊步三昧와

知一切衆生種種差別神通智三昧와

令其身으로 恒現一切衆生前三昧와

知一切衆生差別音聲言辭海三昧와

知一切衆生差別智神通三昧와

大悲平等藏三昧와

一切佛이 入如來際三昧와

觀察一切如來解脫處師子頻申三昧니

菩薩이 以如是等不可說佛刹微塵數三昧로 入毘盧遮那如來念念充滿一切法界三昧神變海니라

무엇을 가지가지 삼매라 하는가?

이른바 법계를 두루 장엄하는 삼매,

일체 삼세의 걸림 없는 경계를 널리 비추는 삼매,

법계의 차별 없는 지혜 광명의 삼매,

여래의 경계에 들어가 흔들리지 않는 삼매,

그지없는 허공을 두루 비추는 삼매,

여래의 힘에 들어가는 삼매,

부처의 두려움 없는 용맹으로 분발하는 장엄의 삼매,

일체 법계에 선회하는 법장의 삼매,

달처럼 일체 법계에 두루 나타나 걸림 없는 음성으로 크게 연설하는 삼매,

두루 청정한 법의 광명 삼매,

걸림 없는 비단 법왕 당기 삼매,

하나하나 경계 속에서 일체 부처님 바다를 모두 보는 삼매,

일체 세간에 모두 몸을 나타내는 삼매,

여래의 차별 없는 몸의 경계에 들어가는 삼매,

일체 세간을 따라 대자비의 법장을 굴리는 삼매,

일체 법에 자취가 없음을 아는 삼매,

일체 법이 끝까지 고요함을 아는 삼매,

비록 얻은 바 없으나 변화하여 세간에 두루 나타나는 삼매,

일체 세계에 두루 들어가는 삼매,

일체 부처 세계를 장엄하여 정각을 이루는 삼매,

일체 세간 임금의 모양이 각기 다름을 보는 삼매,

일체중생의 경계를 보는 데 장애가 없는 삼매.

일체 여래의 어머니를 내는 삼매,

수행으로 일체 부처님의 공덕의 도에 들어가는 삼매,

하나하나 경계에서 미래 세월이 다하도록 신통변화를 나타내는 삼매,

일체 여래의 본생의 일에 들어가는 삼매,

미래 세월이 다하도록 일체 여래의 종성을 보호하는 삼매,

결정한 지혜의 힘으로 현재 시방 부처의 세계 바다를 모두 청정하게 하는 삼매,

한 생각의 찰나에 일체 부처님이 머무신 곳을 두루 비추는 삼매,

일체 경계의 걸림 없는 자리에 들어가는 삼매,

일체 세계로 한 부처의 세계를 만드는 삼매,

일체 부처님의 변화한 몸을 내는 삼매,

금강왕 지혜로 일체 모든 중생의 근기 바다를 아는 삼매,

일체 여래와 동일한 몸임을 아는 삼매,

일체 법계의 안립된 바가 모두 마음의 생각 경계에 머무는 것을 아는 삼매,

일체 법계의 광대한 국토에서 열반을 보이는 삼매,

가장 높은 곳에 머물게 하는 삼매,

일체 부처의 세계에서 가지가지 중생의 각기 다른 몸을 나타내는 삼매,

일체 부처의 지혜에 널리 들어가는 삼매,

일체 법의 성품과 모양을 아는 삼매,

한 생각의 찰나에 삼세 법을 두루 아는 삼매,

한 생각의 찰나마다 법계의 몸을 널리 나타내는 삼매,

사자의 용맹한 지혜로 일체 여래의 나시는 차례를 아는 삼매,

일체 법계의 경계에 지혜 눈이 원만한 삼매,

용맹하게 열 가지 힘으로 향하여 나아가는 삼매,

일체 공덕의 원만한 광명을 쏟아내어 세간을 두루 비추는 삼매,

흔들리지 않는 법장 삼매,

하나의 법을 말하여 일체 법에 두루 들어가는 삼매,

하나의 법에 대하여 일체 언어와 음성으로 각기 달리 해석하는 삼매,

일체 부처님의 둘이 없는 법을 연설하는 삼매,

삼세의 걸림 없는 경계를 아는 삼매,

일체 겁이 차별이 없음을 아는 삼매,

열 가지 힘의 미세한 방편에 들어가는 삼매,

일체 겁에 일체 보살행을 성취하여 끊어지지 않는 삼매,

시방에 널리 몸을 나타내는 삼매,

법계에서 마음대로 정각을 이루는 삼매,

일체 편안한 느낌을 내는 삼매,

일체 장엄거리를 내어 허공계를 장엄하는 삼매,

한 생각의 찰나마다 중생의 수효처럼 변화하는 몸 구름을 내

는 삼매,

여래의 청정한 허공에 달의 광명 삼매,

일체 여래가 허공에 머묾을 항상 보는 삼매,

일체 부처의 장엄을 열어 보이는 삼매,

일체 법과 뜻을 밝게 비춰주는 등불 삼매,

열 가지 힘의 경계를 비추는 삼매,

삼세 일체 부처님의 당기 모양 삼매,

일체 부처님의 한 가지 비밀법장의 삼매,

한 생각의 찰나마다 하는 일이 모두 최고의 경계에 이르는 삼매,

다함이 없는 복덕장의 삼매,

그지없는 부처님의 경계를 보는 삼매,

일체 법에 굳건히 머무는 삼매,

일체 여래의 변화를 나타내어 모두 보고 아는 삼매,

한 생각의 찰나마다 부처님 태양이 언제나 나타나는 삼매,

하루 사이에 삼세에 있는 법을 다 아는 삼매,

널리 울리는 음성으로 일체 법성의 적멸을 연설하는 삼매,

일체 부처님의 자재한 힘을 보는 삼매,

법계에 연꽃을 피우는 삼매,

모든 법이 허공과 같아 머무는 곳이 없음을 보는 삼매,

시방의 바다가 한곳으로 모두 들어가는 삼매,

일체 법계가 근원이 없는 데 들어가는 삼매,

일체 법계 바다의 삼매,

고요한 몸으로 일체 광명을 쏟아내는 삼매,

한 생각 찰나에 일체 신통과 큰 서원을 나타내는 삼매,

일체 시간, 일체 공간에서 바른 깨달음을 이루는 삼매,

하나의 장엄으로 일체 법계에 들어가는 삼매,

일체 부처님의 몸을 두루 나타내는 삼매,

일체중생의 광대하고 수승한 신통의 지혜를 아는 삼매,

한 생각의 찰나에 그 몸이 법계에 두루 하는 삼매,

일승의 청정한 법계를 나타내는 삼매,

보문의 법계에 들어가 큰 장엄을 나타내는 삼매,

일체 부처님의 법륜을 지니는 삼매,

일체 법문으로 하나의 법문을 장엄하는 삼매,

인드라 그물 같은 원행으로 일체 중생계를 거두어 주는 삼매,

일체 세계의 법문을 분별하는 삼매,

연꽃을 타고 마음대로 노니는 삼매,

일체중생의 가지가지 다른 신통지혜를 아는 삼매,

그 몸을 일체중생의 앞에 항상 나타내는 삼매,

일체중생의 각기 다른 음성과 언어를 아는 삼매,

일체중생의 각기 다른 지혜신통을 아는 삼매,

큰 자비의 평등한 법장의 삼매,

일체 부처가 여래의 경계에 들어가는 삼매,

일체 여래의 해탈한 곳을 관찰하는 사자분신삼매이다.

보살이 이처럼 말할 수 없는 부처 세계의 티끌 수처럼 수많은

삼매로, 비로자나여래의 한 생각의 찰나마다 일체 법계에 충만한 삼매의 신통변화 바다에 들어갔다.

◉ 疏 ◉

文中三이니

初句는 徵起오

자세히 밝힌 부분은 3단락이다.

첫 구절은 물음으로 일으켰다.

次'所謂'下는 別列一百一門이니 皆從業用受名이니 並以法性眞如로 爲三昧本이라 隨一一事하야 皆能契實하야 正受現前故니 於中에 前一百門은 別別業用이오

後一은 總相同果니라

初言普莊嚴法界三昧者는 入此三昧하야 能令法界普妙嚴飾故니 斯卽頻申으로 現淨土之一義오 下諸三昧는 皆是頻申大用別義일세 故以多別로 入佛之總이니 諸門別義는 說者隨宜니라

後'師子頻申'者는 若不總相分同이면 無以能究佛境故니라

다음 '所謂' 이하는 101가지의 삼매 법문을 개별로 나열하였다.

이는 모두 그 하는 일과 작용에 따라 붙인 이름이다. 아울러 법성의 진여가 삼매의 근본이다. 하나하나 그 모든 일을 따라서 모두 실상에 계합하여 正受가 앞에 나타나기 때문이다.

그 가운데 앞의 1백 가지 삼매 법문은 개별의 일과 작용이고, 뒤의 1가지 삼매 법문은 총상으로 같은 결과이다.

처음 '법계를 두루 장엄하는 삼매'라 말한 것은 이 삼매에 들어야 법계로 하여금 널리 미묘하게 장엄하여 꾸미기 때문이다. 이는 곧 빈신삼매로 정토를 나타내는 하나의 의의이며, 아래에 말한 모든 삼매는 모두가 이 빈신삼매의 큰 작용에 따른 개별의 뜻이기에 많은 개별로써 부처의 총상에 들어가는 것이다. 모든 삼매 법문의 개별 의의는 이를 말한 자가 편의에 따른 것이다.

맨 끝의 '사자빈신삼매'란 만약 총상의 부분으로 똑같지 않으면 부처의 경계를 다할 수 없기 때문이다.

三 菩薩如是 下는 總結能所니 上畧列百門하니 如是之例 有多塵數라야 方能入佛神變之海니 三昧旣爾하야 解等九門亦然호되 文畧不結이라

셋째, '菩薩如是' 이하는 주체와 객체를 총괄하여 끝맺었다. 위에서는 1백 가지 삼매 법문을 간략하게 나열하였다. 이와 같은 예가 미진수만큼이나 많아야 바야흐로 부처의 신통변화 바다에 들어갈 수 있다. 삼매가 이미 그러하므로 이해 등 9가지 법문 또한 그와 같지만, 문장을 생략하여 끝맺지 않았다.

二 廣所入

中二니 先은 別列이오 後 '其諸菩薩具如是' 下는 總結이라
前中에 有其十德하야 廣前十門別句로되 而小不次니 總句는 卽前三昧結中이라【鈔_ '總句 卽前三昧結中'者는 前總明所入에 有

十一句하니 初一은 是總이니 今不別廣이오 '卽前三昧結中'은 是廣上總이니 上總에 云 '是故로 皆得入於如來不可思議甚深三昧盡法界虛空界大神通力'이라하니 今廣中三昧結에 云 '菩薩이 以如是等不可說佛刹微塵數三昧로 入毘盧遮那如來念念充滿一切法界三昧神變海'라 是故로 三昧結은 卽前總句오 此下는 但廣前別十句耳어늘 而言 '不次者'는 此一은 卽前六이오 二는 卽前五오 三은 卽前四오 四는 卽前九오 五는 卽前三이오 六은 卽前一이오 七은 卽前二오 八은 卽前十이오 九는 卽前八이오 十은 卽前七이라 文竝可知니라】

(ㄴ) 그 들어간 대상을 자세히 말하다

이는 2단락으로 나뉜다.

첫째, 개별로 나열하였고,

둘째, '其諸菩薩具如是' 이하는 총괄하여 끝맺었다.

'첫째, 개별 나열' 부분에 10가지 덕이 있어 앞의 10가지 법문의 개별 구절들을 자세히 말하고 있지만, 그 차례는 조금 맞지 않다. 총상의 구절은 곧 앞서 말한 삼매를 끝맺은 부분이다. 【초_ "총상의 구절은 곧 앞서 말한 삼매를 끝맺은 부분이다."는 것은 앞에서 들어가는 대상을 총괄하여 밝힌 부분에 11구가 있다. 첫 구절은 총상이다. 여기에서는 개별 부분을 자세히 말하지 않았다.

'卽前三昧結中'은 위 '4. 그 얻은 이익을 밝힌 가운데 앞부분에서 간략히 밝힌' 부분의 총구의 의의를 자세히 말한 것이다. 위의 총괄한 구절에서 "따라서 모두 여래의 불가사의한 깊은 삼매의 온 법계 허공계의 큰 신통력에 들어갔다."고 말하였기에, 이의 삼매를 자세히 말한 부분의 끝맺음에서 "보살이 이처럼 말할 수 없는 부처 세계의 티끌 수처럼 수많은 삼매로, 비로자나여래의 한 생각의 찰나마다 일체 법계에 충만한 삼매의 신통변화 바다에 들어갔다."고 말하였다. 이 때문에 이의 경문에서 말한 '삼매의 結句'는 앞의 總句[是故… 盡法界虛空界大神通力]이고, 이 아래는 단 앞서 말한 개별의 10구를 자세히 밝혔을 뿐이다. 그러나 "차례는 맞지 않다[不次]."고 말한 것은 아래의 10구와 위의 10구를 짝하면 다음과 같다.

　　① 智位高深德은 앞의 제6구[或入菩薩諸地]이고,
　　② 調生無染德은 앞의 제5구[或入莊嚴淸淨行輪]이며,
　　③ 成滿諸度德은 앞의 제4구[或入圓滿諸波羅蜜]이고,
　　④ 智力無畏德은 앞의 제9구[或入如來力無畏智]이며,
　　⑤ 成就昔行德은 앞의 제3구[或入往昔所成就行]이고,
　　⑥ 法身圓滿德은 앞의 제1구[或入法身]이며,
　　⑦ 色身自在德은 앞의 제2구[或入色身]이고,
　　⑧ 辨才自在德은 앞의 제10구[或入佛無礙辯才海]이며,
　　⑨ 三昧神變德은 앞의 제8구[或入佛所住三昧無差別大神變]이고,
　　⑩ 成等正覺德은 앞의 제7구[或入成正覺力]이다.
이의 문장은 모두 설명하지 않아도 알 수 있다.】

經
其諸菩薩이 皆悉具足大智神通하야 明利自在하야 住於諸地하며 以廣大智로 普觀一切 從諸智慧種性而生하야

一切智智 常現在前하야 **得離癡翳淸淨智眼**하며

그 모든 보살은 모두 큰 지혜와 신통을 두루 갖추어, 밝고 예리함이 자재하여 여러 지위에 머물며, 광대한 지혜로 모든 것이 지혜의 종성에서 생겨남을 두루 보고서, 일체 지혜의 지혜가 항상 앞에 나타나 어리석은 가림을 여읜 청정한 지혜 눈을 얻었으며,

● 疏 ●

別列中에 一은 智位高深德이니 卽前諸地라

별도의 나열 가운데, ① 지혜의 지위가 높고 심오한 공덕이다. 이는 앞서 말한 모든 지위이다.

經

爲諸衆生하야 **作調御師**하야 **住佛平等**하야 **於一切法**에
無有分別하며
了達境界하야 **知諸世間**이 **性皆寂滅**하야 **無有依處**하며
普詣一切諸佛國土호되 **而無所着**하며
悉能觀察一切諸法호되 **而無所住**하며
徧入一切妙法宮殿호되 **而無所來**하며
敎化調伏一切世間하야 **普爲衆生**하야 **現安穩處**하며

많은 중생을 위하여 그들을 다스리는 스승이 되어 부처님의 평등한 데 머물면서 일체 법에 분별이 없으며,

경계를 분명히 통달하여 모든 세간의 성품이 고요하여 의지한

데 없음을 알며,

　　일체 부처의 국토에 두루 나아가나 집착한 바 없으며,

　　일체 모든 법을 관찰하나 머무른 바가 없으며,

　　일체 미묘한 법의 궁전에 두루 들어가나 오는 바가 없으며,

　　일체 세간을 교화하고 조복하여 널리 중생을 위해 편안한 곳을 보여주며,

● 疏 ●

二는 調生無染德이니 卽三輪嚴淨이라

　　② 중생을 조복하되 물듦이 없는 공덕이다. 이는 삼륜의 장엄 청정이다.

經

智慧解脫로 爲其所行하며
恒以智身으로 住離貪際하며
超諸有海하야 示眞實際하며
智光圓滿하야 普見諸法하며
住於三昧하야 堅固不動하며
於諸衆生에 恒起大悲하며
知諸法門이 悉皆如幻하고
一切衆生이 悉皆如夢하고
一切如來 悉皆如影하고

一切言音이 悉皆如響하고
一切諸法이 悉皆如化하며
善能積集殊勝行願하야 智慧圓滿하며
淸淨善巧나 心極寂靜하며
善入一切總持境界하며
具三昧力하야 勇猛無怯하며
獲明智眼하야 住法界際하며
到一切法無所得處하며
修習無涯智慧大海하며
到智波羅蜜究竟彼岸하며
爲般若波羅蜜之所攝持하며
以神通波羅蜜로 普入世間하며
依三昧波羅蜜로 得心自在하며

　　　지혜 해탈로 그들의 행할 바를 위하며,

　　　항상 지혜의 몸으로 탐욕을 떠난 경계에 머물며,

　　　삼유(三有: 欲界有·色界有·無色界有)를 초월하여 진실한 경계를 널리 보여주며,

　　　지혜 광명이 원만하여 널리 모든 법을 보여주며,

　　　삼매에 머물면서 견고하여 흔들리지 않으며,

　　　많은 중생에게 크게 가엾이 여기는 마음을 일으키며,

　　　모든 법문이 모두 허깨비와 같음을 알며,

　　　일체중생이 꿈과 같으며,

일체 여래가 그림자와 같으며,

일체 언어와 음성이 메아리와 같으며,

일체 모든 법이 변화와 같으며,

훌륭한 행과 원을 잘 모아서 지혜가 원만하며,

뛰어난 방편이 청정하지만 마음은 지극히 고요하며,

일체 총지의 경계에 잘 들어가며,

삼매의 힘을 두루 갖추어 용맹스럽고 겁이 없으며,

밝은 지혜의 눈을 얻어 법계의 경계에 머물며,

일체 법이 얻을 게 없는 곳에 이르며,

끝없는 지혜 바다를 닦아 익히며,

지혜바라밀다의 마지막 경계인 피안에 이르며,

반야바라밀로 거둬 지닌 바가 되며,

신통바라밀로 세간에 널리 들어가며,

삼매바라밀을 의지하여 마음이 자재함을 얻으며,

● 疏 ●

三은 成滿諸度德이라

③ 모든 바라밀을 성취하고 원만한 공덕이다.

經

以不顚倒智로 **知一切義**하며
以巧分別智로 **開示法藏**하며

以現了智로 訓釋文辭하며

以大願力으로 說法無盡하며

以無所畏大師子吼로 常樂觀察無依處法하며

以淨法眼으로 普觀一切하며

以淨智月로 照世成壞하며

以智慧光으로 照眞實諦하며

福德智慧 如金剛山하야 一切譬喩의 所不能及이며

善觀諸法하야 慧根增長하며

勇猛精進하야 摧伏衆魔하며

無量智慧 威光熾盛하며

其身이 超出一切世間하야 得一切法無礙智慧하며

善能悟解盡無盡際하며

住於普際하야 入眞實際하며

無相觀智 常現在前하며

  전도되지 않은 지혜로 일체 이치를 알며,

  뛰어나게 분별하는 지혜로 법장을 열어 보이며,

  드러나게 아는 지혜로 문장을 해석하며,

  큰 서원의 힘으로 설법이 그지없으며,

  두려움이 없는 큰 사자후로 의지한 데 없는 법을 언제나 관찰하기 좋아하며,

  청정한 법안으로 일체를 두루 보며,

  청정한 지혜 달로 세간이 이뤄지고 무너짐을 비춰보며,

지혜 광명으로 진실한 이치를 비춰보며,

복덕과 지혜는 금강산과 같아 일체 비유로 말할 수 없으며,

모든 법을 잘 관찰하여 지혜의 뿌리가 증장하며,

용맹정진으로 많은 마군을 꺾어 굴복시키며,

한량없는 지혜는 위엄과 광채가 치성하며,

그 몸이 일체 세간에서 뛰어나 일체 법에 걸림 없는 지혜를 얻으며,

그지없는 경계를 잘 알며,

두루 드넓은 경계에 머물면서 진실한 경계에 들어가며,

형상 없이 관찰하는 지혜가 항상 앞에 나타나며,

◉ ◉

四는 智力無畏德이니 雖有四辨이나 意在於智라

④ 지혜의 힘으로 두려움이 없는 공덕이다. 비록 四無礙辨이 있으나 뜻은 지혜에 있다.

經

善巧成就諸菩薩行하며
以無二智로 知諸境界하며
普見一切世間諸趣하며
徧往一切諸佛國土하며
智燈圓滿하야 於一切法에 無諸闇障하며

放淨法光하야 照十方界하며
爲諸世間의 眞實福田하야 若見若聞에 所願皆滿하며
福德高大하야 超諸世間하며
勇猛無畏하야 摧諸外道하며
演微妙音하야 徧一切刹하며

　　뛰어나게 모든 보살행을 성취하며,

　　둘이 없는 지혜로 여러 경계를 알며,

　　일체 세간의 여러 길을 두루 보며,

　　일체 모든 부처님의 국토에 두루 가며,

　　지혜 등불이 원만하여 일체 법에 모든 장애가 없으며,

　　청정한 법의 광명을 내어 시방세계를 비추며,

　　여러 세간의 진실한 복전이 되어 보는 이나 듣는 이의 소원이 모두 이뤄지며,

　　복덕이 높고 커서 세간에서 뛰어나며,

　　용맹하고 두려움이 없어 외도들을 꺾으며,

　　미묘한 음성을 내어 일체 세계에 두루 하며,

● 疏 ●

五는 成就昔行德이라

　⑤ 옛 수행을 성취한 공덕이다.

經

普見諸佛호되 心無厭足하며
於佛法身에 已得自在하며
隨所應化하야 而爲現身하며
一身이 充滿一切佛刹하며

> 널리 부처님을 뵈옵는 마음에 싫어함이 없으며,
> 부처님의 법신에 이미 자재함을 얻으며,
> 교화할 중생을 따라 몸을 나타내며,
> 하나의 몸이 일체 부처님 세계에 가득하며,

● **疏** ●

六은 法身圓滿德이라

> ⑥ 법신이 원만한 공덕이다.

經

已得自在淸淨神通하며
乘大智舟하야 所往無礙하며
智慧圓滿하야 周徧法界하며
譬如日出하야 普照世間하며
隨衆生心하야 現其色像하며
知諸衆生의 根性欲樂하며
入一切法無諍境界하며

知諸法性의 **無生無起**하며
能令小大로 **自在相入**하며

  이미 자재한 청정 신통을 얻었으며,

  큰 지혜의 배를 타고서 가는 곳마다 걸림이 없으며,

  지혜가 원만하여 법계에 두루 하며,

  비유하면 태양이 솟은 것처럼 세간을 널리 비추며,

  중생의 마음을 따라 빛과 형상을 나타내며,

  모든 중생의 근성과 욕망을 알며,

  일체 법의 다툼이 없는 경계에 들어가며,

  모든 법성이 생겨남도 없고 일어남도 없음을 알며,

  크고 작은 데에 자재하게 모두 들어가며,

● 疏 ●

七은 色身自在德이라

  ⑦ 색신이 자재한 공덕이다.

經

決了佛地의 **甚深之趣**하며
以無盡句로 **說甚深義**하며
於一句中에 **演說一切修多羅海**하며
獲大智慧陀羅尼身하야 **凡所受持**를 **永無忘失**하며
一念에 **能憶無量劫事**하며

一念에 悉知三世一切諸衆生智하며
恒以一切陀羅尼門으로 演說無邊諸佛法海하며
常轉不退淸淨法輪하야 令諸衆生으로 皆生智慧하며

 부처님 지위의 매우 깊은 뜻을 분명히 알며,

 끝없는 글귀로 매우 깊은 이치를 말하며,

 한 구절 속에서 모든 경전의 바다를 연설하며,

 큰 지혜의 다라니 몸을 얻어 배워 지닌 바를 영원히 잊지 않으며,

 한 생각에 한량없는 겁의 일을 기억하며,

 한 생각에 삼세 일체중생의 지혜를 알며,

 항상 일체 다라니 법문으로 그지없는 부처님의 법 바다를 연설하며,

 언제나 물러서지 않는 청정한 법륜을 굴려 일체중생이 모두 지혜를 내도록 하며,

◉ 疏 ◉

八은 辨才自在德이라

 ⑧ 변재가 자재한 공덕이다.

經

得佛境界智慧光明하야 入於善見甚深三昧하며
入一切法無障礙際하며

於一切法에 勝智自在하며
一切境界에 淸淨莊嚴하며
普入十方一切法界하야 隨其方所하야 靡不咸至하며

    부처 경계의 지혜 광명을 얻어서 잘 보는 깊은 삼매에 들어가며,
    일체 법의 장애가 없는 경계에 들어가며,
    일체 법에 훌륭한 지혜가 자재하며,
    일체 경계에 청정하게 장엄하며,
    시방의 일체 법계에 두루 들어가 어느 곳이든 이르지 않는 데가 없으며,

⊙ 疏 ⊙

九는 三昧神變德이라
    ⑨ 삼매의 신통변화의 공덕이다.

經

一一塵中에 現成正覺하야 於無色性에 現一切色하며
以一切方으로 普入一方하나니

    하나하나 티끌마다 정각의 성취가 나타나 색의 성품이 없는 데서 일체 색을 나타내며,
    일체 방위를 하나의 방위에 널리 넣었다.

● 疏 ●

十은 成等正覺德이라

⑩ 등정각을 성취한 공덕이다.

第二 總結

둘째, 총괄하여 끝맺다

經

其諸菩薩이 **具如是等無邊福智功德之藏**하야 **常爲諸佛之所稱歎**하니 **種種言辭**로 **說其功德**하야도 **不能令盡**이라 **靡不咸在逝多林中**하야 **深入如來功德大海**하야 **悉見於佛光明所照**러라

그 보살들이 이와 같이 그지없는 복덕과 지혜와 공덕의 창고를 갖추어, 항상 부처님들의 칭찬을 받았다.

가지가지 말로써 그 공덕을 말할지라도 다할 수 없다. 모두 서다림 속에 있으면서 여래의 공덕 바다에 깊이 들어가 부처님의 광명이 비치는 바를 모두 보지 않음이 없었다.

● 疏 ●

可知니라

이는 설명하지 않아도 알 수 있다.

第二 荷恩興供

2) 은혜를 입고 공양을 올리다

經

爾時에 諸菩薩이 得不思議正法光明하야 心大歡喜하사 各於其身과 及以樓閣諸莊嚴具와 幷其所坐師子之座와 徧逝多林一切物中에 化現種種大莊嚴雲하야 充滿一切十方法界하니

所謂於念念中에 放大光明雲하야 充滿十方하야 悉能開悟一切衆生하며

出一切摩尼寶鈴雲하야 充滿十方하야 出微妙音하야 稱揚讚歎三世諸佛一切功德하며

出一切音樂雲하야 充滿十方하야 音中에 演說一切衆生의 諸業果報하며

出一切菩薩種種願行色相雲하야 充滿十方하야 說諸菩薩의 所有大願하며

出一切如來自在變化雲하야 充滿十方하야 演出一切諸佛如來의 語言音聲하며

出一切菩薩相好莊嚴身雲하야 充滿十方하야 說諸如來의 於一切國土에 出興次第하며

出三世如來道場雲하야 充滿十方하야 現一切如來의 成

等正覺功德莊嚴하며

出一切龍王雲하야 充滿十方하야 雨一切諸香하며

出一切世主身雲하야 充滿十方하야 演說普賢菩薩之行하며

出一切寶莊嚴淸淨佛刹雲하야 充滿十方하야 現一切如來의 轉正法輪이라

是諸菩薩이 以得不思議法光明故로 法應如是出興此等不可說佛刹微塵數大神變莊嚴雲하니라

　그때, 모든 보살이 불가사의한 바른 법의 광명을 얻고서 아주 기쁜 마음에 제각기 그 몸과 누각에 쓰일 모든 장엄거리와 아울러 그 앉아야 할 사자법좌와 서다림에 두루 존재하는 모든 물건에 가지가지 큰 장엄 구름을 변화로 나타내어 일체 시방 법계에 가득하였다.

　이른바 한 생각의 찰나마다 큰 광명의 구름을 쏟아내어 시방에 가득하여 일체중생을 깨우쳐주었으며,

　일체 마니주 보배 풍경 구름을 내어 시방에 가득하여 미묘한 음성으로 삼세제불의 일체 공덕을 일컫고 찬탄하였으며,

　일체 음악 구름을 내어 시방에 가득하여 그 음성 속에서 일체중생의 업과 과보를 연설하였으며,

　일체 보살의 가지가지 원행의 빛깔 구름을 내어 시방에 가득하여 보살들이 지닌 바의 큰 서원을 말하였으며,

　일체 여래의 자재하게 변화하는 구름을 내어 시방에 가득하여 모든 부처님 여래의 언어와 음성으로 말하였으며,

일체 보살의 잘생긴 모습으로 장엄한 몸 구름을 내어 시방에 가득하여 여래의 모든 국토가 생겨난 차례를 말하였으며,

삼세 여래의 도량 구름을 내어 시방에 가득하여 일체 여래의 등정각을 성취한 공덕 장엄을 나타냈으며,

일체 용왕 구름을 내어 시방에 가득하여 일체 모든 향을 내려 주었으며,

일체 세간 임금의 몸 구름을 내어 시방에 가득하여 보현보살의 행을 연설하였으며,

일체 보배로 장엄하여 청정한 부처 세계 구름을 내어 시방에 가득하여 일체 여래의 바른 법륜 굴림을 나타내었다.

이 모든 보살이 불가사의한 법의 광명을 얻었으므로 법이 당연히 이와 같이 이런 말할 수 없는 부처 세계의 티끌 수처럼 수많은 큰 신통변화로 장엄한 구름을 일으키는 것이다.

● 疏 ●

興供中三이니 初는 總이오 次'所謂'下는 別이라 後'是諸菩薩'下는 結이라 結其所因이니 由得前十種德故니라

공양 올린 부분은 3단락이다.

(1) 총상이며,

(2) '所謂' 이하는 별상이며,

(3) '是諸菩薩' 이하는 끝맺음이다. 그 원인이 되는 바를 끝맺음이다. 앞의 10가지 공덕을 얻은 데서 연유한 까닭이다.

第八 毫光示益分 竟하다

　　제8. 백호광으로 이익을 보여준 부분을 끝마치다.

―

大文 第九 文殊述德分

文殊主智라 故光後述德이라 光은 本令證三昧오 智는 本爲顯法界니 尋智得理일새 故述歎林中이라

又前普賢門은 以行顯理하고 此則以解顯理니 解行無二라야 方能入故니라 通明인댄 卽以文殊權實無二之大智와 普賢體用之理行으로 此二無二라 共顯如來三昧之果德이라

文中二니

先은 述意라

　　제9. 문수의 공덕 서술 부분

　　문수는 지혜를 주장한 까닭에 방광한 뒤 공덕을 일컬어 말하였다. 방광은 본래 삼매를 증득케 함이며, 지혜는 본래 법계를 나타내기 위함이다. 지혜를 찾아 이치를 얻는 까닭에 서다림에서 찬탄을 서술하였다.

　　또한 앞의 보현문에서는 행으로 이치를 밝혔고, 여기에서는 이해로써 이치를 나타냈다. 이해와 행이 둘이 없어야 바야흐로 들어갈 수 있기 때문이다.

　　전체로 밝히면 문수의 방편의 권교와 진리의 실교가 둘이 없는 큰 지혜, 그리고 보현의 본체와 작용인 이치와 행으로써 이 2가

지가 둘이 없어 여래 삼매의 果德을 함께 밝힌 것이다.

이의 경문은 2부분으로 나뉜다.

1. 그 뜻을 서술하였다.

經

爾時에 **文殊師利菩薩**이 **承佛神力**하야 **欲重宣此逝多林中諸神變事**하사 **觀察十方**하고 **而說頌言**하사대

그때, 문수사리보살이 부처님의 위신력을 받들어 이 서다림 속의 여러 신통 변화한 일을 거듭 펴려고 시방을 관찰하고 게송으로 말하였다.

二 正頌

2. 게송

經

汝應觀此逝多林하라　**以佛威神廣無際**하며
一切莊嚴皆是現하야　**十方法界悉充滿**이로다

　　그대들은 이 서다림을 보라
　　부처님 위신력으로 끝없이 넓고
　　일체 장엄 모두 나타내어
　　시방 법계에 가득하여라

十方一切諸國土의　　　無邊品類大莊嚴이
於其座等境界中에　　　色像分明皆顯現이로다

시방의 일체 모든 국토에

그지없는 종류에 큰 장엄

그 사자법좌 등 경계 가운데

모두 색상이 분명히 나타났노라

● 疏 ●

頌中十三偈니 通讚一會三種世間自在之用이라
分之爲六이니 初二는 總歎이니 初一은 普徧이오 後一은 廣容이라

게송 부분은 13수 게송이다.

한 법회의 3가지 세간의 자재한 작용을 통상으로 찬탄하였다.

이는 6단락으로 나뉜다.

(1) 2수 게송은 총괄하여 찬탄하였다.

첫 게송은 보편을, 뒤의 게송은 널리 포용함을 찬탄하였다.

經

從諸佛子毛孔出　　　種種莊嚴寶焰雲하며
及發如來微妙音하야　　徧滿十方一切刹이로다

많은 불자의 모공에서

가지가지 장엄한 불꽃 구름 피어나고

여래의 미묘한 음성 울려 나와

시방의 모든 세계 가득하여라

● 疏 ●

次一偈는 讚衆生世間이니 卽通前諸來와 及向得益菩薩興供之
事니라

(2) 1수 게송은 중생세간을 찬탄하였다. 이는 앞서 말한 많은 보살이 찾아옴과 예전에 이익을 얻은 보살들이 공양 올린 일을 통틀어 말하였다.

經

寶樹華中現妙身하니　　其身色相等梵王이라
從禪定起而遊步나　　進止威儀恒寂靜이로다

　보배나무 꽃 속에 미묘한 몸 나타내니
　잘생긴 그 모습 범왕 같아라
　선정에서 일어나 걸어 다니지만
　오고 가는 거동이 항상 고요하다

如來一一毛孔內에　　常現難思變化身호되
皆如普賢大菩薩하야　　種種諸相爲嚴好로다

　여래의 하나하나 모공 속에
　언제나 불가사의한 변화의 몸 나타내지만
　모두가 보현대보살처럼

가지가지 아름다운 몸매로 장엄하였어라

● 疏 ●

次二偈는 讚依正互在니 初偈는 依中有正이오 後偈는 正中有正이라

(3) 2수 게송은 依報와 正報가 모두 존재함을 찬탄하였다.
첫 게송은 의보 가운데 정보가 있음을,
뒤의 게송은 정보 가운데 정보가 있음을 찬탄하였다.

經

逝多林上虛空中에　　　所有莊嚴發妙音하야
普說三世諸菩薩의　　　成就一切功德海로다

　　서다림 위의 허공에서
　　장엄하고 미묘한 음성 울려 나와
　　삼세 보살들이
　　성취하신 공덕을 널리 말하네

逝多林中諸寶樹　　　　亦出無量妙音聲하야
演說一切諸群生의　　　種種業海各差別이로다

　　서다림에 많은 보배나무도
　　한량없이 미묘한 음성 울려 내어
　　일체중생의
　　가지가지 업보가 각기 다름을 연설하여라

林中所有衆境界　　　悉現三世諸如來하야
一一皆起大神通이　　　十方刹海微塵數로다

　　서다림에 있는 많은 경계에
　　삼세 여래 모두 나타내어
　　하나하나 모두 큰 신통을 일으킴이
　　시방의 세계 바다 티끌 같아라

● 疏 ●

四 三偈는 述上林空이라

　　(4) 3수 게송은 위의 서다림 허공을 서술하였다.

經

十方所有諸國土의　　　一切刹海微塵數
悉入如來毛孔中하야　　　次第莊嚴皆現覩로다

　　시방에 있는 가지가지 국토
　　일체 세계의 티끌 수들이
　　여래의 모공에 모두 들어가
　　차례로 장엄함을 모두 보노라

所有莊嚴皆現佛호되　　　數等衆生徧世間하야
一一咸放大光明하야　　　種種隨宜化群品이로다

　　모든 장엄 속에 부처님 나타나되

중생과 같은 수효 세간에 가득한데
부처마다 큰 광명 모두 내어서
가지가지 편의 따라 중생을 교화하네

**香焰衆華及寶藏과　　一切莊嚴殊妙雲이
靡不廣大等虛空하야　　徧滿十方諸國土로다**

향 불꽃, 여러 가지 꽃과 보배 창고
일체 미묘하게 장엄한 구름
광대함이 허공과도 같아
시방 국토에 두루 가득하여라

◉ 疏 ◉

五有三偈는 述於正覺依正無盡이라

(5) 3수 게송은 정각의 의보와 정보가 그지없음을 서술하였다.

經

**十方三世一切佛의　　所有莊嚴妙道場이
於此園林境界中에　　一一色像皆明現이로다**

시방세계 삼세 일체 부처님이
지니신 미묘하게 장엄한 도량
이 동산 서다림 경계 속에
가지가지 색상이 모두 분명하여라

一切普賢諸佛子의　　　百千劫海莊嚴刹이
其數無量等衆生을　　　莫不於此林中見이로다

일체 보현보살 모든 불자의
백천만 겁에 장엄한 세계
그 수효 한량없어 중생 같은데
이 서다림에서 모두 보았어라

◉ 疏 ◉

六 末後二偈는 總顯普收니라

(6) 맨 끝 2수 게송은 널리 거둬들임을 총괄하여 밝혔다.

第九 文殊述德分 竟하다

제9. 문수보살이 공덕을 서술한 부분을 끝마치다.

大文 第十 無涯大用分

開必得益이오 益必利生이라

於中二니 先은 總顯用因이라

제10. 끝없는 큰 작용 부분

깨달으면 반드시 이익을 얻고, 이익이 있으면 반드시 중생을 이롭게 한다.

이는 2단락으로 나뉜다.

1. 작용의 원인을 총괄하여 밝혔다.

經

爾時에 **彼諸菩薩**이 **以佛三昧光明照故**로 **卽時**에 **得入如是三昧**하야 **一一皆得不可說佛刹微塵數大悲門**하야 **利益安樂一切衆生**호되

그때, 저 보살들이 부처님의 삼매 광명이 비친 까닭에 곧바로 이와 같은 삼매에 들어가, 제각기 말할 수 없는 부처 세계 티끌 수만큼의 크게 가엾이 여기는 법문을 얻어 일체중생에게 이익과 안락을 베풀되,

● **疏** ●

謂由佛三昧하야 **得前三昧**하야 **成此悲門**일새 **故能有用**이라

부처의 삼매에 의하여 앞서 말한 삼매를 얻어 이러한 대비법문을 성취한 까닭에 이런 작용이 있다.

後 依體起用
中二니 初는 別明毛孔世主化오 後佛子此逝多林下는 通顯分身多類化라
今初는 分二니
一은 總明이라

2. 본체에 의해 작용을 일으키다

이는 2단락으로 나뉜다.

1) 모공에서 세간 임금을 나타내는 변화를 별상으로 밝혔고,

2) '佛子此逝多林' 이하는 분신의 많은 부류의 교화를 통상으로 밝혔다.

'1) 모공에서의 세간 임금' 부분은 다시 2부분으로 나뉜다.

⑴ 총상으로 밝혔다.

經

於其身上一一毛孔에 皆出不可說佛刹微塵數光明하며 一一光明이 皆化現不可說佛刹微塵數菩薩하니 其身形相이 如世諸主하야 普現一切衆生之前하야 周匝徧滿十方法界하야 種種方便으로 教化調伏하며

그 몸에 있는 모공마다 말할 수 없는 부처 세계 티끌 수와 같은 광명을 쏟아내고, 하나하나 광명에서 말할 수 없는 부처 세계 티끌 수와 같은 보살을 변화하여 나타내니, 그 몸의 모습이 세간 임금과 같았다. 일체중생의 앞에 나타나 시방법계에 가득 차 있으면서 가지가지 방편으로 교화하고 조복하였으며,

二 別顯

於中四니

一은 明能化法이오 二는 所化處오 三은 能化心이오 四는 明所化益이라 今은 初라

(2) 개별로 밝히다

이 부분은 4단락이다.

㈎ 교화 주체의 법을,

㈏ 교화 대상의 장소를,

㈐ 교화 주체의 마음을,

㈑ 교화 대상의 이익을 밝혔다.

이는 '㈎ 교화 주체의 법'이다.

經

或現不可說佛刹微塵數諸天宮殿無常門하며
或現不可說佛刹微塵數一切衆生受生門하며
或現不可說佛刹微塵數一切菩薩修行門하며
或現不可說佛刹微塵數夢境門하며
或現不可說佛刹微塵數菩薩大願門하며
或現不可說佛刹微塵數震動世界門하며
或現不可說佛刹微塵數分別世界門하며
或現不可說佛刹微塵數現生世界門하며

　　말할 수 없는 부처 세계의 티끌 수 하늘 궁전의 무상한 법문을 나타내고,

　　말할 수 없는 부처 세계의 티끌 수 일체중생이 태어나는 법문을 나타내고,

　　말할 수 없는 부처 세계의 티끌 수 일체 보살이 수행하는 법문

395

을 나타내고,

　말할 수 없는 부처 세계의 티끌 수 꿈 경계의 법문을 나타내고,

　말할 수 없는 부처 세계의 티끌 수 보살의 큰 서원 법문을 나타내고,

　말할 수 없는 부처 세계의 티끌 수 세계를 진동하는 법문을 나타내고,

　말할 수 없는 부처 세계의 티끌 수 세계를 분별하는 법문을 나타내고,

　말할 수 없는 부처 세계의 티끌 수 세계가 지금 생겨나는 법문을 나타내고,

◉ 疏 ◉

初는 總有二十五門하니
分二니 初八門은 雜明欣厭等門化라

　㈀은 모두 25가지 법문이다.

　'25가지 법문'은 2단락으로 나뉜다.

　① 첫 8가지 법문은 좋아하고 싫어하는 법문 등을 뒤섞어 밝혔다.

經

或現不可說佛刹微塵數檀波羅蜜門하며
或現不可說佛刹微塵數一切如來修諸功德種種苦行

尸波羅蜜門하며
或現不可說佛刹微塵數割截肢體羼提波羅蜜門하며
或現不可說佛刹微塵數勤修毘梨耶波羅蜜門하며
或現不可說佛刹微塵數一切菩薩修諸三昧禪定解脫門하며
或現不可說佛刹微塵數佛道圓滿智光明門하며

　말할 수 없는 부처 세계의 티끌 수 보시바라밀 법문을 나타내고,

　말할 수 없는 부처 세계의 티끌 수 일체 여래가 공덕을 닦느라 가지가지로 고행하는 지계바라밀 법문을 나타내고,

　말할 수 없는 부처 세계의 티끌 수 온몸을 도려내는 인욕바라밀 법문을 나타내고,

　말할 수 없는 부처 세계의 티끌 수 부지런히 닦는 정진바라밀 법문을 나타내고,

　말할 수 없는 부처 세계의 티끌 수 보살들이 삼매를 닦는 선정해탈 법문을 나타내고,

　말할 수 없는 부처 세계의 티끌 수 부처의 도가 원만한 지혜의 광명 법문을 나타내고,

● 疏 ●

餘門은 明十度門化라
於中에 前六門은 各一度니 可知니라

　② 나머지 법문은 십바라밀 법문 교화를 밝혔다.

'십바라밀' 가운데 앞의 6가지 법문은 각각 하나의 바라밀이다. 이는 말하지 않아도 알 수 있다.

經

或現不可說佛刹微塵數勤求佛法에 爲一文一句故로 捨無數身命門하며
或現不可說佛刹微塵數親近一切佛하야 諸問一切法호되 心無疲厭門하며
或現不可說佛刹微塵數隨諸衆生의 時節欲樂하야 往詣其所하야 方便成熟하야 令住一切智海光明門하며

말할 수 없는 부처 세계의 티끌 수 불법을 부지런히 구하면서 한 문장 한 구절을 위하여 무수한 몸과 목숨을 버리는 법문을 나타내고,

말할 수 없는 부처 세계의 티끌 수 일체 부처님을 가까이하여 일체 법을 물으면서도 고달픈 마음이 없는 법문을 나타내고,

말할 수 없는 부처 세계의 티끌 수 모든 중생의 시절과 욕망하는 바를 따라 중생이 있는 곳을 찾아가 방편으로 성숙시켜 일체 지혜 바다의 광명에 머물게 하는 법문을 나타내고,

● **疏** ●

次三門은 明方便度라

다음 3가지 법문은 방편바라밀을 밝혔다.

經

或現不可說佛刹微塵數降伏衆魔하고 **制諸外道**하야 **顯現菩薩福智力門**하며

말할 수 없는 부처 세계의 티끌 수 모든 마군을 항복 받고 외도들을 제어하여 보살의 복과 지혜의 힘을 드러내는 법문을 나타내고,

● 疏 ●

次降魔一門은 是力度라

다음 '마군을 항복 받은' 하나의 법문은 역바라밀이다.

經

或現不可說佛刹微塵數知一切工巧明智門하며
或現不可說佛刹微塵數知一切衆生差別明智門하며
或現不可說佛刹微塵數知一切法差別明智門하며
或現不可說佛刹微塵數知一切衆生心樂差別明智門하며
或現不可說佛刹微塵數知一切衆生根行煩惱習氣明智門하며
或現不可說佛刹微塵數知一切衆生種種業明智門하며
或現不可說佛刹微塵數開悟一切衆生門하니라

말할 수 없는 부처 세계의 티끌 수 모든 기술을 아는 밝은 지혜의 법문을 나타내고,

말할 수 없는 부처 세계의 티끌 수 일체중생의 각기 달리 아는 밝은 지혜의 법문을 나타내고,

말할 수 없는 부처 세계의 티끌 수 일체 법의 각기 달리 아는 밝은 지혜의 문을 나타내고,

말할 수 없는 부처 세계의 티끌 수 일체중생의 마음에 각기 달리 좋아함을 아는 밝은 지혜의 법문을 나타내고

말할 수 없는 부처 세계의 티끌 수 일체중생의 근기, 행동, 번뇌, 습기를 아는 밝은 지혜의 법문을 나타내고,

말할 수 없는 부처 세계의 티끌 수 일체중생의 가지가지 업을 아는 밝은 지혜의 법문을 나타내고,

말할 수 없는 부처 세계의 티끌 수 일체중생을 깨우치는 법문을 나타내었다.

● 疏 ●

餘七門은 皆智度니 前欣厭中에 已明於願일세 故此畧無니라

나머지 7가지 법문은 모두 지혜바라밀이다. 앞서 말한 좋아하고 싫어하는 가운데서 이미 원바라밀을 밝힌 까닭에 여기에서는 생략하여 언급하지 않았다.

第二 所化處

㈝ 교화 대상의 장소

以如是等不可說佛刹微塵數方便門으로 **往詣一切衆生住處**하야 **而成熟之**하니
所謂或往天宮하며
或往龍宮하며
或往夜叉・乾闥婆・阿修羅・迦樓羅・緊那羅・摩睺羅伽宮하며
或往梵王宮하며
或往人王宮하며
或往閻羅王宮하며
或往畜生餓鬼地獄之所住處하야

　이와 같은 말할 수 없는 부처 세계의 티끌 수 방편 법문으로 일체중생이 머문 곳을 찾아가 그들을 성숙시켜 주었다.

　이른바 천궁의 중생에게 찾아가고,

　용궁의 중생에게 찾아가고,

　야차, 건달바, 아수라, 가루라, 긴나라, 마후라가 궁의 중생에게 찾아가고,

　범왕궁의 중생에게 찾아가고,

　인간 왕궁의 중생에게 찾아가고,

　염라대왕 궁의 중생에게 찾아가고,

　축생, 아귀, 지옥의 중생이 머문 곳에도 찾아가,

● 疏 ●

化處中二니

先은 結前生後요 後'所謂'下는 別明所在라

> 교화하는 곳은 2단락으로 나뉜다.
> 앞은 앞의 문장을 끝맺으면서 뒤의 문장을 일으켰고,
> 뒤의 '所謂' 이하는 중생이 있는 곳을 별상으로 밝혔다.

第三化心 及第四化益
㈐ 교화 주체의 마음
㈑ 교화 대상의 이익

經

以平等大悲와 平等大願과 平等智慧와 平等方便으로 攝諸衆生하니
或有見已而調伏者하며
或有聞已而調伏者하며
或有憶念而調伏者하며
或聞音聲而調伏者며
或聞名號而調伏者며
或見圓光而調伏者며
或見光網而調伏者라

隨諸眾生心之所樂하야 **皆詣其所**하야 **令其獲益**케하니라

평등한 대자비, 평등한 큰 원력, 평등한 지혜, 평등한 방편으로 모든 중생을 거두어 주었다.

어떤 이는 보고서 조복되기도 하고,

어떤 이는 듣고서 조복되기도 하고,

어떤 이는 생각하고서 조복되기도 하고,

어떤 이는 음성을 듣고서 조복되기도 하고,

어떤 이는 명호를 듣고서 조복되기도 하고,

어떤 이는 원광을 보고서 조복되기도 하고,

어떤 이는 광명 그물을 보고서 조복되기도 하였다.

중생의 마음에 좋아하는 바를 따라서 모두 그들이 머문 곳을 찾아가 그들이 이익을 얻도록 하였다.

● 疏 ●

文竝可知니라

위의 경문은 모두 설명하지 않아도 알 수 있다.

第二. 通顯多類化

中二니

先은 明住處化異라

2) 많은 부류의 교화를 통상으로 밝히다

이는 2단락으로 나뉜다.
⑴ 머문 곳에 따라 교화가 다름을 밝혔다.

經

佛子야 此逝多林一切菩薩이 爲欲成熟諸衆生故로 或時現處種種嚴飾諸宮殿中하며 或時示現住自樓閣寶師子座하야 道場衆會의 所共圍遶으로 周徧十方하야 皆令得見이나 然亦不離此逝多林如來之所하니라

불자여, 이 서다림에 있는 일체 보살이 중생을 성숙시키기 위하여, 어떤 때는 가지가지로 장엄한 궁전에 몸을 나타내기도 하고, 어떤 때는 자기의 누각 사자법좌에 앉아 있는 몸을 나타내어, 도량에 모인 대중이 에워싸 두루 시방에서 모두가 보도록 하지만, 또한 이 서다림 여래의 처소에서 떠난 적이 없다.

● 疏 ●

結에 '不離逝多林'者는 明不動而普徧하고 繁興而恒靜하야 末不離本일새 故下 '文殊游行'에 亦不離於本會니 本末·事理 非卽離故니라

끝맺음의 말에서 "서다림 여래의 처소에서 떠난 적이 없다."는 것은 꼼짝하지 않고서 시방에 두루 몸을 나타냄이며, 번거롭게 몸을 나타내지만 언제나 고요하여, 작용의 지말이 근본 자리를 여의지 않음을 밝힌 것이다. 이 때문에 아래의 경문에서 문수보살이 두

루 스승을 찾아다닐 적에 또한 근본법회 자리를 떠난 적이 없다. 근본법회와 지말법회, 사법계와 이법계가 하나도 아니요 여읨도 아니기 때문이다.

二明現身化異
　(2) 현신의 교화가 다름을 밝히다

經
佛子야 此諸菩薩이 或時示現無量化身雲하며 或現其身이 **獨一無侶**하니
所謂或現沙門身하며
或現婆羅門身하며
或現苦行身하며
或現充盛身하며
或現醫王身하며
或現商主身하며
或現淨命身하며
或現妓樂身하며
或現奉事諸天身하며
或現工巧技術身하야
往詣一切村營城邑王都聚落諸衆生所하야

405

隨其所應하야 以種種形相과 種種威儀와 種種音聲과 種種言論과 種種住處로 於一切世間에 猶如帝網하야 行菩薩行하며

或說一切世間工巧事業하며

或說一切智慧照世明燈하며

或說一切衆生業力所莊嚴하며

或說十方國土建立諸乘位하며

或說智燈所照一切法境界하야

教化成就一切衆生호되 而亦不離此逝多林如來之所하니라

> 불자여, 이 보살들이 어떤 때는 한량없는 몸을 나타내기도 하고, 어떤 때는 그 몸이 홀로 도반 없이 나타내기도 한다.
>
> 이른바 어떤 때는 사문의 몸으로,
>
> 어떤 때는 바라문의 몸으로,
>
> 어떤 때는 고행하는 몸으로,
>
> 어떤 때는 건장한 몸으로,
>
> 어떤 때는 의사의 몸으로,
>
> 어떤 때는 상단 주인의 몸으로,
>
> 어떤 때는 청정을 닦는 몸으로,
>
> 어떤 때는 음악가의 몸으로,
>
> 어떤 때는 하늘을 섬기는 몸으로,
>
> 어떤 때는 뛰어난 기술자의 몸으로 나타내어,

모든 시골, 도시, 도읍, 마을에 사는 중생들의 처소를 찾아가 그들에 따라 감응하여,

가지가지 형상, 가지가지 위의, 가지가지 음성, 가지가지 언론, 가지가지 머문 곳으로써 일체 세간에 인드라 그물처럼 보살의 행을 행하며,

어떤 때는 세간의 뛰어난 사업을 말하며,

어떤 때는 일체 지혜로 세간을 비추는 등불을 말하며,

어떤 때는 일체중생의 업력으로 장엄함을 말하며,

어떤 때는 시방 국토에서 여러 가지 승(乘)을 세우는 지위를 말하며,

어떤 때는 지혜 등불로 비춰주는 일체 법의 경계를 말하여,

일체중생을 교화하여 성취시켜 주면서도 또한 이 서다림 여래의 처소를 떠난 적이 없다.

● 疏 ●

於中五니

一은 能化身異니 有十二種하니 初二는 總이오 餘十은 別이라

此中에 多同善才所見일세 故知善才諸友는 卽此會之菩薩이라

二往詣下는 化處異오

三隨其下는 化類異오

四或說下는 化法異오

五教化下는 總結末不離本이라【鈔_ 故知善財諸友卽此本會

之菩薩'者는 如獨一無侶는 卽德雲等이오 二 沙門은 卽海雲善住
等이오 三 婆羅門은 卽最寂靜等이오 四 苦行은 卽勝熱等이오 五 充
盛은 卽善見休捨等이오 六 醫王은 卽普眼彌伽等이오 七 商主는 卽
無上勝等이오 八 淨命은 亦婆羅門이니 義當不動具足等이오 八 伎
樂者는 義當婆須等이오 九 奉事天身은 卽大天等이오 十 工巧伎
術은 卽自在主童子等이라 故皆同也니라】

이의 경문은 5단락이다.

① 각기 다른 교화 주체의 몸이다. 12가지의 몸이 있다.

첫 2가지의 몸은 총상이고, 나머지 10가지의 몸은 별상이다.

여기에서 말한 몸은 선재동자가 친견한 바와 많은 부분이 똑같다. 이 때문에 선재동자가 만난 선지식이 바로 이 근본법회의 보살임을 알 수 있다.

② '往詣' 이하는 교화 공간의 차이이며,

③ '隨其' 이하는 교화 부류의 차이이며,

④ '或說' 이하는 교화 방법의 차이이며,

⑤ '敎化' 이하는 지말법회가 근본법회를 떠나지 않았음을 총괄하여 끝맺음이다.【초_ "이 때문에 선재동자가 만난 선지식이 바로 이 근본법회의 보살임을 알 수 있다."는 것은 경문에서 말한 '도반 없이 홀로 나타난 몸'은 덕운비구 등이며,

첫째, 사문은 해운, 선주비구 등이며,

둘째, 바라문은 최적정바라문 등이며,

셋째, 고행은 승열바라문 등이며,

넷째, 건장한 몸은 선견비구와 휴사우바이 등이며,

다섯째, 의원은 보안장자와 미가장자 등이며,

여섯째, 상단의 주인은 무상승장자 등이며,

일곱째, 청정 수행자는 또한 바라문이다. 그 뜻이 부동우바이, 구족우바이 등에 상당하며,

여덟째, 음악가란 그 뜻이 바수밀다녀 등에 상당하며,

아홉째, 천신을 모시는 몸은 대천신 등이며,

열째, 뛰어난 기술자는 자재주동자 등이다. 이 때문에 모두 똑같은 것이다.】

第十大用無涯分 竟하다

제10. 큰 작용이 끝이 없다는 부분을 끝마치다.

◉ 論 ◉

'爾時彼諸菩薩'已下로 至'不離逝多林如來之所'히 有六十三行經은 總明答前菩薩大衆의 前後所問四十法門竟이니 此法界法門은 明智體自在일새 以智力自現이오 不藉如來口言이며 又令文殊普賢二人으로 本位에 自宣本果之行하야 令易解故로 不迷教之體用이라 已上은 是一部經之始終圓滿이니 總以法界體收니라

첫째, '爾時彼諸菩薩' 이하로부터 '不離逝多林如來之所'까지 63행 경문은 이전 보살 대중이 전후하여 물었던 40가지 법문을 총괄하여 밝힌 것이다.

이 법계의 법문은 지혜의 본체가 자재하기에 지혜의 힘으로

스스로 나타내고, 여래의 입과 말씀을 빌리지 않으며, 또 문수와 보현 두 보살로 하여금 근본 지위에서 스스로 根本果의 행을 널리 설법하여 알기 쉽게 말한 때문에 가르침의 본체와 작용에 혼미하지 않음을 밝힌 것이다.

　　이상은 이 화엄경의 시작과 끝이 원만함이니, 총체적으로 법계의 본체를 정리한 것이다.

第二는 '爾時文殊師利童子' 已下로 直至經末已來히 爲文殊師利童子從善住樓閣南行하야 就根利生에 成行表法하야 令後發心者로 不迷其行하야 令易開解分이라

自 '爾時文殊師利童子' 已下는 名爲就俗利生成行門이니라 已前 敎中엔 但云文殊師利하고 不云童子어니와 明此已下엔 入俗化蒙하야 以行立名일새 便名童子니 明已前은 總約佛果普光明智中에 起十方賢聖하야 以立化儀니 卽覺首目首等五位諸菩薩이 是라 皆通化無方하고 潛顯自在하야 文殊로 爲信首일새 不名童子어니와 自此已下는 以法界體中에 入俗草創化蒙하야 約行所行立名일새 卽號文殊師利童子니 以妙智慧로 化童蒙하야 入佛智慧하야 生佛家故라 此是三世諸佛의 始發菩提心에 初法身現根本智無性之理妙慧故니 一切三世諸佛이 從此而初生佛家하며 從此而成就普賢大願行故라

何故로 名爲就俗利生成行門者오

已前에 但云升天은 表行成就諸天하고 未往人間俗中化利일새 此法界品已前의 一卷半餘經엔 但有菩薩聲聞世主已得道者요 未

有處俗凡夫入此法門이어니와 自 文殊師利童子從善住樓閣已下는 是入人間就根接俗하야 化利凡夫하야 令其得此法界道理며 又令善財童子로 徧求善知識五十三人하야 以表五位三種因果인 法身中根本智와 普賢差別智中行과 於此二中에 無所住智를 名之爲佛이니 以此三法具足을 名之爲佛이라

以此三法으로 徧與五位終始하야 而作因果일새 名爲乘如來乘하야 直至道場이며 亦名乘法界乘이니 以法界還以此三種因果로 爲體用故라

前後五位因果도 例然하야 總以此三法으로 爲因果하야 此佛과 文殊師利와 普賢菩薩이 與五十箇善知識行으로 而作因果호되 而自無因果니 爲自佛果位中엔 無所修無所行故라

但與五位中修行者로 作治染淨二障習氣生熟處하야 說名因果나 然이나 法身理智萬行은 自無因果요 但以五位中加行治惑習氣로 而立如來因果之名이니 以文殊師利로 往詣覺城人間하야 就根教化할새 令善財로 起加行位하야 求五十三善知識하야 成一百一十因果法門하야 令學者로 不迷其五位之行하야 使易解故며 與後發菩提心者로 修行之樣式故라 名爲就俗利生成行門이니라

둘째, '爾時文殊師利童子' 이하로부터 바로 경문 말미 이하에 이르기까지는, 문수사리동자가 善住樓閣에서 내려와 남쪽으로 행하여 근기에 따라 중생을 이롭게 함에 행을 성취하여 그에 따른 법을 나타내어, 이후에 발심한 자로 하여금 그 행을 혼미하지 않게

하고자, 그들로 하여금 이해하기 쉽게 말한 부분이다.

'爾時文殊師利童子' 이하는 그 이름을 '세속에 나아가 중생을 이롭게 하여 행을 성취하는 법문'이라 한다.

이전의 가르침에서는 문수사리로 말할 뿐, 동자라고 말하지 않았는데, 이 아래에서는 세속에 들어가 어리석은 이를 교화하여 행으로 그 명칭을 붙이게 된 바를 밝히고 있기에 곧 동자라 일컫는 것이다.

앞에서는 총체적으로 佛果의 보광명지 가운데 시방의 성현을 일으킴으로써 교화의 의식을 세운 것으로 말하였다. 이는 覺首, 目首 등 5위의 모든 보살이 이에 해당됨을 밝힌 것이다.

모든 신통변화가 일정한 방위나 처소가 없고, 몸을 숨기고 나타냄이 자재하여 문수를 十信의 첫머리로 삼기 때문에 동자라 말하지 않지만, 이로부터 이하에서는 법계의 본체 속에서 세속으로 들어가 처음 몽매한 이를 교화하여 행의 행할 대상을 기준으로 명칭을 세운 까닭에 문수사리동자라 부른 것이다. 미묘한 지혜로 어린이를 교화하여 부처 지혜에 들어가 부처 집안에 태어나게 하기 때문이다.

이는 삼세제불이 처음 보리심을 일으킬 적에 처음 법신이 나타난 근본지의 체성 없는 이치의 미묘한 지혜이기 때문이다. 일체 삼세제불이 이로부터 부처 집안에 처음 태어나고, 이로부터 보현의 대원행을 성취하기 때문이다.

무엇 때문에 그 이름을 '세속에 나아가 중생을 이롭게 하여 행을 성취하는 법문'이라고 말하는가?

앞에서 다만 昇天이라 말한 것은 행이 모든 天을 성취할 뿐, 아직은 인간의 세속에서 교화하여 이익을 베풀지 않음을 나타내기 때문에, 이 법계품 이전의 1권 반 남짓의 경문에서는 보살, 성문, 세간 임금으로 이미 도를 얻은 자만 있는 것이지, 세속에 거처한 범부는 이 법문에 들어가지 못하였다.

그러나 '문수사리동자가 선주누각'으로부터 이하는 인간 세상에 들어가 중생의 근기에 따라 세속을 접하고 범부를 교화하여 이익을 줌으로써 그들로 하여금 법계의 도리를 얻게 함이며, 또한 선재동자로 하여금 53선지식을 두루 찾아가게 함으로써 5위의 3가지 인과인 문수 법신 중의 근본지, 보현의 차별지 속의 행, 이 2가지 가운데 머물지 않는 지혜를 명명하여 '부처'라 함을 나타낸 것이다. 이 3가지 법이 구족함을 명명하여 '부처'라 말한다.

이 3가지 법으로 두루 5위의 시작과 끝에 함께하면서 인과를 짓기 때문에 그 이름을 '如來乘을 타고서 곧바로 도량에 이르는 것'이라 하며, 또한 그 이름을 '법계승을 타는 것'이라 한다. 법계 또한 이 3가지 인과로써 본체와 작용을 삼기 때문이다.

전후의 5위 인과도 마찬가지 예이다. 모두 이 3가지 법으로써 인과를 삼아 부처, 문수사리, 보현보살이 50명 선지식의 행으로 인과를 지으면서도 스스로 인과가 없다. 자기의 佛果位에서는 닦을 바도 없고 행할 바도 없기 때문이다.

다만 5위의 수행하는 자와 더불어 오염과 청정 2장애의 습기를 다스리는 데 설고 익숙한 곳이 되어, 이를 '인과'라 이름 붙였지만, 그러나 법신의 理智와 만행은 스스로 인과가 없고, 다만 5위 가운데 가행으로 미혹의 습기를 다스리는 것으로써 이와 같이 인과의 명칭을 세운 것이다.

문수사리가 覺城의 사람들에게 나아가 근기에 맞춰 교화할 적에 선재동자로 하여금 加行位를 일으켜 53선지식을 찾아 110가지 인과의 법문을 성취하도록 하여, 배우는 이로 하여금 그 5위의 행에 혼미함이 없이 알기 쉽게 이해시키기 때문이며, 뒤에 보리심을 일으킨 자에게 수행의 표본을 전해주기 때문이다. 이의 명칭을 '세속에 나아가 중생을 이롭게 하여 행을 성취하는 법문'이라 한다.

已上十科는 明本會 竟하다

이상의 10大科에서 근본법회를 밝힌 부분을 끝마치다.

大文 第二 末會起
亦卽一部流通이니 畧啓十門이라
一은 總顯會意오 二는 會數開合이오 三은 會主多少오 四는 定會名義오 五는 二位統收오 六은 五相分別이오 七은 圓攝始終이오 八은 會主類別이오 九는 法界事義오 十은 隨文解釋이라
今은 初라

　二. 지말법회를 일으키다
또한 이는 화엄경 전체의 유통 부분이다.

간략히 10가지 법문으로 나누고자 한다.

1. 지말법회의 뜻을 총체로 밝혔고,
2. 법회 수의 구분과 종합이며,
3. 법회 주인의 많고 적음이며,
4. 법회의 名義를 정함이며,
5. 문수·보현 두 보살로 모두 정리함이며,
6. 5가지 모습으로 분별함이며,
7. 시작과 끝을 원만하게 받아들임이며,
8. 법회 주인의 부류 구별이며(또는 법계의 인류),
9. 법계의 일과 이치이며,
10. 경문을 따라 해석하였다.

이는 '1. 지말법회의 뜻을 총체로 밝힘'이다.

● 疏 ●

夫圓滿敎海 攝法無遺라 漸頓該羅하고 本末交暎하고 人法融會하니 貴在弘通이라 故非頓이면 無以顯圓이오 非漸이면 無以階進이오 非本이면 無以垂末이오 非末이면 無以顯本이오 非人이면 無以證法이오 非法이면 無以成人이라 故前明不異漸之頓에 多門而衆人同契하고 此明不異頓之漸에 一人而歷位圓修하니 前則不異末之本이라 雖卷而恒舒하고 此卽不異本之末이라 雖舒而恒卷이니 本末無礙하야 同入法界일새 今託人進修하야 以軌後徒하야 使大敎弘通이 卽斯本意니라 【鈔_ 若無頓證法界면 豈顯此經圓妙리오 若無善財漸

進이면 衆生이 如何趣入이리오 若無本會佛爲其主면 何有末會皆得成經이리오 若無末會善財成益이면 豈顯本會頓證之實이리오】

원만한 가르침이 법을 포괄하여 빠뜨림이 없다. 漸敎와 頓敎를 모두 망라하고 근본법회와 지말법회가 서로 반영하며 사람과 법이 융회하니, 고귀함이 크게 통함에 있다.

그러므로 돈교가 아니면 원융을 나타낼 수 없고,
점교가 아니면 단계로 나아갈 수 없으며,
근본법회가 아니면 지말법회를 전할 수 없고,
지말법회가 아니면 근본법회를 나타낼 수 없으며,
사람이 아니면 법을 증득할 수 없고,
법이 아니면 사람을 성취할 수 없다.

그러므로 앞에서는 점교와 다르지 않은 돈교를 밝힘에 많은 법문에 대중이 함께 계합하고, 여기에서는 돈교와 다르지 않은 점교를 밝힘에 한 사람이 지위에 따라 원만하게 닦아나가는 것이다.

앞에서는 지말법회와 다르지 않은 근본법회라, 비록 거둬들이지만 언제나 펼쳐져 있고,

여기에서는 근본법회와 다르지 않은 지말법회라, 비록 펼쳐져 있으나 언제나 거둬들인 것이다.

근본법회와 지말법회가 막힘이 없어 법계에 함께 들어가기에, 여기에서는 사람에 의탁하여 닦아나가면서 후학의 궤범이 되어 부처님의 가르침이 크게 유통하도록 함이 바로 이의 본의이다.【초_ 만약 단번에 법계를 증득함이 없었다면, 어떻게 원만하고 미묘한

이 경전을 밝힐 수 있겠는가.

만약 차례대로 닦아나간 선재가 없었다면, 어떻게 중생이 법계에 들어갈 수 있겠는가.

만약 근본법회에서 부처님이 그 주체가 되지 않았다면, 어떻게 지말법회에서 모두 경전을 완성할 수 있었겠는가.

만약 지말법회에서 선재동자의 성취 이익이 없었다면, 어떻게 근본법회의 단번에 증득하는 실상을 밝힐 수 있겠는가.】

二 會數開合
  2. 법회 수의 구분과 종합

◉ 疏 ◉
會數開合者는 約所攝之機인댄 唯有三會니 一 比丘오 二 諸乘人이오 三 善財會니라
若約能所通辨인댄 有五十五會니 善財 自有五十三故니라 雖人 有五十四로되 文殊一人이 四會說故오 德生·有德이 同一問答이오 徧友無答일새 不成會故니라
若以徧友承前指後로 得名會者인댄 善財則有五十四會라 是以로 唯就能化하야 不足定會니라
若約主件이면 成百一十會니 至下當辨호리라
若約散說이면 則佛刹塵數會니 尙順三乘이오

若約普賢德이면 則無盡會니 如普賢結通處說이라【鈔_ '二諸乘人會'者는 卽初至福城東會也라】

'법회 수의 구분과 종합'이란 만일 받아들이는 대상의 근기를 말하면, 오직 3가지 법회가 있을 뿐이다.

(1) 비구의 법회, (2) 모든 乘의 사람 법회, (3) 선재 법회이다.

만일 주체와 대상을 들어 통상으로 말하면 55차례 법회가 있다. 선재동자가 스스로 52차례의 법회가 있기 때문이다. 비록 사람으로 말하면 54회가 있으나 문수보살은 한 사람으로 4차례의 법회에 설법하였기 때문이며, 덕생동자와 유덕동녀는 똑같은 문답이며, 徧友童子師는 대답이 없기에 법회를 이루지 못하였기 때문이다.

만일 변우동자사의 앞의 문장을 이어서 뒤 문장을 가리키는 것으로 법회라는 이름을 붙일 수 있다면, 선재동자는 곧 54차례의 법회라 할 것이다. 이 때문에 오직 교화의 주체 입장에서 법회라 규정하지 못한 것이다.

만일 주체와 객체를 말한다면, 110차례의 법회가 된다. 이는 아래의 해당 부분에서 논변할 것이다.

만일 여러 곳에서 여러 가지의 법을 말한 것으로 말한다면, 이는 부처 세계의 티끌 수와도 같은 법회이다. 오히려 三乘을 따른 것이다.

만일 보현보살의 공덕으로 말한다면, 그지없는 법회이다. 보현보살의 結通處에서 말한 바와 같다.【초_ '(2) 모든 乘의 사람 법회'란 처음 福城의 동쪽에 이르렀을 적의 법회이다.】

三 會主多少

    3. 법회 주인의 많고 적음

◉ 疏 ◉

會主多少者는 若以人尅定이면 唯五十四어니와 若以會顯人이면 則五十七이니 文殊分四故니라 或刹塵數요 或無盡無盡이니 思之니라

    '법회 주인의 많고 적음'이란 만약 사람으로 확정 지어 말한다면 오직 54인이지만, 법회로써 사람을 나타낸다면 곧 57인이다. 문수는 4차례 법회를 한 까닭이다.

    혹은 세계 미진수와 같고, 혹은 그지없고 또 그지없다. 이런 점을 생각해야 한다.

四 定會名義

    4. 법회의 명의를 정하다

◉ 疏 ◉

定會名義者는 此下諸會에 雖無佛說이나 以本收末일새 亦得名經이니 謂文殊濫觴이 出此會故요 諸友 皆本會得益菩薩이니 不離而周故니라 若爾인댄 下文善財 應收歸重閣이어늘 何乃見在菩提場耶아 以菩提로 爲諸會本故니 所爲旣終에 攝末歸本이온 況諸衆會

不動覺場가【鈔_ '四定會名義'者는 謂無佛說而稱經會者는 以本統末故니라 濫은 泛也오 觴은 梧也니 謂江出岷山이니 初出之源은 但可泛一梧而已라 所出雖少나 源在於此라 故雖千里萬里나 而云江出岷山이라 故雖散在諸方이나 而云經會니라 '若爾'下는 解妨이니 可知니라】

'법회의 명의를 정한다.'는 것은 이 아래의 모든 법회에서는 비록 부처님의 말씀이 없으나 근본법회로 지말법회를 정리하였기에 또한 '경'이라 말한다. 문수가 처음으로 이 법회를 마련하였기 때문이며, 여러 선지식이 모두 근본법회에서 이익을 얻은 보살들이다. 이를 벗어나지 않고 두루 있기 때문이다. 만일 그렇다면 아래 문장에서 선재동자가 당연히 수습하여 중각으로 돌아왔어야 하는데, 어찌하여 보리도량에서 보는 것일까?

보리는 모든 법회의 근본이기 때문이다. 하는 바를 이미 끝마치면 지말법회를 포괄하여 근본법회로 돌아와야 했다. 하물며 모든 법회가 보리도량에서 꼼짝도 하지 않음이야.【초_ "4. 법회의 명의를 정한다."는 것은 부처님의 설법이 전혀 없음에도 이를 경전 설법의 법회라 말한 것은 근본법회로 지말법회를 통합하였기 때문이다.

'文殊濫觴'에서 말한 濫이란 '띄우다'의 뜻이며, 觴은 술잔을 말한다. 이는 양자강의 발원은 岷山이다. 처음 발원지에서는 겨우 하나의 술잔을 띄울 정도의 물줄기일 뿐이다. 발원지에서 나온 물줄기는 비록 적지만 근원이 있기 때문에 천리만리 흘러가도 양자

강은 민산에서 발원했다고 말한다. 이 때문에 비록 선지식이 수많은 지방에 산재하여 있지만 이를 경전 설법의 법회라 말한다.

'若爾' 이하는 논란을 이해시킴이다. 이는 말하지 않아도 알 수 있다.】

五. 二位統收

5. 문수·보현 두 보살로 모두 정리하다

● 疏 ●

二位統收者는 此中諸會 不出文殊普賢이라
略有二門하니
一은 相對明表오 二는 互融顯圓이라
今初는 略明三對니 一은 以能所相對인댄 普賢은 表所依法界니 卽在纏如來藏이라 故理趣般若에 云 '一切衆生이 皆如來藏이라' 하니 普賢菩薩 自體徧故며 初會에 卽入藏身三昧故니라 文殊는 表能信之心故로 佛名經에 說호되 '一切諸佛이 皆因文殊而發心故'라 하고 善財 始見에 發大心故니라
二는 以解行相對인댄 普賢은 表所起萬行이니 上下諸經에 皆說普賢行故오 文殊는 表能起之解니 通解理事故오 慈氏云 '汝見善友 皆文殊力' 等故니라
三은 以理智相對인댄 普賢은 卽所證法界니 善財入身故오 又云 得

究竟三世平等身故오 普賢身相이 如虛空故며 文殊는 卽能證大智니 本所事佛이 名不動智故오 見後文殊코사 方見普賢故니라 又 理開體用이오 智分因果니라

'二 互融顯圓'者도 亦二니 先은 以二門各自圓融이니 謂解由前信이라야 方離邪見이오 信解眞正이라야 成極智故오 依體起行이라야 行必稱體하고 由行證理일세 理行不殊니라 故隨一證하야 卽一切證이니라 二는 以二聖法門互融이니 謂始信은 必信於理라 故能所不二오 稱解起行하야 行解不二오 智與理冥일세 則理智無二니라 是以로 文殊三事融通隱隱이 卽是普賢三事 涉入重重이라 由此故로 能入遮那頻申之境이니 故前本會에 明二聖開顯하고 序分之中에 標爲上首니라 餘如別說하다【鈔_ '五 二位統收'者는 別有三聖圓融觀이니 大意 此已盡矣니라 但普賢所信所證이 雖是一理로되 約生約佛하야 位分染淨異故로 分之成二니라

又'理開體用'等者는 此卽三聖觀中에 會歸經題니 理開體用은 卽大方廣이니 大는 卽體性包含이오 方廣은 業用周徧故며 '智分因果'는 卽佛華嚴이니 佛은 是果智오 華는 卽因智라

'先以二門 各自圓融'者는 初融文殊 信·解·智 三이오 '依體起行'下는 後融普賢 所信及行과 幷所證 三이라 '是以文殊三事'下는 總結上三이니 雖開兩段이나 義有三重이라 一은 二聖三事 各自圓融이오 二는 二聖三事 各對圓融이오 三은 總融二聖이니 謂初三事既自圓融이라 次以三事로 各對圓融이니 故其六法이 但成一味어늘 而言'文殊三事融通隱隱'者는 信智圓融이나 不壞相故오 '普賢三

事涉入重重'者는 以理融事나 事不泯故니라 若二不二하야 成毘盧 遮那면 則文殊是華嚴이오 普賢是大方廣이오 冥合爲佛이니 爲佛 已竟에 更無二昧니라 故前本會下는 引文證成이니 非情見故니라】

'문수·보현 두 보살로 모두 정리한다.'는 것은 화엄경의 모든 법회는 문수·보현 두 보살에서 벗어나지 않는다.

간략히 말하면 2가지 법문이 있다.

(1) 상대로 표시함을 밝혔고,

(2) 서로의 융합으로 원융을 밝혔다.

'(1) 상대로 표시함을 밝힌' 부분은 3가지의 상대로 이를 간추려 밝히고자 한다.

① 주체·대상을 상대로 말하면, 보현은 의지 대상의 법계를 표시함이다. 이는 번외의 속박[纏: 중생] 속에 있는 여래장이기 때문이다. 반야이취경[理趣般若]에 이르기를, "일체중생이 모두 여래장이다."고 하니, 보현보살의 자체가 두루 존재하기 때문이며, 아란야 법보리도량의 첫 법회에서 바로 藏身三昧에 들어갔기 때문이다.

문수는 신심 주체의 마음을 표시함이다. 따라서 불명경에 이르기를, "일체 제불이 모두 문수로 인하여 마음을 일으켰기 때문이다."고 하며, 선재동자가 처음 보고서 큰 마음을 일으켰기 때문이다.

② 이해·萬行을 상대로 말하면, 보현은 일으킬 대상의 만행을 표시함이다. 상하 모든 경문에서 모두 보현행을 설법한 때문이다.

문수는 일으킬 주체의 이해를 표시함이니, 이는 이법계와 사법계를 모두 이해하기 때문이며, 미륵불이 이르기를, "너희가 선지식을 만나보는 것은 모두 문수의 법력이다." 등이라 말한 때문이다.

③ 진리·지혜를 상대로 말하면, 보현은 증득 대상의 법계이다.

선재동자가 몸에 들어간 때문이며,

또한 마지막 최고 경계의 삼세에 평등한 몸을 얻기 때문이며,

보현의 몸의 모습은 허공과 같기 때문이다.

문수는 증득 주체의 큰 지혜이다. 본래 섬긴 바의 부처이며, 그 이름은 부동지불이기 때문이며, 뒤에 문수를 보고서야 비로소 보현을 볼 수 있기 때문이다. 또한 진리는 체용으로 나뉘고, 지혜는 인과로 나뉜다.

'(2) 서로의 융합으로 원융을 밝힌' 부분 또한 2가지이다.

① 2가지 법문으로 각각 스스로 원융함이다. 이해란 앞서 신심을 바탕으로 해야 비로소 삿된 견해에서 벗어날 수 있으며, 믿음과 이해가 진실하고 올곧아야 지극한 지혜를 성취하기 때문이며, 본체를 의지하여 행을 일으켜야 행이 반드시 본체에 합해지며, 행을 바탕으로 이치를 증득하기에 진리와 행이 다르지 않다. 따라서 하나를 증득하면 바로 일체를 증득하는 것이다.

② 문수와 보현의 법문으로 서로 원융함이다.

처음 신심은 반드시 진리를 대상으로 믿기 때문에 주체와 대상이 둘이 아니며,

이해에 알맞게 행을 일으키기에 행과 이해가 둘이 아니며,

지혜가 진리와 더불어 보이지 않게 부합하기에 진리와 지혜가 둘이 아니다.

이로써 문수의 신심·이해·지혜 3가지 일이 융통하여 은은함이 바로 보현의 신심의 대상·행의 대상·증득의 대상 3가지 일이 서로 거듭거듭 들어가는 것이다.

　　이러한 연유로 비로자나불의 사자빈신삼매의 경계에 들어가는 것이다. 이 때문에 앞의 근본법회에서는 문수와 보현 두 성자를 나누어서 밝혔고, 서분에서 이들을 표장하여 상수보살로 삼았다. 나머지는 별도로 말한 바와 같다.【초_ "5. 문수·보현 두 보살로 모두 정리한다."는 것은 개별로 비로자나불·문수·보현 三聖의 圓融觀이 있는바, 그에 관한 대의는 이미 여기에서 모두 말하였다. 다만 보현의 신심 대상과 증득 대상이 비록 하나의 이치지만, 중생과 부처를 들어 말하면 그 지위에 오염과 청정의 차이로 구분되는 까닭에 둘이 되는 것이다.

　　"또한 진리는 체용으로 나뉜다." 등이란 비로자나불·문수·보현의 원융관 가운데, 화엄경의 명제에다가 회통하여 귀결 지은 것이다. 진리는 체용으로 나뉜다는 것은 大方廣을 말한다. 大는 체성이 일체를 포함함이며, 方廣은 業用이 두루 감응한 때문이다.

　　"지혜는 인과로 나뉜다."는 것은 곧 '佛華嚴'이다. 佛은 果智이며, 華는 곧 因智이다.

　　"① 2가지 법문으로 각각 스스로 원융함이다."란 앞의 '문수의 신심·이해·지혜 3가지 일'을 원융함이며,

　　"본체를 의지하여 행을 일으킨다." 이하는 뒤의 '보현의 신심의 대상·행의 대상·증득의 대상 3가지 일'을 원융함이다.

'是以文殊三事' 이하는 위의 3가지를 총괄하여 끝맺음이다. 비록 2단락으로 나누었으나 그 뜻은 3중이다.

㉠ 문수와 보현 보살의 3가지 일이 각자 원융함이며,

㉡ 문수와 보현 보살의 3가지 일이 각기 상대로 원융함이며,

㉢ 문수와 보현 보살을 총체로 원융함이다.

처음 3가지 일이 이미 스스로 원융한 터라, 다음에 3가지 일이 각기 상대로 원융함이다. 따라서 그 6가지의 법이 다만 하나를 이루는 것이다.

"문수의 신심·이해·지혜 3가지 일이 융통하여 은은함"이라 말한 것은 신심과 지혜가 원융하나 모양을 무너뜨리지 않기 때문이며,

"보현의 신심의 대상·행의 대상·증득의 대상 3가지 일이 서로 거듭거듭 들어간다."는 것은 이법계로써 사법계를 원융하나 사법계가 사라지지 않기 때문이다. 만일 문수와 보현 두 보살이 둘이 아니어서 비로자나를 성취하면, 문수는 화엄이요, 보현은 大方廣이며, 보이지 않게 하나가 됨이 부처를 이룸이다. 이미 부처가 되면 다시는 둘의 차별이 없다.

'故前本會' 이하는 경문을 인용하여 성취를 증명함이다. 情識의 견해가 아니기 때문이다.】

六分五相

6. 5가지 모습으로 분별하다

◉ 疏 ◉

分五相者는 若意法師와 及臺山論은 但隨文散釋이오 更無別配로되 光統等師는 皆配地位니 二皆有理라 謂隨一一位하야 具多法門이어니 豈容凡心이리오 不得習求善友之法일새 故不配有理니라 然無次位中에 不礙次位니 顯位 是常規라 配亦無失이니 橫豎無礙니라

且依古德하야 配爲五相이니 謂初 四十一人은 名寄位修行相이니 寄四十一人은 依人求解하야 顯修行故니라

二 從摩耶下 九會十一人은 明會緣入實相이니 卽會前住等하야 成普別兩行하야 契證法界故니 初는 得幻智오 後는 得幻住하야 該於中間如幻之緣하야 入一實故니라

三 慈氏一人은 名攝德成因相이니 會前二門之德하야 並爲證入之因故니라 故法門名三世不忘念이니 則攝法無遺니라

四 後文殊는 名智照無二相이니 謂行圓究竟에 朗悟在懷라 照前行等이 唯一圓智라 更無前後明昧等殊故니라

五 普賢一人은 名顯因廣大相이니 始覺同本하야 圓覺現前에 稱周法界하야 無不包含故니라 其後四相도 亦得稱爲寄位니 前三은 義同等覺故로 摩耶·慈氏 並入重玄門이오 文殊는 表菩薩地盡에 心無初相이오 普賢은 義同妙覺일새 纔見普賢이 便等佛故니라

今從別義하야 且爲五相이니 此五亦是菩薩五種行相이니 一 高行이오 二 大行이오 三 勝行이오 四 深行이오 五 廣行이라【鈔_ 此五下는 別義料揀이니 言五行者는 一은 歷位上升일새 故云高行이오 二는 同入一實일새 故爲大行이오 三은 具上高大하야 成補處因일새 故名

勝行이오 四는 般若絶相일세 故稱爲深이오 五는 一一稱性일세 故云廣也니라】

'5가지 모습으로 분별한다.'는 것은 예컨대 意法師와 臺山의 논에서는 그저 경문을 따라 이리저리 해석했을 뿐, 다시는 특별한 配對가 없지만, 광통율사 등은 모두 지위에 따라 짝지어 보았다.

위의 2가지 설이 모두 그 나름 이치가 있다. 하나하나 지위를 따라서 많은 법문을 갖추고 있는데, 어떻게 범부의 마음으로 가늠할 수 있겠는가. 선지식을 구하는 법을 더 이상 익힐 게 없기에 짝지어 보지 않는 설이 그 나름 이치가 있다. 그러나 차례의 지위가 없는 가운데 차례의 지위에 걸림이 없다. 뚜렷한 지위는 일정한 법규라 짝지어 보는 것 또한 잘못이 없다. 종횡으로 걸림이 없다.

또한 옛 스님의 설을 따라 5가지 모양에 짝지어 말하고자 한다.

(1) 41선지식[① 文殊: 十信~ 釋女瞿波: 法雲地]의 이름은 '해당 지위에 붙여 수행하는 모습[寄位修行相]'이다. 41선지식에 붙여 말함은 사람을 따라 해당 지위의 이해를 구하여 수행을 나타내기 때문이다.

(2) '從摩耶' 이하 제9 서다림 급고독원 법회에서의 11선지식[摩耶夫人~ 有德童女]은 '반연을 회통하여 실상으로 들어가는 모양[會緣入實相]'을 밝힘이다. 이는 앞의 십주 등을 회통하여 보편과 개별 2가지 행을 성취하여 법계에 계합하고 증득하기 때문이다. 처음은 幻智를 얻고 뒤에서는 幻住를 얻어 중간에 如幻의 인연을 갖추어 하나의 실상[一實]에 들어가기 때문이다.

(3) 미륵보살 1인은 '공덕을 섭수하여 원인을 성취하는 모양[攝德成因相]'이다. 앞의 2가지 법문의 공덕을 회통하여 아울러 증득하여 들어가는 원인을 삼기 때문이다. 이 때문에 그 법문의 이름을 '삼세 잊지 않는 생각'이라 한다. 이는 법을 받아들여 빠뜨림이 없다.

(4) 뒤의 문수는 '지혜로 둘이 없음을 비추는 모양[智照無二相]'이라 한다. 행이 원만하여 마지막 최고의 경계에 이르러 밝은 깨달음이 마음에 있기에, 앞의 행 등이 오직 一圓의 지혜임을 비추는 것이다. 다시는 앞과 뒤, 그리고 밝음과 어둠 등의 차별이 없기 때문이다.

(5) 보현 1인은 '원인의 광대함을 나타내는 모양[顯因廣大相]'이다. 始覺이 本覺과 같아서 圓覺이 앞에 나타남에 법계에 두루 포함하지 않음이 없기 때문이다.

그 뒤의 4가지 모양 또한 지위에 붙여 말한 모양이라고 말하기도 한다.

앞의 3가지 뜻은 等覺과 같은 까닭에 마야부인과 미륵이 거듭 현묘한 법문에 아울러 들어가고, 문수는 보살 지위가 극진함으로써 '마음에 처음의 모양이 없음[心無初相]'을 나타냄이며, 보현은 그 뜻이 妙覺과 같다. 보현을 보자마자 바로 부처와 같은 까닭이다.

여기에서는 개별의 의의를 따라 또 5가지 모양으로 말하였다.

이 5가지 모양 또한 이 보살의 5가지 행의 모양이다.

(1) 고준한 행, (2) 크나큰 행, (3) 뛰어난 행, (4) 심오한 행, (5) 드넓은 행이다.【초_ '此五亦是' 이하는 개별의 뜻으로 살피는[料揀]

것이다. 5가지 행이라 말한 것은 다음과 같다.

(1) 한 단계의 지위를 거쳐 위로 올라가기 때문에 고준한 행이라 말하고,

(2) 하나의 실상에 함께 들어가기 때문에 크나큰 행이라 말하며,

(3) 위의 고준한 행과 크나큰 행을 갖추어 補處의 因地를 성취했기 때문에 뛰어난 행이라 말하고,

(4) 모양이 끊어진 반야의 자리이기에 심오한 행이라 말하며,

(5) 하나하나가 법성에 맞기 때문에 드넓은 행이라 말한다.】

七 圓攝始終

7. 시작과 끝을 원만하게 받아들이다

◉ 疏 ◉

圓攝始終者는 上은 寄法顯異일세 布之前後어니와 據實圓融인댄 一位 卽一切位요 乃至無盡이라 故所歷差別이 並一中之多니 一多同時라 無有障礙니라

'시작과 끝을 원만하게 받아들임'이란 위에서는 법에 붙여 차이를 나타냈기에 전후로 펼쳐 말했지만, 실상에 근거하여 원융함으로 말하면 하나의 지위가 바로 일체의 지위이며, 내지 그지없기 때문에 거치는 지위의 차별이 아울러 하나의 속에 많음이다. 하나와 많음이 동시에 이뤄지기에 장애가 없다.

八法界人類

8. 법계의 인류

● 疏 ●

法界人類者는 於中有二니 先은 明類別이니 謂知識雖多나 不出 二十類라 一菩薩 二比丘 三尼 四優婆塞 五優婆夷 六童男 七童女 八天 九天女 十外道 十一婆羅門 十二長者 十三 先生 十四醫人 十五船師 十六國王 十七仙人 十八佛母 十九佛妃 二十諸神이라

二는 顯義相이니 有四라

一은 約果攝化니 並是如來海印所現이오

二는 約因成行이니 皆是菩薩隨力現形이오

三은 約義顯法이니 總是緣起法界之人法이오

四는 約相辨異니 不出菩薩五生所收니 一은 息苦生이니 如良醫等 이오 二는 隨類生이니 如外道等이오 三은 勝生이니 如善見比丘等이오 四는 增上生이니 如無厭足王等이오 五는 最後生이니 如慈氏等이라 通卽前四 各具五生이니 可知니라

於中에 菩薩有六이 三處現身이니

一은 初文殊는 信位劣故로 唯顯一人이오 二는 中間漸進일새 現於 二人이니 謂大悲·正趣오 三은 位後成滿일새 顯於三人이니 謂彌勒 等이라【鈔_ 不出二十類者는 此二十類攝五十四人이니 一은 菩

薩 有五니 一은 文殊오 二는 觀自在오 三은 正趣오 四는 彌勒이오 五는 普賢이라

二는 比丘 攝五니 一은 德雲이오 二는 海雲이오 三은 善住오 四는 海幢이오 五는 善見이라

三은 尼唯一이니 卽師子頻申이오

四는 優婆塞唯一이니 卽明智居士오

五는 優婆夷 攝五니 一은 休捨오 二는 具足이오 三은 不動이오 四는 婆須密이오 五는 賢勝이라

六은 童男攝三이니 一은 自在主오 二는 善知衆藝오 三은 德生이라

七은 童女攝二니 一은 慈行이오 二는 有德이라

八은 天唯一이니 卽大天이오

九는 天女亦一이니 卽天主光이오

十은 外道亦一이니 卽是徧行이라

十一은 婆羅門攝二니 一은 勝熱이오 二는 最寂靜이라

十二는 長者 攝九니 一은 解脫이오 二는 法寶髻오 三은 普眼이오 四는 優鉢羅花오 五는 無上勝이오 六은 鞞瑟胝羅오 七은 堅固解脫이오 八은 妙月이오 九는 無勝軍이라

十三은 先生唯一이니 卽徧友오

十四는 醫人亦一이니 卽彌伽오

十五는 船師니 婆施羅라

十六은 國王 攝二니 一은 無厭足이오 二는 大光이라

十七은 仙人唯一이니 謂毘目瞿沙오

十八은 佛母니 唯摩耶夫人이오

十九는 佛妃니 唯瞿波오

二十은 諸神 攝其十이니 一은 安住地神이오 二는 婆珊婆演底夜神이오 三은 普德淨光夜神이오 四는 喜目觀察夜神이오 五는 普救衆生妙德夜神이오 六은 寂靜音海夜神이오 七은 守護一切城增長威力夜神이오 八開敷一切樹花夜神이오 九는 大願精進力救護一切衆生夜神이오 十은 嵐毘尼林神이니 卽圓滿光故니라

二十類攝五十四라

四者約相辨異 不出菩薩五生者는 卽瑜伽四十八品中辨이니

一息苦生은 亦名除災니 如爲大魚等하야 卽饑世救苦하고 海中救苦等이라

二 隨類者는 一切類故니라

三 勝生은 亦名大勢生이니 謂形色族姓富貴等이라

四 增上生은 從初地로 至十地히 爲諸王等이라

五 最後生은 卽最後身菩薩이니 今小不同者는 意將彼義하야 攝此友故니라

彌勒等者는 等取文殊及普賢也라】

'법계의 인류'는 2가지이다.

첫째는 부류의 차별을 밝혔다.

선지식이 많으나 20부류에 벗어나지 않는다.

(1) 보살, (2) 비구, (3) 비구니, (4) 우바새, (5) 우바이, (6) 동남, (7) 동녀, (8) 天人, (9) 天女, (10) 외도, (11) 바라문, (12) 장자, (13) 선생, (14) 의

원, ⑮ 뱃사공, ⑯ 국왕, ⑰ 선인, ⑱ 부처의 모친, ⑲ 부처의 아내, ⑳ 많은 신이다.

둘째는 義相을 나타냄에 4가지가 있다.

(1) 결과를 들어 교화를 포괄함이다. 아울러 이는 여래의 해인으로 나타난 바이다.

(2) 원인을 들어 행을 성취함이다. 이는 모두 보살이 힘을 따라 형체를 나타냄이다.

(3) 이치를 들어 법을 밝혔다. 이는 모두 緣起法界의 人法이다.

(4) 모양을 들어 차이를 논변하였다. 보살의 5가지 生으로 정리한 바에 벗어나지 않는다.

① 고통을 멈춰주기 위해 태어남이다. 훌륭한 의원 등과 같다.

② 부류를 따라 태어남이다. 외도 등과 같다.

③ 훌륭하게 태어남이다. 선견비구 등과 같다.

④ 더욱 향상되어 태어남이다. 무염족왕 등과 같다.

⑤ 최후의 몸으로 태어남이다. 미륵불 등과 같다.

통상으로 말하면, 앞의 4가지가 5가지 生을 각기 갖추고 있다. 이는 말하지 않아도 알 수 있다.

그 가운데 6인의 보살이 3곳에 몸을 나타낸다.

(1) 처음 문수는 십신의 지위가 용렬하기 때문에 오직 한 사람만을 밝혔다.

(2) 중간에는 점차 나아가기에 2사람을 나타냈다. 대비관세음보살과 정취보살을 말한다.

⑶ 지위를 거친 뒤에 성취가 원만하기에 3사람을 나타냈다. 미륵·문수·보현을 말한다. 【초_ "20부류에 벗어나지 않는다."는 것은 20부류로 54인을 모두 포괄한다.

'⑴ 보살'은 5인이다. ① 문수보살, ② 관자재보살, ③ 정취보살, ④ 미륵보살, ⑤ 보현보살이다.

'⑵ 비구'는 5인이다. ① 덕운비구, ② 해운비구, ③ 선주비구, ④ 해당비구, ⑤ 선견비구이다.

'⑶ 비구니'는 오직 1인이다. 사자빈신비구니이다.

'⑷ 우바새'는 오직 1인이다. 명지거사이다.

'⑸ 우바이'는 5인이다. ① 휴사우바이, ② 구족우바이, ③ 부동우바이, ④ 바수밀우바이, ⑤ 현승우바이이다.

'⑹ 동남'은 3인이다. ① 자재주동남, ② 선지중예동남, ③ 덕생동남이다.

'⑺ 동녀'는 2인이다. ① 慈行이요, ② 有德이다.

'⑻ 天人'은 오직 1인이다. 대천이다.

'⑼ 天女' 또한 1인이다. 천주광천녀이다.

'⑽ 외도' 또한 1인이다. 변행외도이다.

'⑾ 바라문'은 2인이다. ① 승열바라문, ② 최적정바라문이다.

'⑿ 장자'는 9인이다. ① 해탈장자, ② 법보계장자, ③ 보안장자, ④ 우발라화장자, ⑤ 무상승장자, ⑥ 비슬지라장자, ⑦ 견고해탈장자, ⑧ 묘월장자, ⑨ 무승군장자이다.

'⒀ 선생'이 오직 1인이다. 변우선생이다.

'⑭ 의원' 또한 1인이다. 미가의원이다.

'⑮ 뱃사공'이니 바시라 뱃사공이다.

'⑯ 국왕'이 2인이다. ① 무염족국왕, ② 대광국왕이다.

'⑰ 선인'이 오직 1인이다. 비목구사선인이다.

'⑱ 부처의 모친'은 마야부인이다.

'⑲ 부처의 아내'는 구파이다.

'⑳ 많은 신'은 10인이다. ① 안주지신, ② 바산바연저야신, ③ 보덕정광야신, ④ 희목관찰야신, ⑤ 보구중생묘덕야신, ⑥ 적정음해야신, ⑦ 수호일체성증장위력야신, ⑧ 개부일체수화야신, ⑨ 대원정진력구호일체중생야신, ⑩ 룸비니림신이니 곧 원만광신이다.

따라서 20부류로 54선지식을 모두 포괄한다.

"(4) 모양을 들어 차이를 논변하였다. 보살의 5가지 生으로 정리한 바에 벗어나지 않는다."는 것은 유가사지론 48품에서 논변하였다.

'① 고통을 멈춰주기 위해 태어남'은 또한 '재앙을 없애줌[除災]'이라 말한다. 예컨대 큰 물고기 등으로 몸을 변하여 굶주린 세간 중생을 고통에서 구제하거나 바다에 빠진 이의 고통을 구제하는 등이다.

'② 부류를 따라 태어남'은 일체 부류의 몸이기 때문이다.

'③ 훌륭하게 태어남'은 또한 그 이름을 '大勢生'이라 한다. 얼굴과 몸의 모습, 종족의 성씨, 부귀 등을 말한다.

'④ 더욱 향상되어 태어남'은 초지로부터 십지에 이르기까지 모든 왕이 되는 등을 말한다.

'⑤ 최후의 몸으로 태어남'은 곧 최후신의 보살이다.

여기에서 말한 바 조금 같지 않은 뜻은 유가사지론의 의의를 들어 이의 선지식을 포괄한 까닭이다.

'미륵 등'이란 문수와 보현을 똑같이 들어 말함이다.】

九 法界事義
9. 법계의 일과 이치

● 疏 ●

法界事義者는 通下諸位에 總有十門하니
一은 正報法界오 二는 依報法界오 三은 現相이오 四는 表義오 五는 言說이오 六은 義理오 七은 業用이오 八은 說往因이오 九는 結自分이오 十은 推勝進이라
此十門法界는 同一緣起하야 互融無礙니라【鈔_ 三現相者는 如大天等이오 四表義者는 如山表位와 如海表悲等이라】

'법계의 일과 이치'란 아래의 모든 지위를 통하여 모두 10가지 법문이 있다.

(1) 정보법계, (2) 의보법계, (3) 현상의 법계, (4) 뜻을 나타냄의 법계, (5) 언설의 법계, (6) 의리의 법계, (7) 업용의 법계, (8) 과거의 원인을 말한 법계, (9) 자신의 본분을 끝맺은 법계, ⑽ 훌륭히 닦아

나감을 미뤄가는 법계이다.

이의 10가지 법문의 법계가 똑같이 인연으로 일어나 서로 원융하게 걸림이 없다.【초_ '(3) 현상의 법계'란 大天과 같은 등이며, '(4) 뜻을 나타냄의 법계'란 산과 같다는 것은 지위를, 바다와 같다는 것은 大悲를 나타낸 따위이다.】

十隨文釋

10. 경문을 따라 해석하다

依五相中컨대 今當第一寄位修行相하니 分五라

初에 文殊一人은 寄十信이니 信未成位일세 故但一人이오

餘四十人은 寄十住等이니 位各有十이라

謂二는 從德雲으로 至慈行히 寄十住位오

三은 善見으로 至徧行히 寄十行이오

四는 鬻香長者로 至安住地神히 寄十向이오

五는 婆珊夜神으로 至瞿波히 寄十地라

今初信中 分二니 先은 明能化發起오 二 '爾時尊者舍利弗'下는 成彼化事라

前中 分三이니 初는 標主出閣이오 二는 別明伴從이오 三은 總顯出儀니라

今은 初라

'5가지 모습으로 분별함'을 따르면, 이는 'I. 해당 지위에 붙여 수행하는 모습[寄位修行相]'에 해당한다.

이는 5단락으로 나뉜다.

[1] 문수 1인은 십신에 붙여 말하였다.

신심은 아직 지위를 성취하지 못하였기 때문에 문수 한 보살만을 들어 말하였고, 나머지 40인은 십주 등에 붙여 말하였다.

지위마다 각각 10이다.

[2] 덕운비구로부터 자행동녀까지는 십주의 지위에 붙여 말하였다.

[3] 선견비구로부터 변행외도까지는 십행의 지위에 붙여 말하였다.

[4] 육향장자로부터 안주지신까지는 십회향의 지위에 붙여 말하였다.

[5] 바산야신으로부터 석녀 구파까지는 십지의 지위에 붙여 말하였다.

'[1] 문수 1인을 십신에 붙여 말한' 부분은 2단락으로 나뉜다.

1. 교화의 주체를 일으킴을 밝혔고,

2. '爾時尊者舍利弗' 이하는 교화의 일을 성취함이다.

'1. 교화의 주체를 일으킴'은 다시 3단락으로 나뉜다.

1) 교화의 주체가 선주누각에서 나옴을 밝혔고,

2) 도반을 개별로 밝혔으며,

3) 떠나가는 위의를 총체로 밝혔다.

이는 '1) 교화의 주체가 선주누각에서 나옴'이다.

經

爾時에 **文殊師利童子** **從善住樓閣出**하사

그때, 문수사리동자가 선주누각에서 나와서,

● 疏 ●

文殊菩薩은 本是童子이늘 而前列菩薩하고 此彰童子者는 表創入佛法故오 亦顯非童眞行이면 不能入故니 權實相依하고 悲智無住를 名善住閣이오 從此利生을 爲出이나 非離此矣니라

문수보살은 본래 동자인데, 앞에서는 보살에 나열하였고, 여기에서 동자로 나타낸 것은 불법에 처음 들어감을 밝힌 때문이며, 또한 童眞行이 아니면 들어갈 수 없음을 밝힌 때문이다. 권교와 실교가 서로 의지하며, 大悲와 大智에 집착한 바 없는 것을 '善住閣'이라 이름하며, 이로부터 중생을 이롭게 함이 '나서는 일'이라 하지만, 이를 여의지는 않기 때문이다.

二別明伴從

2) 도반을 개별로 밝히다

與無量同行菩薩과

及常隨侍衛諸金剛神과

普爲衆生供養諸佛諸身衆神과

久發堅誓願常隨從諸足行神과

樂聞妙法主地神과

常修大悲主水神과

智光照耀主火神과

摩尼爲冠主風神과

明練十方一切儀式主方神과

專勤除滅無明黑暗主夜神과

一心匪懈闡明佛日主晝神과

莊嚴法界一切虛空主空神과

普度衆生超諸有海主海神과

常勤積集趣一切智助道善根高大如山主山神과

常勤守護一切衆生菩薩心城主城神과

常勤守護一切智智無上法城諸大龍王과

常勤守護一切衆生諸夜叉王과

常令衆生增長歡喜乾闥婆王과

常勤除滅諸餓鬼趣鳩槃茶王과

恒願拔濟一切衆生出諸有海迦樓羅王과

願得成就諸如來身高出世間阿修羅王과

見佛歡喜曲躬恭敬摩睺羅伽王과
常厭生死恒樂見佛諸大天王과
尊重於佛讚歎供養諸大梵王으로

　한량없이 함께 수행하는 보살,

　항상 따르며 시위하는 금강신,

　중생을 두루 위하여 부처님께 공양하는 신중신,

　오래부터 견고한 서원을 일으켜 항상 따라다니는 족행신,

　미묘한 법을 듣기 좋아하는 주지신,

　항상 대자대비를 닦는 주수신,

　지혜 광명으로 비춰주는 주화신,

　마니주로 관을 만든 주풍신,

　시방의 모든 의식을 잘 아는 주방신,

　무명의 어둠을 오롯이 없애주는 주야신,

　일심으로 게으름 없이 부처님의 태양을 밝혀주는 주주신,

　법계의 일체 허공을 장엄하는 주공신,

　널리 중생을 구제하여 삼유(三有)의 바다를 벗어나게 하는 주해신,

　언제나 일체 지혜와 조도보리분법의 선근을 부지런히 쌓아 산처럼 높고 크게 하는 주산신,

　언제나 일체중생의 보살 마음 성을 부지런히 수호하는 주성신,

　언제나 일체 지혜의 지혜와 위없는 법의 성을 부지런히 수호하는 대용왕,

언제나 일체중생을 부지런히 수호하는 야차왕,

언제나 중생을 더욱 즐겁게 하는 건달바왕,

언제나 아귀의 악도를 없애주는 구반다왕,

언제나 일체중생을 구제하여 삼유의 바다에서 벗어나게 하는 가루라왕,

여래의 몸을 성취하여 세간에서 드높이 벗어나려 원하는 아수라왕,

부처님을 뵈옵고 기쁜 마음에 허리 굽혀 공경하는 마후라가왕,

언제나 생사를 싫어하고 항상 부처님 뵙기를 좋아하는 대천왕,

부처님을 존중하여 찬탄하고 공양하는 대범천왕들과 함께하였다.

● 疏 ●

伴從中에 初一은 同生이오 餘는 皆異生이라 竝約通稱表法之名이니 以明般若導萬行故니라 隨一一類하야 各有衆多라 故云諸足行等이니 或闕諸言은 蓋文畧耳라 餘는 如初會하다

도반 부분에 첫째는 同生이고, 나머지는 모두 異生이다.

아울러 법을 나타내는 통칭의 이름으로 말하였다. 반야지혜가 만행을 인도함을 밝힌 때문이다.

하나하나의 유를 따라 각기 많음이 있기 때문에 '諸'足行神 등이라 말하였다. 간혹 '諸' 자를 쓰지 않은 것은 문장의 생략이다.

나머지는 첫 법회의 제1 세주묘엄품에서 말한 바와 같다.

三 總顯出儀

　3) 떠나가는 위의를 총체로 밝히다

經

文殊師利 與如是等功德莊嚴諸菩薩衆으로 **出自住處**하사 **來詣佛所**하사 **右遶世尊**하야 **經無量匝**하며 **以諸供具**로 **種種供養**하고 **供養畢已**에 **辭退南行**하야 **往於人間**하시니라

　문수사리는 이러한 공덕으로 장엄한 보살들과 자신이 머물렀던 곳을 떠나 부처님이 계신 도량으로 찾아와 세존을 오른쪽으로 한량없이 돌고 모든 공양거리로 가지가지 공양하였다. 공양을 마친 뒤에 하직하고 남쪽으로 행하여 인간 세계로 갔다.

● **疏** ●

出儀中에 前은 約無住化生일세 名善住閣出이어니와 今約依自利而利他일세 云出自住處라 又前依佛法界流요 此依自所證出이니 二文影畧이라【鈔_ '又前依佛法界流'者는 約表說法也라】

　'떠나가는 위의' 부분에 있어 앞부분에서는 머문 자리가 없는 것으로 중생을 교화함을 말하기에 "선주누각에서 나왔다."고 말했지만, 여기에서는 自利에 의하여 남을 이롭게 함으로 말한 까닭에 "자신이 머물렀던 곳을 떠나서"라고 말하였다.

또한 앞에서는 부처의 법계를 의지하여 흘러감이며, 여기에서는 자신의 증득한 바에 의해 나온 것이다. 두 경문은 한 부분을 생략한 채 밝히고 있다.【초_ "또한 앞에서는 부처의 법계를 의지하여 흘러감이다."고 한 것은 설법을 나타내는 것으로 말하였다.】

第二成彼化事中에 通有三會하니
一은 比丘會니 顯廻小入大故오
二는 諸乘人會니 顯通收諸權入一實故오
三은 善財會니 顯純一乘機一生成辦故니라
又前二會는 表居信未久니 尙不定故오 善財는 信終이니 可入證故니라
今初有二니
一은 明助化攝機오 二는 正明化益이라
今初는 小乘之智도 亦助大故니라
文中亦二니 先은 明覩緣興念이라

'2. 교화의 일을 성취'한 부분은 모두 3가지 법회가 있다.

1) 비구 법회, 소승을 되돌려 대승으로 들어감을 밝힌 때문이며,

2) 모든 乘의 사람 법회, 모든 방편을 모두 거두어서 하나의 실상에 들어감을 밝힌 때문이며,

3) 선재 법회, 순전한 一乘의 근기가 일생에 완성하여 갖춤을 밝힌 때문이다.

또한 앞의 '비구 법회'와 '모든 승의 사람 법회'는 거처한 지 오래되지 않음을 나타냄이다. 아직은 결정됨이 아니기 때문이며, 선재는 믿음의 끝이니, 증득하여 들어가기 때문이다.

'1) 비구 법회'는 2단락이다.

⑴ 교화를 도와 중생 근기를 받아들임을 밝혔고,

⑵ 바로 교화의 이익을 밝혔다.

지금 첫 단락에 小乘의 智도 또한 대승을 돕기 때문이다.

'⑴ 교화를 도와 중생 근기를 받아들임' 또한 2부분으로 나뉜다.

제1 단락, 반연을 보고서 생각을 일으킴을 밝혔다.

經

爾時에 尊者舍利弗이 承佛神力하야 見文殊師利菩薩이 與諸菩薩衆會莊嚴으로 出逝多林하사 往於南方하야 遊行人間하고 作如是念하사대 我今當與文殊師利로 俱往南方호리라하고

그때, 사리불존자는 부처님의 위신력을 받들어 문수사리보살이 여러 보살 대중의 모임을 장엄하고 서다림에서 나와, 남쪽으로 인간 세상을 향하여 가는 것을 보고서 이런 생각을 하였다.

'나도 문수사리와 함께 남쪽으로 떠나겠다.'

二. 攝衆同游

제2 단락, 많은 대중과 함께 행각하다

經
時에 尊者舍利弗이 與六千比丘로 前後圍遶하야 出自住處하야 來詣佛所하사 頂禮佛足하고 具白世尊하신대 世尊이 聽許어시늘 右遶三匝하고 辭退而去하야 往文殊師利所하시니
此六千比丘는 是舍利弗의 自所同住라 出家未久니 所謂海覺比丘와 善生比丘와 福光比丘와 大童子比丘와 電生比丘와 淨行比丘와 天德比丘와 君慧比丘와 梵勝比丘와 寂慧比丘라
如是等其數六千이 悉曾供養無量諸佛하야 深植善根하며 解力廣大하며 信眼明徹하며 其心寬博하며 觀佛境界하며 了法本性하며 饒益衆生하며 常樂勤求諸佛功德하니 皆是文殊師利의 說法敎化之所成就러라

그때, 사리불존자는 6천 비구와 앞뒤로 에워싸고서 자신의 처소를 떠나 부처님 계신 도량을 찾아와 부처님 발에 엎드려 절하고 세존께 여쭈었다.

세존이 허락하시자, 오른쪽으로 세 번 돌고 하직하고 물러나 문수사리에게로 갔다.

이 6천 비구는 사리불과 함께 살았던 이들로 출가한 지 오래되지 않았다.

이른바 해각비구, 선생비구, 복광비구, 대동자비구, 전생비구, 정행비구, 천덕비구, 군혜비구, 범승비구, 적혜비구이다.

이처럼 그 수효가 6천이나 되는 비구들은 모두 일찍이 한량없는 부처님께 공양하여, 선근을 깊이 심어서 이해하는 힘이 광대하며, 믿음의 눈이 밝고 그 마음이 너그러우며, 부처님의 경계를 관찰하고 법의 본성을 알며, 중생에게 이익을 주며, 항상 부처님의 공덕을 부지런히 구하였다.

그들 모두가 문수사리보살의 설법과 교화로 성취된 이들이었다.

● 疏 ●

於中 亦二니 先은 總辨攝儀니 捨小趣大 爲出自住處하야 向文殊所니라

後'此六千'下는 別明所化이라 於中三이니

初는 指數辨位라 比丘는 義如常이라 六千者는 表六根性淨하야 可入法界故니라 自所同住者는 同居權小故오 同住法界故라 出家未久者는 未證實際하야 易可廻故오 信心尚微하야 須誘化故니라

二'所謂'下 列名이라

三'悉曾'下는 歎德이니 文有十句라 初二는 歎宿因이오 次七은 明現德이오 後一은 結德屬緣이라 旣皆約大乘以歎하니 明本大器오 託迹比丘니 顯收諸類 非小乘矣라 結屬文殊는 今成其善이 非無因矣니라【鈔_ '比丘義如常'者는 古有五義하니

一曰怖魔니 初出家時에 魔宮動故오

二言乞士니 下從居士하야 乞食以資身하고 上從諸佛하야 乞法以練神故오

三名淨戒니 持戒라야 漸入僧數니 應持戒故오

四云淨命이니 旣受戒已에 所起三業이 以無貪故로 不依於貪邪活命故오

五曰破惡이니 漸依聖道하야 滅煩惱故니라

新云苾蒭니 苾蒭는 草名이니 具五德故니라】

이 부분은 또한 2단락이다.

㈀ 섭수하는 위의를 총괄하여 논변하였다. 소승을 버리고서 대승으로 나아감이 바로 자신이 머문 곳에서 나와 문수보살이 있는 처소에 향함이다.

㈁ '此六千比丘.' 이하는 교화의 대상을 개별로 밝혔다.

'교화의 대상' 부분은 3단락이다.

첫째, 6천 비구라는 수효를 가리켜 그 지위를 논변하였다.

'比丘'의 의의는 일상으로 말한 바와 같다.

6천이란 6근의 체성이 청정하여 법계에 들어감을 나타내기 때문이다.

"사리불과 함께 살았던 이들"이란 權敎 소승에 함께 거처하기 때문이며, 법계에 함께 살기 때문이다.

"출가한 지 오래되지 않았다."는 것은 실제의 진리를 증득하지 못하여 쉽게 돌아설 수 있기 때문이며, 아직은 신심이 미약하여 교화를 필요로 하기 때문이다.

둘째, '所謂海覺' 이하는 비구의 이름을 나열하였다.

셋째, '悉曾供養' 이하는 비구의 공덕을 찬탄함이다. 이의 경문은 10구이다.

첫 2구[供養無量諸佛·深植善根]는 숙세의 인연을 찬탄함이며,

다음 7구[解力廣大~常樂勤求諸佛功德]는 현재의 공덕을 밝힘이며,

뒤의 1구[皆是文殊師利說法敎化之所成就]는 공덕의 속한 반연을 끝맺음이다.

이처럼 모두 대승을 들어 찬탄하였다. 본래 큰 그릇임을 밝힌 것이며, 자취를 비구에 가탁하니, 이는 모든 부류가 소승이 아님을 정리하여 밝힌 것이다.

문수의 설법 교화로 끝맺음은 지금 비구들의 지닌 선이란 원인이 없지 않다는 점을 끝맺은 것이다.【초_ "比丘의 의의는 일상으로 말한 바와 같다."는 것은 옛적에는 5가지 의의로 말하고 있다.

① 외도와 마군을 두렵게 하는 사람이다. 처음 출가할 적에 마군의 궁전이 흔들렸기 때문이다.

② 구걸로 살아가는 사람이다. 아래로는 거사에게 걸식하여 몸을 부지하고, 위로는 제불에게 법을 구걸하여 정신을 단련하기 때문이다.

③ 청정한 계행을 지니는 사람이다. 계율을 지녀야 승려의 수에 서서히 들어가는 것이다. 이는 당연히 계율을 지녀야 하기 때문이다.

④ 청정한 마음으로 생활하는 사람이다. 이미 계를 받았기에

일으키는 바의 삼업이 탐심이 없다. 따라서 삿된 생활을 탐착하지 않기 때문이다.

⑤ 악을 없애는 사람이다. 서서히 성인의 도를 따라 번뇌를 없애기 때문이다.

新譯으로 말하면 苾蒭라 한다. 필추는 풀 이름이다. 5가지 공덕을 갖추었기 때문이다.】

第二正明化益
於中二니
先은 以身儀攝益이니 則令根熟起欲이오 二는 語業攝益이니 正授法門이라
前中四니
一은 示勝境이오 二는 得勝益이오 三은 詣勝人이오 四는 蒙勝攝이라
今은 初라

(2) 바로 교화의 이익을 밝히다

이는 2부분으로 나뉜다.

제1 단락, 몸의 위의로써 이익을 받아들임이다. 이는 근기를 성숙시켜 의욕을 일으키게 하는 것이며,

제2 단락, 어업으로써 이익을 받아들임이다. 바르게 법문을 전수하는 것이다.

'제1 단락, 몸의 위의'는 4단락이다.

㈀ 몸의 뛰어난 경계를 보임이며,
㈁ 몸의 뛰어난 이익을 얻음이며,
㈂ 뛰어난 선지식을 찾아감이며,
㈃ 뛰어난 섭수를 받음이다.

이는 '㈀ 몸의 뛰어난 경계'이다.

經
爾時에 尊者舍利弗이 在行道中하야 觀諸比丘하고 告海覺言하사대
海覺아
汝可觀察文殊師利菩薩淸淨之身의 相好莊嚴을 一切天人이 莫能思議하며
汝可觀察文殊師利의 圓光暎徹하야 令無量衆生으로 發歡喜心하며
汝可觀察文殊師利의 光網莊嚴이 除滅衆生의 無量苦惱하며
汝可觀察文殊師利의 衆會具足이 皆是菩薩往昔善根之所攝受하며
汝可觀察文殊師利의 所行之路에 左右八步 平坦莊嚴하며
汝可觀察文殊師利의 所住之處에 周廻十方에 常有道場이 隨逐而轉하며

汝可觀察文殊師利의 所行之路 具足無量福德莊嚴하야 左右兩邊에 有大伏藏하야 種種珍寶 自然而出하며

汝可觀察文殊師利 曾供養佛하야 善根所流로 一切樹間에 出莊嚴藏하며

汝可觀察文殊師利에 諸世間主 雨供具雲하고 頂禮恭敬하야 以爲供養하며

汝可觀察文殊師利에 十方一切諸佛如來 將說法時에 悉放眉間白毫相光하사 來照其身하고 從頂上入이어다

爾時에 尊者舍利弗이 爲諸比丘하사 稱揚讚歎開示演說 文殊師利童子의 有如是等無量功德具足莊嚴하시니라

그때, 사리불존자는 길을 가는 도중에 비구들을 보면서 해각에게 말하였다.

"해각이여,

그대는 보라. 문수사리보살의 청정한 몸의 잘생긴 모습으로 장엄함을 일체 모든 하늘이나 사람들이 헤아릴 수 없다.

그대는 보라. 문수사리보살의 몸 뒤로 내비치는 원광이 밝게 비춰, 한량없는 중생으로 하여금 환희심을 내도록 하였다.

그대는 보라. 문수사리보살의 광명 그물의 장엄이 중생의 한량없는 고뇌를 없애주었다.

그대는 보라. 문수사리보살의 대중법회의 구족함이 모두 보살이 옛적에 선근으로 거두어 준 바이다.

그대는 보라. 문수사리보살이 다니는 길은 좌우로 여덟 걸음씩

평탄하게 장엄하였다.

그대는 보라. 문수사리보살이 머무는 곳마다 주위 시방에 항상 도량이 있어 마음을 따라서 굴러간다.

그대는 보라. 문수사리보살이 행하는 길은 한량없는 복덕장엄을 두루 갖추어, 좌우 양쪽에 묻힌 큰 창고[大伏藏]가 있어 가지가지 보배가 저절로 나온다.

그대는 보라. 문수사리보살은 일찍이 부처님께 공양한 선근의 유출로 말미암아 일체 나무 사이에 장엄한 창고를 만들어 내었다.

그대는 보라. 문수사리보살에게 모든 세간의 임금들이 공양거리의 구름을 비 내려주고, 엎드려 절하고 공경하며 공양하였다.

그대는 보라. 문수사리보살은 시방의 일체 제불 여래께서 설법을 할 때에 모두 미간의 백호상에서 광명을 쏟아내어 그 몸을 비추고 정수리로 들어갔다."

그때, 사리불존자는 모든 비구를 위하여 문수사리동자가 이와 같은 한량없는 공덕으로 구족하게 장엄하였음을 칭찬하고 찬탄하며, 열어 보여주고 연설하였다.

◉ 疏 ◉

有三이니

初는 標告오

이의 문장은 3단락이다.

첫째, 표장으로 고함이다.

二海覺汝可下는 正敎觀察이니 有十勝德이라
一은 身相勝이오 二는 常光勝이오 三은 放光勝이오 四는 衆會勝이오 五는 行路勝이니 表常依八正故오 六은 住處勝이니 擧足下足에 無非道場이 隨心轉故오 七은 福嚴勝이니 常觀空有二邊心地之下에 具如來藏恒沙萬德하야 無心忘照하야 任運寂知而顯現故오 八은 林樹勝이니 樹立萬行하야 嚴法體故오 九는 自在勝이니 於我無我에 得不二解하야 自在主中에 爲最尊故오 十은 上攝勝이니
此有二意하니
一은 約事니 心常上攝諸佛法故오
二는 約表니 諸佛顯揚이 皆依般若하야 究竟에 至於一切智故니라
【鈔_ '於我無我得不二解'等者는 卽釋經'諸世間主雨供具雲'等이니 以主는 卽自在義니 旣我無我에 不二라야 方爲自在라 此卽淨名 迦旃延章에 五非常義니 前三地에 已引이라 卽於我無我而不二是無我義니 無我法中에 有眞我故니라
'二約表者'는 文殊는 表般若니 若無般若면 不能說故니라
'究竟'下는 又表所說이니 雖復千差나 究竟에 至於一切種智로 故放光이 還入智頂이라 後句는 卽法華意라】

둘째, '海覺汝可觀察' 이하는 바로 10가지 수승한 공덕이 있음을 살펴보도록 가르침이다.

① 몸의 모습이 뛰어남이며,
② 변함없는 광명이 뛰어남이며,
③ 방광이 뛰어남이며,

④ 대중법회가 뛰어남이며,

⑤ 가는 길이 뛰어남이다. 언제나 팔정도를 따름을 나타내기 때문이다.

⑥ 머문 곳이 뛰어남이다. 어느 곳을 가든 도량이 마음을 따라 굴러오지 않음이 없기 때문이다.

⑦ 복덕장엄이 뛰어남이다. 언제나 空·有 양쪽의 마음속에 여래장 항하의 모래만큼 수많은 공덕을 갖추고 있기에, 무심으로 관조할 줄을 모르고서도 마음대로 고요히 알고서 나타남을 살펴보기 때문이다.

⑧ 나무숲이 뛰어남이다. 모든 행을 수립하여 法體를 장엄하기 때문이다.

⑨ 자재함이 뛰어남이다. '나'라는 생각과 '나'라는 생각이 없는 데에 둘이 없다는 이해를 얻고서 자재한 주체의 가운데 가장 존귀하기 때문이다.

⑩ 위로 불법을 받아들임이 뛰어남이다. 여기에는 2가지 뜻이 있다.

㉠ 현상의 사법계로 말하면 마음이 언제나 위로 모든 불법을 받아들이기 때문이며,

㉡ 법을 나타내는 것으로 말하면 제불이 들춰내어 밝힌 바가 모두 반야에 의하여 究竟의 一切智에 이르기 때문이다.【초_ "'나'라는 생각과 '나'라는 생각이 없는 데에 둘이 없다는 이해를 얻었다." 등이란 경문에서 말한 "모든 세간의 임금들이 공양거리의 구

름을 비 내려주었다." 등을 해석하였다. 임금[主]이란 곧 자재하다의 뜻이다. 이미 '나'라는 생각과 '나'라는 생각이 없는 데에 둘이 없어야만 비로소 자재하게 된다. 이는 유마경 迦旃延章에서 말한 "5가지가 영원하지 않다."는 뜻이다. 앞의 제3 발광지에서 이미 인용하였다. 곧 '나'라는 생각과 '나'라는 생각이 없는 데에 둘이 없다는 것이 바로 無我의 뜻이다. 무아의 법 가운데 眞我가 있기 때문이다.

'ⓛ 법을 나타내는 것으로 말함'이란 문수는 반야를 나타내어 밝혔다. 만일 반야가 없으면 설법하지 못하기 때문이다.

'究竟' 이하는 또 설법하는 바가 비록 천차만별이지만 결국은 일체종지에 이르기 때문이다. 방광이 지혜의 정수리로 다시 들어감을 밝힌 것이다.

맨 끝의 '至於一切智' 구절은 법화경에서 말한 뜻이다.】

三'爾時'下는 結畧顯廣이니 可知니라

셋째, '爾時' 이하는 간략히 말한 부분을 끝맺으면서 자세한 뜻을 밝히고 있다. 이는 말하지 않아도 알 수 있다.

二 得勝益

(ㄴ) 몸의 뛰어난 이익을 얻다

經

彼諸比丘 聞是說已에
心意淸淨하고 信解堅固하며
喜不自持하야 擧身踊躍하며
形體柔軟하고 諸根悅豫하며
憂苦悉除하고 垢障咸盡하며
常見諸佛하야 深求正法하며
具菩薩根하고 得菩薩力하며
大悲大願이 皆自出生하며
入於諸度의 甚深境界하며
十方佛海 常現在前하며
於一切智에 深生信樂하야

    그 많은 비구가 이 말을 듣고서
    마음이 청정하고 신심과 이해가 견고하며,
    기쁨을 가누지 못하여 온몸이 들썩거리며,
    형체가 부드럽고 모든 감각의 기관이 화열하며,
    근심과 고뇌가 모두 사라지고, 업장이 모두 다하며,
    언제나 부처님을 친견하여 바른 법을 깊이 구하며,
    보살의 근기를 갖추고 보살의 힘을 얻었으며,
    큰 자비와 큰 서원이 모두 거기에서 생겨나며,
    모든 바라밀의 깊은 경지에 들어갔으며,
    시방의 부처님들이 항상 앞에 나타나며,

일체 지혜에 깊은 신심과 좋아하는 마음을 내어서,

◉ 疏 ◉

得勝益中에 上旣勸觀이니 義兼修觀이라 益相은 可知니라

'몸의 뛰어난 이익을 얻은' 가운데 위에서 이미 문수보살을 살펴보기를 권하였다. 그처럼 말한 뜻은 修觀을 겸하고 있다. 이익의 양상은 말하지 않아도 알 수 있다.

三 明詣勝人

㈐ 뛰어난 선지식을 찾아가다

經

卽白尊者舍利弗言호되 唯願大師는 將引我等하사 往詣於彼勝人之所하소서
時에 舍利弗이 卽與俱行하사 至其所已에 白言호되 仁者하 此諸比丘 願得奉覲하나이다

바로 사리불존자에게 말하였다.

"바라건대 대사께서는 저희들을 저 훌륭한 어른이 계신 곳으로 이끌어주십시오."

그때, 사리불은 그들과 함께 그곳에 이르러 여쭈었다.

"거룩하신 이여, 이 비구들이 뵙고자 하나이다."

◉ 疏 ◉

可知니라

이는 말하지 않아도 알 수 있다.

四 蒙勝攝

㈃ 뛰어난 섭수를 받다

經

爾時에 文殊師利童子 無量自在菩薩圍遶하사 幷其大衆으로 如象王廻하야 觀諸比丘하신대 時諸比丘 頂禮其足하고 合掌恭敬하야 作如是言호되 我今奉見하고 恭敬禮拜하며 及餘所有一切善根을 唯願仁者文殊師利와 和尙舍利弗과 世尊釋迦牟尼 皆悉證知하시나니라 如仁所有 如是色身과 如是音聲과 如是相好와 如是自在하야 願我一切를 悉當具得하야지이다

그때, 문수사리동자는 한량없는 자재한 보살에게 둘러싸여 그 대중들과 함께 코끼리 돌아보듯이 몸을 돌려 비구들을 바라보았는데, 비구들은 그의 발에 엎드려 절하고 합장하고 공경하는 마음으로 다음과 같이 말하였다.

"저희들이 지금 우러러 뵈옵고 공경하고 절을 올리며, 그 밖에 우리들이 지닌 모든 선근으로 오직 원하옵건대 인자하신 문수사

리, 화상이신 사리불, 석가모니 세존께서 모두 증명하여 아시나니, 인자하신 당신이 지니신 그와 같은 몸, 그와 같은 음성, 그와 같은 모습, 그와 같은 자재하심처럼 저희들도 모두 두루 넉넉히 얻도록 하여주소서."

◉ 疏 ◉

於中二니

先은 示攝相이니 以廻觀法器故이라 '如象王廻'者는 身首俱轉하야 無輕擧故니라

後'時諸比丘'下는 設敬興願이니 爲後正說之由니라

이는 2부분으로 나뉜다.

첫째, 섭수하는 모양을 보여줌이다. 法器를 돌아보기 때문이다.

'코끼리 돌아보듯이'라는 것은 몸과 머리를 함께 돌려 보는 것으로 경거망동이 없기 때문이다.

둘째, '時諸比丘' 이하는 친견하면서 절을 올리고 서원을 일으킴이다. 뒤의 正說의 이유가 된다.

第二語業攝益
中二니
先은 授自分法이오 後'爾時文殊'下는 授勝進法이라
前中亦二니

先은 授法이오 後'時諸比丘'下는 得益이라

今은 初라

> 제2 단락, 어업으로써 이익을 받아들이다
>
> 이는 2부분으로 나뉜다.
>
> (ㄱ) 자신의 본분에 관한 법을 전수함이며,
>
> (ㄴ) '爾時文殊' 이하는 훌륭히 닦아나가는 법을 전수함이다.
>
> '(ㄱ) 자신의 본분'은 또한 2단락이다.
>
> 첫째, 바르게 법문을 전수함이며,
>
> 둘째, '時諸比丘' 이하는 이익을 얻음이다.
>
> 이는 '첫째, 바르게 법문을 전수함'이다.

經

爾時에 文殊師利菩薩이 告諸比丘言하사대 比丘야 若善男子善女人이 成就十種趣大乘法하면 則能速入如來之地어든 況菩薩地야

何者 爲十고

所謂積集一切善根호되 心無疲厭하며

見一切佛하고 承事供養호되 心無疲厭하며

求一切佛法호되 心無疲厭하며

行一切波羅蜜호되 心無疲厭하며

成就一切菩薩三昧호되 心無疲厭하며

次第入一切三世호되 心無疲厭하며

普嚴淨十方佛刹호되 心無疲厭하며

敎化調伏一切衆生호되 心無疲厭하며

於一切刹一切劫中에 成就菩薩行호되 心無疲厭하며

爲成就一衆生故로 修行一切佛刹微塵數波羅蜜하야 成就如來十力하고 如是次第爲成熟一切衆生界하야 成就如來一切力호되 心無疲厭이니라

比丘야 若善男子善女人이 成就深信하야 發此十種無疲厭心하면

則能長養一切善根하며

捨離一切諸生死趣하며

超過一切世間種性하며

不墮聲聞辟支佛地하며

生一切如來家하며

具一切菩薩願하며

學習一切如來功德하며

修行一切菩薩諸行하며

得如來力하야 摧伏衆魔와 及諸外道하며

亦能除滅一切煩惱하고 入菩薩地하야 近如來地하리라

 그때, 문수사리보살이 비구들에게 말하였다.

 "비구들이여, 착한 남자와 착한 여인이 대승으로 나아가는 열 가지 법을 성취하면 여래의 지위에 빨리 들어갈 수 있다. 하물며 보살의 지위에서야….

무엇이 대승으로 나아가는 열 가지 법인가?

이른바 일체 선근을 쌓아 모아가되 마음이 고달프지 않으며,

일체 부처님을 뵙고 섬기며 공양하되 마음이 고달프지 않으며,

일체 불법을 구하되 마음이 고달프지 않으며,

일체 바라밀을 행하되 마음이 고달프지 않으며,

일체 보살의 삼매를 성취하되 마음이 고달프지 않으며,

일체 삼세에 차례로 들어가되 마음이 고달프지 않으며,

시방의 불국토를 두루 장엄 청정하되 마음이 고달프지 않으며,

일체중생을 교화하고 조복하되 마음이 고달프지 않으며,

일체 세계의 모든 겁에 보살행을 성취하되 마음이 고달프지 않으며,

한 중생을 성취하기 위하여 일체 부처 세계의 티끌 수만큼의 바라밀을 수행하여, 여래의 열 가지 힘을 성취하고, 이와 같이 차례대로 일체 중생 세계를 성숙시키기 위해 여래의 모든 힘을 성취하되 마음이 고달프지 않다.

비구여, 선남자와 선여인이 깊은 신심을 성취하여 이 열 가지 고달프지 않은 마음을 내면,

일체 선근을 기르며,

일체 생사의 길을 여의며,

일체 세간의 종성을 초월하며,

성문과 벽지불의 지위에 떨어지지 않으며,

여래의 집안에 태어나며,

일체 보살의 서원을 갖추며,

일체 여래의 공덕을 배우며,

일체 보살의 행을 닦으며,

여래의 힘을 얻어 많은 마군과 외도를 굴복시키며,

또한 일체 번뇌를 없애고 보살의 지위에 들어가 여래의 지위에 가까워질 것이다."

● 疏 ●

文三이니

初는 擧益標告요

이의 경문은 3단락이다.

① 이익을 들어서 표장으로 고함이다.

二'何者'下는 別示行法이라

皆言'無疲厭'者는 法門無盡하고 衆生無邊이라 取相而修면 多生疲厭하나니 厭則退墮二乘이어니와 若無愛見而修면 則無疲矣라 無疲則佛果非遠이온 況我身耶아

十句는 攝爲五對니

一은 內因·外緣이오 二는 求法·成行이오 三은 深定·妙智니 智入三世故오 四는 嚴刹·調生이오 五는 長時·廣大니 廣大도 亦勝進修也니라【鈔_ 若無愛見而修則無疲矣는 卽淨名問疾品意니 前文에 已引이라】

② '何者' 이하는 行法을 개별로 보여줌이다.

모두 "마음이 고달프지 않다."고 말한 것은 법문이 그지없고, 중생이 끝이 없는 터라, 그런 일을 내가 한다는 相을 가지고 닦아나가면 고달파하거나 싫어하는 마음이 많이 생겨난다. 고달파하거나 싫어하는 마음이 있으면 이승에 떨어지지만, 만약 愛見이 없이 닦아나가면 고달파하거나 싫어하는 마음이 없다. 고달파하거나 싫어하는 마음이 없으면, 佛果와 멀리 있지 않다. 하물며 나의 몸쯤이야.

10구를 정리하면 5대구이다.

제1 대구, 내적 원인과 외적 반연,

제2 대구, 법을 구함과 행의 성취,

제3 대구, 깊은 선정과 미묘한 지혜, 지혜가 삼세에 들어가기 때문이다.

제4 대구, 국토의 장엄과 중생의 조복,

제5 대구, 시간의 장구함과 공간의 광대함, 광대 또한 훌륭하게 닦아나감이다.【초_ "만약 愛見이 없이 닦아나가면 고달파하거나 싫어하는 마음이 없다."는 것은 유마경 問疾品에서 말한 뜻이다. 앞의 문장에서 이미 인용하였다.】

三'比丘若善男子'下는 舉益勸修中에 亦爲五對니 一은 長善·離生이오 二는 超凡·越小오 三은 生家·具業이오 四는 習果·修因이오 五는 摧邪·入證이라

③ '比丘若善男子' 이하는 이익을 들어 수행을 권면하는 부분 또한 10구, 5대구이다.

제1 대구, 선근을 키워나감과 생사를 여읨,

제2 대구, 범부에서의 초월과 소승에서의 초월,

제3 대구, 여래의 집안에 태어남과 보살의 업을 갖춤,

제4 대구, 여래의 결과를 익힘과 원인을 닦음,

제5 대구, 삿된 마군을 꺾음과 증득하여 들어감이다.

一

第二 得益

둘째, 이익을 얻다

經

時諸比丘 聞此法已하고 則得三昧하니 名無礙眼見一切佛境界라 得此三昧故로

悉見十方無量無邊一切世界諸佛如來와 及其所有道場衆會하며

亦悉見彼十方世界一切諸趣所有衆生하며

亦悉見彼一切世界種種差別하며

亦悉見彼一切世界所有微塵하며

亦悉見彼諸世界中一切衆生의 所住宮殿이 以種種寶로 而爲莊嚴하며

及亦聞彼諸佛如來種種言音으로 演說諸法하야 文辭訓釋을 悉皆解了하며

亦能觀察彼世界中一切衆生의 諸根心欲하며

亦能憶念彼世界中一切衆生의 前後十生하며
亦能憶念彼世界中過去未來의 各十劫事하며
亦能憶念彼諸如來의 十本生事와 十成正覺과 十轉法
輪과 十種神通과 十種說法과 十種敎誡와 十種辯才하며
又卽成就十千菩提心과 十千三昧와 十千波羅蜜하야 悉
皆淸淨하야 得大智慧圓滿光明하며 得菩薩十神通柔軟
微妙하야 住菩薩心하야 堅固不動하나라

당시 비구들이 이 법문을 듣고서 삼매를 얻었다.

그 이름을 '걸림 없는 눈으로 일체 부처의 경계를 보는 삼매'라 한다.

이런 삼매를 얻었기에,

시방의 한량없고 그지없는 일체 세계의 부처님과 그 도량에 모인 대중들을 모두 보았으며,

또한 시방세계의 여러 길에 있는 중생들도 모두 보았으며,

또한 그 일체 세계가 가지가지로 다른 것을 모두 보았으며,

또한 그 일체 세계에 있는 먼지들을 모두 보았으며,

또한 그 여러 세계에 있는 일체중생이 거처하는 궁전이 가지가지 보배로 장엄함을 모두 보았으며,

또한 저 부처님 여래께서 가지가지 음성으로 모든 법을 연설하여 말씀과 해석하심을 모두 분명히 앎을 들었으며,

또한 저 세계에 있는 중생들의 근성과 욕구를 잘 관찰하였으며,

또한 저 세계에 있는 일체중생이 전생과 내생에 열 번 태어나

던 일도 기억하며,

또한 저 세계의 과거와 미래에 각각 열 겁 동안 일도 기억하며,

또한 저 일체 여래의 열 차례 본생(本生)의 일, 열 차례 바른 깨달음의 성취, 열 차례 법륜을 굴림, 열 가지 신통, 열 가지 설법, 열 가지 가르침, 열 가지 변재를 기억하며,

또한 십천 가지 보리심, 십천 가지 삼매, 십천 가지 바라밀을 성취하여 모두 청정하여, 큰 지혜의 원만한 광명을 얻었으며, 보살의 열 가지 신통의 부드럽고 미묘함을 얻어서, 보살의 마음에 든든하게 안주하여 흔들리지 않았다.

● 疏 ●

得益中二니 先은 別明一定이오 後又卽成下는 通顯多門이라
前中 亦二니 先은 明所得定體이니 言無礙者는 畧有三義하니 一은 能見離障故오 二는 所見無擁故라 故云見一切佛境이오 三은 一具多用故니 雖具此能이나 而無見相이라 故名三昧오
二得此三昧下는 別明定用有四니 一은 正明天眼用이오 二及亦聞下는 天耳用이오 三亦能觀下는 他心用이오 四亦能憶下는 宿住用이니 一眼이 具斯四用일새 故稱無礙니라
二通顯多門者는 上一定之用이 旣爾인댄 多門無盡도 例然이라
此는 顯圓敎攝機 創立大心하야 乃得十地之後 十通之用이니 以始攝終故니 如發心功德品等辨이라

이익을 얻은 부분은 2부분으로 나뉜다.

① 하나의 선정을 개별로 밝혔으며,

② '又卽成' 이하는 많은 법문을 통상으로 밝혔다.

'① 하나의 선정'은 또다시 2부분으로 나뉜다.

앞은 얻은 바의 '선정 본체'를 밝혔다. 장애가 없다고 말한 것은 간략히 3가지 뜻이 있다.

㉠ 보는 주체가 장애를 여의었기 때문이며,

㉡ 보는 대상이 가림이 없기 때문이다. 이 때문에 "일체 부처의 경계를 본다."고 말하였다.

㉢ 하나가 많은 작용을 갖추었기 때문이다. 비록 이런 능력을 갖추고 있으나 본다는 생각이 없기 때문에 삼매라고 말한다.

뒤의 '得此三昧' 이하는 '선정 작용'을 개별로 밝힌 데에 4가지가 있다.

㉠ 天眼通의 작용을 밝혔고,

㉡ '及亦聞' 이하는 天耳通의 작용을 밝혔으며,

㉢ '亦能觀' 이하는 他心通의 작용을 밝혔고,

㉣ '亦能憶' 이하는 宿住通의 작용을 밝혔다.

하나의 눈으로 이처럼 4가지 작용을 갖추었기에 '장애가 없다.'고 말한다.

'② 많은 법문을 통상으로 밝혔다.'는 것은 위에서 말한 하나의 선정삼매의 작용이 이미 그러한 것처럼 그지없이 많은 법문도 으레 그와 같다.

이는 圓敎에서 법의 그릇이 될 법한 근기를 받아들일 적에 처음 큰마음을 세워서 이에 십지의 뒤에 十通의 작용을 얻음을 밝힌 것이다. 이는 시작으로써 끝의 작용을 받아들인 까닭이다. 제17 초발심공덕품 등에서 말한 바와 같다.

第二 授勝進法

(ㄴ) 훌륭히 닦아나가는 법을 전수하다

經
爾時에 **文殊師利菩薩**이 **勸諸比丘**하사 **住普賢行**케하시니
住普賢行已에 **入大願海**하며
入大願海已에 **成就大願海**하며
以成就大願海故로 **心淸淨**하며
心淸淨故로 **身淸淨**하며
身淸淨故로 **身輕利**하며
身淸淨輕利故로 **得大神通**하야 **無有退轉**하며
得此神通故로 **不離文殊師利足下**하고 **普於十方一切佛所**에 **悉現其身**하야 **具足成就一切佛法**하니라

그때, 문수사리보살이 여러 비구에게 권하여 보현행에 머물게 하였다.

보현행에 머문 뒤에 큰 서원 바다에 들어가고,

서원 바다에 들어간 뒤에 큰 서원 바다를 성취하며,

큰 서원 바다를 성취한 까닭에 마음이 청정하고,

마음이 청정하기에 몸이 청정하며,

몸이 청정하기에 몸이 경쾌하고,

몸이 청정하고 경쾌하기에 큰 신통을 얻어 물러서지 않으며,

이런 신통을 얻었기에 문수사리보살의 발밑을 떠나지 않고서도 시방의 모든 부처님이 계신 도량에 모두 그 몸을 나타내어 일체 불법을 두루 넉넉하게 성취하였다.

◉ 疏 ◉

勝進法中에 亦二니
先教勸이니 上但明大心無疲일세 今令廣住行願하야 進趣普修오
後'以成就'下는 明轉轉獲益이라

'훌륭히 닦아나가는 법'의 부분 또한 2가지이다.

앞은 권면을 가르침이다. 위에서 다만 '큰마음의 고달픔이 없는' 것만을 밝힌 까닭에 여기에서는 널리 行願을 안주하여 널리 닦아나가도록 하였다.

뒤의 '以成就' 이하는 점차 이익을 얻어감을 밝혔다.

◉ 論 ◉

初'爾時文殊師利菩薩勸諸比丘發阿耨多羅三藐三菩提心已'히 此一段經은 名爲創始就根入俗游歷門이라
於此門中에 分爲兩段호리니

一은 從'爾時文殊師利童子'已下로 至'辭退南行往於人間'히 有二十行半經은 明與同行菩薩과 及常隨侍衛之衆으로 辭佛南行하야 往於人間分이오

二는 '爾時尊者舍利弗'已下로 至'成就一切佛法'히 有八十六行半經은 明舍利弗等六千比丘隨逐文殊師利南行하야 在路發心하야 得此一乘法門分이라

첫째, "그때, 문수사리보살이 여러 비구에게 권하여 아뇩다라삼먁삼보리심을 일으키도록 하였다[爾時文殊師利菩薩勸諸比丘發阿耨多羅三藐三菩提心已]."까지 한 단락의 경문은 '처음 근기 있는 이를 찾아 세속으로 들어가 행각[遊歷]하는 법문'이라고 말한다.

첫째 법문은 2단락으로 나뉜다.

(1) "그때, 문수사리동자[爾時文殊師利童子]" 이하로부터 "하직하고 남쪽으로 행하여 인간 세계로 갔다[辭退南行往於人間]."까지 20행 반의 경문은 동행하는 보살과 항상 따르며 侍衛하는 대중과 함께 부처를 하직하고 남쪽으로 행하면서 인간 세상에 들어감을 밝힌 부분이다.

(2) '爾時尊者舍利弗' 이하로부터 '成就一切佛法'까지 86행 반의 경문은 사리불 등 6천 비구가 문수사리를 따라서 남쪽으로 길을 가면서 도중에 발심하여 이 일승 법문을 얻음을 밝힌 부분이다.

隨文釋義者인댄 第一從初'爾時文殊師利童子 從善住樓閣出'者는 明以自法身現根本智樓閣中에 起差別智하야 以利衆生일세 故名爲出이오 無量同行菩薩者는 成助道翼從하야 共敎化衆生故

니 是萬行主伴이오 常隨侍衛諸金剛神者는 都擧諸侍衛之神이라

경문에 따라 뜻을 해석하면, 첫째, 처음의 "그때, 문수사리동자가 선주누각에서 나왔다[爾時文殊師利童子 從善住樓閣出]."고 말한 것은 자신의 법신으로 나타낸 근본지의 누각에서 차별지를 일으켜 중생에게 이익을 주었기 때문에 그 이름을 '나왔다[出].'고 말하게 됨을 밝혔다.

"한량없이 함께 수행하는 보살"이란 도를 돕는 추종자가 되어 모두 함께 중생을 교화하기 때문이다. 이는 만행의 주체와 객체이다.

"항상 따르며 시위하는 금강신"이란 모든 侍衛의 신을 모두 들어 말하였다.

此神之中에 約有二義하니
一은 以諸神所行으로 約自德立名이오
二는 約文殊師利之德하야 差別行上에 以標其德일새 以爲侍衛守護之義라
此一段에 幷菩薩神天하야 有三十二衆하고 通後六千比丘衆하야 以爲四十二衆이니 以爲四十二種方便行하야 成就衆生大智慧解脫之海라

시위의 신에는 대략 2가지 뜻이 있다.

① 모든 신이 행하는 일로써 자신의 공덕을 기준으로 하여 명칭을 세운 것이며,

② 문수사리보살의 공덕을 기준으로 하여, 각기 다른 행의 측면에서 그 공덕을 밝힌 것이기에, 시위하고 수호하는 뜻이다.

이 한 단락에는 보살, 신, 하늘을 모두 아울러 32부류의 대중이 있고, 그 뒤에 6천 비구 대중을 통틀어서 42부류의 대중이 된다. 이는 42가지의 방편행을 삼아서 중생의 대지혜 해탈의 바다를 성취하는 것이다.

二'舍利弗等六千比丘隨逐文殊南行'段中에 復分爲七段호리니

一은 '爾時尊者舍利弗'已下로 至 '皆是文殊師利說法教化之所成就'히 有十三行半經은 明舍利弗과 及六千比丘 隨文殊師利 南行分이오

二는 '爾時尊者舍利弗'已下로 至 '白毫相光來照其身從頂上入'히 有十六行經은 明舍利弗이 勸諸比丘하야 觀察文殊師利 隨路行時에 十種福相으로 嚴身及道路分이오

三은 '爾時尊者舍利弗'已下로 至 '此諸比丘願得奉覲'히 有十行半經은 明舍利弗이 讚歎文殊師利의 十無量德에 諸比丘衆이 咸欲願見文殊師利한대 舍利弗이 爲白文殊師利分이오

四는 '爾時文殊師利童子菩薩'已下로 至 '願我一切悉當具得'히 有六行半經은 明六千比丘 頂禮文殊師利하고 自發大願하야 請佛證知分이오

五는 '爾時文殊師利菩薩告諸比丘'已下로 至 '入如來地'히 有十八行經은 明文殊師利菩薩이 爲諸比丘하사 說十種無疲厭法行하야 不墮二乘地하고 入如來地分이오

六은 '諸比丘聞此法已'已下로 至 '住菩薩心堅固不動'히 有十六行經은 明六千比丘 聞文殊師利說法하고 得無礙眼三昧하야 於

一切法에 各得十十法解脫門分이오

七은 '爾時文殊師利菩薩勸諸比丘' 已下로 至卷末히 有六行經 은 明文殊師利 重勸比丘住普賢行에 便得不離文殊師利足下코 普於十方佛所에 悉現身하야 具足一切佛法分이라

(2) '사리불 등 6천 비구가 문수사리를 따라서 남쪽으로 행하는' 단락은 다시 7단락으로 나뉜다.

① '爾時尊者舍利弗' 이하로부터 "그들 모두가 문수사리보살의 설법과 교화로 성취된 이들이었다[皆是文殊師利說法教化之所成就]." 구절까지 13행 반의 경문은 사리불과 6천 비구가 문수사리를 따라서 남쪽으로 행함을 밝힌 부분이다.

② '爾時尊者舍利弗' 이하로부터 "백호상에서 광명을 쏟아내어 그 몸을 비추고 정수리로 들어갔다[白毫相光來照其身從頂上入]." 구절까지 16행의 경문은 사리불이 모든 비구를 권하여, 문수사리보살이 길을 따라 행할 때, 10가지 복된 모습으로 몸과 도로를 장엄하였음을 살펴보도록 함을 밝힌 부분이다.

③ '爾時尊者舍利弗' 이하로부터 "이 비구들이 뵙고자 하나이다[此諸比丘願得奉觀]." 구절까지 10행 반의 경문은 사리불이 문수사리보살의 10가지 한량없는 공덕을 찬탄함이다. 모든 비구 대중이 모두 문수사리를 뵙기를 바라자, 사리불이 그들을 위해 문수사리에게 아룀을 밝힌 부분이다.

④ '爾時文殊師利童子菩薩' 이하로부터 "저희들도 모두 두루 넉넉히 얻도록 하여주소서[願我一切悉當具得]." 구절까지 6행 반의

경문은 6천 비구가 문수사리에게 이마를 땅에 대어 절을 올리고, 스스로 큰 서원을 일으켜 부처에게 지혜를 증득하여 알도록 해주기를 청함을 밝힌 부분이다.

⑤ "그때, 문수사리보살이 비구들에게 말하였다[爾時文殊師利菩薩告諸比丘]." 이하로부터 "여래의 지위에 가까워질 것이다[入如來地]." 구절까지 18행의 경문은 문수사리보살이 모든 비구를 위하여, 10가지 고달파하거나 싫어하는 마음이 없는 법의 행을 말해주어, 이승의 지위에 떨어지지 않고 여래지에 들어가게 함을 밝힌 부분이다.

⑥ "비구들이 이 법문을 듣고서[諸比丘聞此法已]" 이하로부터 "보살의 마음에 든든하게 안주하여 흔들리지 않았다[住菩薩心堅固不動]." 구절까지 16행의 경문은 6천 비구가 문수사리보살의 설법을 듣고서 '걸림 없는 눈의 삼매[無礙眼三昧]'를 얻어 일체 법에서 각각 10가지에 10가지 법의 해탈문을 얻었음을 밝힌 부분이다.

⑦ "그때, 문수사리보살이 여러 비구에게 권하였다[爾時文殊師利菩薩勸諸比丘]." 이하로부터 권말까지 6행의 경문은 문수사리가 거듭 비구에게 권하여, 보현행에 머물도록 함이다. 이는 문수사리보살의 발밑을 여의지 않고서도 널리 시방의 부처님 도량에 모두 몸을 나타내 일체 불법이 구족하게 됨을 증득함에 대해 밝힌 부분이다.

隨文釋義者인댄 六千比丘는 表信心도 亦入位故로 以十信心十住十行十廻向十地十一地를 路上에 一時總得故니 故云六千이오 前後圍遶에 以舍利弗爲主하고 自餘爲伴하야 主伴同行은 明升進求正法故오

'出自住處'者는 出自聲聞과 及諸權見故며 趣求法界大菩提故오
'遶佛三匝'者는 順佛正教故라 遶佛三匝에 皆是右遶니 自南向東
向北向西至南하야 如是三匝으로 以爲右遶成法이어늘 今人은 返左
行이로다

如是六千比丘 舍利弗同住니 出家未久라 非是羅漢이로대 宿世
有種하야 皆易發心이라 經에 云'六千比丘 悉曾供養無量諸佛하야
深植善根하야 解力廣大하고 信根明徹'者는 明往昔에 曾種信根일
세 今生에 信種已熟이라

'舍利弗이 勸諸比丘하야 令觀察文殊師利菩薩의 福德圓光이 暎
徹'者는 是心淨之常光이니 能令見者歡喜라

'光網'者는 是法網圓滿이니 明其教光嚴身하야 見者滅苦故라

'文殊師利所行之路에 左右八步 平坦莊嚴'者는 明身心이 常與
八正道俱故라

'周遍十方에 皆有道場'者는 化行이 常滿十方이라

'十方諸佛이 說法之時에 放眉間光하야 灌文殊頂'者는 明文殊師
利 是十方佛의 創蒙發心한 法身無相智慧之頂이니 一切諸佛이
初發心時에 入此智慧하야 而生佛家故며 一切衆生이 初發菩提
心에 皆以此法身無相智慧로 爲體니 一切衆生이 皆自有之로대 皆
須方便三昧하야사 方能明現故라

'樹皆寶嚴'은 明因行報生이라

'六千比丘 觀察文殊師利하며 及所聞十種無疲厭法으로 便獲得
無礙眼三昧'者는 得法身中無相智眼明淨하야 以執亡見謝에 智

眼圓通하야 非肉眼故로 身邊等五見이 亡에 法自明矣라 卽十方礙盡에 初一切法中에 各明十法이니 以明三昧力으로 創始初明이오 後勸普賢願行加進하야 一切諸明을 悉達이라
此已上은 明六千比丘發心竟이오 後明覺城에 發緣利物이라 如舍利弗은 是示現聲聞이니 前已述訖이라
已上餘義는 可解之意니 如文自具니라

　　경문에 따라 뜻을 해석하면, 6천 비구의 신심 또한 지위에 들어가므로 10신의 마음과 10주·10행·10회향·10지·11지를 노상에서 일시에 모두 얻음을 나타낸 것이다. 이 때문에 6천이라 말한다. 앞뒤로 에워싸 사리불을 주체로 삼고 나머지를 객체로 삼아 주체와 객체가 함께 행하는 것은 위로 나아가 바른 법을 구함을 밝힌 때문이다.
　　"자신이 머문 자리에서 나왔다."는 것은 스스로 성문과 모든 권교의 견해를 벗어났기 때문이며, 법계의 대보리로 나아가 구하기 때문이다.
　　"부처를 3겹으로 에워쌌다."는 것은 부처의 바른 가르침을 따르는 것이다. 부처를 에워싸고서 3바퀴 돌 적에 모두 오른쪽으로 돈다. 남쪽에서 동쪽으로 북쪽으로 서쪽으로 남쪽에 이른다. 이와 같이 3차례 도는 것이다. 오른쪽으로 돌아 법을 이루는 것인데, 요즘 사람들은 도리어 왼쪽으로 선회한다.
　　이처럼 6천 비구는 사리불과 똑같이 머묾에도 출가한 지 오래되지 않은 터라, 아직은 나한이 아니지만 과거 세계에서 종자를 심었기에 모두가 쉽게 발심하는 것이다. 경문에서 "6천이나 되는 비

구들은 모두 일찍이 한량없는 부처님께 공양하여, 선근을 깊이 심어서 이해하는 힘이 광대하고 믿음의 뿌리가 밝게 사무친다."고 말한 것은 과거에 일찍이 선근을 심었기 때문에 금생에 믿음의 종자가 이미 성숙함을 밝힌 것이다.

'사리불이 모든 비구를 권면하여 문수사리보살의 복덕의 원만한 광명이 사무쳐 비추는 것을 관찰하도록 함'은 바로 마음의 청정인 영원한 광명이다. 보는 자로 하여금 기쁘게 하는 것이다.

'광명의 그물'이란 법의 그물이 원만함이다. 가르침의 광명이 몸을 장엄하여 보는 이들의 고통을 없애줌을 밝힌 것이다.

"문수사리보살이 다니는 길은 좌우로 여덟 걸음씩 평탄하게 장엄하였다."는 것은 몸과 마음이 항상 8정도와 함께함을 밝힌 것이다.

"주위 시방에 항상 도량이 있다."는 것은 교화의 행이 항상 시방에 가득함이다.

'시방 제불이 설법할 적에 눈썹 사이에서 광명이 쏟아져 나와 문수의 정수리에 부어준 것'은 문수사리가 바로 시방 부처가 처음 몽매할 적에 발심한 법신의 無相 지혜의 정수리임을 밝힌 것이다. 일체 제불이 처음 발심할 때, 이 지혜에 들어가 부처의 집안에 태어나기 때문이며, 일체중생이 처음 보리심을 일으킬 때, 모두가 이 법신의 무상한 지혜로써 본체를 삼는다. 일체중생이 모두 스스로 지니고 있지만, 모두 방편삼매를 추구해야만 비로소 밝게 나타나기 때문이다.

"나무가 모두 보배로 장엄함"은 행을 인연하여 과보가 생김을 밝힌 것이다.

"6천 비구가 문수사리를 관찰하고 아울러 들은 바 10가지 고달파하거나 싫어하는 마음이 없는 법으로 바로 '걸림 없는 눈의 삼매[無礙眼三昧]'를 얻은 것"은 법신 속에 모양이 없는 지혜의 눈의 밝고 청정함을 얻음으로써 집착이 사라지고, 견해가 없어짐에 따라서 지혜의 눈이 원만히 통하여 육신의 눈이 아니다. 이 때문에 身見, 邊見, 邪見, 見取見, 戒禁取見 등 잘못된 5가지의 생각[五見]이 사라지면서 법이 스스로 밝아진다.

이는 시방의 장애가 사라짐에 처음의 일체 법 가운데 각각 10가지 법을 밝혔다. 삼매의 힘으로 애초부터 처음 밝음을 밝힌 것이며, 뒤에 보현의 원행을 권면하여 더욱 나아가 일체의 모든 밝음을 모두 잘 아는 것이다.

위는 6천 비구가 발심을 끝마침을 밝혔으며,

뒤는 覺城에서 반연을 교화하여 중생에게 이익을 줌을 밝혔다.

사리불은 나타내 보인 성문이다. 앞에서 이미 모두 서술하였다.

이상의 나머지 뜻은 이해할 수 있는 의미이다. 경문에서 스스로 밝히고 있다.

上來 初比丘會 竟하다

위의 첫 비구 법회를 끝마치다.

입법계품 제39-3 入法界品 第三十九之三

화엄경소론찬요 제100권 華嚴經疏論纂要 卷第一百

화엄경소론찬요 제101권
華嚴經疏論纂要 卷第一百之一

◉

입법계품 제39-4
入法界品 第三十九之四

一

第二諸乘人會

中에 四니

一은 結前所作이라

    2) 모든 乘의 사람 법회

    이는 4단락이다.

    (1) 앞의 지은 바를 끝맺었다.

經

爾時에 文殊師利菩薩이 勸諸比丘하사 發阿耨多羅三藐三菩提心已하시고

    그때, 문수사리보살이 비구들에게 권하여 아뇩다라삼먁삼보리심을 내도록 하고,

二 就化處

    (2) 교화의 장소로 나아가다

經

漸次南行하사 經歷人間하사 至福城東하야 住莊嚴幢娑羅林中하시니 往昔諸佛이 曾所止住하야 教化衆生한 大塔廟處며 亦是世尊이 於往昔時에 修菩薩行하야 能捨無

485

量難捨之處라 是故로 此林名稱이 普聞無量佛刹하야 此處 常爲天龍夜叉乾闥婆阿修羅迦樓羅緊那羅摩睺羅伽人與非人之所供養이러라

점점 남쪽으로 떠나면서 인간 세상을 지나가다가 복성 동쪽에 이르러 '장엄당 사라림'에 머물렀다.

이곳은 옛적에 부처님들이 일찍이 머물면서 중생을 교화하던 큰 탑이 있는 곳이며, 세존께서도 과거에 보살행을 닦으시며 한량없이 버리기 어려운 것을 버리셨던 곳이다.

이 때문에 이 숲의 명성이 한량없는 부처님 세계에 널리 알려졌으며, 이곳에는 언제나 하늘, 용, 야차, 건달바, 아수라, 가루라, 긴나라, 마후라가, 사람, 사람 아닌 이들이 공양하는 도량이 되어왔다.

◉ 疏 ◉

化處中에 其城居人이 多有福德일새 故曰福城이오 城은 表防非오 東은 爲羣方之首오 亦啓明之初니 表順福分善이 入道初故오 又 表福智 入位本故니라
'娑羅林'者는 此云高遠이니 以林木森聳故니 表當起萬行이 莊嚴摧伏故니라
'大塔廟'者는 卽歸宗之所니 日照三藏이 云'此城 在南天竺하니 城東大塔은 是古佛之塔이라 佛在世時에 已有此塔이라하고 三藏이 親到其所호니 其塔極大하야 東面鼓樂供養에 西面不聞이라 於今現在에 此處居人이 多唱善財歌辭하고 此城內人이 竝有解脫分善

根하야 堪爲道器라하니 此表所依法界本覺眞性을 諸佛同依라 故云往昔諸佛曾所止住等이라하니라【鈔_ '表順福分善'者는 十信은 爲順福分善이오 三賢은 爲順解脫分善이니 所修善根으로 順趣解脫故니라 四加行位는 名順決擇分善이니 順趣眞實決擇分故니라 決擇은 即見道니 義如十地어니와 今表十信일새 故是順福이라】

　교화의 장소 부분에 있어, 그 성에 사는 사람들이 많은 복덕을 지녔기에 그 성의 이름을 '福城'이라 한다. 복성이란 그릇된 일을 막아냄을 나타낸다.

　'동쪽'은 모든 방위의 으뜸이며, 또한 날이 밝아오는 첫자리이다. 복덕을 따른 부분의 선업이 '도에 들어가는[入道]' 첫 단계임을 나타낸 때문이며, 또한 복덕과 지혜가 '지위에 들어가는[入位]' 근본임을 나타낸 때문이다.

　'사라림'이란 중국에서는 '드높고 원대함'이라는 뜻이다. 나무숲이 빽빽하고 높이 솟았기 때문이다. 모든 행을 이처럼 높이 일으켜 장엄하고 삿된 도를 꺾어야 함을 나타낸 때문이다.

　'대탑묘'란 곧 종지로 귀결하는 장소이다.

　일조삼장법사가 이에 대해 말하였다.

　"복성은 남천축에 있는 고을이다.

　복성의 동편에 있는 큰 탑은 옛 부처를 모신 탑이다. 부처님 당시 이미 이 탑이 있었다."

　일조삼장법사가 몸소 그곳을 찾으니 그 탑이 워낙 커서 동쪽에서 악기를 울리면서 공양하면 서쪽에 그 소리가 들리지 않았다.

지금도 현재 남아 있다. 그곳에 사는 사람들이 아울러 선재동자의 가사를 부르는 이가 많으며, 그곳에 사는 사람들이 모두 해탈분의 선근이 있어 법의 그릇이 되기에 넉넉하다고 한다. 이는 의지한 바의 법계에 本覺眞性을 제불이 모두 의지함을 나타냈기 때문에 "옛적에 부처님들이 일찍이 머물렀던 곳" 등이라고 말하였다.【초_ "복덕을 따른 부분의 선업을 나타냈다."는 것은 十信은 복덕을 따른 부분의 선업이고, 삼현은 해탈을 따른 부분의 선업이다. 닦은 바의 선근으로 해탈을 따라 나아가기 때문이다. 四加行位에서의 이름은 결택을 따른 부분의 선업이라 한다. 진실한 결택 부분을 따라 나아가기 때문이다. 결택은 바로 見道이다. 그에 관한 뜻은 十地에서 말한 바와 같지만, 여기에서는 십신을 나타내기 때문에 복덕을 따른 것으로 말하였다.】

三 顯所說法

(3) 설법 대상을 밝히다

經

時에 文殊師利 與其眷屬으로 到此處已하사 卽於其處에 說普照法界修多羅하시니 百萬億那由他修多羅로 以爲眷屬하니라

당시 문수사리보살이 그의 권속들과 함께 이곳에 이르러서 그

곳에서 법계를 두루 비추는 수다라를 설법하니, 백만억 나유타 수다라로 권속을 삼았다.

◉ 疏 ◉

所說法이니 名普照等者는 智用宏舒라 故云普照오 所照深廣 稱爲法界니 卽入法界經也이라

설법한 바의 법을 나타낸다.

'普照' 등이라 명명한 것은 지혜의 작용이 크게 펼쳐져 있기에 '普照'라 말하고, 비추는 바가 심오하고 광대하기에 '법계'라 말한다. 이는 바로 '법계에 들어가는 경전'이다.

四明所益衆

(4) 이익 받은 중생을 밝히다

經

說此經時에 於大海中에 有無量百千億諸龍이 而來其所하야 聞此法已에 深厭龍趣하고 正求佛道하야 咸捨龍身하고 生天人中하며 一萬諸龍이 於阿耨多羅三藐三菩提에 得不退轉하며 復有無量無數衆生이 於三乘中에 各得調伏하니라

이 경을 설법할 적에 바다의 한량없는 백천억 용들이 이곳을

찾아와 법문을 듣고서 용의 세계를 싫어한 나머지, 바로 불도를 구하여 용의 몸을 버리고 천상에 나거나 인간에 태어났으며, 1만 용들이 아뇩다라삼먁삼보리에서 물러서지 않았고,

또한 한량없고 수없는 중생이 삼승 가운데 제각기 조복을 얻었다.

◉ 疏 ◉

所益衆中에 有二類別하니 初는 明諸龍得主教意라 故云正求佛道니 卽住海水中이나 堪受得聞이라 後復有下는 攝三乘機하야 得眷屬教意라 故但云復有衆生調伏이라하니 不別演說일새 故非別會니라【鈔_ 不別下는 以刊定記에 開此諸乘人會하야 爲兩會니 謂三은 攝諸龍會오 四는 攝諸乘人會라 故今疏中에 遮其謬釋이라】

이익 받은 바의 대중 가운데는 2부류의 차별이 있다.

① 모든 용이 법주의 가르침을 얻음을 밝혔기에 바로 부처님의 도를 구한다고 말하였다. 이는 바닷속에 사는 존재지만 불법을 받아 들은 것이다.

② '復有' 이하는 삼승의 근기를 받아들여 권속의 가르침의 뜻을 얻었기에 다만 "또한 중생이 조복을 얻었다."고 말하였을 뿐, 별개로 연설하지 않았다. 따라서 별개의 법회가 있었던 게 아니다. 【초_ "별개로 연설하지 않았다." 이하는 간정기에서는 '여러 승의 법회'를 나누어서 두 법회를 삼았다. '셋째는 모든 용의 법회', '넷째는 모든 승을 포괄한 법회'라 하였다. 이 때문에 청량소에서 그 잘

못된 해석을 막은 것이다.】

● 論 ●

第二는 漸次南行하야 經歷人間하야 至福城東이니 是文殊 入俗人間하야 說普照法界修多羅門하사 卽在福城東娑羅林大塔廟處也라

又此一段에 從'爾時文殊師利菩薩勸諸比丘'已下로 至'娑羅林大塔廟處'히 有十五行半經은 復分爲兩段호리니

一은 '爾時文殊師利菩薩'已下로 至'人與非人之所供養'히 有七行半經은 明文殊師利 行往人間하사 至所堪授化緣之分이오

二는 '時文殊師利與其眷屬'已下로 至'大塔廟處'히 有八行經은 明文殊師利說普照法界修多羅門하야 聞法獲益分이라

'爾時文殊師利菩薩'이 勸諸比丘하사 發菩提心已는 都結前法이오

'漸次南行하야 經歷人間'者는 明菩薩이 接引向明이니 以離爲明이오 經歷人間者는 明菩薩大悲로 爲不請之友하야 就根引化故오

'福城'者는 約人多修福하야 以立城名이며 亦約聖者所止 皆爲福德이라

莊嚴幢者는 有二義하니

一은 過去諸佛이 曾於此處에 難捨能捨하야 破所著故로 名之爲幢이오

二는 此處古佛塔廟에 幷有林木森聳高妙之所莊嚴이라

'大塔廟'者는 名稱이 十方佛國에 遠聞을 名之爲大며 亦約說法界

門에 裏外中間見亡하야 名之爲大오 於中에 安置尊者之形像하야 不可毁壞를 名之爲塔廟며 亦名爲幢이니 有梵僧이 云此塔廟 南邊打鼓에 北邊不聞故로 世間에 名爲大也라하니라
娑羅는 云高聳也라
'天龍夜叉'已下는 明天龍八部及人의 常所供養故라
'文殊師利 與其眷屬'者는 所同來菩薩神天六千之衆이오
'說普照法界修多羅'者는 是根本智 明徹徧周하야 隨根徧故오
'百萬億那由他'者는 當此溝也라 大意 不可說修多羅로 以爲眷屬이니 此明差別智徧周하야 應根授益이오
'修多羅'는 此云長行經이라 說此經時에 大海中 無量龍이 聞法에 悉捨龍身코 生天人中하며 一萬諸龍이 發無上菩提에 得不退轉하며 及無數衆生이 三乘中에 各得調伏이니 明各自依根하야 隨差別智하야 得自根性法門이라
已上은 明普照法界修多羅로 隨根濟益門이니 如經自具니라

둘째는 점점 남쪽으로 행하여 인간 세상을 지나서 복성 동쪽에 다다름이다. 이는 문수가 세속의 인간 세상으로 들어가 법계를 널리 비추는 수다라 법문을 연설하면서 복성의 동쪽 사라림 대탑묘라는 곳에 계신 것이다.

또 이 한 단락의 "그때, 문수사리보살이 비구들에게 권하여[爾時文殊師利菩薩勸諸比丘]" 이하로부터 "사라림의 대탑묘가 있는 곳[娑羅林大塔廟處]"까지 15행 반의 경문은 다시 2단락으로 나뉜다.

(1) '爾時文殊師利菩薩' 이하로부터 "사람, 사람 아닌 이들의

공양[人與非人之所供養]"까지 7행 반의 경문은 문수사리가 인간 세상에 머물면서 전수하는 교화 인연에 이르렀음을 밝힌 부분이다.

(2) '時 文殊師利與其眷屬' 이하로부터 '大塔廟處'까지 8행의 경문은 문수사리가 법계를 널리 비추는 수다라 법문을 연설하여, 설법을 듣고서 이익 얻음을 밝힌 부분이다.

"그때, 문수사리보살이 비구들에게 권하여 보리심을 내도록 하였다."는 앞서 말한 법을 모두 끝맺음이며,

"점점 남쪽으로 떠나면서 인간 세상을 지나갔다."는 것은 보살이 비구를 이끌고서 밝은 곳으로 향함을 밝힌 것이다.

남방의 離卦(☲)는 밝음을 상징하기 때문이며,

"인간 세상을 지나갔다."는 것은 보살이 대자비로 부르지 않아도 찾아가는 벗이 되어 중생의 근기에 따라서 그들을 인도하여 교화함을 밝힌 것이며,

'福城'이란 복덕을 닦은 사람이 많다는 점을 들어서 성의 이름을 붙인 것이며, 또한 성자가 머문 곳은 모두 복덕이 됨을 들어 말한 것이다.

'莊嚴幢'이란 2가지 뜻이 있다.

① 과거 제불이 일찍이 이곳에서 버리기 어려운 것을 미련 없이 버려 집착을 타파한 까닭에 그 이름을 '幢'이라 한다.

② 이곳은 옛 부처를 모신 탑묘이자, 아울러 숲의 나무가 빼어나고 우람하게 장엄한 바가 있기 때문이다.

'大塔廟'란 탑묘의 이름이 시방 불국토에 널리 알려진 것을

'大'라 하고, 또한 법계 법문을 연설할 적에 안이니 밖이니 중간이니 생각하는 견해가 사라진 것을 들어 '大'라 하며, 탑묘 속에 존자의 형상을 안치하여 훼손하지 않도록 하는 것을 '塔廟'라 하고, 또한 '幢'이라고 말한다. 어떤 인도의 승려는 "이 탑묘가 워낙 커서 남쪽에서 북을 치면 북쪽에서 들리지 않기 때문에 세간에서 크다[大]고 말하였다."고 하였다.

'娑羅'는 높이 솟아 있음을 말한다.

"천룡과 야차" 이하는 천룡 8부와 사람이 항상 공양하는 바임을 밝혔다.

"문수사리보살이 그의 권속들과 함께"란 함께 찾아온 보살과 神天의 6천 대중이다.

"법계를 두루 비추는 수다라를 설법하였다."는 것은 근본지가 두루 사무치게 밝아서 중생의 근기에 따라 두루 응하기 때문이다.

"백만억 나유타"란 중국에서는 '溝'라는 수효의 단위에 해당된다. 그 대의는 말할 수 없는 수다라로 권속을 삼음이다. 이는 차별지가 두루 하면서 근기에 따라 이익을 줌을 밝힌 것이다.

수다라는 중국에서는 '산문으로 쓰인 경전[長行經]'을 말한다. 이 경전을 설법할 적에 바다의 한량없는 용들이 법문을 듣고서 모두 용의 몸을 버리고 천상이나 인간으로 태어나, 1만 수효의 용이 위없는 보리에서 물러서지 않은 정진을 얻었으며, 아울러 무수한 중생이 삼승 중에서 저마다 조복을 얻었다. 이는 각각 스스로의 근기에 의거하여 차별지를 따라 자신의 根性 법문을 얻음을 밝힌 것이다.

　　이상은 '법계를 두루 비추는 수다라'로 근기에 따라 제도하여 이익을 주는 법문을 밝힌 것이다. 경문에서 말한 바와 같이 스스로 갖춰져 있다.

二 諸乘人會 竟하다

　　2) 모든 승의 사람 법회를 끝마치다.

自此第三攝善財會 亦爲十門이니
一은 趣求有異오 二는 修入衆殊오 三은 示方不同이오 四는 見處差別이오 五는 教遣差別이오 六은 歎不歎別이오 七은 推不推別이오 八은 結不結別이오 九는 去不去別이오 十은 正釋本文이라

　　3) 선재를 받아들이는 법회

　　이 또한 10가지 법문이다.

　　(1) 찾아가 구함에 차이가 있다.

　　(2) 닦아 들어가는 대중의 수효가 다르다.

　　(3) 지방을 보이는 바가 똑같지 않다.

　　(4) 보는 곳이 각기 다르다.

　　(5) 보내고 보내지 않음이 각기 다르다.

　　(6) 찬탄과 찬탄하지 않음이 각기 다르다.

　　(7) 추대함과 추대하지 않음이 각기 다르다.

　　(8) 끝맺음과 끝맺지 않음이 각기 다르다.

⑼ 떠나가고 떠나가지 않음이 각기 다르다.

⑽ 바로 본문을 해석하였다.

● 疏 ●

今은 初라 初有三句하니

初는 文殊 自往福城은 以機尙微故며 未發心故며 大悲深故니라

二는 德雲 已去에 善財 往求는 機漸勝故며 已發心故며 顯重法故니라

三은 末後普賢에 知識不就하고 善財不往이니 顯法界位滿에 無來去故니라

'⑴ 찾아가 구함에 차이가 있음'에는 3구가 있다.

제1구, 문수보살이 스스로 복성을 찾아감은 근기가 아직은 미약하기 때문이며, 발심하지 못하였기 때문이며, 大悲의 마음이 깊기 때문이다.

제2구, 덕운비구 이후로 선재동자가 또 다른 선지식을 찾아감은 근기가 점점 수승하기 때문이며, 이미 발심하였기 때문이며, 법을 중시함을 나타내기 때문이다.

제3구, 맨 끝으로 보현보살을 친견함에 더 이상 선지식을 찾아가지 않고, 선재동자가 가지 않았다. 법계 지위가 원만함에 오고 감이 없음을 밝혔기 때문이다.

二 修入衆殊
   (2) 닦아 들어가는 대중의 수효가 다르다

◉ 疏 ◉

修入衆殊者는 唯初信內에 有三會하야 四衆諸類不同하니 顯創修故요 表通收故요 住位已去에 善財一身이니 行別在已요 入位希故니라【鈔_ '唯初信內有三會'者는 問호되 '此攝善財어늘 何以籠前二會오' 答이라 '以通末會爲五相故니라 故初二會는 是十信收요 而善財中에 自具五相하니 最初信位는 義兼前二故로 就此序니라】

'닦아 들어가는 대중의 수효가 다르다.'는 것은 오직 처음 십신의 내에 3차례의 만남이 있는데, 사부대중의 모든 부류가 똑같지 않다. 이는 처음 닦음을 밝힌 때문이며, 전체로 정리함을 나타낸 때문이며, 십주의 지위 이후로는 선재동자 혼자이다. 수행이 개별로 자신에게 있으며, 들어가는 지위가 希有하고 기이하기 때문이다.【초_ "오직 처음 십신의 내에 3차례의 만남이 있다."는 것은 어느 사람이 물었다.

"이는 선재동자를 받아들인 것인데, 어찌하여 앞의 2차례 법회까지 끌어들여 말하는가?"

"지말법회는 五相[通達菩提心, 修菩提心, 成金剛心, 證金剛心, 佛身圓滿]에 모두 통하기 때문이다. 이 때문에 앞의 2차례 법회에서는 十信을 정리하였고, 선재동자 부분에서는 스스로 五相을 갖추고 있

다. 최초 십신의 지위는 그 뜻이 앞의 2가지를 겸하기 때문에 이 서론에서 말하였다."】

三 示方不同

(3) 지방을 보이는 바가 똑같지 않다

● 疏 ●

示方不同者는 大位有三이니 初 地前知識은 多在南方하니 地內는 無方이오 地後는 兼二니라

南者는 古有五義하니 初一은 約事니 謂擧一例諸니 一方善友도 已自無量이온 況於餘方가 餘四는 約表니라

二者는 明義니 表捨闇向智故니 南方之明에 萬物相見하나니 聖人南面聽政이 蓋取於此니라

三은 中義니 離邪僻東西二邊하고 契中正之實故니라

四는 生義니 南主其陽하야 發生萬物하나니 表善財增長行故오 北主其陰하나니 顯是滅義라 故世尊涅槃에 金棺北首라

五는 隨順義니 背左向右니 右卽順義라 以西域土風이 城邑園宅을 皆悉東向이라 故自東之南이 順日月轉이니 顯於善財隨順敎理故니라

此五義中에 初一은 則通이오 次一後二는 地前表之오 契中道義는 地後表之오 亦通地前이니 正證離相이라 地中은 不以南表오 地後

는 顯於業用廣大니 不同地中하다

後에 文殊는 有示無方하니 表般若 加行有行하고 正證無二故며 普賢은 無方無示하니 表法界普周故니라 有人이 唯取隨順一義하야 非前諸釋하니 謂正明之義는 出此方故며 寧知西域에 南非明等가 況通方之說은 言旨多含가【鈔】'三示方不同'은 此段有四니

一은 總辨類殊니 卽總收諸友하야 以爲三類니

'初 地前 多在南'者는 以正趣一人이 從東方來하니 不言南故니라

'地內無方'者는 從婆珊下有十善友는 皆無南故니라

'地後兼二'者는 瞿波 指於摩耶호되 但云'此世界中에 有佛母'라하고 卽不云南이오

摩耶 指天主光호되 云'此世界 三十三天'이라하고

天主光이 指徧友言호되 '迦毘羅城에 有童子師'라하고

徧友 指衆藝호되 云'有童子'라하고

衆藝 指賢勝호되 云'此摩竭提國에 有優婆夷'라하니

此上五會는 皆無南也니라

賢勝이 指堅固解脫長者호되 卽云'南方有城하니 名爲沃田이라 彼有長者'라하고

堅固이 指妙月호되 但云'卽此城中에 有一長者'라하고

妙月이 指無勝軍호되 卽云'於此南方에 有城하니 名出生이라 彼有長者'라하고

無勝軍이 指最寂靜호되 亦云'於此城南에 有一聚落하니 名之爲法이라 彼有婆羅門'이라하고

最寂靜이 指德生·有德호되 亦云'於此南方에 有城하니 名妙意花門이라'하고

德生이 指於慈氏호되 亦云'此南方에 有國하니 名海岸이라'하다

文殊·普賢은 二俱無方이라

地後三相에 有十三會하니 五會는 有南하고 八會는 無南이라 故云兼二'라하다

'南方之明 萬物相見'者는 卽周易說卦中義니 易曰'離者는 明也니 萬物皆相見하니 南方之卦也라 聖人이 南面而聽天下할새 嚮明而治는 蓋取於此라'하다

'北方主陰'者도 亦周易意니 說卦에 云'坎者는 水也니 正北方之卦니 坎卦也니 萬物之所歸也'라하다

'世尊金棺'下는 引內敎證이니 義如前引하다

'有人唯取'下는 卽苑公意니 於中 有三이라

一은 敍其所立이니 故彼疏序에 云'善財詢友는 表隨順以南行이라'하다

二'非前'下는 敍其破古니 謂正明之義 旣出周易이라 故是此方耳니라

三'寧知'下는 今疏破之니 此有二意하니

一은 則正斥其破니 旣未尋西域內外典冊인댄 安知西方에 無正明義아 亦如今人相承하야 皆云'此方은 立於四時어니와 西方은 但明三際라'하나 及見西域記호니 彼亦立其四時로되 但以正月十六으로 爲春首耳라 是以未能周覽이면 無信凡情이라

二況通方下는 爲其立理니 小乘教說에 雖非我所制나 於餘方에 所不應行者는 亦不應行을 名曰隨方毘尼라하니 況於大乘이며 況於華嚴通方之說은 一說一切說이라 隨類隨方하야 一時普應하나니 何但義求리오】

'지방을 보이는 바가 똑같지 않음'은 큰 지위가 3가지이다.

첫째, 地前의 선지식은 남방에 많이 있다.

둘째, 地內는 일정한 지방이 없으며,

셋째, 地後는 2가지를 모두 겸하였다.

남쪽이란 옛날에 5가지 뜻으로 말하였다.

① 현상의 일로 말한다. 하나를 들어 나머지를 예시함을 말한다. 한 지방의 선지식도 이처럼 한량없는데, 하물며 다른 지방이야. 나머지 아래의 4가지 뜻은 이를 밝히는 것으로 말하였다.

② 밝다는 뜻이다. 어둠을 버리고 지혜의 지향을 나타내기 때문이다. 남방의 밝음으로 만물이 서로 보는 것이다. 성인이 제왕의 자리에서 남쪽을 향하여 나라를 다스림은 이런 뜻을 취한 것이다.

③ 중도의 뜻이다. 삿되고 치우친 동서 양쪽을 벗어나 中正의 실상에 계합하기 때문이다.

④ 생장의 뜻이다. 남쪽은 양기를 주관하여 만물을 낳아준다. 선재동자의 增長行을 나타내기 때문이다. 북쪽은 음기를 주관한다. 이는 없애는 뜻을 밝혀주기 때문에, 세존이 열반할 때 金棺을 북쪽으로 향하였다.

⑤ 따르다[隨順]의 뜻이다. 좌측을 등지고 우측으로 향함이다.

우측이 바로 따르는 뜻이다. 인도의 토속 풍습은 성읍과 가옥을 모두 동향으로 한다. 이는 동쪽으로부터 남쪽에 이르는 것은 태양과 달의 선회를 따름이다. 선재동자가 가르침의 진리를 따름을 밝힌 때문이다.

위의 5가지 의의 가운데 '① 현상의 일'은 모두 통하고, 다음 '② 밝다는 뜻'과 뒤의 '③ 중도의 뜻'·'④ 생장의 뜻' 2가지는 地前을 나타냄이고, 중도에 계합한 뜻은 地後를 말하며, 또한 地前에도 통한다. 이는 바로 離相을 증득함이다. 地中에서는 남쪽으로 나타내지 않고, 地後에서는 業用이 廣大함을 나타냈는데, 地中과는 다르다.

뒤에서 문수보살은 보여줌은 있으나 일정한 지방은 없다. 반야의 加行은 행이 있고, 바른 증득은 둘이 없음을 나타내기 때문이다.

보현보살은 일정한 지방도 없고 보여줌도 없다. 법계가 널리 두루 가득함을 나타내기 때문이다.

어떤 사람이 오직 '⑤ 따르다의 뜻'만을 취하여 앞의 모든 해석을 비난하여 이르기를, "바르게 밝음의 뜻은 남방에서 나오기 때문이다. 어떻게 인도에서는 남쪽이 밝음 등으로 말함이 아님을 알 수 있는가?"라고 말하였다. 하물며 사방으로 통하는 설은 많은 뜻을 포함하고 말한 뜻이야 오죽하겠는가. 【초_ '(3) 지방을 보이는 바가 똑같지 않다.'는 것은 이 단락에 4가지의 뜻이 있다.

첫째, 유가 다름을 총체로 논변하였다. 이는 모든 선지식을 총괄하여 3가지 유로 정리하였다.

처음, 地前 보살이 남쪽에 많이 있다는 것은, 바르게 나아가는 한 사람이 동쪽으로부터 찾아왔다 하니, 남쪽을 말하지 않은 때문이다.

'地內無方'이란 '바산바연주야신' 이하 10명의 선지식은 모두 남쪽이 없기 때문이다.

'地後兼二'란 석녀 구파가 마야부인을 가리키면서 "세계 속에 부처의 모친이 있다."고 말하였을 뿐, 남쪽을 말하지 않았으며,

마야부인이 천주광녀를 가리키면서 "이 세계 33天"이라 말하였을 뿐이며,

천주광녀가 변우동자사를 가리키면서 "가비라성에 동자의 스승이 있다."고 말하였을 뿐이며,

변우동자사가 지중예동자를 가리키면서 "동자가 있다."고 말하였을 뿐이며,

지중예동자가 현승우바이를 가리키면서 "이 마갈제국에 우바이가 있다."고 말하였을 뿐이다.

이상의 5차례의 만남에 모두 남쪽이라는 말이 없다.

현승우바이가 견고장자를 가리키면서 "남방에 성이 있는데, 그 이름을 옥전이라 한다. 그곳에 장자 한 분이 있다."고 말하였으며,

견고장자가 묘월장자를 가리키면서 "이 성중에 장자 한 분이 있다."고 말하였을 뿐이며,

묘월장자가 무승군장자를 가리키면서 "남방에 성이 있는데, 그 이름을 출생이라 한다. 그곳에 장자 한 분이 있다."고 말하였으며,

무승군장자가 최적정바라문을 가리키면서 또한 "남방에 하나의

마을이 있는데, 그 이름을 法이라 한다. 그곳에 바라문이 있다."고 말하였으며,

최적정바라문이 덕생동자와 유덕동녀를 가리키면서 또한 "남방에 성이 있는데, 그 이름을 묘의화문이라 한다."고 말하였으며,

덕생동자가 미륵을 가리키면서 또한 "이 남방에 나라가 있는데, 그 이름을 해안이라 한다."고 말하였다.

문수와 보현 두 보살은 모두 일정한 지방이 없다.

地後의 3가지 모양에는 13차례의 만남이 있는데, 5차례의 만남은 남쪽에 있고, 8차례의 만남은 남쪽이 없기 때문에 2가지를 겸한다고 말하였다.

"남방의 밝음으로 만물이 서로 본다."는 것은 주역 說卦에서 말한 뜻이다. 주역 설괘에서 말하였다.

"離卦(☲)란 밝음이다. 만물이 모두 서로 보는 것이다. 남방의 괘이다. 성인이 제왕의 자리에서 남쪽으로 향하여 천하의 정사를 다스릴 적에 밝음을 향하여 다스림은 아마 이를 취한 것이다."

"북방은 음기를 주관한다."는 것 또한 주역 설괘에서 말한 뜻이다.

설괘에서 말하였다.

"坎卦(☵)는 물이다. 정북방의 괘는 감괘이다. 만물이 귀의하는 바이다."

'世尊金棺' 이하는 내전을 인용하여 증명하였다. 그 뜻은 앞에서 인용한 바와 같다.

'有人唯取' 이하는 慧苑(673?~743?) 스님이 말한 뜻이다. 여기에는 3가지 뜻이 있다.

① 그 건립한 논지를 서술하였다. 이 때문에 혜원 스님의 續華嚴略疏刊行記의 序에 이르기를, "선재동자가 선지식을 찾아감은 따라서 남쪽으로 행함을 나타낸 것이다."고 말하였다.

② '非前諸釋' 이하는 예전의 설을 타파하여 서술하였다. '바른 밝음'의 뜻이 이미 주역에서 나온 말이기에 '중국[此方]'을 말한 것이다.

③ '寧知西域' 이하는 이의 청량소에서 타파함이다. 여기에는 2가지 뜻이 있다.

㉠ 바로 그 타파함을 배척하였다. 이미 서역의 內典이나 外書에서 해당 부분을 찾을 수 없다면 어떻게 서역에 '바른 밝음'의 뜻이 없음을 알 수 있을까?

또한 요즘 사람들이 전해오는 말들은 모두 이르기를, "중국에는 사계절이 뚜렷하지만, 서역에는 3계절만을 밝히고 있다."고들 말한다. 그러나 西域記를 살펴보니 그들 또한 사계절이 있지만 단 정월 16일로 새해 첫날[春首]을 삼는다. 이로써 두루 살펴보지 않으면 범부의 식견을 신뢰할 수 없다.

㉡ '況通方' 이하는 그 논리를 세우기 위함이다. 소승의 가르침은 비록 내가 제재당할 대상이야 아니지만, 여타의 지방에서 응당 행해서는 안 될 바는 또한 당연히 행해서는 안 되는 것을 '隨方毘尼'라고 말한다. 하물며 대승이며, 하물며 사방으로 통하는 화엄

설은 하나의 말이 일체의 말이다. 부류를 따라서 지방을 따라서 한꺼번에 두루 응하니 어찌 다만 그 뜻만을 구할 수 있겠는가.】

四 見處差別

(4) 보는 곳이 각기 다르다

● 疏 ●

見處差別者는 三賢未證이라 散在諸處하고 地上은 證眞이라 生在佛家하야 多居佛會하고 地後는 起用이라 亦散隨緣하나니 普賢 因圓尅果도 還居佛所니라

'보는 곳이 각기 다름'이란 삼현은 증득하지 못한 터라, 여러 곳에 산재되어 있고,

지상보살은 眞諦를 증득한 터라, 부처의 집안에 태어나 부처의 법회에 거처한 바 많고,

地後는 작용을 일으키는 터라, 또한 흩어져 반연을 따른다. 보현은 원인이 원만하여 佛果를 기약함 또한 부처의 처소에 거처함이다.

五 遣不遣

(5) 보내고 보내지 않음이 각기 다르다

● 疏 ●

遣不遣者는 初之文殊는 以在最初니 表內熏起信할새 前更無遣이오 見後文殊는 則般若照極하야 自見普賢法界라 故亦無遣이오 中間諸友는 顯緣起萬行이 相資圓滿이라 故皆敎遣하야 以指後人하고 亦顯諸友 不獨己善이니 離攝屬故니라

'보내고 보내지 않음'이란 처음의 문수는 최초에 있기 때문이다. 내면의 훈습으로 신심을 일으킴을 나타낼 적에 앞에서는 더 이상 다른 이에게 보낼 게 없고, 뒤의 문수를 봄은 곧 반야의 관조가 지극하여 보현의 법계를 스스로 보기 때문에 또한 보낼 게 없으며, 중간의 모든 선지식은 緣起의 만행이 서로 힘입어 원만함을 나타내기 때문에 모두 그를 보내면서 뒤의 선지식을 가리켜주고, 또한 모든 선지식이 유독 자기만 선하지 않음을 나타냄이다. 어느 일정한 섭수의 귀속에서 벗어난 까닭이다.

六 歎不歎

(6) 찬탄과 찬탄하지 않음이 각기 다르다

● 疏 ●

歎不歎者는 初文殊中에 未發心前일새 所以不歎이니 勸發心已코사 方乃歎之오 後二不歎은 表位滿故며 離心相故오 中間諸友는 皆應有歎이라 其不歎者는 畧有二緣하니 一은 正在定故니 如海幢等

이오 二는 行非道故니 如勝熱·無厭·婆須密等이 歎違逆化故니라 無此二緣코 不歎者畧이라【鈔_ '無此二緣 不歎者畧'者는 如休捨優婆夷와 及天主光後 諸善知識이라】

　'찬탄과 찬탄하지 않음'이란 처음 문수 부분은 발심하기 이전이다. 이 때문에 찬탄하지 않았다. 발심을 권하고서야 비로소 이에 찬탄하였다.

　뒤의 2부분에서 찬탄하지 않음은 지위의 원만을 나타낸 때문이며, 心相을 여읜 때문이며, 중간의 모든 선지식은 모두 당연히 찬탄이 있다.

　찬탄하지 않은 것은 간략히 2가지 인연이 있다.

　① 바로 선정에 있기 때문이다. 해당비구 등과 같다.

　② 그릇된 도를 행한 때문이다. 승열바라문, 무염족왕, 바수밀녀 등은 교화를 거스름을 찬탄함과 같기 때문이다.

　이 2가지 인연이 없음에도 찬탄하지 않은 것은 생략한 부분이다.【초_ "이 2가지 인연이 없음에도 찬탄하지 않은 것"이란 예컨대 휴사우바이와 천주광녀 이후의 모든 선지식이다.】

七 推不推

　(7) 추대함과 추대하지 않음이 각기 다르다

● 疏 ●

推不推者는 諸善知識이 皆有謙己知一하고 推勝知多호되 唯初一·後三에 闕斯二事는 爲顯人尊이니 德已備故며 而有遣者는 令增修無厭이니 法門別故니라 普賢不推佛者는 顯果海離修故며 佛屬本會故니라

'추대함과 추대하지 않음'이란 모든 선지식이 모두 자신은 하나만을 안다고 겸손하고, 훌륭한 선지식이 많은 것을 안다고 추켜올리되, 오직 첫 번째와 뒤 3명의 선지식에게 이런 2가지 일이 없는 것은 그 사람의 존귀함을 나타내기 위함이다. 덕이 이미 갖춰졌기 때문이며, 다른 선지식에게 보내는 것은 하여금 더욱 닦아 만족함이 없도록 하려는 것이다. 법문이 다르기 때문이다. 보현이 부처를 추대하지 않음은 果海가 이미 수행을 여의었기 때문이며, 부처가 근본법회에 속함을 밝히려는 것이다.

八 結不結

(8) 끝맺음과 끝맺지 않음이 각기 다르다

● 疏 ●

結不結者는 唯普賢 有結通十方塵刹하니 顯位滿하야 證理周故오 餘는 皆反此니라

'끝맺음과 끝맺지 않음'이란 오직 보현보살이 시방의 미진수

국토를 모두 끝맺음이다. 지위가 원만하여 증득한 이치가 두루 함을 밝혔기 때문이며, 나머지는 모두 이와 반대이다.

九 去不去

(9) 떠나가고 떠나가지 않음이 각기 다르다

● 疏 ●

去不去者는 末後二位에 無有辭去하니 以文殊無身이라 顯離相故오 普賢位極이라 收盡法界故니라 餘皆辭去는 學無常師하야 成勝進故니라

'떠나가고 떠나가지 않음'이란 맨 끝의 2지위에서는 떠나감이 있지 않다. 문수는 몸이 없는 터라, 모양이 없음을 나타냈기 때문이며, 보현은 지위가 극처라 법계를 모두 거둬들였기 때문이다. 나머지는 모두가 떠나감은 배움에는 일정한 스승 없이 훌륭하게 닦아나가야 하기 때문이다.

十 釋文者는 於攝善財十信行中에 文別有四니
一은 四部雲奔이오 二는 三業調化오 三은 上根隨逐이오 四는 大聖重教라
今初는 分二니

先은 總明이라

(10) 바로 본문을 해석하였다.

이는 선재동자의 十信 행을 포괄한 가운데 경문은 4단락이다.

제1 단락, 사부대중이 운집함이며,

제2 단락, 삼업으로 조복하고 교화함이며,

제3 단락, 상근기를 따름이며,

제4 단락, 문수보살의 거듭된 가르침이다.

이의 '제1 단락, 사부대중의 운집'은 2부분으로 나뉜다.

(ㄱ) 총상으로 밝혔다.

經

時에 福城人이 聞文殊師利童子 在莊嚴幢娑羅林中大塔廟處하고 無量大衆이 從其城出하야 來詣其所하니

당시, 복성 사람들은 문수사리동자가 장엄당 사라숲 속 큰 탑이 있는 곳에 머문다는 말을 듣고서, 한량없는 대중이 그 성에서 나와 그곳을 찾아갔다.

後 別顯

(ㄴ) 별상으로 밝히다

時에 有優婆塞하니 名曰大智라 與五百優婆塞眷屬으로 俱하니

所謂須達多優婆塞와 婆須達多優婆塞와 福德光優婆塞와 有名稱優婆塞와 施名稱優婆塞와 月德優婆塞와 善慧優婆塞와 大慧優婆塞와 賢護優婆塞와 賢勝優婆塞라

如是等五百優婆塞로 俱하야 來詣文殊師利童子所하야 頂禮其足하고 右遶三匝하야 退坐一面하며

復有五百優婆夷하니

所謂大慧優婆夷와 善光優婆夷와 妙身優婆夷와 可樂身優婆夷와 賢優婆夷와 賢德優婆夷와 賢光優婆夷와 幢光優婆夷와 德光優婆夷와 善目優婆夷라

如是等五百優婆夷 來詣文殊師利童子所하야 頂禮其足하고 右遶三匝하야 退坐一面하니라

復有五百童子하니

所謂善財童子와 善行童子와 善戒童子와 善威儀童子와 善勇猛童子와 善思童子와 善慧童子와 善覺童子와 善眼童子와 善臂童子와 善光童子라

如是等五百童子 來詣文殊師利童子所하야 頂禮其足하고 右遶三匝하야 退坐一面하며

復有五百童女하니

所謂善賢童女와 大智居士女童女와 賢稱童女와 美顏童女와 堅慧童女와 賢德童女와 有德童女와 梵授童女와 德光童女와 善光童女라
如是等五百童女 來詣文殊師利童子所하야 頂禮其足하고 右遶三匝하야 退坐一面이어늘

당시, 대지우바새가 5백 우바새 권속과 함께하였다.

이른바 수달다우바새, 바수달다우바새, 복덕광우바새, 유명칭우바새, 시명칭우바새, 월덕우바새, 선혜우바새, 대혜우바새, 현호우바새, 현승우바새이다.

이런 5백 우바새가 함께 문수사리동자가 있는 곳으로 찾아가 문수의 발에 엎드려 절하고 오른쪽으로 세 차례 돌고서 한쪽에 물러가 앉았다.

또 5백 우바이가 있었다.

이른바 대혜우바이, 선광우바이, 묘신우바이, 가락신우바이, 현우바이, 현덕우바이, 현광우바이, 당광우바이, 덕광우바이, 선목우바이이다.

이런 5백 우바이가 함께 문수사리동자가 있는 곳으로 찾아가 문수의 발에 엎드려 절하고 오른쪽으로 세 차례 돌고서 한쪽에 물러가 앉았다.

또 5백 동자가 있었다.

이른바 선재동자, 선행동자, 선계동자, 선위의동자, 선용맹동자, 선사동자, 선혜동자, 선각동자, 선안동자, 선비동자, 선광동자이다.

이런 5백 동자가 함께 문수사리동자가 있는 곳으로 찾아가 문수의 발에 엎드려 절하고 오른쪽으로 세 차례 돌고서 한쪽에 물러가 앉았다.

또 5백 동녀가 있었다.

이른바 선현동녀, 대지거사의 딸 동녀, 현칭동녀, 미안동녀, 견혜동녀, 현덕동녀, 유덕동녀, 범수동녀, 덕광동녀, 선광동녀이다.

이런 5백 동녀가 함께 문수사리동자가 있는 곳으로 찾아가 문수의 발에 엎드려 절하고 오른쪽으로 세 차례 돌고서 한쪽에 물러가 앉았다.

● 疏 ●

別有四衆하니
一은 優婆塞니 此云近事男이니 謂親近比丘而承事故니라 別名云 婆須達多者는 此云善施오 或云財施라 餘可思準이라
二는 優婆夷니 此云近事女니 親近比丘尼而承事故니라 上二는 竝由受五戒故로 立近事名이라
三 童男과 四 童女는 竝可知라 而數皆'五百'者는 表五位證入이니 竝通此故니라【鈔_ '婆須達多'者는 以此文中에 復有須達長者라 故釋此一이니 揀異會初精舍之主라】

별상으로 밝힌 데에는 4부류의 대중이 있다.

① 우바새이다. 중국에서는 '近事男'의 뜻이다. 비구를 가까이서 받들어 섬기기 때문이다. 별명으로 '바수달다'라 말한 것은 중

514

국에서는 '善施'의 뜻, 혹은 '財施'이다. 나머지는 생각하여 준할 수 있다.

② 우바이이다. 중국에서는 '近事女'의 뜻이다. 비구니를 가까이서 받들어 섬기기 때문이다.

위의 우바새와 우바이는 모두 五戒를 받음에 따라서 '가까이서 받들어 섬기는 사람'이라는 이름을 붙인 것이다.

③ 동남, ④ 동녀는 아울러 말하지 않아도 알 수 있다.

그 수효가 모두 5백인 것은 五位에 증득하여 들어감을 나타냄이다. 모두 이를 통한 때문이다.【초_ '바수달다'란 경문에 또한 '須達長者'가 있기 때문에 이 하나를 해석한 것이다. 법회 초기에 정사의 주인과 다른 점을 구별하기 위함이다.】

第二. 三業調化
中二니 一은 身意調機요 二는 當機授法이라
今은 初라

제2 단락, 삼업으로 조복하고 교화하다

이는 2부분으로 나뉜다.

(ㄱ) 身業과 意業으로 중생 근기를 조복함이다.

(ㄴ) 근기에 맞추어 법을 전수함이다.

이는 '(ㄱ) 신업과 의업으로 조복함'이다.

經

爾時에 文殊師利童子 知福城人이 悉已來集하시고 隨其心樂하사 現自在身하시니

威光赫奕하야 蔽諸大衆이라

以自在大慈로 令彼淸凉하며

以自在大悲로 起說法心하며

以自在智慧로 知其心樂하며

以廣大辯才로 將爲說法하실세

復於是時에 觀察善財 以何因緣으로 而有其名하사

知此童子 初入胎時에 於其宅內에 自然而出七寶樓閣하고 其樓閣下에 有七伏藏하고 於其藏上에 地自開裂하야 生七寶芽하니

所謂金·銀·琉璃·玻瓈·眞珠·硨磲·瑪瑙라

善財童子 處胎十月한 然後誕生하니 形體支分이 端正具足하고 其七大藏의 縱廣高下 各滿七肘하야 從地涌出 光明照耀하며 復於宅中에 自然而有五百寶器하야 種種諸物이 自然盈滿하니

所謂金剛器中에 盛一切香하고

於香器中에 盛種種衣하고

美玉器中에 盛滿種種上味飮食하고

摩尼器中에 盛滿種種殊異珍寶하고

金器盛銀하고

銀器盛金하고
金銀器中에 盛滿瑠璃와 及摩尼寶하고
玻瓈器中에 盛滿硨磲하고
硨磲器中에 盛滿玻瓈하고
瑪瑙器中에 盛滿眞珠하고
眞珠器中에 盛滿瑪瑙하고
火摩尼器中에 盛滿水摩尼하고
水摩尼器中에 盛滿火摩尼한
如是等五百寶器 自然出現하며
又雨衆寶와 及諸財物하야 一切庫藏을 悉令充滿할세
以此事故로 父母親屬과 及善相師 共呼此兒하야 名曰善財하시며
又知此童子 已曾供養過去諸佛하야 深種善根하며 信解廣大하며 常樂親近諸善知識하며 身語意業이 皆無過失하며 淨菩薩道하며 求一切智하며 成佛法器하며 其心淸淨이 猶如虛空하며 廻向菩提하며 無所障礙하시니라

　그때, 문수사리동자는 복성 사람들이 모두 모인 줄을 알고서 그들이 좋아하는 마음을 따라 자재한 몸을 나타내었다.

　위의의 광채가 눈부시어 대중들을 가렸다.

　자재한 큰 사랑의 마음으로 그들을 시원하게 해주었으며,

　자재한 큰 가엾이 여기는 마음으로 설법할 생각을 하였으며,

　자재한 지혜로 그들이 좋아하는 마음을 알았으며,

광대한 변재로써 장차 그들을 위해 설법하려 하였다.

또한 그때, '선재가 무슨 인연으로 그런 이름을 지었는가.'를 살펴보고서,

선재동자가 처음 모태에 들어갈 적에 그 집안에는 절로 칠보로 이뤄진 누각이 생겨나고,

그 누각의 아래에는 일곱 개의 묻혀 있는 상자가 있었으며,

그 상자 위의 땅이 절로 쫙 벌어지면서 칠보의 싹이 돋아났다.

이른바 금, 은, 유리, 파리, 진주, 차거, 마노이다.

선재동자가 모태에 있은 지 열 달 후에 탄생하니,

몸과 팔다리가 단정하였고, 일곱 개의 큰 상자가 가로와 세로, 그리고 그 높이가 각각 7주(肘: 2자 또는 1자 5치)씩 되는 것이 땅에서 솟아오르자, 그 광명이 찬란하였다.

또한 집안에는 절로 5백 개의 보배 그릇이 생겨나고, 그릇마다 가지가지 물건이 가득하였다.

이른바 금강 그릇에는 온갖 향이 담겨 있고,

향 그릇에는 가지가지 옷이 담겨 있고,

아름다운 옥 그릇에는 가지가지 맛좋은 음식이 담겨 있고,

마니주 그릇에는 가지가지 기이한 보배가 담겨 있고,

금 그릇에는 은이 담겨 있고,

은 그릇에는 금이 담겨 있고,

금은 그릇에는 유리와 마니보배가 가득하고,

파리 그릇에는 차거가 가득하고,

차거 그릇에는 파리가 가득하고,

마노 그릇에는 진주가 가득하고,

진주 그릇에는 마노가 가득하고,

불빛 마니주 그릇에는 물빛 마니주가 가득하고,

물빛 마니주 그릇에는 불빛 마니주가 가득하였다.

이와 같은 5백 보배 그릇이 절로 나오고,

또한 여러 가지 보배와 모든 재물이 쏟아져 내려서 모든 창고를 가득 채웠다.

이 때문에 부모와 친척, 그리고 관상쟁이들이 이 아이의 이름을 '선재'라 불러야 할 줄 알았다.

또한 이 동자가 일찍이 과거 여러 부처님께 공양하여 선근을 많이 심었으며,

신심과 이해가 광대하였으며,

언제나 많은 선지식을 가까이하였으며,

몸과 말과 뜻으로 짓는 업들이 모두 잘못이 없으며,

보살의 도를 청정하게 하며,

일체 지혜를 구하여 불법의 그릇을 이루었으며,

그 마음의 청정함이 허공과 같으며,

보리에 회향하며,

장애가 없는 바를 알았다.

● 疏 ●

文亦二니

先은 總調大衆이니 爲授法方便일새 故云將說이라

後'復於'下는 別觀善財라 知其不羣하고 特廻聖眷하니 善財會名이 因此而立이니 偏所爲故니라

於中二니

先은 總標오 二'知此'下는 別顯이니 別中二라 先觀外緣이오 後觀內因이라

前中亦二니

先은 別明이오 後'以此事'下는 總結이라 財多屬依오 善通依正이니 財現이 是其善相일새 稱曰善財니 亦猶善現立稱이라【鈔_ 財多屬依者는 亦有法財라 故云多也니라】

　　이 또한 2단락이다.
　　첫째, 대중을 총체로 조복하였다. 법을 전수하는 방편이 되기 때문에 '장차 설법…[將說]'이라 말하였다.
　　둘째, '復於' 이하는 개별로 선재동자를 바라봄이다. 선재동자가 범상하지 않음을 알고서 문수보살이 특별히 돌아본 것이다. '선재 법회'라는 명칭은 이런 이유로 붙여진 것이다. 설법의 목적이 선재동자에게 국한된 까닭이다.
　　이는 2부분으로 나뉜다.
　　① 총괄하여 밝혔다.
　　② '知此' 이하는 개별로 밝혔다.

'②개별' 부분은 2단락이다.

㉠ 외적 반연을 살펴보고,

㉡ 내적 원인을 살펴봄이다.

'㉠ 외적 반연' 또한 2단락이다.

앞은 개별로 밝혔다.

뒤의 '以此事' 이하는 총괄하여 끝맺었다. '財'는 의보에 속한 바 많고, '善'은 의보와 정보에 모두 통한다. 재물이 나타남이 그의 좋은 모습이기에 그의 이름을 '善財'라 하였다. 이 또한 '善現'이라는 이름을 붙인 것과 같다.【초_ "財는 의보에 속한 바 많다."는 것은 또한 보배의 재물 밖에 法財가 있기 때문에 '…많다'고 말하였다.】

二'又知此'下는 觀內因者는 此亦稱善이니 對上爲財라 又解心順理曰善이오 積德無盡曰財라 文有十句하니 初一은 唯宿因이오 '信解'已去는 皆通過現이라

㉡ '又知此童子' 이하는 내적 원인을 살펴봄이란 이 또한 '선'을 말한다. 위에서 말한 바를 상대로 '財'라 한다.

또한 마음을 이해하고 이치를 따르는 것을 '선'이라 말하고,

공덕을 쌓아 그지없음을 '재'라 말한다.

이의 경문은 10구이다.

첫 구절[深種善根]은 오직 숙세의 원인이며, '信解廣大' 이후는 과거와 현재에 모두 통한다.

第二當機授法

中三이니

初는 結前標後오 二는 別擧法門이오 三은 結說勸進이라

今은 初라

(ㄴ) 근기에 맞추어 법을 전수하다

이는 3부분으로 나뉜다.

첫째, 앞의 문장을 끝맺고 뒤의 문장을 내세웠고,

둘째, 개별로 법문을 들어 말하였으며,

셋째, 설법을 끝맺으면서 닦아나가기를 권면하였다.

이는 '첫째, 앞의 문장을 끝맺음'이다.

經

爾時에 文殊師利菩薩이 如是觀察善財童子已하시고 安尉開喩하사 而爲演說一切佛法하시니

그때, 문수사리보살이 이처럼 선재동자를 살펴보고 위로하고 일러주면서 일체 불법을 연설하였다.

二 別擧法門

둘째, 개별로 법문을 들어 말하다

經

所謂說一切佛積集法하며

說一切佛相續法하며

說一切佛次第法하며

說一切佛衆會淸淨法하며

說一切佛法輪化導法하며

說一切佛色身相好法하며

說一切佛法身成就法하며

說一切佛言辭辯才法하며

說一切佛光明照耀法하며

說一切佛平等無二法이라

    이른바 일체 부처님이 쌓아갔던 법을 말하고,

    일체 부처님이 이어갔던 법을 말하고,

    일체 부처님이 차례로 하는 법을 말하고,

    일체 부처님의 대중법회에 청정한 법을 말하고,

    일체 부처님이 법륜으로 교화하는 법을 말하고,

    일체 부처님의 육신이 잘생긴 몸매의 법을 말하고,

    일체 부처님이 법신을 성취한 법을 말하고,

    일체 부처님의 말씀과 변재의 법을 말하고,

    일체 부처님이 광명으로 비춰주는 법을 말하고,

    일체 부처님의 평등하여 둘이 없는 법을 말해주었다.

⦁ 疏 ⦁

十句에 初二는 約佛因이니 一은 積集萬行이오 二는 念念不斷이오 次七은 約佛果니 於中에 前三은 妙用攝生이오 後四는 體用圓備오 第十句는 通因通果하고 通理通事니라

> 10구에 첫 2구는 부처님의 因地 수행으로 말하였다.
> 제1구는 모든 행을 쌓아감이며,
> 제2구는 한 생각의 찰나마다 끊이지 않음이다.
> 다음 7구는 佛果로 말하였다.
> 7구 가운데 앞의 3구는 미묘한 작용으로 중생을 받아들임이며,
> 뒤의 4구는 본체와 작용을 원만하게 갖춤이다.
> 제10구는 인·과에 모두 통하고, 이법계·사법계에 모두 통한다.

三 結說勸進

> 셋째, 설법을 끝맺으면서 닦아나가기를 권면하다

經

爾時에 文殊師利童子 爲善財童子와 及諸大衆하사 說此法已하시고
殷勤勸喩하야 增長勢力하사 令其歡喜하야 發阿耨多羅三藐三菩提心하며
又令憶念過去善根하야 作是事已하시고

卽於其處에 復爲衆生하사 隨宜說法한 然後而去러시니

그때, 문수사리동자가 선재동자와 대중들을 위하여 이런 법을 모두 말해주었고,

은근하게 권면하여 힘을 더욱 키워주면서, 그들을 기쁘게 하여 아뇩다라삼먁삼보리심을 일으키게 하였으며,

또한 과거에 심은 선근을 기억하게 하였다.

이런 일을 마치고 그 자리에서 다시 중생을 위하여 그들에게 알맞은 설법을 한 뒤에 떠나갔다.

● 疏 ●

於中結前所說이 普及無偏은 指前因法이오
勸令進修는 令發大心하야 求前佛果오
令憶宿善은 使不自輕이오
餘非此機일새 隨宜更演이라

이 부분에서 앞에서 '설법한 바가 치우치지 않고 평등하게 널리 미침'을 끝맺음은 앞의 因法을 가리키며,

'권면하여 닦아나가도록 함'은 그들로 하여금 큰마음을 일으켜 앞서 말한 佛果를 구하도록 함이며,

'과거의 선을 기억하도록 함'은 그들로 하여금 스스로 경솔하지 않도록 함이며,

나머지는 이런 근기가 아니기에 그들의 적절한 바를 따라서 다시 연설한 것이다.

一

第三 上根隨逐
同餐妙旨나 獨穎衆流일세 重法隨師하야 說偈求度니라
文中二니
先은 總序說因이오 二는 正陳偈頌이라
今은 初라 由已發心故니라

제3 단락, 상근기를 따르다
미묘한 종지를 함께 누리면서도 대중 가운데 유독 뛰어나기에 법을 존중하고 스승을 따라 게송을 읊어 제도를 구하였다.
이의 경문은 2부분으로 나뉜다.
(ㄱ) 설법의 원인을 총괄하여 서술하였고,
(ㄴ) 바로 게송을 읊었다.
이는 '(ㄱ) 설법 원인의 총괄'이다. 이미 발심한 데서 연유하였기 때문이다.

經

爾時에 善財童子 從文殊師利所하야 聞佛如是種種功德하고 一心勤求阿耨多羅三藐三菩提하야 隨文殊師利하야 而說頌曰

그때, 선재동자는 문수사리에게서 부처님의 이런 가지가지 공덕을 듣고, 한결같은 마음으로 아뇩다라삼먁삼보리를 구하고자, 문수사리를 따라서 게송으로 말하였다.

● 疏 ●

'此菩提心 爲當何位오 善財童子는 爲聖爲凡가 古有多釋이라
一云卽地上菩薩이니 言發心者는 證發心也라하고
一云是地前實報凡夫로되 但有宿善하야 信根現熟이라하고
有云古不足依라하고 自引安住地神 云'此人 已生法王種中'하야
斯文可定이라 然自爲二解하니 一은 謂智니 智契法性하야 生在佛
家일새 名法王種이라하니 卽已入地오 二는 謂據多聞熏習하야 勝解
眞性하야 成就佛種일새 名生法王種中이니 卽三賢內種性菩薩이라
하다
然此師解는 依於前義에 不異初師하고 依於後義에 未殊次解하니
何足異焉가 又以此文爲證者인댄 則慈氏云'一生淨菩薩行'과 '見
普賢處 等諸佛'等을 復云何通가 無執一文하야 自相矛盾이니라
賢首云'應是善趣信行中人'이라하니 依圓敎宗컨댄 有其三位하니
一은 見聞位니 卽是善財 次前生身에 見聞如是普賢法故로 成解
脫分善根이니 如前歎德中辨이오
二는 是解行位니 頓修如此五位行法이니 如善財此生所成으로 至
普賢位 是오
三은 證入生이니 卽因位窮終하야 沒同果海니 善財來生 是也라
若爾인댄 定是何位오 謂以在信 是信位오 在住 是住位니 一身이
歷五位에 隨在卽彼收니 以徧一切故로 如普賢位라하니 此之一解
는 甚順經宗이로되 但更有一理하니 謂歷位而修라가 得見普賢하고
一時頓具니 地獄天子도 尙三重頓圓이온 何以善財 尅定初地等

527

가 又定初地言은 爲是未見文殊前耶아 爲是已見普賢竟耶아 一生有增進耶아 始末定耶아 無得管見으로 以害經宗이니라

"이 보리심은 어느 지위에 해당하며, 선재동자는 성자일까? 범부일까?"

이런 문제에 대해 예로부터 많은 해석이 있어 왔다.

일설에 의하면, 이는 지상보살이다. 발심이라 말한 것은 발심을 증득함이라 하며,

일설에 의하면, 이는 地前에 상당하는 것으로 實報土의 범부이지만 그래도 과거 세계의 선근이 있어 信根이 현재 성숙하였다고 하며,

일설에 의하면, 옛 해석은 따를 만한 게 없다고 하여, 스스로 "'이 사람이 이미 법왕의 종성으로 태어났다.'는 安住地神의 말"을 인용하여, 이 경문으로 결정할 만하다. 그러나 여기에서는 그 나름 2가지로 해석한다.

① 지혜를 말한다. 지혜가 법성에 계합하여 부처의 집안에 태어나기에 그를 '법왕의 종성'이라 말한다. 이는 이미 入地보살이다.

② 많은 것을 들어 훈습함에 따라 眞性을 잘 이해하여 부처의 종성을 성취하였기에 그 이름을 '법왕의 종성으로 태어났다.'고 말한다. 이는 三賢 내의 種性을 지닌 보살이라 한다.

그러나 이 스님의 해석은 앞의 뜻을 따라 처음 말한 스님의 말과 다르지 않고, 뒤의 뜻을 따르면 다음 해석과 다르지 않다. 그렇다면 어떻게 다르다 말할 수 있겠는가.

또한 이 경문으로 증명하면 미륵불의 "일생 보살행을 청정하게 닦았다."는 말과 "보현을 본 곳의 제불과 같다."는 등등의 말에 또한 어찌 통하겠는가. 하나의 경문에 집착하여 서로 모순되는 일이 없어야 한다.

현수보살이 이르기를, "당연히 이는 信行을 잘 닦아나가는 사람"이라 한다. 원교의 종지를 따르면 거기에는 3지위가 있다.

① 전생에 부처를 친견하고 법문을 들어 태어난 지위[見聞位]이다. 이는 선재동자가 차례로 전생의 몸에 이와 같은 보현의 법문을 보고 들은 바 있었던 까닭에 解脫分 선근을 성취할 수 있었다. 앞의 찬탄한 공덕 부분에서 말한 바와 같다.

② 이해하여 원만한 행을 닦는 지위[解行位]이다. 이와 같은 5위의 行法을 단번에 닦음이다. 예컨대 선재동자가 이 생에서 성취한 바로 보현의 지위에 이른 것이 바로 이를 말한다.

③ 수행을 마치고 불과를 증득한 지위[證入生]이다. 이는 因位가 다하여 果海와 모두 같음이다. 선재동자의 생을 구함이 바로 이를 말한다.

그렇다면 결코 이는 어떤 지위일까?

신심에 있으면 이는 십신의 지위이고,

머묾에 있으면 이는 십주의 지위이다.

하나의 몸으로 5위를 거치면서 있는 곳을 따라 곧 그 지위에 해당되는 것이다. 일체 모든 지위에 두루 원만한 까닭에 보현의 지위와 같다고 말한다. 이러한 하나의 해석이 경문의 종지에 매우 적

절하다.

다만 또 다른 하나의 이치가 있다. 지위를 따라 닦아가다가 보현을 보고서 일시에 모두 갖춰버린 것이다.

지옥천자도 오히려 3차례를 거치면서 단번에 원만해졌는데, 어떻게 선재는 초지 등에서 이처럼 결정될 수 있을까?

또한 定初地란 말은 문수보살을 친견하기 이전의 일일까?

이 보현보살을 이미 친견한 후에 끝이 되는가?

일생에 더욱 닦아나가는 것일까?

시작과 끝이 정해진 것일까?

이처럼 좁은 소견으로 경문의 종지를 해쳐서는 안 된다.

二 正陳偈辭

(ㄴ) 게송을 읊다

經

三有爲城郭하고 憍慢爲垣牆하며
諸趣爲門戶하고 愛水爲池塹이로다

 삼계의 생사로 성곽 삼고
 교만의 마음으로 담장 삼고
 많은 악도로 문을 삼고
 애욕의 물로 해자 삼았어라

愚癡闇所覆로　　　　貪恚火熾然하야
魔王作君主하고　　　童蒙依止住로다

　　어리석은 어둠에 뒤덮여
　　탐욕과 성냄의 불길 거세어
　　마왕이 임금 되었는데
　　어리고 몽매한 이들이 의지하여라

貪愛爲徽纆하고　　　諂誑爲轡勒하며
疑惑蔽其眼하야　　　趣入諸邪道로다

　　탐심과 애욕은 옭아매는 오랏줄
　　아첨과 속임은 고삐가 되고
　　의혹이 눈을 가리어
　　삿된 길로 나아가게 하여라

慳嫉憍盈故로　　　　入於三惡處하며
或墮諸趣中의　　　　生老病死苦로다

　　간탐, 질투, 교만, 게으름 때문에
　　삼악도에 들어가고
　　혹은 여러 악도에 떨어져
　　나고 늙고 병들고 죽는 고통이어라

● 疏 ●

三十四頌은 分二니 初四는 頌傷己沈溺하야 自勉不能이오 後三十頌은 仰德依人하야 請垂拔濟니라

前中亦二니 前二는 明依果起因이니 長迷不出일새 故喻之以城하고 後二는 明依因趣果니 生死無窮일새 故喻乘惡乘이니라

又初二는 迷於苦集이오 後二는 失於滅道라

今初文也에 三有悅情은 卽起惑之處오 愚迷三世는 卽起惑之因이오 魔王은 卽起惑之緣이오 童蒙은 乃起惑之者오 餘는 皆所起之惑이라 然三界受生은 皆由著我니 起依我起라 高而難踰일새 故六趣門中에 出入不息이라 餘可思準이라

後二中에 初偈는 失正行邪道오 後偈는 入苦無涅槃이라 徽者는 束也오 纆者는 索也라 又三股曰徽오 四股爲纆이라 盈者는 緩也오 懈也라

   34수 게송은 2단락으로 나뉜다.

   첫째, 4수 게송은 이미 악도에 빠진 터라, 아무리 힘써도 되지 않음을 슬퍼하여 읊은 것이며,

   둘째, 30수 게송은 공덕을 우러러 찬탄하면서 그 사람에 의하여 구제해주기를 청하였다.

   '첫째, 4수 게송' 부분은 또다시 2부분으로 나뉜다.

   앞의 2수 게송은 결과에 의해 원인을 일으킴을 밝혔다. 기나긴 혼미에서 벗어나지 못하기 때문에 성곽으로 비유하였다.

   뒤의 2수 게송은 원인에 의해 결과로 나아감을 밝혔다. 생사가

끝이 없기에 나쁜 수레[惡乘]에 탄 것으로 비유하였다.

또한 앞의 2수 게송은 苦·集을 알지 못함이며,

뒤의 2수 게송은 滅·道를 잃음이다.

앞의 2수 게송 가운데, 三有에서의 애욕의 정은 미혹을 일으키는 곳이며,

어리석음으로 삼세를 알지 못함은 미혹을 일으키는 원인이며,

마왕은 미혹을 일으키는 반연이며,

童蒙은 미혹을 일으키는 자이며,

나머지는 모두 일으키는 바의 미혹이다.

그러나 삼계에서 생을 받아 태어남은 모두 자아의 집착에서 연유한 것이다.

집착을 일으킴은 '나'라는 생각에 의해 일어난 것이어서, 너무나 높아서 이를 넘어서기 어렵다. 이 때문에 六趣[地獄道, 餓鬼道, 畜生道, 阿修羅道, 人間道, 天上道]의 문을 끊임없이 들락거리는 것이다. 나머지는 이에 준하여 생각하면 알 수 있다.

뒤의 2수 게송 가운데 첫 게송은 바른 도를 잃고서 삿된 도를 행함이며,

둘째 게송은 고해에 들어가 열반이 없음이다.

徽는 묶임이며, 纆은 오랏줄이다. 또한 3가닥의 오랏줄은 徽, 4가닥의 오랏줄은 纆이라 한다. 憍盈의 '盈'은 느슨함이며, 게으름이다.

妙智淸淨日인　　　　　大悲圓滿輪이
能竭煩惱海하나니　　　願賜少觀察하소서

　　미묘한 지혜 청정한 태양이신
　　가엾이 여기는 원만한 법륜
　　번뇌의 바다 말려주시니
　　저를 조금 굽어 살펴주소서

妙智淸淨月인　　　　　大慈無垢輪이
一切悉施安하나니　　　願垂照察我하소서

　　미묘한 지혜 청정한 달님이신
　　인자하고 때 없는 법륜
　　모든 이 안락을 주시니
　　저를 굽어 비춰주소서

一切法界王이　　　　　法寶爲先導하야
遊空無所礙하나니　　　願垂敎勅我하소서

　　일체 법계의 왕이시여
　　법보로 길잡이 삼아
　　걸림 없이 허공에 노니시니
　　저를 가르쳐주소서

福智大商主　　　　　勇猛求菩提하야
普利諸群生하나니　　願垂守護我하소서

　　복덕과 지혜 많은 큰 상주여
　　용맹정진 보리 구하여
　　중생을 널리 이익 주시니
　　저를 지켜주소서

身被忍辱甲하며　　　手提智慧劍하고
自在降魔軍하나니　　願垂拔濟我하소서

　　몸에는 인욕의 갑옷 입고
　　손에는 지혜의 칼을 들어
　　마군을 자재하게 항복 받으시니
　　저를 구제하소서

住法須彌頂하야　　　定女常恭侍하고
滅惑阿修羅하는　　　帝釋願觀我하소서

　　불법의 수미산 정상 머물면서
　　선정의 시녀 항상 모시고
　　번뇌의 아수라 없애주시는
　　제석이여 저를 굽어보소서

● 疏 ●

第二請拔濟中에 分三이니

初 十三偈는 讚人求法이오

次 十五偈는 讚法求乘이오

後 二偈는 雙結人法이라

前中二니

初 六偈는 對前苦集하야 希垂拔濟오

後 七偈는 對失滅道하야 冀成行果니 皆上三句는 讚文殊德이니 偈 各一德이오 後一句는 正求運濟니라

둘째, 구제를 청하는 부분은 3단락으로 나뉜다.

① 13수 게송은 사람을 찬탄하면서 법을 구함이며,

② 15수 게송은 법을 찬탄하면서 그 수레에 오르기를 구함이며,

③ 2수 게송은 사람과 법을 모두 끝맺음이다.

'① 13수 게송'은 2부분으로 나뉜다.

앞의 6수 게송은 앞의 苦·集을 상대로, 구제해주기를 바람이며,

뒤의 7수 게송은 滅·道를 잃음을 상대로, 行果의 성취를 바람이다.

모두 위의 3구는 문수보살의 공덕을 찬탄하였다.

게송마다 각각 하나의 공덕을 들어 말하였고, 뒤의 1구는 바로 구제해주기를 바람이다.

三有凡愚宅에　　　　　惑業地趣因을
仁者悉調伏하나니　　　如燈示我道하소서

　　삼계의 생사 범부의 집
　　혹업의 악도 원인을
　　보살께서 모두 조복하시니
　　등불처럼 나의 도 비춰주소서

捨離諸惡趣하고　　　　清淨諸善道하야
超諸世間者여　　　　　示我解脫門하소서

　　여러 악도 여의시고
　　모든 착한 길 청정케 하여
　　세간을 초월하신 분이여
　　해탈의 문 보여주소서

世間顛倒執인　　　　　常樂我淨想을
智眼悉能離하나니　　　開我解脫門하소서

　　세간의 전도된 집착
　　상락아정의 생각을
　　지혜의 눈으로 모두 여의시니
　　해탈의 문 열어주소서

善知邪正道하야 　　　分別心無怯한
一切決了人이여 　　　示我菩提路하소서
　　바른 길, 삿된 길 잘 아시고
　　분별하는 마음 겁냄이 없는
　　모든 것 아시는 이여
　　보리의 길 보여주소서

住佛正見地하며 　　　長佛功德樹하며
雨佛妙法華하시니 　　示我菩提道하소서
　　부처의 바른 소견에 머물고
　　부처의 공덕 나무 기르며
　　불법의 미묘한 꽃 내려주시니
　　보리의 길 보여주소서

去來現在佛이 　　　　處處悉周徧하사
如日出世間하시니 　　爲我說其道하소서
　　과거, 미래, 현재의 부처님
　　곳곳마다 두루 계셔
　　태양이 세간에 솟듯이
　　저를 위해 도를 말해주소서

善知一切業하고 　　　深達諸乘行하야

智慧決定人이여 　　　　**示我摩訶衍**하소서

　　일체 업 잘 아시고

　　모든 승의 수행 통달하여

　　결정한 지혜 지니신 이여

　　저에게 마하연을 보여주소서

● 疏 ●

就後七中에 初一은 總求其道오 次二는 求涅槃道오 次二는 求菩提道오 後二는 求見道緣이라

　　뒤의 7수 게송 가운데, 첫 게송은 그 도를 총체로 구함이며,

　　다음 2수 게송은 열반의 도를 구함이며,

　　다음 2수 게송은 보리의 도를 구함이며,

　　뒤의 2수 게송은 見道의 반연을 구함이다.

經

願輪大悲轂과 　　　　**信軸堅忍轄**과
功德寶莊校여 　　　　**令我載此乘**하소서

　　서원의 바퀴, 자비의 속바퀴

　　신심의 굴대, 든든한 인욕의 빗장

　　공덕 보배로 꾸민 수레

　　그 수레에 저를 태워주소서

總持廣大箱과 　　　　慈愍莊嚴蓋와
辯才鈴震響이여 　　　使我載此乘하소서

    총지의 광대한 짐칸
    자비의 장엄한 덮개
    변재의 풍경 울림이여
    그 수레에 저를 태워주소서

梵行爲茵褥하며 　　　三昧爲媒女하며
法鼓震妙音하나니 　　願與我此乘하소서

    청정한 범행, 돗자리 삼고
    삼매로 아름다운 여인 삼고
    법고의 미묘한 소리 진동하니
    그 수레에 저를 함께하소서

四攝無盡藏과 　　　　功德莊嚴寶와
慚愧爲羈鞅이여 　　　願與我此乘하소서

    사섭법의 무진장
    공덕의 장엄한 보배
    부끄러움은 굴레와 뱃대끈이여
    그 수레에 저를 함께하소서

● 疏 ●

第二願輪下는 歎法求乘中에 亦對前惡乘하야 以求勝乘이니 尙異二乘이온 況馳驟三界아【鈔_ 況馳驟三界者는 書有云 堯舜은 安車오 夏殷은 步驟라하니 言其道不及前이라 今以一乘으로 爲安車니 安車·牛車는 尙異二乘羊鹿이온 豈況三界步驟아】

② '願輪' 이하는 법을 찬탄하고 법의 수레를 구하는 가운데 또한 앞의 좋지 않은 수레를 상대로 좋은 수레를 구함이다. 이는 오히려 이승과 다른데, 하물며 삼계에 달리는 것이야.【초_ "하물며 삼계에 달리는 것이야."란 書에 이르기를, "요순은 안락한 수레이고, 夏殷은 도보로 걷는 것이다."고 하였다. 그 도가 앞 사람에 미치지 못함을 말한다. 여기에서는 一乘으로써 안락한 수레를 삼아 말하였다. 안락한 수레는 소가 끄는 수레이다. 이는 오히려 二乘의 양과 사슴과도 다른데, 하물며 도보로 걷는 격인 삼계와 견줄 수야.】

於中에 分四니 初四는 求悲智定攝利他乘이라【鈔_ 初四 頌求悲智定攝利他乘'者는 總相釋也라 初偈는 是悲오 二는 是智오 三은 定이오 四는 卽四攝이라

然下四段은 皆明乘義니 今當別配니라

初偈 有五니 一은 願行相扶 如輪致遠이오 二는 一切佛法이 皆依大悲 猶如衆輻 以輳一轂이오 三은 信心不退 如軸居心이오 四는 堅忍不動이 如錔貫定이오 五는 諸功德寶而爲莊校니 卽通五度라 末句는 結求니 可知니라

第二偈 三義는 一은 總持攝法이 如箱攝物이오 二는 慈愍覆蔭이 如

張幰蓋오 三은 四辨演法이 如鳴鸞鈴이라
第三偈 三義는 一은 梵行嚴潔이 如淨茵蓐이오 二는 三昧適神이 如侍婇女오 三은 法音益物이 如擊鼓聲이라
第四偈 三義는 一은 四攝益物이 無盡如藏이오 二는 功德圓淨이 如寶莊嚴이오 三은 牛有羈鞅이면 離過引車하고 人有慚愧면 拒惡崇善이라】

이 부분은 4단락으로 나뉜다.

첫 4수 게송은 大悲·大智·禪定·四攝法으로 이타의 수레를 구함이다.【초_ "첫 4수 게송은 대비·대지·선정·사섭법으로 이타의 수레를 구함"이란 총상의 해석이다.

제1게송은 대비를, 제2게송은 대지를, 제3게송은 선정을, 제4게송은 사섭법을 말하고 있다.

그러나 아래의 4단락에서는 모두 수레의 뜻으로 밝혔다. 여기에서는 개별로 짝지어 말하고자 한다.

제1게송에는 5가지의 의의가 있다.

㉠ 서원과 수행이 서로 부지함은 수레바퀴처럼 먼 곳까지 달릴 수 있음과 같고,

㉡ 일체 불법이 모두 大悲에 의함은 마치 수많은 바큇살이 하나의 속바퀴에 모여듦과 같으며,

㉢ 신심으로 물러서지 않음은 중심의 축과 같고,

㉣ 든든한 인욕으로 흔들림 없음은 관통하여 안정시켜 주는 빗장과 같으며,

ⓜ 모든 공덕의 보배로 장엄함은 바로 5바라밀에 통한다.

　마지막 구절은 구함을 끝맺음이다. 이는 말하지 않아도 알 수 있다.

　제2게송에는 3가지의 의의가 있다.

　　㉠ 총지로 모든 법을 받아들임은 짐칸에 물건을 담은 것과 같고,

　　㉡ 자비로 덮어줌은 포장의 덮개와 같으며,

　　㉢ 四無礙辯으로 법을 연설함은 울리는 방울소리와 같다.

　제3게송에는 3가지의 의의가 있다.

　　㉠ 법행의 장엄 정결함은 청정한 돗자리와 같고,

　　㉡ 심신을 쾌적케 하는 삼매는 아름다운 시녀와 같으며,

　　㉢ 법음으로 중생에게 이익을 줌은 북을 두들기는 소리와 같다.

　제4게송에는 3가지의 의의가 있다.

　　㉠ 사섭법으로 중생에게 이익을 줌은 그지없는 여래장이고,

　　㉡ 공덕의 원만 청정은 보배로 장엄함과 같으며,

　　㉢ 소에게 굴레를 얹으면 잘못을 여의고 수레를 끌 듯이 사람에게 부끄러워하는 마음이 있으면 악을 막아내고 선을 높이는 것이다.】

經

常轉布施輪하며　　　　**恒塗淨戒香**하며
忍辱牢莊嚴이여　　　　**令我載此乘**하소서

　　항상 보시의 바퀴 굴리고

청정한 계율 향기 바르며

인욕의 굳건한 장엄이여

그 수레에 저를 태워주소서

禪定三昧箱과　　　　**智慧方便軛**으로
調伏不退轉이여　　　　**令我載此乘**하소서

선정삼매의 수레 행랑

지혜방편의 멍에로

물러서지 않도록 조복함이여

그 수레에 저를 태워주소서

大願淸淨輪과　　　　**總持堅固力**이
智慧所成就니　　　　**令我載此乘**하소서

큰 서원 청정한 바퀴

총지의 견고한 힘

지혜로 이루셨나니

그 수레에 저를 태워주소서

● 疏 ●

次三은 求十度自行乘이라【鈔_ '次三 求十度自行乘'者는 初偈
四度니 一은 施爲行首 如輪爲車本이오 二는 戒能防非하야 諸行皆
淨이라 故如塗香이오 三은 內忍貪瞋하고 外忍違順이면 則萬行端嚴

也로四는 精進堅牢 策萬行故니라

次偈는 三度니 一은 禪能攝散이 如箱持物이오 亦能空心이 如四周 箱中에 空爲用이오 二三句二度는 共爲軾者는 般若觀空하고 方便 涉有니 有方便慧解하고 有慧方便解하야 此二相資하야 其成一觀이 猶如一軾에 二頭交徹이라야 可以引行이라 故於餘處에 名爲父母니 具上三度하야 調伏不退니라

後偈三度니 一은 願令行滿일새 故喻於輪이라 然初施輪은 是行之 首이나 此之願輪은 以導於行이라 故有二輪이니라 慈氏云 如龍布 密雲이면 必當霪大雨인달하야 菩薩發大願이면 決定修諸行이라하니 行願相扶라 故有二輪이라 二는 卽力度니 力有二種하니 一은 思擇 力이라 故有總持오 二는 修習力이라 故有堅固니 如車堅固能持 是 有力義오 三은 智度決斷하야 無行不成이니 如有巧智하야 令車成 就라 故云 閉門作車오 出門合轍이라하니라】

다음 3수 게송은 십바라밀의 자리행 수레를 구함이다.【초_ "다음 3수 게송은 십바라밀의 자리행 수레를 구함"이란 첫 게송은 4가지 바라밀이다.

제1구는 보시바라밀로 모든 행의 으뜸이기에 수레의 근본이 되는 바퀴와 같다.

제2구는 지계바라밀로 그릇된 일을 막으면 모든 행이 모두 청정하기 때문에 바르는 향과 같다.

제3구는 안으로 탐욕과 성나는 마음을 참고, 밖으로 거슬리는 일을 참으면 모든 행이 단정하고 장엄하다.

제4구는 든든한 정진바라밀은 모든 행을 경책하고 분발시켜 주기 때문이다.

다음 게송은 3가지 바라밀이다.

제1구는 선정바라밀로 산란한 마음을 조섭함이 상자 속에 물건을 넣은 것과 같으며, 또한 마음을 비움이 마치 중앙이 비어 있는 사각 상자의 작용과 같다.

제2, 3구는 반야바라밀과 방편바라밀 2가지가 하나의 멍에가 되는 것은 반야바라밀은 空을 관조하고 방편바라밀은 有와 관계하는 것이다. 方便智의 이해가 있고 慧方便의 이해가 있어 이 2가지가 서로 힘입어 하나의 관조를 함께 성취하는 것이 마치 하나의 멍에에 2마리의 말이 함께하면서 끌고 달리는 것과 같다. 이 때문에 다른 곳에서는 부모라 말하였다. 위의 3가지 바라밀을 갖추어 조복 받고 물러서지 않음이다.

뒤의 게송은 3가지 바라밀이다.

제1구는 원바라밀이 행으로 하여금 원만하게 하기 때문에 바퀴에 비유하였다. 그러나 처음 보시의 바퀴는 모든 행의 으뜸이지만, 이의 서원 바퀴는 행을 이끌어주기 때문에 2가지의 바퀴가 있다.

미륵불이 이르기를, "용이 짙은 구름을 펼쳐놓으면 반드시 큰비를 주룩주룩 내려주는 것처럼, 보살이 큰 서원을 일으키면 결정코 모든 행을 닦는다."고 하였다. 행과 서원이 서로 부지하기 때문에 2개의 바퀴가 있다.

제2구는 역바라밀이다.

힘이란 2가지가 있다.

㉠ 생각하고 가리는 힘이기에 總持가 있고,

㉡ 닦고 익히는 힘이기에 견고함이 있다.

이는 수레가 견고하고 부지할 수 있는 것이 '힘이 있다.'는 뜻이다.

제3구는 지혜바라밀로 결단하여 모든 행을 이루지 않음이 없는 것이 마치 뛰어난 지혜가 있어서 수레를 만드는 것과 같다. 이 때문에 "문을 꼭 닫고 수레를 만들지라도 문밖을 나서면 길에 딱 맞다."고 말하였다.】

普行爲周校하고   **悲心作徐轉**하야
所向皆無怯하니   **令我載此乘**하소서

    보현행으로 두루 장식하고
    자비의 마음으로 서서히 굴려서
    어디를 간들 두려움 없나니
    그 수레에 저를 태워주소서

堅固如金剛하고   **善巧如幻化**하야
一切無障礙하니   **令我載此乘**하소서

    견고하기론 금강과 같고
    공교하기는 요술쟁이와 같아

일체에 걸림 없나니
　　그 수레에 저를 태워주소서

廣大極淸淨하야　　　　　**普與衆生樂**호되
虛空法界等하니　　　　　**令我載此乘**하소서

　　광대하고 매우 청정하여
　　널리 중생에게 즐거움 주되
　　허공의 마음, 법계와 같나니
　　그 수레에 저를 태워주소서

淨諸業惑輪하고　　　　　**斷諸流轉苦**하야
摧魔及外道하니　　　　　**令我載此乘**하소서

　　모든 업과 번뇌 말끔히 씻어주고
　　생사윤회의 고통, 끊어버리고
　　마군과 외도 꺾어 부수니
　　그 수레에 저를 태워주소서

● 疏 ●

次四는 求二利滅障乘이라【鈔_ 次四 求二利滅障乘者는 初偈 三義는 一은 普賢之行이 周帀莊嚴一乘之體오 二는 悲不傷物이라 故云徐轉이오 三은 上二無緣이라 故所向無怯하야 不畏衆生難化와 萬行難修故니라

次偈三義는 一은 般若證理가 如金剛堅하고 斷迷理惑이 如金剛利오 二는 方便善巧로 依根本成이 猶如幻化하고 斷迷事惑이 如車之巧오 三은 具斯二道하야 二障皆亡일세 云一切無礙라하니라
次偈는 卽無緣慈니 與樂은 卽慈오 普被는 稱廣大오 無緣故淨이니 如車中虛라 則無不載일세 故虛空等法界也니라
後偈는 斷三雜染하야 降魔制外 皆取二輪摧壞之義니라】

　다음 4수 게송은 자리이타에 장애를 없애주는 수레를 구함이다.【초_ "다음 4수 게송은 자리이타에 장애를 없애주는 수레를 구함"이란 제1게송에 3가지의 의의가 있다.

　㉠ 보현행이 일승의 본체를 두루 장엄함이며,

　㉡ 대비의 마음으로 중생에게 상처를 주지 않기 때문에 '서서히 굴린다.'고 말하며,

　㉢ 위의 2가지는 반연이 없기 때문에 향하는 모든 일에 겁이 없다. 교화하기 어려운 중생과 닦기 어려운 만행을 두려워하지 않기 때문이다.

　제2게송에 3가지의 의의가 있다.

　㉠ 반야로 증득한 이치가 금강처럼 견고하며, 이법계에 혼미한 의혹을 끊음이 금강처럼 예리하며,

　㉡ 방편의 뛰어남으로 근본을 따라 성취함이 마치 요술의 조화와 같으며, 사법계에 혼미한 의혹을 끊음이 수레의 기교와 같으며,

　㉢ 이처럼 2가지의 도를 갖추어 2가지 장애가 모두 사라졌기에 일체에 걸림이 없다고 말한다.

제3게송은 반연이 없는 사랑이다.

즐거움을 주는 것은 바로 '慈'이고,

널리 입혀줌[普被]은 '廣大'라 말하며,

반연이 없기 때문에 '청정'하다. 수레의 중간이 비어 있는 것처럼 그 공간에 싣지 못할 물건이 없기 때문에 '허공이 법계와 같다.' 고 말하였다.

제4게송은 3가지 잡염을 끊고서 마군을 항복 받고 외도를 제어함이 모두 2가지 바퀴를 꺾고 부수는 의의를 취하였다.】

經

智慧滿十方하고 　　**莊嚴徧法界**하야
普洽衆生願하니 　　**令我載此乘**하소서

　　지혜는 시방에 가득하고
　　장엄은 법계에 두루 하여
　　중생의 소원 널리 만족 주니
　　그 수레에 저를 태워주소서

淸淨如虛空하야 　　**愛見悉除滅**하고
利益一切衆하니 　　**令我載此乘**하소서

　　청정함이 허공 같아
　　애욕과 소견 모두 없애고
　　모든 중생 이익 주니

그 수레에 저를 태워주소서

願力速疾行하고   **定心安穩住**하야
普運諸含識하니   **令我載此乘**하소서

    서원의 힘, 빠르게 달리고
    선정의 마음 편안히 앉아
    모든 중생 옮겨주니
    그 수레에 저를 태워주소서

如地不傾動하고   **如水普饒益**하야
如是運衆生하니   **令我載此乘**하소서

    대지처럼 흔들리지 않고
    물처럼 널리 이익 주면서
    이처럼 중생 옮겨주니
    그 수레에 저를 태워주소서

◉ 疏 ◉

後四는 求運載廣大乘이니 上四는 卽同三賢十聖이라 皆文義多含하니 可以意得이라【鈔_ '後四 求運載廣大乘'者는 初偈는 取車備體莊嚴義오 二는 取中虛普益義오 三은 取安穩速疾義오 四는 取不動普益義니 上四三賢等은 配文甚顯이라】

    뒤의 4수 게송은 광대한 수레에 싣고 운전하기를 구함이다.

위의 4수 게송은 곧 三賢의 십지 성자와 같다. 모두 경문의 의의에 포함된 바 많다. 생각하면 알 수 있다.【초_ "뒤의 4수 게송은 광대한 수레에 싣고 운전하기를 구함"이란 다음과 같다.

제1게송은 수레의 체재를 갖추어 장엄한 의의를 취하였고,

제2게송은 중앙의 공간으로 널리 이익을 주는 의의를 취하였고,

제3게송은 편안하게 빨리 달리는 의의를 취하였고,

제4게송은 흔들리지 않고 널리 이익을 주는 의의를 취하였다.

"위의 4수 게송은 곧 三賢의 십지 성자와 같다."는 등은 짝지어 보면 문장의 뜻이 매우 분명하다.】

經

四攝圓滿輪과　　　　總持淸淨光인
如是智慧日이여　　　願示我令見하소서

　사섭법의 원만한 바퀴
　총지의 청정한 광명
　이와 같은 지혜의 태양이여
　바라건대 제가 볼 수 있도록 하소서

已入法王位하고　　　已着智王冠하고
已繫妙法繒이시니　　願能慈顧我하소서

　이미 법왕의 지위에 들었고
　이미 지혜의 관을 쓰셨고

이미 미묘 법의 비단을 묶었으니

바라건대 자비로 저를 굽어 살피소서

◉ 疏 ◉

後二偈雙結中에 初偈는 結法願見이오 後偈는 結人請攝이라

　③ 마지막 2수 게송은 모두 끝맺은 가운데,

　첫 게송은 법을 끝맺으면서 보여주기를 원하였고,

　뒤의 게송은 사람을 끝맺으면서 받아주기를 청하였다.

第四 大聖重教

成其勝進之行

文分四別이니

一은 畧讚畧敎오 二는 廣問廣答이오 三은 指示後友오 四는 念恩辭退라

今은 初라

　제4 단락, 문수보살의 거듭된 가르침

　그 훌륭히 닦아나가는 행을 성취함이다.

　경문은 4단락으로 나뉜다.

　(ㄱ) 간단하게 찬탄하고 간단하게 가르침이다.

　(ㄴ) 자세히 묻고 자세히 답함이다.

　(ㄷ) 뒤의 선지식을 소개함이다.

㈜ 은혜에 감사하며 물러남이다.

이는 '㈀ 간단한 찬탄과 가르침'이다.

經

爾時에 文殊師利菩薩이 如象王廻하야 觀善財童子하시고 作如是言하사대 善哉善哉라 善男子여 汝已發阿耨多羅三藐三菩提心하고 復欲親近諸善知識하야 問菩薩行하며 修菩薩道하니

善男子야 親近供養諸善知識이 是具一切智最初因緣이니 是故 於此에 勿生疲厭이어다

그때, 문수사리보살은 코끼리가 몸을 돌려 보듯이 선재동자를 바라보고 이처럼 말하였다.

"좋다, 좋다. 선남자여, 그대는 이미 아뇩다라삼먁삼보리심을 내었고, 또한 선지식을 가까이하여 보살행을 물으며, 보살도를 닦으려 하는구나.

선남자여, 선지식을 가까이하고 공양함이 일체 지혜를 갖추는 첫째 인연이다.

그러므로 이런 일에 고달픈 생각을 내지 말라."

● 疏 ●

先은 讚이니
一은 讚發心이니 發心은 在前長行之中이오

二는 讚近友니 問行은 在前偈內니라

後善男子親近下는 敎往近友니

云何近友 是種智初因가 法無人弘이면 雖慧나 莫了故니라

下德生中에 廣顯其相하고 涅槃二十에 云 一切衆生이 得阿耨菩提近因緣者는 莫先善友라하고 乃至廣說하야 以爲全分等이라 靡不有初나 鮮克有終이니 歷事多時라 故宜勿懈니라【鈔_ 涅槃二十者는 此是闍王이 尋路而來어늘 如來 遙歎이라 經云爾時에 佛告諸大衆言하사되 一切衆生이 爲阿耨多羅三藐三菩提近因緣者는 莫先善友니라 何以故오 阿闍世王이 若不隨順耆婆語者인댄 來月七日에 必定命終하야 墮阿鼻獄이니 是故로 近因이 莫若善友라하니라

乃至廣說은 卽涅槃二十六에 說第四功德은 謂親近善友니 廣引舍利弗等은 非是衆生眞善知識이어니와 我是衆生眞善知識이라하야 廣引昔事 見佛成益하고 最後云 常修惡業이라가 以見我故로 卽便捨離하니 如闡提比丘 因見我故로 寧舍身命이언정 不毀禁戒를 如草繫比丘니 以是義故로 阿難比丘 說半梵行하야 名善知識이라하나 我言不爾라 具足梵行을 乃名善知識이라하노니 是故로 菩薩이 修大涅槃이 具足第四親近善知識이라하니라

釋曰 此言은 順於西域이어니와 若順此方인댄 應言 善知識은 是半梵行이라하나 我言不爾라 善知識은 是全梵行이라 故疏義引耳니라】

앞은 찬탄이다.

① 발심을 찬탄하였다. 발심은 앞의 산문에서 말한 바 있다.

② 선지식을 가까이함을 찬탄하였다. 행을 물음은 앞의 게송 부분에 있다.

뒤의 '善男子親近' 이하는 선재동자로 하여금 선지식을 찾아가 가까이하도록 함이다.

어째서 선지식을 가까이함이 일체종지의 첫 인연일까?

법이란 사람이 넓혀가지 않으면 아무리 지혜롭더라도 잘 알지 못하기 때문이다.

아래의 덕생동자 부분에 그에 관한 모양을 자세히 밝혔으며,

열반경 제20에서는 "일체중생이 아뇩보리를 얻을 수 있는 가까운 인연으로는 선지식을 가까이하는 것보다 더 급선무는 없다."고 하며, 내지 자세히 말하여 전체 부분으로 삼은 등이다.

처음엔 시작하지 않은 이가 없으나 끝까지 가는 이는 드물다. 선지식을 만나 가는 일이 오랜 시간을 필요로 하기 때문에 끝까지 게으르지 말라고 당부한 것이다.【초_ '열반경 제20'이란 아사세왕이 먼 길을 찾아와 법을 구하자, 여래가 멀리서 찬탄하였다.

열반경에서 말하였다.

"그때, 부처님이 여러 대중에게 말씀하셨다.

'일체중생이 아뇩다라삼먁삼보리를 얻을 수 있는 가까운 인연으로는 선지식을 가까이하는 것보다 더 급선무는 없다.

무엇 때문일까?

만약 아사세왕이 유명한 의원인 기바의 말을 따르지 않았다면 다음 달 7일에 반드시 그의 목숨이 다하여 아비지옥에 떨어졌을

것이다.

이런 까닭으로 가까운 원인으로는 선지식을 가까이하는 것만 같음이 없다.'"

'乃至廣說'은 열반경 제26에서 다음과 같이 말하였다.

제4 공덕은 선지식을 가까이함을 말한다. 사리불 등을 자세히 인용한 것은 중생의 진실한 선지식은 아니지만, 나는 이를 중생의 진실한 선지식이라 하여, 예전의 일 가운데 '부처를 친견하고 이익을 성취한 인연'을 자세히 인용하고, 맨 끝에서 말하였다.

"언제나 악업을 닦아오다가 나를 봤기 때문에 바로 이를 버릴 수 있었다. 저 천제비구가 나를 봄으로 인해서 차라리 목숨을 버릴지언정 계율을 훼손하지 않기를 '풀에 묶인 비구[草繫比丘]'처럼 하였다. 이런 뜻으로 아난비구가 절반의 범행을 말하여 그를 선지식이라 불렀지만, 나는 그렇지 않다고 말한다. 구족한 범행을 선지식이라 말한다. 이런 까닭으로 보살이 대열반을 닦음이 제4 선지식을 가까이함이 구족하다고 말한다."

이에 대한 해석은 다음과 같다.

이 말은 서역의 어순을 따른 것이지만, 만약 중국의 어순을 따른다면 당연히 이러하다. "선지식은 이를 절반의 범행이라 말하지만, 나는 그렇지 않다. 선지식은 전체가 범행이라고 말할 것이다."

이 때문에 청량소에서 그 뜻을 간추려 인용하였다.】

第二廣問廣答

中에 先問 後答이라

今은 初라

   (ㄴ) 자세히 묻고 자세히 답하다

이 부분은 2단락으로 앞에서는 묻고, 뒤에서는 답하였다.

이는 '앞의 선재동자 물음'이다.

經

善財 白言호되 唯願聖者는 廣爲我說하소서

菩薩이 應云何學菩薩行이며

應云何修菩薩行이며

應云何趣菩薩行이며

應云何行菩薩行이며

應云何淨菩薩行이며

應云何入菩薩行이며

應云何成就菩薩行이며

應云何隨順菩薩行이며

應云何憶念菩薩行이며

應云何增廣菩薩行이며

應云何令普賢行으로 速得圓滿이리잇고

   선재동자는 여쭈었다.

"바라건대 거룩하신 이여, 자세히 저를 위해 말해주십시오.

보살은 어떻게 보살의 행을 배우며,

어떻게 보살의 행을 닦으며,

어떻게 보살의 행에 나아가며,

어떻게 보살의 행을 행하며,

어떻게 보살의 행을 청정히 하며,

어떻게 보살의 행에 들어가며,

어떻게 보살의 행을 성취하며,

어떻게 보살의 행을 따르며,

어떻게 보살의 행을 생각하며,

어떻게 보살의 행을 더욱 넓히며,

어떻게 보현행을 빨리 원만케 할 수 있습니까?"

● 疏 ●

有十一句니 望前偈中이면 文有二勢라

一은 前別此總이니 謂於前悲智等別行을 總修學故오

二는 前橫此豎니 悲智等行을 位位同修하야 趣入圓滿等이니 從始至終故니라

就此諸句는 初二는 爲總이라 故下諸友中에 多但擧此니 謂若學解學行을 始修終修 皆名修學이로되 唯因圓은 無學이오 果滿은 無修故니라 又學攝於解하고 修攝於行이니 二句 已收解行盡故니라

餘九句는 別이니

一은 始趣向이오 二는 卽事造修오 三은 治障離過오 四는 達證分明이오 五는 具足獲得이오 六은 隨順人法이오 七은 長時無間이오 八은 無餘修習이오 九는 究竟圓滿이라

若豎配者인댄

謂十住는 解能趣故오

十行은 正行故오

十向은 普賢悲願으로 能淨障故오

初地는 始入如故오

二·三·四地는 世出世行을 皆成就故오

五·六·七地는 能隨世故오

八地는 無功無念하고 無間斷故오

九地는 知諸稠林하야 廣利益故오

十地와 等覺은 方圓滿故니라

橫豎無礙는 是所問意라

11구이다.

앞의 게송 부분과 대조하여 보면, 경문에는 2문단이 있다.

① 앞에서는 별상으로, 여기에서는 총상으로 말하였다. 앞에서 大悲大智 등 개별의 행을 모두 닦아 배우기 때문이다.

② 앞에서는 공간의 횡으로, 여기에서는 시간의 종으로 말하였다. 대비대지 등의 행을 지위마다 함께 닦아 원만한 자리에 달려 들어가는 등이다. 처음부터 끝까지 이르기 때문이다.

이 모든 구절 가운데 앞의 2구는 총상이다. 이 때문에 아래의

많은 선지식 가운데 대부분이 이를 들어 말하였다. 이해를 배우고 행을 배움에 있어 처음 닦고 끝까지 닦음을 모두 '닦고 배움[修學]'이라 말하지만, 오직 원인의 원만함[因圓]은 배울 것 자체가 없고, 결과의 원만함[果滿]은 닦을 것 자체가 없기 때문이다. 또한 배움에는 이해에 포괄되고, 닦음은 행에 포괄되어 있다. 앞의 2구는 이처럼 이해와 행을 수습하여 다한 때문이다.

나머지 9구는 별상이다.

제1구[趣菩薩行]는 처음 나아가 행함이며,

제2구[行菩薩行]는 현실의 사법계에서 닦아나감이며,

제3구[淨菩薩行]는 장애를 다스려 허물에서 벗어남이며,

제4구[入菩薩行]는 통달과 증명이 분명함이며,

제5구[成就菩薩行]는 두루 넉넉히 얻음이며,

제6구[隨順菩薩行]는 사람과 법을 따름이며,

제7구[憶念菩薩行]는 장시간 간단이 없음이며,

제8구[增廣菩薩行]는 남김없이 닦아 익힘이며,

제9구[令普賢行速得圓滿]는 최고의 경지까지 원만함이다.

만일 종으로 짝지어 보면,

십주는 이해로 잘 나아가기 때문이며,

십행은 바르게 행하기 때문이며,

십회향은 보현보살의 大悲의 서원으로 장애를 청정히 하기 때문이며,

첫 환희지는 진여에 처음 들어가기 때문이며,

제2 이구지, 제3 발광지, 제4 염혜지는 세간과 출세간의 행을 모두 성취하기 때문이며,

제5 난승지, 제6 현전지, 제7 원행지는 세간을 따르기 때문이며,

제8 부동지는 더 이상 할 일이 없고 생각할 게 없고 간단이 없기 때문이며,

제9 선혜지는 모든 번뇌의 숲을 알고서 널리 이익을 주기 때문이며,

제10 법운지와 등각은 바야흐로 원만하기 때문이다.

횡으로나 종으로 걸림이 없음이 물은 바의 뜻이다.

二答

於中에 二니

先은 以偈頌으로 別讚別教하고 後는 長行內에 總讚總教이라

今은 初라

뒤는 대답이다.

이는 2단락이다.

① 게송으로 개별의 가르침을 개별로 찬탄하였고,

② 장행의 경문에서는 총상으로 찬탄하고 총상으로 가르쳤다.

이는 '① 게송의 개별 가르침과 찬탄'이다.

爾時에 文殊師利菩薩이 爲善財童子하사 而說頌言하사대
그때, 문수사리보살이 선재동자를 위하여 게송으로 말하였다.

善哉功德藏이여
發起大悲心하야
　　착하다 공덕 법장이여
　　나에게 찾아와
　　자비의 마음 일으켜
　　위없는 깨달음 구했어라

能來至我所하야
勤求無上覺이로다

已發廣大願하야
普爲諸世間하야
　　광대한 서원 이미 세워
　　중생의 고통 없애주고
　　세간 중생 널리 위하여
　　보살행을 닦노라

除滅衆生苦하고
修行菩薩行이로다

● 疏 ●

十偈 分五니

初 二偈는 讚其發心이니

於中에 初 二句는 總讚이오

次三句는 指其發心之體니 卽三種心이니 謂悲以下救하고 智以上求하며 大願爲主라 故慈氏云 菩提心燈에 大悲爲油하고 大願爲炷하야 光照法界라하다

後三句는 顯發心意樂이니 謂不求五欲及王位等이오 但爲衆生故니라

10수 게송은 5단락으로 나뉜다.

처음 2수 게송은 그 발심을 찬탄하였다.

그 가운데 앞의 2구[善哉功德藏 能來至我所]는 총상으로 찬탄하였고,

다음 3구는 그 발심의 본체를 가리키는 것으로, 곧 3가지 마음이다. 大悲로써 아래로 중생을 구제하고, 大智로써 위로 보리를 구하며, 大願으로 주를 삼는다. 이 때문에 미륵불이 이르기를, "보리심의 등불에 대비로 기름을 삼고 대원으로 심지를 삼아 그 광명이 법계를 비춘다."고 말하였다.

뒤의 3구는 발심의 즐거움을 밝혔다. 5근의 욕구와 왕위 등을 추구하지 않고, 다만 중생을 위하기 때문이다.

若有諸菩薩이　　　　不厭生死苦하면
則具普賢道하야　　　一切無能壞로다

　만일 어떤 보살이
　생사의 고통을 싫어하지 않으면

보현의 도를 갖추어

그 누구도 깨뜨릴 수 없으리라

● 疏 ●

二有一偈는 畧教니 謂若厭苦趣寂이면 則大道不具하고 魔小所壞아니와 若能了生死之實하고 息愛見之疲면 則攝衆魔爲侍하야 不溺實際之海라 故一切莫壞니라

둘째, 1수 게송은 간단하게 가르침이다. 만약 고통을 싫어하여 고요한 데를 찾아가면 이는 대도를 갖추지 못하고 마군과 소승에 의해 무너지게 되지만, 생사의 실상을 알며 愛見의 고달픔을 멈추면 많은 마군을 받아들여 시자로 삼아 실제의 바다에 빠지지 않을 것이다. 이 때문에 그 모든 것을 무너뜨릴 수 없다.

經

福光福威力과　　　　福處福淨海로
汝爲諸衆生하야　　　願修普賢行이로다

복의 광명, 복의 위력

복의 처소, 복의 청정한 바다

그대가 중생 위하여

보현행을 닦으려 하네

◉ 疏 ◉

三有一偈는 重讚其發心之德이니 以爲物發心이 福之勝故니 有智之福이 爲福光이오 凡小不壞之福이 爲威力이오 能生衆福이 爲福處오 離障深廣이 爲淨海니라

셋째, 1수 게송은 그 발심의 공덕을 거듭 찬탄함이다. 중생을 위해 발심함이 복의 수승함이기 때문이다.

지혜가 있는 복이 '복의 광명'이고,

범부와 소승에 의해 무너지지 않은 복이 '복의 위력'이며,

많은 복을 내는 것이 '복의 처소'이고,

장애를 여의어 심오하고 광대함이 '복의 청정한 바다'이다.

經

汝見無邊際한　　　　　十方一切佛하고
皆悉聽聞法하야　　　　受持不忘失이어다

　그대가 끝없는
　시방의 일체 제불 뵈옵고
　모두 법문 듣고서
　잊지 말고 받아 지닐지어다

汝於十方界에　　　　　普見無量佛하고
成就諸願海하야　　　　具足菩薩行이어다

　그대는 시방세계에서

한량없는 부처님 널리 뵈옵고
　　　모든 원력 바다 성취하여
　　　보살행 두루 갖출지어다

若入方便海하면　　　　　**安住佛菩提**오
能隨導師學하면　　　　　**當成一切智**리라
　　　방편 바다에 들어가면
　　　부처의 보리에 안주하고
　　　지도하는 스승 따라 배우면
　　　일체 지혜 이루리라

汝徧一切刹하야　　　　　**微塵等諸劫**에
修行普賢行하야　　　　　**成就菩提道**어다
　　　그대는 일체 세계 두루 찾아
　　　티끌 같은 겁 동안에
　　　보현행을 닦고 행하여
　　　보리의 도 성취할지어다

汝於無量刹의　　　　　　**無邊諸劫海**에
修行普賢行하야　　　　　**成滿諸大願**이어다
　　　그대는 한량없는 세계에서
　　　그지없는 세월에

보현행을 닦아

큰 서원을 모두 이룰지어다

◉ 疏 ◉

四有五偈는 廣敎니 具答十一句問이라

初偈는 答二總句니 謂若見多佛聞法이면 則能受學於解하야 持而修行이오

次偈는 答次三句니 謂若趣向見佛하고 成就大願이면 則能具行이니 具則行淨이오

次二句는 答入與成就니 謂證入眞空而不礙涉有하고 了達妙有而不迷於空이라 是入方便이니 若如是入이면 卽住菩提니 何行不成이리오 次二句는 答隨順問이니 若順佛學이면 是眞隨順이니 自然順於一切智法이오

次一偈는 答憶念이니 謂刹塵諸劫에 相續修行이 斯爲憶念이오

後一偈는 答後二句니 謂多時處修면 則增廣圓滿이라

大聖이 此中에 總敎諸法은 顯十信中總相信故이오 下諸善友 各別敎示는 顯入位後에 別修證故니라【鈔_ '大聖此中'下는 總顯文意라】

넷째, 5수 게송은 자세히 가르침이다.

11구의 물음에 구체적으로 답하였다.

첫 게송은 총상으로 말한 2구[學菩薩行·修菩薩行]를 답하였다. 만약 많은 부처를 친견하고 법문을 들으면 이해를 배워서 이를 지

니고서 수행함을 말한다.

다음 제2게송은 다음 3구[趣菩薩行·行菩薩行·淨菩薩行]를 답하였다. 만약 나아가 부처를 보고 大願을 성취하면 행을 갖추게 된다. 행을 갖추면 행이 청정하다.

다음 제3게송의 앞 2구는 '入菩薩行'과 '成就菩薩行'을 답하였다. 진공을 증득하여 들어가되 有에 관계함에 걸림이 없으며, 妙有를 통달하되 진공에 혼미함이 없다. 이는 방편으로 들어감이다. 만약 이와 같이 들어가면 곧 보리에 머무르니 그 무슨 행인들 이루지 못하겠는가.

다음 2구는 '隨順菩薩行'의 물음에 답하였다. 만약 부처를 따라 배우면 진실하게 따름이다. 자연히 일체지의 법을 따름이다.

다음 제4게송은 '憶念菩薩行'의 물음에 답하였다. 세계 미진수의 영겁에 끊임없이 수행함이 기억[憶念]하는 것이다.

뒤의 제5게송은 뒤 2구[增廣菩薩行·令普賢行速得圓滿]의 물음에 답하였다. 많은 시간과 공간에서 수행하면 원만함을 더욱 넓혀가는 것이다.

문수보살이 여기에서 모든 법을 총괄하여 가르침은 십신 가운데 총상의 신심을 밝힌 때문이며,

아래의 많은 선지식이 각자 개별로 보여줌은 지위에 들어간 뒤에 개별로 닦고 증득함을 밝힌 때문이다.【초_"문수보살이 여기에서" 이하는 경문의 뜻을 총괄하여 밝혔다.】

經

此無量衆生이　　　　聞汝願歡喜하야
皆發菩提意하야　　　願學普賢乘하리라

　　이 한량없는 중생이
　　그대의 서원 듣고 기뻐하여
　　모두 보리심 내어
　　보현의 법 배우리라

◦ **疏** ◦

五有一偈는 結益이라

　　다섯째, 1수 게송은 중생의 이익을 끝맺음이다.

第二. 長行 總讚總教

　　② 장행의 경문에서는 총상으로 찬탄하고 총상으로 가르치다

經

爾時에 文殊師利菩薩이 說此頌已하시고 告善財童子言하사대
善哉善哉라 善男子여 汝已發阿耨多羅三藐三菩提心하고 求菩薩行하니
善男子야 若有衆生이 能發阿耨多羅三藐三菩提心이면

是事爲難이며 **能發心已**하고 **求菩薩行**은 **倍更爲難**이니라
善男子야 **若欲成就一切智智**인댄 **應決定求眞善知識**이니
善男子야 **求善知識**에 **勿生疲懈**하며 **見善知識**에 **勿生厭
足**하며 **於善知識**의 **所有敎誨**를 **皆應隨順**하며 **於善知識**
의 **善巧方便**에 **勿見過失**이어다

그때, 문수사리보살이 이 게송을 말한 뒤에 선재동자에게 말하였다.

"착하고 착하다. 선남자여, 그대가 이미 아뇩다라삼먁삼보리심을 내고 보살행을 구하는구나.

선남자여, 중생으로서 아뇩다라삼먁삼보리심을 내는 것은 매우 어려운 일인데, 이런 마음을 내고 또다시 보살행을 구한다는 것은 곱절이나 더욱 어려운 일이다.

선남자여, 일체 지혜의 지혜를 성취하고자 한다면 반드시 선지식을 찾아야 한다.

선남자여, 선지식을 찾는 일에 고달파하거나 게으른 생각을 내지 말고,

선지식을 볼 적에 싫어하는 마음을 내지 말고,

선지식의 가르침을 모두 그대로 따르고,

선지식의 뛰어난 방편에 허물을 보지 말라.

● **疏** ●

總讚總敎中에 **先讚**이니 **但言發心**에 **已含前別義**하고

後'善男子若欲'下는 教니 謂但能求友離過면 則前諸問皆圓이라
於中에 先은 按定이니 上令求友를 不得猶豫니라
言'善知識'者는 謂能令於未知善法을 令知하고 未識惡法을 令識이라
或二字竝通이니 識約明解오 知約決了오 眞爲揀似오
然知識有五하니
一은 知識世間善惡因果而令修斷이오
二는 厭世樂而欣涅槃이오
三은 有悲心하야 相心修度오
四는 以無相慧로 令物修行이오
五는 令無障礙로 修滿普賢行이니
此五는 前前非眞이오 眞唯第五니 人能行此면 是人善友어니와 若約法友면 敎理行果 皆善友也니라【鈔_ '人能行此 是人善友'者는 然賢首有三義하니 一者는 人善友니 疏上列五는 卽皆是人이오 結云 '人能行此면 卽人善友'라하니라 二는 法善友니 彼有六位하니 一은 人天法이오 二는 小乘法이오 後四는 卽四敎法이라 故今通云 '敎理行果'는 皆善友也라 三은 合辨者니 彼亦有六하니 謂於上六法에 各說一門而授機故니라 疏意는 不存第三이니 第三은 不異初門故니라】

'총상으로 찬탄하고 총상으로 가르친' 부분에서 앞은 찬탄이다. 단 '발심'이라 말한 것은 이미 앞의 개별로 말한 뜻을 포함한다.

뒤의 '善男子若欲' 이하는 가르침이다. 단 선지식을 찾아 허물

을 여의면 곧 앞의 여러 물음이 모두 원만하게 된다.

그 가운데 앞은 살펴서 결정함이다. 위로 하여금 선지식 찾아가기를 머뭇거리지 않도록 함이다.

선지식이라 말한 것은 선법을 알지 못한 이로 하여금 '알게[知]' 하고, 악법을 알지 못한 이로 하여금 '알게[識]' 함이다. 혹은 '知·識' 2자를 아울러 통용하기도 한다. 識은 분명한 이해[明解]로 말하고, 知는 결단하여 아는 것[決了]으로 말하며, 眞이란 사이비와의 다름을 구별한 것이다.

그러나 지식에는 5가지가 있다.

㉠ 세간의 선악 인과를 알고서 닦아 끊도록 하고자 함이며,

㉡ 세간의 쾌락을 싫어하고 열반을 좋아함이며,

㉢ 대비의 마음을 가지고서 모양의 마음으로 바라밀을 닦음이며,

㉣ 모양이 없는 지혜로써 중생으로 하여금 수행하도록 함이며,

㉤ 장애 없는 수행으로 하여금 보현행을 원만하도록 함이다.

이 5가지가 앞의 앞엣것은 진실이 아니며, 진실은 오직 '㉤ 보현행 원만'의 경지이다. 어느 사람이 이를 잘 행하면 그는 '사람의 선지식'이지만, 만약 '법의 선지식'으로 말하면 敎理와 行果가 모두 선지식이다.【초_ "어느 사람이 이를 잘 행하면 그는 사람의 선지식이다."는 것은 그러나 현수 스님은 이에 대해 3가지 뜻으로 말하였다.

① '사람의 선지식'이다. 청량소에서 위에 5가지를 나열함은 모

두가 사람이다. 끝맺은 부분에서 "사람이 이를 잘 행하면 그는 사람의 선지식이다."고 말하였다.

② '법의 선지식'이다. 여기에는 6지위가 있다. ㉠ 人天의 법, ㉡ 소승의 법, 뒤의 4가지는 곧 '藏·通·別·圓 四教'의 법이다. 이 때문에 여기에서 통합하여 "教理와 行果가 모두 선지식이다."고 말하였다.

③ 사람과 법을 종합하여 말하였다. 그 또한 6가지가 있다. 위의 6가지 법에 각기 하나의 법문을 말하여 중생의 근기를 따라 전수하기 때문이다. 청량소에서 말한 뜻은 '③ 사람과 법을 종합'한 부분에 있지 않다. ③의 부분은 '① 사람의 선지식'과 차이가 없기 때문이다.】

後'善男子求善知識'下는 誡勸이니 隨順은 是勸이오 餘皆爲誡라 設有實過라도 尙取法亡非이오 況權實多端하고 生熟難測가【鈔_ 設有實過 尙取法亡非'者는 故什公常說偈에 云'譬如淤泥中에 而生靑蓮華면 智者取蓮華오 勿觀於淤泥'라하니 卽其事也라

'況權實多端'者는 亦涅槃經第六四依品에 云'如菴羅果 生熟難知'니 謂內壞腐爛이라도 外現律儀은 此爲外熟內生이오 內具深法호되 外示毁禁은 爲內熟外生이라하니 是則以貌取人이면 失之子羽니라 又說'有迦羅迦果와 鎭頭迦果'하니 二果相似라 迦羅迦果는 則惡藥人이오 鎭頭迦果는 則好益人'이라 喩善友惡友는 外相相似라 故難知也니라

其'權實多端'은 通於諸經이니 婆須·勝熱·無厭等逆은 此爲權示

니 豈得爲非아 故難測也니라 詩云'采葑采菲는 無以下體'라 是以로 大賢은 韜德露疵하고 含光匿耀이니 不可知也니라】

뒤의 '善男子求善知識' 이하는 경계하여 권면함이다. 隨順은 권면이며, 나머지는 모두 경계이다. 설령 실제 허물이 있을지라도 오히려 법을 취하고 그릇됨을 없애야 하는데, 하물며 권교와 실교가 여러 가지로 많고, 설고 익숙함을 헤아리기 어려움이야.【초_ "설령 실제 허물이 있을지라도 오히려 법을 취하고 그릇됨을 없애야 한다." 이 때문에 구마라습이 언제나 게송으로 말하였다.

"저 진펄 속에 푸른 연꽃이 피어나면, 지혜로운 이는 연꽃만을 볼 뿐, 진펄을 보지 않는다."

바로 이를 말한다.

'況權實多端'이란 또한 열반경 제64 依品에서 말하였다.

"저 암라과가 익었는지 아직은 설익었는지 알기 어렵다. 속이 썩고 문드러지되 밖으로 위의를 나타냄은 밖으로 익었지만 속은 설익은 것이며, 안으로 심오한 법을 갖추되 밖으로 계율을 지키지 않음은 속은 익었지만 밖은 설익은 것이다."

이는 곧 겉모습만으로 사람을 취하면, 잘생긴 子羽에게 속는다는 점을 말한다.

또 설법하되 '가라가'라는 과일과 '진두가'라는 과일이 있는데, 두 과일의 생김새가 매우 비슷하게 닮았다. 가라가 과일은 사람에게 나쁜 독약이고, 진두가 과일은 사람에게 좋은 이익을 준다. 선지식과 악지식의 겉모습은 서로 비슷하기에 알기 어려움을 비유하였다.

그 "권교와 실교가 여러 가지로 많다."는 것은 모든 경전에 통한다. 바수밀녀, 승열바라문, 무염족왕 등의 逆行은 방편의 권교로 보여줌이다. 그들 또한 어찌 잘못이라 하겠는가. 이 때문에 헤아리기 어렵다.

시경에 이르기를, "순무를 캐고 순무를 캐는 것은 잎을 취하려는 것이지, 뿌리를 먹자고 뽑는 게 아니다."고 하였다. 이는 큰 현자는 내면의 덕을 감추고 허물을 드러내며, 광명을 감추고 빛을 숨기기에 알지 못한다.】

第三 指示後友

㈐ 뒤의 선지식을 소개하다

經

善男子야 於此南方에 有一國土하니 名爲勝樂이오 其國에 有山하니 名曰妙峯이며 於彼山中에 有一比丘하니 名曰德雲이라
汝可往問호되 菩薩이 云何學菩薩行이며 菩薩이 云何修菩薩行이며 乃至菩薩이 云何於普賢行에 疾得圓滿이리잇고하면 德雲比丘 當爲汝說하리라

선남자여, 여기서 남쪽으로 가면 한 나라가 있는데, 그 이름을

'승락국'이라 한다.

그 나라에 산이 있는데, 그 이름을 '묘봉'이라 하고,

그 산중에 비구가 있는데, 그 이름을 '덕운'이라 한다.

그대가 그를 찾아가 묻기를, '보살이 어떻게 보살행을 배웠으며, 보살이 어떻게 보살행을 닦았으며, 내지 보살이 어떻게 보현행을 그처럼 빨리 원만케 하셨습니까?'라고 하라.

덕운비구는 그대를 위해 말해줄 것이다."

◉ 疏 ◉

於中二니 初는 擧友依正이오 後'汝可往'下는 勸往敎問이라

今初國名勝樂者는 次下知識이 寄當初住이니 勝過前位일새 是信所樂故니라

山名妙峯者는 山有二義하니 一은 寂靜不動義오 二는 高出周覽義니 以況初住 解心創立하야 依定發慧하고 寂然不動하야 智鑑無遺하며 徹見果原하야 下觀萬類일새 山以表之니라 登此心頂하야 便成正覺이라 故曰妙峯이라

友名德雲者는 具德如雲이니 雲有四義하니 一은 普徧이오 二는 潤澤이오 三은 陰覆오 四는 注雨니 以四種德으로 如次配之니 一定 二福 三悲 四智니라

然此德義 就事就表하야 通皆具之로되 而創出外凡이라 故以比丘爲表니라

敎問은 可知라

이는 2부분으로 나뉜다.

첫째, 선지식의 의보와 정보를 들어 말하였고,

둘째, '汝可往' 이하는 다른 선지식을 찾아갈 것을 권하면서 물을 것을 가르쳐주었다.

'첫째, 선지식의 의보와 정보' 단락에 나라 이름을 '勝樂'이라 한 것은 다음 아래의 선지식이 초발심주에 상당하는 바, 앞의 지위보다 훨씬 뛰어나기에 이는 신심의 좋아하는 대상이기 때문이다.

산의 이름을 '妙峯'이라 한 것은 산에 2가지 뜻이 있다.

① 고요하여 움직이지 않는다는 뜻,

② 높이 솟아 두루 볼 수 있다는 뜻이다.

초발심주에 이해의 마음이 처음 세워져 선정에 의해 지혜를 일으키며, 흔들리지 않고 고요하여 지혜의 거울이 모든 것을 빠뜨림 없이 비춰주며, 결과의 근원을 사무치게 보아 모든 것을 아래로 굽어 살펴봄을 비유한 까닭에 산으로 표시한 것이다. 이처럼 마음의 정상에 오르면 바로 정각을 성취하기 때문에 이를 '묘봉'이라 하였다.

선지식의 이름을 '德雲'이라 한 것은 구족한 공덕이 구름과 같기 때문이다.

구름에는 4가지 뜻이 있다.

① 널리 두루 펼쳐짐이며,

② 만물을 윤택하게 함이며,

③ 모두 덮어줌이며,

④ 비를 내려줌이다.

이 4가지 공덕을 차례와 같이 짝하면 다음과 같다.

① 선정, ② 복덕, ③ 대비, ④ 대지이다.

그러나 이 공덕의 의의는 현상의 사법계나 상징의 표현에 모두 공통으로 다 갖추고 있으나, 외도와 범부에 비해 뛰어나기에 '비구'로 표현한 것이다.

물을 것을 가르쳐줌은 말하지 않아도 알 수 있다.

◉ 論 ◉

第三은 辨根與法成行門이니 從無量大衆從其城出로 直至經末히 總是라

文殊師利觀察善財하며 及其人數 并往南方妙峯山上하야 以次南行하야 詢求五十三人爲善知識은 用五位因果進修行門하야 欲令後人으로 倣之成行이니 故로 云辨根與法成行門이라

於此一段之中에 復分爲兩段호리니

第一은 從無量大衆從其城出已下로 至爾時文殊師利菩薩如象王廻히 有九十四行半經은 明福城四衆이 咸集에 文殊師利隨所樂求하야 爲其說法하사 令得淸凉하며 及別觀善財하고 推其因果하야 勸令親近善知識分이오

第二는 爾時文殊師利如象王廻已下로 直至經末히 名知根與法하야 令其成行하야 發生後學門이라

從初第一段中에 九十四行半經을 約分爲六段호리니

一은 從'無量大衆從其城出來詣其所'已下로 至'五百童女'히 有
二十一行半經은 是大衆來集分이오
二는 '爾時文殊師利童子'已下로 至'廻向菩提無所障礙'히 有
二十五行經은 明文殊師利菩薩이 觀察善財名字所因하며 及歎
往昔善根과 今生果報分이오
三은 '爾時文殊師利菩薩如是觀察善財童子已'已下로 至'說一
切佛無二法'히 有六行半經은 明文殊師利 知善財根堪하고 而爲
說法分이오
四는 '爾時文殊師利童子'已下로 至'然後而去'히 有四行半經은
明文殊師利 爲善財及大衆하사 說法已而去分이오
五는 '爾時善財童子'已下로 至'而說頌言'히 有兩行半經은 明善
財 聞法生信已에 勤求無上菩提하야 向文殊師利說頌하야 自歎
三有苦輪하며 及請法敎授分이오
六은 說頌中에 有三十四行頌은 明善財 自嗟苦本하고 以頌請法
하야 自利利他分이니 其此一段三十四行頌中에 初四行頌은 自嗟
生死苦因이오 下有三十行頌은 是歎文殊師利菩薩德과 及請法
門分이니라

셋째, '근기를 분별하여 법을 주어 행을 성취한 문'이다. "한량
없는 대중이 그 성에서 나왔다[無量大衆從其城出]."부터 경문 끝까지
모두 이에 해당된다.

문수사리가 선재동자와 따르는 이들의 수효를 살펴보고 아울
러 남쪽의 묘봉산 위에 찾아가 차례대로 남쪽으로 행하여 53인을

찾아 선지식을 삼은 것은 5위 인과를 닦아가는 행문으로써 후대 사람으로 하여금 이를 본받아 행을 성취시키고자 함이다. 이 때문에 '근기를 분별하여 법을 주어 행을 성취한 문'이라 말한다.

이 단락은 다시 2단락으로 나뉜다.

(1) "한량없는 대중이 그 성에서 나왔다." 이하로부터 "그때, 문수사리보살이 코끼리처럼 돌아봤다[爾時文殊師利菩薩如象王廻]."까지 94행 반의 경문은 복성의 4부 대중이 모두 모인 것이다. 문수보살이 그들의 좋아하는 바를 따라서 그들을 위해 설법하여 시원함을 얻게 함이며, 아울러 선재동자를 보고서 그 인과를 추궁하여 권면함으로써 선지식을 가까이 찾아가도록 함을 밝힌 문이다.

(2) "그때 문수사리가 코끼리처럼 돌아봤다." 이하로부터 경문의 끝까지는 그 단락의 이름을 '근기를 알고서 법을 전수하여 그로 하여금 행을 성취케 하여, 훌륭한 후학을 낳아주는 문'이라 한다.

(1) 첫 단락 중 94행 반의 경문은 간단하게 6단락으로 나뉜다.

① "한량없는 대중이 그 성에서 나와 그곳을 찾아갔다[無量大衆從其城出來詣其所]." 이하 "5백 동녀"에 이르기까지 21행 반의 경문은 바로 대중이 찾아와 모인 부분이다.

② "그때, 문수사리동자[爾時文殊師利童子]" 이하로부터 "보리에 회향하며 장애가 없다[廻向菩提無所障礙]."까지 25행의 경문은 문수사리보살이 선재동자의 '善財'라는 이름이 붙여지게 된 원인을 살펴보고 아울러 과거의 선근과 금생의 과보를 찬탄함을 밝힌 부분이다.

③ "그때, 문수사리보살이 이처럼 선재동자를 살펴봤다[爾時文殊師利菩薩如是觀察善財童子已]." 이하로부터 "일체 부처님의 평등하여 둘이 없는 법을 말해주었다[說一切佛平等無二法]."까지 6행 반의 경문은 문수사리가 선재동자의 근기가 이런 법을 감당할 수 있음을 알고 그를 위해 설법함을 밝힌 부분이다.

④ "그때, 문수사리동자[爾時文殊師利童子]" 이하로부터 "설법을 한 뒤에 떠나갔다[然後而去]."까지 4행 반의 경문은 문수사리가 선재동자와 대중을 위해 설법을 끝마친 뒤, 떠나감을 밝힌 부분이다.

⑤ "그때, 선재동자[爾時善財童子]" 이하로부터 "게송으로 말하였다[而說頌言]."까지 2행 반의 경문은 선재동자가 법문을 듣고서 신심을 내고 위없는 보리를 부지런히 구하여, 문수사리에게 게송을 읊어 스스로 三有의 생사고해를 탄식하고, 아울러 법의 가르침을 청함을 밝힌 부분이다.

⑥ 게송 부분의 34행의 게송은 선재동자가 스스로 고통의 근본을 슬피 탄식하고, 게송으로 법을 청하여 자리이타를 밝힌 부분이다. 이 단락의 34행의 게송 부분에 첫 4행의 게송은 자신의 생사 고통의 원인을 탄식함이며, 이하 30행의 게송은 바로 문수사리보살의 덕을 찬탄함과 아울러 법문을 청한 부분이다.

經에 云'又此童子 已曾供養過去諸佛하야 深種善根하야 信解廣大'者는 明往世信種으로 今生信滿이라

'爾時文殊師利菩薩已下에 所謂一切佛積集法'者는 明積集 十波羅密과 四攝과 四無量과 三十七品助道之分과 五位加行과

一百一十城之法門이니

一百一十城之法門者는 以五位中에 有五十箇所修之因果니 卽如前十住中에 十箇慧菩薩이 是오 卽十箇佛果의 同號爲月者是며 如是十行中十林菩薩과 十眼佛等이며 十廻向中十幢菩薩과 十妙佛等이니 如是十地十一地 皆依此十廻向中菩薩佛因果하야 如是五位五十重因果上에 各具進修因果하야 分爲一百하고 不離根本三世諸佛이 恒常法界體中十波羅密하야 爲一百一十이라

以初從十住之中하야 以方便三昧로 顯發法身根本智慧하야 乘法界乘하고 行普賢行하야 以治習氣일세 安立次第治惑習氣差別之門하야 以此一百箇因果로 以爲治惑習之升降次第하며 十箇波羅密下에 理智悲願之因果는 卽是法界體中普賢常爾之行이니 與一切發菩提心者로 以爲履踐之跡라 是故로 名乘如來乘하야 直至道場이니 以初發心에 卽乘法界中文殊普賢體用理智大悲願行門故로 卽道場本之體用也라

已下에 善財童子의 善知識五十三人은 是前五位中行相故니 明前五位엔 但說其法일세 恐迷其行하야 今此文殊師利菩薩이 欲令善財로 起求法之樣하야 重明前菩薩의 五位中行相法則하사 令其後學者로 倣之라 故로 安立此五十三人하야 成一百一十重之因果門故니 明於法界體中에 安立文殊로 爲法身佛根本智하고 普賢으로 爲差別智하며 彌勒佛은 是此文殊普賢理中無作之果니 以此三法으로 成一法界體用自在無礙之門하야 徧與五位中五十

箇菩薩로 以爲因果하나니 還如前以法界體中十波羅密로 爲所乘之行하고 隨其勝進中하야 五位上五十重波羅密이 皆有因果일세 如是五十善知識中에 一中有二하야 五十中에 有百이어든 通法界中本常行十波羅密하야 爲一百一十이오 文殊普賢과 彌勒佛果의 此三法은 但爲一法界無功果中大用自在門하야 但與一切勝進菩薩로 作因果하야 以明勝進之功이나 然이나 自無因果니 猶如帝王이 自無階品이로대 但以威德自在일세 而與一切官屬으로 隨有功者하야 而作階品故라

問曰 何故로 在此取彌勒佛하야 爲佛果하고 何不取毘盧遮那如來하야 以爲佛果니잇고

答曰 明毘盧遮那는 是已成之果오 彌勒은 是當來之佛果니 明如今毘盧遮那佛所에 初發菩提心하면 一念에 成當來彌勒佛果하야 契會相應故로 同於彌勒樓閣之內에 會三世時劫日月하야 總一時故니 明以根本智印으로 印三世古今하야 無前後故라

經에 云'說積集法'과 '說一切佛相續法'과 乃至 '一切佛次第法'은 總如上釋이오

'說一切佛衆會淸淨法'은 明一切佛衆會 皆同一淸淨故로 身土衆會 不相障礙하야 重重重重하야 以相暎徹故라 如文自具니라

경문에 이르기를, "또한 이 동자가 일찍이 과거 여러 부처님께 공양하여 선근을 많이 심었고, 신심과 이해가 광대하였다[又此童子已曾供養過去諸佛深種善根信解廣大]."고 말한 것은 과거 세계의 신심의 종자로써 금생의 신심이 원만함을 밝힌 것이다.

"그때, 문수사리보살" 이하에서 이른바 일체 제불이 쌓은 법이란 십바라밀, 사섭법, 사무량심, 37품의 助道分, 5위의 가행, 110城의 법문을 쌓아갔음을 밝힌 것이다.

'110성의 법문'이란 것은 5위 중에 50개의 닦아야 할 인과가 있다.

이는 앞서 말한 바와 같은 십주 가운데 10분의 慧菩薩이 이에 해당되며, 10분의 佛果의 명호가 똑같은 '月佛'이 이에 해당되며,

이처럼 십행 가운데 10분의 林菩薩, 10분의 眼佛 등이며,

십회향 가운데 10분의 幢菩薩, 10분의 妙佛 등이다.

이처럼 십지와 11지가 모두 십회향 가운데 보살과 부처의 인과에 의해서 이와 같이 5위의 50重 인과 위에 저마다 닦아나가는 인과를 나누어 갖춤으로써 1백이 되고, 근본인 삼세제불의 영원한 법계의 본체에서 십바라밀을 여의지 않아 110이 되는 것이다.

처음 십주로부터 방편삼매로 법신의 근본 지혜를 나타내어 법계의 수레[法界乘]을 타고서 보현행을 행하여 습기를 다스리기 때문에 차례대로 미혹의 습기를 다스리는 차별의 문에 안립하여, 이 1백 개의 인과로 미혹의 습기를 다스리는 昇降의 차례를 삼는다. 십바라밀 아래에 理智와 悲願의 인과는 곧 법계의 본체 안에서 보현이 항상 그처럼 행하는 것이다. 일체 보리심을 일으킨 자와 함께 밟아나가는 자취를 삼은 까닭이다.

이 때문에 그 이름을 '여래의 수레를 타고서 바로 도량에 이른다.'고 말한다. 처음 발심하여 곧 법계 가운데 문수와 보현의 體用

理智인 대자비의 願行門을 들어가기 때문에 도량의 근본인 본체와 작용이다.

아래의 선재동자가 찾아간 선지식 53인은 바로 도에 들어가는 5위 중의 行相이기 때문이다. 앞의 5위에서는 그 법만을 말하였기 때문에 그 행을 알지 못할까 두려운 나머지, 여기에서 문수보살이 선재동자로 하여금 법을 구하는 양식을 일으키게 하고자, 거듭 앞서 말한 보살의 5위 중 행상 법칙을 밝혀 그 후학으로 하여금 이를 본받도록 하였다. 이 때문에 53선지식을 세워서 110중의 인과문을 성취한 것이다.

법계의 본체 가운데 문수를 법신불의 근본지로 삼고, 보현을 차별지로 삼으며, 미륵불은 문수와 보현의 이행 속에서 작위 없는 과로 세운 바를 밝힌 것이다. 이 3가지 법으로 한 법계의 체용이 자재하고 걸림 없는 법문을 성취하여 두루 5위 중 50개 보살과 함께 하는 것을 인과로 삼는다.

또한 이전처럼 법계의 본체 속에서 십바라밀로 타야 할 바의 행을 삼고, 그 잘 닦아나감에 따라서 5위 위의 50중 바라밀이 모두 인과가 있다. 이 때문에 이와 같은 50선지식 가운데 한 사람마다 모두 2가지씩 있어서 50중에 1백이 되는 것이다. 이처럼 법계 속의 根本常行인 십바라밀을 통틀어 110이 된다.

문수·보현·미륵 佛果의 3가지 법은 다만 한 법계의 작용이 없는 가운데 큰 작용이 자재한 법문이 되어, 다만 일체 잘 닦아나가는 보살과 인과를 마련하여 잘 닦아나가는 공부를 밝혔다. 그러나 그 자체의 인과는 없다. 이는 마치 제왕이 그 자체에 階品이 없으면서도 다만 위엄과 덕업이 자재하기 때문에 일체의 관속과 공로가 있는 자를 따라서 계품을 내리는 것과 같기 때문이다.

어떤 사람이 물었다.

"무엇 때문에 여기에서 미륵불을 들어 佛果를 삼고, 어째서 비로자나불을 들어 불과를 삼지 않는가?"

이에 대해 답하였다.

"비로자나불은 이미 성취한 부처이고, 미륵불은 미래의 부처임을 밝힌 것이다. 바로 지금 비로자나불의 도량에서 처음 보리심을 일으키면 한 생각의 찰나에 미래의 미륵불과를 성취하여 그와 하나가 되어 상응하기 때문에 미륵의 누각 안에서 삼세의 시간과 세월을 회통하여 모두 일시임을 밝힌 때문이다. 근본지의 도장으로 삼세와 고금을 도장 찍어 앞과 뒤의 차이가 없음을 밝힌 것이다.

경문에서 '쌓아가는 법을 말함'과 '일체 부처가 서로 이어간 법을 말함' 내지 '일체 부처의 차례로 닦아가는 법'은 모두 위에서 해석한 바와 같고,

'일체 부처의 대중법회의 청정한 법'을 말한 것은 일체 부처의 일체 회상이 모두 똑같이 청정하기 때문에 몸과 땅과 대중법회가 서로 걸림이 없어서 거듭거듭 서로 비춰줌을 밝힌 때문이다. 나머지는 경문에 그 나름 갖춰져 있다.

第二는 文殊師利 知根與法하사 令其成行하야 發生後學門中에 約立五門호리니

一은 明信心已發이오 二는 明聖者攝受오 三은 明聖者의 勸親近善
友오 四는 明善財請法이오 五는 明文殊의 指授修行所歸라
一은 明信心已發者는 如經에 云'善男子야 汝已發阿耨多羅三藐
三菩提'者는 此是信心菩提入位菩薩이 以三昧行으로 方能顯得
일세 理行相顯하야 業盡純明이라
二는 明聖者攝受者는 經에 云'爾時文殊師利菩薩이 如象王廻'者
는 是攝受義니 如大聖이 無方에 智圓形徧하야 隨根對現하야 不背
衆生일세 一切衆生이 如應見者는 皆悉對面호되 時諸衆生이 各不
相知하고 但謂聖者 獨與我語라하나니 今言文殊師利 見善財에 所
謂'如象王廻'者는 是知根采顧하야 攝受與法故라
三은 明聖者의 勸親近善友者는 經에 云'善男子야 親近供養諸善
知識'이 是具足一切智最初因緣이니 '是故於此에 勿生疲厭'은 此
一切智 是菩提心無所得이며 因此而現이 名根本智니 以無所
得으로 爲體하고 而照現萬法으로 爲用이라
四는 明善財請法者는 經에 云'云何學菩薩道오'하야 有十一問請
菩薩道라
問曰何故로 但云求菩薩道하고 不云學菩提心이니잇고
答曰爲菩提는 無所得이며 無所修며 無所學이며 無所行일세 是故로
但求菩薩道하고 學菩薩行이나 然菩提心은 自恒明現이니라
如下'妙峯山上에 得憶念諸佛智慧光明門'者는 託事表法에 以
艮爲山이며 艮爲止니
以約止心無念하야 妄想不生에 正慧現前이 名爲憶念이오

以正慧ـ與一切諸佛無相妙理合故ᄅ 以此無相正慧現前ᄒᆞ야 普照心境ᄋᆡ 身邊等五見이 總亡ᄒᆞ고 萬境ᄋᆡ 虛寂ᄒᆞ야 見亡業謝ᄅᆞᆯ 名曰光明ᄋᆡ라

故ᄅᆞ 言憶念諸佛智慧光明門ᄋᆡ니 此明三昧禪定ᄋᆡ 是方便行ᄋᆡᆯᄉᆡ 能顯理智體用二門ᄒᆞ야 圓周自在ᄒᆞ며 乃至不可說三昧ᅟ總是現正智之方便行故ᄅᆞ

如十波羅密中ᄋᆡ 唯智波羅密ᄋᆞᆫ 是無功用自在之果ᄋᆞ 餘九波羅密ᄋᆞᆫ 是助顯之行ᄋᆡ니 從初發心住ᄅᆞ 十十五糸ᄋᆡ 如鍊眞金ᄋᆡ 轉轉明淨ᄒᆞ야 而令成就種種莊嚴ᄒᆞ야 業亡智滿行周ᄋᆡ 入因陀羅網法門ᄒᆞ야ᄉᆞ 方可稱法界ᄒᆞ야 功堪任運ᄋᆡ니 從初發心住ᄅᆞ 皆以菩提心無作用無所修無所行ᄋᆞᄅᆞ 爲體ᄒᆞ야 而求修學普賢ᄋᆡ 一切無盡行門ᄋᆡᆯᄉᆡ 以此ᄅᆞ 但求菩薩道ᄒᆞ고 學菩薩行ᄋᆡ니 無作菩提ᄂᆞᆫ 隨行自明ᄋᆡ라

五ᄂᆞᆫ 明文殊師利ᄋᆡ 指授修行所歸者ᄂᆞᆫ 經ᄋᆡ 云 善男子ᅟᅡ 於此南方ᄋᆡ 有一國土ᄒᆞ니 名爲勝樂ᄋᆡ오 其國ᄋᆡ 有山ᄒᆞ니 名曰妙峯ᄋᆡ며 於彼山中ᄋᆡ 有一比丘ᄒᆞ니 名曰德雲 者 是也ᄂᆡ라

(2) 문수사리가 중생의 근기를 알고서 법을 전수하여 그로 하여금 행을 성취케 하여, 훌륭한 후학을 낳아주는 법문은 대략 5가지 문으로 나뉜다.

① 이미 신심을 일으켰음을 밝혔고,

② 문수보살이 받아들임을 밝혔으며,

③ 문수보살이 선지식을 가까이하길 권함을 밝혔고,

④ 선재동자가 법을 청함을 밝혔으며,

⑤ 문수보살이 수행의 귀결처를 가르쳐줌을 밝혔다.

'① 이미 신심을 일으켰음을 밝혔다.'는 것은, 경문에서 "선남자여, 그대가 이미 아뇩다라삼먁삼보리의 마음을 일으켰다."고 말한 것은 신심 보리와 지위에 들어간 보살이 선정삼매의 행으로써 비로소 드러나게 되므로 理와 행이 서로 드러나 업이 사라져 순수하게 밝아지는 것이다.

'② 문수보살이 받아들임을 밝혔다.'는 것은, 경문에서 "그때, 문수사리보살은 코끼리가 몸을 돌려 보듯이 바라보았다."고 말한 것은 바로 선재동자를 받아들인 뜻이다.

문수보살은 고정된 곳이 없다. 지혜가 원만하고 몸매를 두루 갖추어, 중생의 근기에 따라서 몸을 나타내어 중생을 저버리지 않는다. 이 때문에 일체중생이 감응한 화신처럼 보는 자는 모두 다 문수보살을 마주하지만, 그때 일체중생이 저마다 서로 알지 못하고, 그저 "문수보살이 나와 말하였다."고 말들 한다.

여기에서 문수보살이 선재동자를 볼 적에 이른바 "코끼리가 몸을 돌려 보듯이 바라보았다."고 말한 것은 바로 그의 근기를 알아보고서 그를 가려 돌아보며 받아들이고 그에게 법을 전수한 까닭이다.

'③ 문수보살이 선지식을 가까이하길 권함을 밝혔다.'는 것은, 경문에서 "선남자여, 선지식을 가까이하고 공양함이 일체 지혜를 갖추는 첫째 인연이다. 그러므로 이런 일에 고달픈 생각을 내지 말라."고 말한 것은 일체 지혜가 바로 보리심의 얻은 바 없음이며, 이로 말미암아 나타난 것을 '근본지'라고 말한다. 얻은 바 없는 것으로 본체를 삼고, 만법을 비추어 나타내는 것으로 작용을 삼는다.

'④ 선재동자가 법을 청함을 밝혔다.'는 것은, 경문에서 "어떻게 보살도를 배웠는가?"라는 11가지 물음으로 보살의 도를 청하였다.

어떤 이가 물었다.

"무엇 때문에 보살의 도를 구한다고 말할 뿐, 보리의 마음을 배운다고 말하지 않았는가?"

이에 대해 답하였다.

보리는 얻을 대상이 없고, 닦을 대상이 없고, 배울 대상이 없고, 행할 대상이 없다. 이 때문에 보살의 도를 구하고 보살의 행을 배우지만, 보리의 마음은 언제나 스스로 밝게 나타난다.

예컨대 아래의 경문에 이르기를, "묘봉산 위에서 나는 오직 일체 부처님의 경계를 생각하여 지혜의 광명으로 두루 보는 법문을 얻었다."고 말한 것은 현상의 사법계에 의탁하여 법을 나타냄으로써 艮卦(☶)는 卦象으로는 산을 상징하고, 卦德으로는 '그침[止]'이 된다. 마음이 고요히 그쳐 아무런 생각이 없어 망상이 일어나지 않아서 定慧가 앞에 나타나는 것을 '憶念'이라 말한다.

定慧는 일체 모든 부처의 모양 없는 미묘한 이치[無相妙理]와 하나가 되기 때문에 이처럼 모양 없는 정혜가 앞에 나타나 마음과 경계를 널리 비춰준다. 이처럼 身見, 邊見, 邪見, 見取見, 戒禁取見 5

견이 모두 사라지고, 모든 경계가 텅텅 비어 고요함으로써 견해가 없어지고 업이 물러남을 '광명'이라 말한다는 것을 들어 밝힌 까닭에 "일체 부처의 지혜 광명의 법문을 생각한다."고 말한 것이다.

이는 삼매의 선정이 방편행이기에 理智體用의 2가지 법문을 나타내어 원만히 두루 밝히고 자재함이며, 나아가 말할 수 없는 삼매가 모두 바른 지혜를 나타내는 방편의 행임을 밝힌 것이다.

예컨대 십바라밀 가운데 오직 지혜바라밀만은 작용 없는 자재함의 果이고, 나머지 9가지 바라밀은 보조로 나타나는 행이다. 초발심주로부터 10가지를 10가지씩 서로 함께함이 마치 진짜 황금을 단련할수록 더욱더 빛나고 말끔하여 가지가지 장엄을 성취하는 것처럼, 업이 사라지고 지혜가 원만한 행이 두루 이뤄지면서 인드라망의 법문에 들어가야만 비로소 법계와 계합하여 자연스러운 일에 맡겨두는 것이다.

초발심주로부터 모두 보리심의 작용 대상이 없고, 닦을 대상이 없고, 행할 대상이 없는 것으로 본체를 삼아, 보현의 일체 그지없는 행의 법문 수행을 구하기 때문에 다만 보살의 도를 구하고 보살의 행을 배울 뿐이다. 작위 없는 보리는 행에 따라 스스로 밝다.

'⑤ 문수보살이 수행의 귀결처를 가르쳐줌을 밝혔다.'는 것은 경문에서 "선남자여, 여기서 남쪽으로 가면 한 나라가 있는데, 그 이름을 '승락국'이라 한다. 그 나라에 산이 있는데, 그 이름을 '묘봉'이라 하고, 그 산중에 비구가 있는데, 그 이름을 '덕운'이라 한다."고 한 것이 바로 이에 해당된다.

第四 念恩辭退

㈜ 은혜에 감사하며 물러나다

經

爾時에 **善財童子** 聞是語已**하고 歡喜踊躍**하야 **頭頂禮足**하며 **遶無數匝**하고 **殷勤瞻仰**하며 **悲泣流淚**하고 **辭退南行**하니라

그때, 선재동자가 이 말을 듣고 기뻐 뛰면서 문수보살의 발에 엎드려 절하고, 수없이 돌고 은근하게 우러러보면서 눈물을 흘리고 하직하여 남쪽으로 떠났다.

● 疏 ●

慶聞後友故로 喜躍하고 悵辭德音故로 悲淚니 下諸善友도 倣此可知니라 然後二段은 義雖屬後나 文屬前會니라

問호되 大聖은 有智能演이오 善財는 有機堪受어늘 何不頓爲宣示하고 而別指他人하야 歷事諸友아 明此深旨인댄 畧申十義호리라

一은 總相而明이면 爲於後學하야 作軌範故니 謂善財求法不懈하고 善友說法無吝故니라

二는 顯行緣勝故니 謂眞善友 是全梵行이니 如闇王之遇耆域이오 猶淨藏之化妙嚴等이라

三은 破愚執故니 謂令不師愚心하고 虛己徧求故니라

四는 破見慢故니 謂令不觀種性하고 不恥下問하고 徧敬事故니라
五는 破偏空執故니 謂不唯無求라 無求之中에 吾故求之니라
六은 令卽事卽行이니 寧可少聞으로 便能證入이언정 不在多聞而不證故니라
七은 爲破說法者 攝屬之心이니 我徒我資는 彼此見故니라
八은 爲顯寄位 漸修入故니 若不推後면 則位位中住하야 無勝進故니라
九는 爲顯佛法 甚深廣故니 善友도 尙皆謙推온 凡流 豈當臆斷가
十은 顯善財與友 成緣起故니 謂能入所入이 無二相故니 無善友之外善財라 則一卽一切니 明善財歷位也오 無善財之外善友라 故一切卽一이니 多位成就 皆在善財라 由是로 卷舒自在無礙라
上之十義에 初一은 通於師資오 次五는 多約資說이오 第七은 約師오 後三는 約敎니 思之可知니라

뒤의 선지식을 들음에 경사로 여겼기 때문에 기쁜 마음에 뛰었고, 덕음을 하직함을 슬퍼한 마음에 슬피 눈물을 흘렸다. 아래의 모든 선지식도 이와 같음을 알 수 있다. 그러나 뒤의 2단락은 그 뜻이 비록 뒤에 속하나 경문은 앞의 근본법회에 속한다.

물었다.

"문수보살은 지혜가 있어 잘 연설하고, 선재동자는 근기가 있어 받아들일 수 있는데, 어찌하여 단번에 보여주지 않고, 다른 선지식을 개별로 가리켜 모든 선지식을 두루 섬기도록 하였는가?"

이에 대한 깊은 뜻을 밝히고자 간략히 10가지 뜻으로 말한다.

① 총상으로 밝히면 후학을 위하여 궤범을 마련한 때문이다. 선재동자가 법을 구함이 게으르지 않으며, 선지식이 설법에 인색함이 없기 때문임을 말한다.

② 행각의 훌륭한 인연을 밝힌 때문이다. 진실한 선지식이 온전한 범행이다. 아사세왕의 耆域을 만남과 같으며, 淨藏이 妙嚴을 교화함과 같은 등을 말한다.

③ 어리석은 집착을 타파하기 때문이다. 어리석은 마음을 스승삼지 않고 허심탄회하게 두루 선지식을 찾기 때문임을 말한다.

④ 견해의 아만을 타파하기 때문이다. 종성을 보지 않으며, 아랫사람에게 묻는 것을 부끄러워하지 않고 두루 공경하는 마음으로 섬기도록 하기 때문임을 말한다.

⑤ 공에 치우친 집착을 타파하기 때문이다. 오직 구함이 없을 뿐 아니라, 구함이 없는 가운데 '자아'를 구함이다.

⑥ 현상의 일과 하나가 되고 행과 하나가 되도록 함이다. 차라리 적게 듣고서 증득할지언정 많이 듣고서 증득하지 못한 일이 없도록 하기 때문이다.

⑦ 설법자의 한쪽에 소속된 마음을 타파하기 위함이다. 나의 무리, 나의 제자라는 나의 편, 남의 편을 가르는 편견이기 때문이다.

⑧ 지위에 붙여 점점 닦아 들어감을 나타내기 위함이다. 만약 뒤 지위의 선지식을 추대하여 그에게 사양하지 않으면 그 지위에 멈춰 더 이상 잘 닦아나갈 수 없기 때문이다.

⑨ 불법의 매우 심오하고 광대함을 나타내기 위한 때문이다.

선지식도 오히려 모두 겸손으로 남을 추대하는데, 범부야 어떻게 억측으로 단정할 수 있겠는가.

⑩ 선재동자가 선지식과의 緣起가 이뤄졌음을 나타내기 때문이다.

들어가는 주체와 들어가는 대상이 둘의 차이가 없기 때문이다.

선지식의 밖에 선재동자가 없다. 이는 하나가 바로 일체이다. 선재동자의 거쳐 온 지위를 밝힌 것이다.

선재동자의 밖에 선지식이 없다. 일체가 바로 하나이다. 많은 지위의 성취가 모두 선재동자에게 있다. 이 때문에 물러서고 나아감에 자재하여 걸림이 없다.

위의 10가지 의의에 '① 총상으로 밝힌 부분'은 스승과 제자에 모두 통하고,

다음 5가지는 대부분 제자를 들어 말하였고,

'⑦ 설법자의 소속된 마음'이란 스승의 입장에서 말하였고,

뒤의 3가지는 가르침으로 말하였다. 이는 생각하면 알 수 있다.

大文第二 '向勝樂國' 下에 有十善友는 寄於十住니 卽爲十段이라 然下諸善友는 古德科判호되 從一至十이니 雖皆有理나 今依意公과 及五臺論하야 約會科之하야 分爲六分이나 而名小異라 一은 依教趣求오 二는 見敬諮問이오 三은 稱讚授法이오 四는 謙己推勝이오 五는 指示後友오 六은 戀德禮辭라 而諸文多具하니 其有增減은 至文

科判이라

今初發心住는 文具斯六이라

初는 依敎趣求니라

[2] 10명의 선지식을 십주에 붙여 말하다

이는 10단락이다.

그러나 아래에 많은 선지식을 옛 스님이 과목으로 나누되 1단락으로부터 10단락에 이르고 있다. 이는 모두 그럴싸한 말이지만 여기에서는 滿意율사와 五臺의 논을 따라서 선지식과의 만남을 과목 지어 말하여 이를 6부분으로 구분 지었으나 그 명제는 대동소이하다.

1. 가르침을 따라 선지식을 찾아가 법을 구함이다.
2. 친견하여 절을 올리고 법을 물음이다.
3. 선재동자를 칭찬하면서 법을 전수함이다.
4. 선재동자가 몸을 낮추면서 선지식의 훌륭함을 추켜올림이다.
5. 뒤의 선지식을 소개함이다.
6. 덕망을 흠모하면서 절을 올리고 떠나감이다.

여러 경문에 많이 갖춰져 있으나 더하기도 하고 줄이기도 하여 해당 경문에서 과목으로 나누고자 한다.

제1. 덕운비구, 발심주 선지식

이의 해당 경문은 이 6가지를 모두 갖추고 있다.

이는 '1. 가르침을 따라 선지식을 찾아가 법을 구함'이다.

經

向勝樂國하야 登妙峯山하야 於其山上에 東西南北과 四維上下로 觀察求覓하야 渴仰欲見德雲比丘러니 經於七日에 見彼比丘 在別山上하야 徐步經行하고

승락국을 향하여 묘봉산에 올랐다.

묘봉산 위에서 동서남북과 네 간방과 위와 아래로 살펴보고 찾아서 목마르듯이 덕운비구를 뵈려고 하였지만, 이레가 지난 뒤에야 덕운비구가 다른 산 위에서 느린 걸음으로 지나가는 것을 보았다.

● 疏 ●

趣求中에 見心陞位라 故曰登山이오

智鑑位行이 爲十方觀察이오

情懷得旨 爲欲見德雲이오

七覺助道 爲經七日이오

忘所住位 方爲得旨라 故見在別山이라

見則定慧雙游 爲經行徐步니

徐卽是止니 不住亂想故오

行卽爲觀이니 不住靜心故니라

若約事說인댄 卽正修習般舟三昧故니라 【鈔_ 今此正明初發心住者는 如入空界하야 慧住空性이니 得位不退라 故名爲住니라】

선지식을 찾아가 법을 구하는 가운데 마음을 보고서 지위에 올랐기 때문에 '산에 올랐다.'고 말하고,

지혜로 지위의 행을 비춰봄이 '동서남북과 네 간방과 위와 아래로 살펴봄'이며,

종지를 얻고자 하는 마음이 '덕운비구를 보고자 함'이며,

七覺支 37助道品이 '이레가 지난 뒤'이며,

머물고 있는 현재의 지위를 잊음이 비로소 종지를 얻음이 되기 때문에 '다른 산 위에 있음을 봄'이다.

덕운비구를 보았다는 것은 定·慧에 모두 유유자적함이 '천천히 걸어가는 걸음'이다.

'느린 걸음'은 멈춤[止]이다. 산란한 생각에 머물지 않기 때문이며,

'걸어감'은 '觀'이다. 고요한 마음에 머물지 않기 때문이다.

만일 현상의 일로 말하면, 바로 般舟三昧를 닦고 익히기 때문이다.【초_ 이는 첫 발심주를 밝혔다는 것은 허공계에 들어간 것처럼 慧가 空性에 머묾이다. 지위를 얻어 물러서지 않기 때문에 '머묾[住]'이라고 말한다.】

二 卽見敬諮問

2. 친견하여 절을 올리고 법을 묻다

經
見已往詣하야 頂禮其足하며 右遶三匝하고 於前而住하야

作如是言호되

聖者여 我已先發阿耨多羅三藐三菩提心호니 而未知菩薩이 云何學菩薩行이며 云何修菩薩行이며 乃至應云何於普賢行에 疾得圓滿이리잇고 我聞聖者는 善能誘誨라하니 唯願垂慈하사 爲我宣說하소서 云何菩薩이 而得成就阿耨多羅三藐三菩提니잇고

덕운비구를 보고서 그의 앞으로 나아가 엎드려 발에 절하고 오른쪽으로 세 차례 돌고 앞에 서서 이렇게 말하였다.

"거룩하신 이여, 저는 이미 아뇩다라삼먁삼보리심을 내었사오나,

보살이 어떻게 보살의 행을 배우며,

어떻게 보살의 행을 닦으며,

내지 어떻게 해야 보현행을 빨리 원만하게 할 수 있는지 모르겠습니다.

제가 듣자오니 거룩하신 이께서 잘 가르쳐주신다 하니,

바라건대 자비하신 마음으로 저를 위하여 말해주십시오.

어찌하면 보살이 아뇩다라삼먁삼보리를 성취할 수 있습니까?"

◉ 疏 ◉

於中四니

一은 設敬儀니 重人法故오

二 作如是下는 申已發心이니 明有法器故오

三而未知下는 正陳所問이니 彰已未知하야 請隨機說故니라
問中에 於前十一句에 擧初畧後는 是經家畧이라 若善財畧인댄 友云 何領가【鈔_ 若善財畧者는 初謂經家之畧이러니 及觀新譯普賢行願品컨대 梵本亦具니 乃是譯人畧耳라】

이 부분은 4단락이다.

⑴ 친견하고 절을 올림이다. 사람과 법을 중히 여기기 때문이다.

⑵ '作如是' 이하는 자신의 발심을 말함이다. 法器가 있음을 밝힌 때문이다.

⑶ '而未知' 이하는 바로 물을 바를 말함이다. 자신의 알지 못한 바를 밝혀 근기에 따라 설법해 줄 것을 청한 때문이다.

물음 가운데 앞의 11구에서 첫 단락만을 들어 말하고 뒤를 생략함은 화엄경을 편집한 자가 생략한 것이다. 만약 선재동자가 생략했다면 선지식이 어떻게 그 속을 알 수 있겠는가.【초_ "만약 선재동자가 생략했다면"이란 앞에서 "화엄경을 편집한 자가 생략하였다."고 말했지만 新譯의 普賢行願品을 살펴보면 범본에 또한 이 부분이 실려 있으니, 이는 번역한 사람이 생략한 것이다.】

四'我聞聖者'下는 歎德請說이니 有智善能이오 有悲無吝일새 故應爲說이라

誘는 謂誘引이니 卽是敎授하야 以成前解오
誨는 謂誨示니 卽是敎誡하야 以成前行이라 下皆倣此하다
前問은 但問因圓이오 此中은 結其果滿이니 卽發心所爲니라

⑷ '我聞聖者' 이하는 덕망을 찬탄하면서 설법해 주기를 청함

이다.

덕운비구는 지혜가 있어 잘 말해줄 수 있고, 자비의 마음이 있어 인색함이 없기 때문에 당연히 나를 위해 말해줄 것이다.

誘는 이끌어줌을 말한다. 가르침으로 앞의 이해를 이뤄줌이며,

誨는 보여줌을 말한다. 이는 경계하여 앞의 행을 이뤄줌이다. 아래는 모두 이와 같다.

앞의 물음은 원인의 원만함[因圓]을 물었을 뿐이며, 여기에서는 그 결과의 원만함[果滿]을 끝맺었다. 이는 발심의 목적이다.

第三 稱讚授法

卽正入法界라

於中二니

先은 讚器希有오 後는 正示法界라

今은 初라

3. 선재동자를 칭찬하면서 법을 전수하다

이는 바로 법계에 들어감이다.

이는 2부분으로 나뉜다.

(1) 보기 드문 법 그릇임을 찬탄함이며,

(2) 바로 법계를 보여줌이다.

이는 '(1) 보기 드문 법 그릇'이다.

時에 德雲比丘 告善財言하사대

善哉善哉라 善男子여 汝已能發阿耨多羅三藐三菩提心하고 復能請問諸菩薩行하니 如是之事는 難中之難이니

所謂求菩薩行하며

求菩薩境界하며

求菩薩出離道하며

求菩薩淸淨道하며

求菩薩淸淨廣大心하며

求菩薩成就神通하며

求菩薩示現解脫門하며

求菩薩示現世間所作業하며

求菩薩隨順衆生心하며

求菩薩生死涅槃門하며

求菩薩의 觀察有爲無爲에 心無所着이니라

그때, 덕운비구가 선재동자에게 말하였다.

"착하고 착하다. 선남자여,

그대가 이미 아뇩다라삼먁삼보리심을 내었고,

또한 보살의 행을 물으니,

이와 같은 일은 어려운 가운데 어려운 일이다.

이른바 보살의 행을 구하며,

보살의 경계를 구하며,

보살의 삼계에서 벗어나는 도를 구하며,

보살의 청정한 도를 구하며,

보살의 청정하고 광대한 마음을 구하며,

보살의 성취한 신통을 구하며,

보살의 해탈문 보임을 구하며,

보살이 세간에서 짓는 업을 보여주기를 구하며,

보살이 중생의 마음을 따라줌을 구하며,

보살의 생사열반문을 구하며,

보살이 유위와 무위를 관찰함에 마음에 집착이 없음을 구함이다.

● 疏 ●

先標二難이니 所以讚者는 令其寶固니 欣聞法故니라

後'所謂'下는 別牒前問이니 有十一句라 初句는 牒總이오 餘十은 牒別이니 文小開合이나 而皆按次니라

一은 境界니 卽前趣菩薩行이니 趣通能所오 境約所趣라 二는 卽前行이니 行則出故니라 三은 卽前淨이오 四는 卽前入이니 入卽不滯空有廣大心故니라 五는 卽成就오 六七及八은 皆前隨順이니 其解脫門은 是能隨順이오 示所作業은 卽事業隨順이오 順衆生心은 卽逐機隨順이라 此第八句는 亦是憶念이니 念衆生故니라 九는 卽增廣이니 謂不住涅槃 是生死門이니 不住生死 卽涅槃門이니 以不住道로 卽能增廣이라 十은 卽速滿普賢行이니 若了爲無爲非一非異而

無著者는 則速滿矣요 亦卽爲滿矣라【鈔_ 亦卽爲滿者는 上釋에 由了爲無爲非一非異라야 方能當滿이라하야늘 今意에 云'了非一異'는 卽已窮究라 故爲卽滿이라하니라】

앞에서는 2가지의 어려움을 밝혔다. 찬탄한 바는 그 일을 보배처럼 견고히 하고자 함이다. 법을 들음을 기뻐하기 때문이다.

뒤의 '所謂' 이하는 앞의 물음을 개별로 이어 말한 것으로 11구이다.

첫 1구[求菩薩行]는 총체[學菩薩行, 修菩薩行]를 이어 말하였고,

나머지 10구는 개별을 말하였다. 경문은 다소 구분과 종합에 차이가 있으나 모두 차례를 따른 것이다.

제1구 '菩薩境界'는 앞의 '趣菩薩行'이다. '나아감[趣]'은 주체와 객체에 모두 통하고, 경계는 나아갈 대상으로 말하였다.

제2구[出離道]는 앞의 '行菩薩行'이다. 보살행을 행함이 바로 삼계를 벗어남이기 때문이다.

제3구[淸淨道]는 앞의 '보살행을 청정히 함[淨菩薩行]'이다.

제4구[淸淨廣大心]는 앞의 '入菩薩行'이다. 보살행에 들어감은 바로 空과 有에 막힘이 없는 광대한 마음이기 때문이다.

제5구[成就神通]는 '보살행의 성취[成就菩薩行]'이다.

제6구[示現解脫門], 제7구[示現世間所作業], 제8구[隨順衆生心]는 모두 앞의 '보살행을 따름[隨順菩薩行]'이다.

그 해탈문은 따름의 주체이며,

지은 바의 업을 보여줌[示所作業]은 사업을 따름이며,

중생의 마음을 따름은 곧 근기에 따라 따름[逐機隨順]이다.

제8구는 또한 '보살행을 생각함[憶念菩薩行]'이다. 중생을 생각하기 때문이다.

제9구[生死涅槃門]는 '보살행을 더욱 넓힘[增廣菩薩行]'이다. 열반에 머물지 않음이 생사의 문이며, 생사에 머물지 않음이 열반의 문이다. 이처럼 머물지 않는 도로써 더욱 넓혀 나가는 것이다.

제10구[觀察有爲無爲心無所着]는 '보현행을 빠르게 원만함[令普賢行速得圓滿]'이다. 만일 有爲와 無爲가 하나도 아니요, 다름도 아님을 요달하여 집착이 없는 자는 바로 빠르게 원만함이며, 또한 바로 원만함이다.【초_ "또한 바로 원만함이다."는 것은 위의 해석에 有爲와 無爲가 하나도 아니요, 다름도 아님을 요달함으로 연유해야 비로소 원만하게 할 수 있음을 말한 것인데, 여기에서 말한 뜻에 "하나도 아니요, 다름도 아님을 요달한다."는 것은 이미 다한 것이다. 이 때문에 바로 원만함이라 말한다.】

▬

第二正示法界
卽念佛三昧라
於中二니
先은 示體相이오 後는 明其勝用이라
今은 初라

  (2) 바로 법계를 보여주다

이는 염불삼매이다.

이는 다시 2부분으로 나뉜다.

㈀ 본체와 모양을 보여주었고,

㈁ 그 뛰어난 작용을 밝혔다.

이는 '㈀ 본체와 모양'이다.

經

善男子야 **我得自在決定解力**하야
信眼淸淨하며 **智光照耀**하며

선남자여, 나는 자재하고 결정하는 이해의 힘을 얻어서
믿음의 눈이 청정하고 지혜 광명이 밝게 비치므로,

● 疏 ●

先은 標名이오 後 '信眼'下는 釋相이라
今初自在有二義니 一은 觀境自在오 二는 作用自在며
決定亦二義니 一은 智決斷이오 二는 信無猶豫며
解는 卽勝解니 亦有二義니 一은 約爲信因이니 於境忍可오 二는 爲
作用因이니 於境印持하야 近處爲遠等이라
信智相資하야 他境不動일새 故名爲力이니 卽三昧義라
二釋相中에 信眼淸淨은 釋上解義니 謂欲修念佛三昧인댄 先當
正信이오 次以智決了니 今由勝解하야 於境忍可라 故於實德能이니
正信心淨하고 了見分明일새 故稱爲眼이라

次'智光照耀'는 釋上決定이니 謂決斷名智니 智故決定이라 故文殊般若에 明一行念佛三昧호되 先明不動法界니 知眞法界하야 不應動搖 卽是此中決定解義니라 然約寄位에 正是發心住體니 以本解性聞熏之力이 今開發故로 是決定解니라【鈔_ '今由勝解於境忍可者는 謂唯識에 解信云謂於實德能이니 深忍樂欲心淨으로 爲性이라'하니 前已頻引이오 今離用此言耳라

'文殊般若明一行三昧'等은 然文殊問과 及文殊說經이오 今疏之所用은 卽大般若中曼殊室利分이니 總收彼二經하야 皆入大部故니라 又彼意에 云欲入一行三昧인댄 先親近解般若者하야 聽聞咨受라야 然後能入이라 言一行者는 一法界行이 亦無一故오 又云法界一相으로 繫緣法界 不動法界也라

'以本解性聞熏之力'者는 淨行品에 已說이니 十信滿心이라야 入此初住니 由信滿故오 明信決定이라야 住菩提心이니 三心之中에 解心增故니 卽是住體라

言'開發'者는 發心有二니 一者는 發起니 通於十信이오 二者는 開發이니 在於初住니 亦如前釋이라 又高齊大行和尙이 宗崇念佛하야 云'四字教詔니 謂信·憶二字를 不離於心하고 稱·敬兩字를 不離於口'라하니 彼論에 云'往生淨土인댄 要須有信이니 信千卽千生이오 信萬卽萬生이라 信佛名字하야 不離心口면 諸佛卽救오 諸佛卽護라 心常憶佛하야 口常稱名하고 身恒常敬이라야 始名深信이라 任意早晚하야 終無再住閻浮之法이라'하니 此策初心에 最爲要也니라】

앞에서는 명제를 세웠고, 뒤의 '信眼' 이하는 그 모양을 해석하

였다.

이의 첫 단락에서 말한 '자재'에는 2가지 뜻이 있다. 첫째는 경계를 봄이 자재하고, 둘째는 작용이 자재함이다.

'결정' 또한 2가지 뜻이 있다. 첫째는 지혜의 결단이요, 둘째는 믿음에 머뭇거림이 없음이다.

'解'는 훌륭한 이해이다. 이 또한 2가지 뜻이 있다. 첫째는 믿음의 원인이 되는 것으로 말하니 경계에 인가함이며, 둘째는 작용의 원인이니 경계에 인지하여 가까운 곳이 먼 곳이 되는 등이다.

믿음과 지혜가 서로 힘입어 다른 경계에 흔들리지 않기 때문에 '힘[力]'이라 말하니 이는 곧 삼매의 뜻이다.

뒤의 '그 모양을 해석한' 부분에서 "믿음의 눈이 청정하다."는 것은 위의 '이해'의 의의를 해석한 것이다. 염불삼매를 닦고자 하면 먼저 바르게 믿어야 하고, 그다음 지혜로써 결정하여 알아야 함을 말한다. 여기에서는 훌륭한 이해에 의하여 경계에 대해 인가하기 때문에 진실한 공덕에 바른 믿음으로 마음이 청정하고, 이를 이해하는 견해가 분명하기 때문에 '눈[眼]'이라고 말한다.

다음의 "지혜 광명이 밝게 비친다."는 것은 위에서 말한 '결정'을 해석한 부분이다. 결단을 지혜라 말한다. 지혜가 있기 때문에 결정하는 것이다. 따라서 문수의 반야에 一行念佛三昧를 밝히되 먼저 흔들림이 없는 법계를 밝혔다. 진실한 법계를 알고서 당연히 흔들리지 않음이 바로 이 가운데 '결정된 이해'라는 의의이다.

그러나 지위에 붙여 말하면 바로 발심주의 본체이다. 본래 이해 체성으로 듣고 훈습한 힘이 이제 열렸기 때문에 이러한 결정된 이해이다.【초_ "여기에서는 훌륭한 이해에 의하여 경계에 대해 인가한다."는 것은 유식론의 믿음에 관한 해석에서 "진실한 공덕에 능함이니 좋아하는 마음이 청정함을 깊이 인가하는 것으로 자성을 삼는다."고 하니, 앞에서 이미 여러 차례 인용하였고, 여기에서는 이 말을 분리하여 인용한 것이다.

"문수의 반야에 일행삼매를 밝혔다." 등은 그러나 文殊師利問經과 文殊師利所說不思議佛境界經을 말하며, 이 청량소에서 인용한 바는 대반야경의 曼殊室利分이다. 문수사리문경과 문수사리소설부사의불경계경을 모두 거둬 다 대반야부에 넣었기 때문이다. 또한 그 뜻은 "一行三昧에 들고자 한다면 먼저 반야를 이해하는 이를 가까이하여 듣고 묻고 받아들여야만 들어갈 수 있음"을 말한다. '一行'이란 하나의 法界行 또한 하나라는 것조차 없고, 또한 법계의 一相으로 법계를 반연함이 不動法界이다.

"본래 이해 체성으로 듣고 훈습한 힘"이란 제11 정행품에서 이미 말하였다. 十信이 마음에 원만해야 첫 발심주에 들어갈 수 있다. 신심의 원만을 연유한 때문이다. 분명한 믿음이 결정되어야 보리심에 머무는 것이다. 3가지 마음 가운데 이해의 마음이 증장한 때문이니, 이는 머물 수 있는 본체이다.

'開發'이라 말한 것은 발심에 2가지가 있다.

① 일으킴이다. 이는 十信에 통한다.

② 開發이다. 이는 초발심주에 있다. 또한 앞의 해석과 같다.

또한 고제대행화상이 염불을 높이 받들어 말하였다.

"4글자의 가르침이다. 信·憶 2글자를 마음에서 떠나지 말고, 稱·敬 2글자를 입에서 떠나지 말라."

그의 논에서 다음과 같이 말하였다.

"정토에 태어나고자 한다면 반드시 신심이 있어야 한다. 믿음이 1천 번이면 1천 번 정토에 태어나고, 믿음이 1만 번이면 1만 번 정토에 태어난다. 부처의 명호를 믿고서 입에서 떠나지 않으면 제불이 구제하고 제불이 수호할 것이다. 마음으로 항상 부처를 생각하고, 입으로 항상 부처의 명호를 외우고, 몸으로 항상 부처를 공경해야 비로소 깊은 신심이라고 말한다. 조만간에 마음대로 하여 끝까지 다시는 염부제의 법에 머물러서는 안 된다."

이는 초심자를 경책하는 데에 가장 요체가 되는 말이다.】

二. 明勝用

中에 亦是展轉釋成이라

於中二니

先은 約內用이오 後는 明其外用이라

今은 初라

(ㄴ) 그 뛰어난 작용을 밝히다

이 부분 또한 점점 해석하면서 끝맺었다.

이는 2부분으로 나뉜다.

첫째, 내면의 작용을 들어 말하였고,
둘째, 외적 작용을 밝혔다.
이는 '첫째, 내면의 작용'이다.

經

普觀境界하며 **離一切障**하며 **善巧觀察**하며 **普眼明徹**하야 **具淸淨行**하며

널리 경계를 관찰하며, 일체 장애를 여의었으며, 잘 관찰하며, 널리 보는 눈이 밝아서 청정한 행을 갖추었으며,

● 疏 ●

普觀境界는 卽信眼用이오 亦釋眼義니 以如爲佛이면 則無境非佛이라 故云普觀이오 又若報若化를 一時觀故니라【鈔_ 以如爲佛則無境非佛'者는 大品中에 答常啼호되 云'諸法如 卽是佛이라'하고 金剛에 云如來者는 卽諸法如義니 旣以如爲佛인댄 一切法이 皆如也니 何法非佛耶아 又若報'下는 然修念佛三昧에 多約漸修니 謂先 爲化身觀이오 次報 後法이어늘 今則一時耳라】

널리 경계를 관찰함은 신심에 의한 눈의 작용이며, 또한 눈의 의의를 해석하였다. 진여로써 부처를 삼으면 경계마다 부처 아님이 없기 때문에 널리 봄이며, 또한 報身과 化身을 일시에 보기 때문이다.【초_ "진여로써 부처를 삼으면 경계마다 부처 아님이 없다."는 것은 대품경에서 상제보살에게 답하였다.

"모든 법의 진여가 바로 부처이다."

금강경에서 말한 '여래'는 모든 법이 진여라는 뜻이다. 이처럼 진여로써 부처를 삼으면 일체 모든 법이 모두 진여이다. 어느 법이 부처가 아니겠는가.

'또한 報身과 化身' 이하는 염불삼매의 수행은 대체로 점수법으로 말한다. 먼저 化身觀을, 다음으로 報身觀을, 맨 끝에 法身觀을 하는 것인데, 여기에서는 일시에 관하는 것이다.】

次離一切障은 釋淸淨義니 若沈若浮와 諸蓋·諸取 皆三昧障故니라

次善巧觀察은 釋智光照耀니 謂於無色相에 而觀色相을 爲善巧觀이라

後'普眼'下는 結成上義니 謂信眼普觀境界를 名爲普眼이오 窮如法界를 名曰明徹이니 如是라야 離障見如니 是謂具足淸淨一行三昧니라 一行者는 一法界行故니라

다음 "일체 장애를 여의었다."는 청정의 뜻을 해석함이다. 혼침, 輕浮, 諸蓋, 諸取가 모두 삼매의 장애이기 때문이다.

다음 '잘 관찰함'은 지혜 광명으로 비춤을 해석함이다. 색상이 없는 데에서 색상을 관찰함이 '잘 관찰함'이다.

뒤의 '普眼' 이하는 위의 뜻을 끝맺음이다. 믿음의 눈으로 경계를 널리 보는 것을 '보안'이라 말하고, 진여법계를 다함을 '明徹'이라 말한다. 이와 같이 보아야 장애의 견해를 여읨이며, 이와 같아야 일행삼매를 두루 넉넉히 청정히 함이라고 말한다. '一行'이란

一法界行이기 때문이다.

二 明外用

둘째, 외적 작용을 밝히다

經

往詣十方一切國土하야 恭敬供養一切諸佛하며
常念一切諸佛如來하야 總持一切諸佛正法하며
常見一切十方諸佛하나니
所謂見於東方一佛二佛과 十佛百佛과 千佛百千佛과
億佛百億佛과 千億佛百千億佛과 那由他億佛과 百那
由他億佛과 千那由他億佛과 百千那由他億佛하며
乃至見無數無量無邊無等과 不可數不可稱不可思不
可量不可說과 不可說不可說佛하며
乃至見閻浮提微塵數佛과 四天下微塵數佛과 千世界
微塵數佛과 二千世界微塵數佛과 三千世界微塵數佛
과 佛刹微塵數佛과
乃至不可說不可說佛刹微塵數佛이라
如東方하야 南西北方과 四維上下도 亦復如是하니
一一方中의 所有諸佛이 種種色相과 種種形貌와 種種
神通과 種種遊戲와 種種衆會의 莊嚴道場과 種種光明의

無邊照耀와 **種種國土**와 **種種壽命**으로 隨諸衆生의 種種 心樂하야 示現種種成正覺門하사 於大衆中에 而師子吼하시니라

시방의 일체 국토에 나아가 일체 부처님을 공경하고 공양하며,

일체 부처님 여래를 항상 생각하면서 일체 부처님의 바른 법을 모두 지니며,

시방의 일체 부처님을 항상 뵈옵는 것이다.

이른바 동방에서 한 부처님, 두 부처님, 열 부처님, 백 부처님, 천 부처님, 백천 부처님, 억 부처님, 백억 부처님, 천억 부처님, 백천억 부처님, 나유타 억 부처님, 백 나유타 억 부처님, 천 나유타 억 부처님, 백천 나유타 억 부처님을 뵈오며,

내지 수없고 한량없고 그지없고 같을 이 없고 셀 수 없고 일컬을 수 없고 생각할 수 없고 헤아릴 수 없고 말할 수 없고 말할 수 없이 말할 수 없는 부처님을 뵈오며,

내지 염부제 티끌 수 부처님, 사천하의 티끌 수 부처님, 천 세계의 티끌 수 부처님, 2천 세계의 티끌 수 부처님, 3천 세계의 티끌 수 부처님, 부처 세계의 티끌 수 부처님,

내지 말할 수 없이 말할 수 없는 부처 세계의 티끌 수 부처님을 뵈옵는 것이다.

동방에서와 같이 남방, 서방, 북방과 네 간방과 상방, 하방 또한 그와 같다.

하나하나 방위에 계시는 부처님들의 가지가지 색상, 가지가지

형상, 가지가지 신통, 가지가지 유희, 가지가지 대중법회의 장엄한 도량, 가지가지 광명이 끝없이 비치는 일, 가지가지 국토, 가지가지 수명으로 중생의 가지가지 좋아하는 마음을 따라서 가지가지로 바른 깨달음을 이루는 문을 나타내어 대중 가운데서 사자후를 하였다.

● 疏 ●

外用者는 以前卽用之體 則以無心之覺으로 契唯如之境하야 不動法界하고 窮乎寂照之原이라 故能卽體之用이 用無不窮이니 亦由前勝解 於境印持하야 隨心去住니라
於中三이니
初는 明不動而往이오
二 '常念'下는 不念而持오
三 '常見'下는 明不往而見이니 於中三이니 初는 標오 次 '所謂'下는 別顯所見數多라 於中三千은 卽一佛刹이어늘 而重言佛刹微塵數者는 準梵本中컨대 脫十字故니 應言十佛刹也라 後 '一一方'下는 明所見事別이라

'외적 작용'이란 앞의 작용과 하나가 된 본체가 바로 無心의 깨달음으로써 오직 진여의 경계에 계합하여 법계에 흔들림이 없고 寂照의 근원을 다하기 때문에, 본체와 하나가 된 작용이 다하지 않음이 없다. 이 또한 앞의 뛰어난 견해가 경계에 대해 인가하여 지니어서 마음을 따라 떠나가고 머물기 때문이다.

이 부분은 3단락이다.

① 몸을 움직이지 않고서도 떠나감을 밝혔다.

② '常念' 이하는 생각하지 않고서도 지님이다.

③ '常見' 이하는 찾아가지 않고서도 봄을 밝혔다.

이 부분은 3단락이다.

㉠ 표장이며,

㉡ '所謂見於' 이하는 친견한 부처의 수효가 많음을 개별로 밝혔다. 그 가운데 3천은 하나의 부처 세계인데, '부처 세계의 티끌수'라 거듭 말한 것은 범본에 준하면 '十' 자가 빠졌기 때문이다. 당연히 이는 '十佛刹'이라 말해야 한다.

㉢ '一一方中' 이하는 친견한 바의 일이 각기 다름을 밝혔다.

第四謙己推勝

於中에 先은 謙己知一이니 卽結其自分이오 後는 推勝知多니 卽增其勝進이라

今은 初라

4. 몸을 낮추면서 선지식의 훌륭함을 추켜올리다

이 가운데 (1) 자기는 하나만을 안다고 하는 겸손함이다. 이는 자신의 부분을 끝맺음이며,

(2) 선지식이 많은 것을 안다고 추켜올림이다. 이는 더욱 잘 닦아나감이다.

이는 '(1) 자기 겸손'이다.

經

善男子야 我唯得此憶念一切諸佛境界 智慧光明 普見法門이어니

선남자여, 나는 오직 일체 부처님의 경계를 생각하여 지혜의 광명으로 두루 보는 법문을 얻었나니,

● 疏 ●

'一切諸佛境界'者는 結其所觀이니 橫通十方하고 竪該三世라 故云一切니 卽上普觀境界 一行三昧로 觀其法身이라 十方諸佛은 亦通報化니 種種色相이 兼相海故니라
次'智慧光明'者는 結其能觀이니 卽上智光照耀니라
次'普見法門'은 卽總收前二하야 以結其名이니 卽前普眼明徹이라 最初善友 先明念佛法門者는 以是衆行之先故라 智論에 云'菩薩이 以般若波羅密로 爲母하고 般舟三昧로 爲父니라 故依佛이라야 方成餘勝行故니라 又初住中에 緣佛發心일새 樂供養故니라【鈔_
'最初善友 先明念佛法門'下는 此明次第上問也라 五十五友 法門不同이로되 而初說者는 何耶아
從'以是'下는 答其先說之意니 署有二意하니 在文可知로되 若更進論이면 有其十義니 一은 如疏引智論이오 二는 依佛方便이라야 能成勝行故오 三은 功高易進하야 以奬物故오 四는 觀通淺深하야 能

徧攝故오 五는 消滅重障하야 爲勝緣故오 六은 雙袞人法하야 易加護故오 七은 十地菩薩이 皆念佛故오 八은 三寶吉祥을 經初說故로 初此念佛하고 海雲聽法하고 善住依僧이 爲次第故오 九는 卽心卽佛이 爲一境故오 十은 爲表初住緣佛發心하야 樂供養故니라 第十은 卽疏中 第二意也라】

'일체 부처님의 경계'란 그 관찰의 대상을 끝맺음이다. 횡으로 시방을 통하며, 종으로 삼세를 갖추고 있기 때문에 '일체'라고 말한다. 이는 곧 위에서 말한 '널리 경계를 관찰하는 일행삼매로 그 법신을 살펴봄'이다.

'시방제불'은 또한 보신과 화신에 모두 통한다. 가지가지 색상이 아름다운 몸매를 모두 겸하기 때문이다.

다음 '지혜 광명'이란 관찰의 주체를 끝맺음이다. 이는 위에서 말한 '지혜 광명으로 비춤'이다.

다음 '널리 법문을 봄'이란 앞의 2가지를 모두 거둬 그 이름을 끝맺음이다. 이는 앞의 '보안의 밝음'이다.

최초의 선지식이 염불 법문을 먼저 밝힌 것은 모든 행의 급선무이기 때문이다. 지도론에서 말하였다. "보살이 반야바라밀로 어머니를 삼고, 반주삼매로 아버지를 삼는다."

이 때문에 부처를 의지해야 바야흐로 나머지 수승한 행을 성취하기 때문이다.

또한 초발심주에서는 부처를 반연하여 발심하기에 공양을 좋아하기 때문이다.【초_ "최초의 선지식이 염불 법문을 먼저 밝힌 것"이하는 차례로 위의 물음을 밝힌 것이다. 55선지식의 법문이 똑같지 않지만, 처음 이를 말한 것은 무엇 때문인가.

'以是衆行'이하로부터는 그 먼저 말한 바를 답한 뜻이다. 간단하게 2가지 뜻이 있다. 청량소에서 말한 바를 알 수 있지만, 만약 다시 한 걸음 나아가 논하면 여기에는 10가지 뜻이 있다.

① 청량소에서 지도론을 인용한 바와 같다.

② 부처의 방편을 의지해야 수승한 행을 성취하기 때문이다.

③ 공효가 드높고 쉽게 닦아 나아가 중생을 권장하기 때문이다.

④ 관찰함이 얕고 깊은 데에 모두 통하여 두루 받아들이기 때문이다.

⑤ 무거운 장애를 없애어 수승한 반연을 삼기 때문이다.

⑥ 사람과 법을 모두 겸하여 쉽게 가호하기 때문이다.

⑦ 십지보살이 모두 염불하기 때문이다.

⑧ 삼보의 길상을 경문에서 처음 말하기 때문에 처음 염불하고, 해운비구는 법문을 듣고서 스님에 의지하여 잘 머무는 것이 차례이기 때문이다.

⑨ 마음이 바로 부처임이 하나의 경계이기 때문이다.

⑩ 초발심주에서 부처를 반연하여 발심하여 기꺼이 공양하기 때문이다. 이의 ⑩은 청량소에서 말한 둘째의 뜻이다.】

二. 推勝知多

(2) 선지식이 많은 것을 추켜올리다

經

豈能了知諸大菩薩의 無邊智慧와 淸淨行門이리오
所謂智光普照念佛門이니 常見一切諸佛國土의 種種宮殿이 悉嚴淨故며
令一切衆生念佛門이니 隨諸衆生心之所樂하야 皆令見佛하고 得淸淨故며
令安住力念佛門이니 令入如來十力中故며
令安住法念佛門이니 見無量佛하고 聽聞法故며
照耀諸方念佛門이니 悉見一切諸世界中等無差別諸佛海故며
入不可見處念佛門이니 悉見一切微細境中諸佛自在神通事故며
住於諸劫念佛門이니 一切劫中에 常見如來諸所施爲하야 無暫捨故며
住一切時念佛門이니 於一切時에 常見如來하고 親近同住하야 不捨離故며
住一切刹念佛門이니 一切國土에 咸見佛身이 超過一切하야 無與等故며
住一切世念佛門이니 隨於自心之所欲樂하야 普見三世諸如來故며

住一切境念佛門이니 普於一切諸境界中에 見諸如來
次第現故며
住寂滅念佛門이니 於一念中에 見一切刹一切諸佛이 示
涅槃故며
住遠離念佛門이니 於一日中에 見一切佛이 從其所住而
出去故며
住廣大念佛門이니 心常觀察一一佛身이 充徧一切諸法
界故며
住微細念佛門이니 於一毛端에 有不可說如來出現이어
든 悉至其所하야 而承事故며
住莊嚴念佛門이니 於一念中에 見一切刹에 皆有諸佛이
成等正覺하야 現神變故며
住能事念佛門이니 見一切佛이 出現世間하사 放智慧光
하야 轉法輪故며
住自在心念佛門이니 知隨自心所有欲樂하야 一切諸佛
이 現其像故며
住自業念佛門이니 知隨衆生所積集業하야 現其影像하
야 令覺悟故며
住神變念佛門이니 見佛所坐廣大蓮華 周徧法界하야 而
開敷故며
住虛空念佛門이니 觀察如來所有身雲이 莊嚴法界虛
空界故니

而我云何能知能說彼功德行이리오

모든 대보살의 그지없는 지혜와 청정하게 수행하는 법문을 어떻게 알 수 있는가.

이른바 지혜 광명으로 두루 비추는 염불 법문이다. 일체 부처님 국토의 가지가지 궁전을 모두 청정하게 장엄함을 항상 보았기 때문이다.

일체중생으로 하여금 염불하도록 하는 법문이다. 중생의 좋아하는 마음을 따라서 모두 부처님을 뵈옵고 청정함을 얻게 하기 때문이다.

힘에 안주하도록 하는 염불 법문이다. 여래의 열 가지 힘에 들게 하기 때문이다.

법에 안주하도록 하는 염불 법문이다. 한량없는 부처님을 보고 법을 듣기 때문이다.

여러 방위에 밝게 비춰주는 염불 법문이다. 일체 세계에 차별 없이 평등한 부처님 바다를 모두 보았기 때문이다.

볼 수 없는 곳에 증득하여 들어가는 염불 법문이다. 일체 미세한 경계에서 부처님의 자재한 신통의 일을 모두 보았기 때문이다.

여러 겁에 머무는 염불 법문이다. 일체 겁에 여래의 하신 일들을 항상 보고서 잠깐도 버리지 않기 때문이다.

모든 때에 머무는 염불 법문이다. 일체 시간에 여래를 항상 보고 친근하여 함께 머물면서 잠깐도 떠나지 않기 때문이다.

일체 세계에 머무는 염불 법문이다. 일체 국토에서 부처님의 몸이 일체 모든 것을 초월하여 평등함이 없음을 모두 보았기 때문이다.

일체 세상에 머무는 염불 법문이다. 자기 마음이 좋아하는 바를 따라서 삼세의 모든 여래를 두루 보았기 때문이다.

일체 경계에 머무는 염불 법문이다. 일체 경계에서 많은 부처님이 차례로 나타나심을 보았기 때문이다.

고요한 데 머무는 염불 법문이다. 한 생각의 찰나에 일체 세계의 일체 부처님이 열반을 보이심을 보았기 때문이다.

멀리 떠난 데 머무는 염불 법문이다. 하루 동안에 일체 부처님이 머무시던 데서 떠나가심을 보았기 때문이다.

광대한 데 머무는 염불 법문이다. 하나하나 부처님이 일체 모든 법계에 두루 가득하심을 항상 마음으로 관찰하기 때문이다.

미세한 데 머무는 염불 법문이다. 한 털끝에 말할 수 없는 여래가 나타나면 모두 그곳을 찾아가 섬기기 때문이다.

장엄한 데 머무는 염불 법문이다. 한 생각의 찰나에 일체 세계에 모두 부처님들이 등정각을 이루어 신통변화를 나타내심을 보았기 때문이다.

잘하는 일에 머무는 염불 법문이다. 일체 부처님이 세간에 몸을 나타내어 지혜 광명을 쏟아내어 법륜 굴리심을 보았기 때문이다.

자재한 마음에 머무는 염불 법문이다. 자기 마음에 좋아함을 따라서 일체 부처님이 형상을 나타내시는 줄을 알기 때문이다.

자기의 업에 머무는 염불 법문이다. 중생이 쌓은 업을 따라 그 영상을 나타내어 깨닫게 할 줄을 알기 때문이다.

　신통변화에 머무는 염불 법문이다. 부처님의 앉으신 큰 연꽃이 법계에 두루 가득 피어난 것을 보았기 때문이다.

　허공에 머무는 염불 법문이다. 여래의 소유하신 몸 구름이 법계와 허공계를 장엄하였음을 관찰하였기 때문이다.

　내가 어떻게 그런 공덕행을 알며 말할 수 있겠는가.

◉ 疏 ◉

推勝中三이니 先은 總이오 次所謂下는 別이오 後而我下는 結이라 今은 初라 無邊智慧는 卽下諸門과 及所不說 能觀之智니 緣無邊境故니라 淸淨行者는 卽下諸門離障之心이어늘 而言門者는 隨其一一하야 入佛境故니라【鈔_ "今初"下는 然其推勝이 畧有二意하니 一은 通指諸菩薩行이니 如今總中에 但云菩薩無邊智慧等이오 二는 就其一門하야 但知少分이니 如下別說二十一門이라 我唯得一等은 下諸善友 多約後義니 疏釋該諸德之意라】

　선지식을 추켜올리는 부분은 3단락이다.

　㈀ 총상이며,

　㈁ '所謂' 이하는 별상이며,

　㈂ '而我' 이하는 끝맺음이다.

　이는 '㈀ 총상'이다.

　'그지없는 지혜'는 아래에 여러 법문 및 말할 수 없는 관찰 주체의 지혜이다. 이는 그지없는 경계를 반연한 때문이며,

625

'淸淨行'이란 아래의 여러 법문과 장애를 여읜 마음이다. '門'이라 말한 것은 그 하나하나를 따라서 부처의 경계에 들어간 때문이다.【초_ "이는 (ㄱ) 총상이다." 이하는 그러나 선지식을 추켜올리는 부분에는 2가지 뜻이 있다.

① 모든 보살행을 통칭으로 말하였다. 이의 총상 부분에서 '보살의 그지없는 지혜' 등을 말하였을 뿐이다.

② 그 하나의 법문에서 적은 부분을 알 뿐이다. 아래에서 개별로 21가지 법문을 말한 바와 같다. '我唯得一' 등은 아래의 모든 선지식은 대부분 뒤의 뜻으로 말한다. 청량소에서 모든 대덕스님의 뜻을 모두 갖추어 해석하였다.】

二別中에 有二十一門하니 各先標名이오 後釋相이니 竝從業用以受其名이라 準晉經이면 一一皆云念佛三昧門이니 今畧無三昧字로되 理實應有니라 古德判此호되 '前十은 念佛勝德圓滿備오 後十은 一念佛妙用自在'라하니 亦是一理니라 尅實細論컨대 一一皆念體用無礙之佛이라 又此諸門을 當文標釋은 已自可了어니와 細窮其旨면 義乃多含이라

然其念佛三昧는 總相則一이어니와 別卽三身·十身이니 修觀各別이라 且寄三身釋者인댄 卽總分爲三이니 謂念法·報·化에 爲觀各別이라 於三身中에 各有依正하야 便成六觀이니 謂念法性·身土는 爲法身依正이오 念報身에 華藏等刹은 爲依오 十身相海等은 爲正이며 念餘淨土에 水鳥樹林은 爲化身依오 三十二相等은 爲化身正이라 又後二正中에 各分爲二니 謂念內功德과 及外相好니 十力無

畏等은 爲化身德이오 如不思議法品은 爲報身德이며 三十二等은 爲化相好오 十蓮華藏等은 爲報相好니 則成八門이라 而初에 法身 二門은 爲後六門之體니 若體相無礙는 成第九門이오 若融前諸門爲一致故로 於一細處에 見佛無盡이니 如是重重하야 成帝網之境이면 則入普賢念佛三昧之門이니라

今此二十一門은 通是後一이로되 而隨相異라 故有多門하야 與前十門으로 互有開合하니

一은 智光普照門이니 卽通法身報化依正하니 以此門爲總故니라 一切諸佛이 通於橫豎하고 通諸佛國이라 故云種種嚴淨이니 如無量壽觀經에 先觀瑩徹琉璃之地와 瓊林寶樹하고 及作華藏觀者는 一一境界 無盡莊嚴無上之土라야 方爲眞淨等이라

二는 卽觀色相身이니 令見得淨故니라 而標名中에 '念佛門' 三字는 旣是通名이어니와 '令一切衆生'之言은 未知케라 令作何事니라 故準晉經이면 應云 '令一切衆生遠離顚倒念佛門' 이라야 義方圓備니라

三은 念內德이오

四亦內德이라 無倒說授니 菩薩見佛이 本爲得法故니라

五는 通三身依正과 內德外相이니 以十方諸如來 同共一法身故며 一心一智慧와 力無畏亦然故며 皆能隨本誓願하야 化衆生故니 餘等可思니라 卽此亦是一行三昧니 隨念一佛하야 等一切故니라

六은 卽第九事理無礙觀이니 以理融事故로 隨一細境하야 見多神通이 唯智眼境일새 名不可見이라

七八은 皆約時니 竝通諸身土로되 而七은 約所念佛事無斷이오

八은 約能念時分無間이라

九는 雙念依正이니 亦通報化니라

十은 念卽應而眞이니 過去諸佛이 安住不涅槃際하며 未來諸佛이 亦已現成故니라 文殊般若에 云 今佛住世에 則一切諸佛皆住니 以同一不思議故라하니라 又約隨相門이면 卽欲念何佛이면 佛便爲現이라

十一은 亦卽體之用이니 由了無非佛境이라 故境境佛現이라

十二는 念應이오

十三도 亦念應이라 然上十一境中에 見佛은 或謂 諸佛이 住於境中이라하나 今明知諸佛無住故로 遠離時處之想이면 則見一日念念而去니라

十四는 念報身相好니 眼耳等이 皆徧法界故니라

十五는 念中에 卽體之用이니 前第六微細는 顯依中有正이오 此約正中有正이라 故不濫前니라

十六은 念劫圓融이니 故로 上二는 皆卽體之用이라

十七은 念內德이라

十八·十九는 皆念色相이라

二十은 念依라

二十一은 通內外眞應等一切身雲이니 如上出現品과 及上下文하다 然上就所念辨異하야 成其十門이어니와 若與經文 互開合者는 爲門非一이니 二十一者는 蓋略說耳라 然約能念心에 不出五種이니

一은 緣境念佛門이니 念眞念應에 若正若依를 設但稱名이라도 亦

是境故니라 故上諸門은 多是此門이라

二는 攝境唯心念佛門이니 卽十八·十九 二門이니 十八은 卽總相唯心이니 是心이 是佛이오 是心이 作佛故며 十九는 雖隨我心이나 心業多種일새 見佛優劣故니라

三은 心境俱泯門이니 卽前遠離念佛門과 及不可見門之一分과 及如虛空이라

四는 心境無礙門이니 卽如初門이니 雙照事理하야 存泯無礙라 故云普照니라

五는 重重無盡門이니 卽稱前第十門하야 而觀察故니 如微細等門도 亦是此中總意니라【鈔_ 然約能念下는 第三 約能念收束이라 然古人이 已有五門하니 云 一은 稱名往生念佛門이오 二는 觀像滅罪念佛門이오 三은 攝境唯心念佛門이오 四는 心境無礙念佛門이오 五는 緣起圓通念佛門이라하니 此之五門에 初二는 名局이오 又但稱名이니 亦闕念義라 第五一門은 名則盡善이나 其釋義는 但事理無礙라 故今改之하노니 故初一門은 兼攝前二오 此中第五라야 方是性起圓通 事事無礙義故니라】

'(ㄴ) 별상' 부분은 21법문이다. 각각 앞 구절은 명제를 밝혔고, 뒤 구절은 모양을 해석하였다. 아울러 그 작용을 따라서 그 이름을 붙인 것이다. 60화엄에 준하면, 하나하나 모두 염불삼매문이라 말한다. 여기에서는 '삼매'라는 글자가 생략되어 언급한 바 없지만, 문맥으로 보면 당연히 '삼매'라는 글자가 있어야 한다.

옛 스님이 이를 科判으로 말하기를, "앞의 10가지는 염불의 수

승한 공덕이 원만히 갖추어짐이며, 뒤의 11가지는 염불의 妙用이 자재함이다."고 하였다. 이 또한 그 나름 그럴싸한 이치가 있다. 사실대로 자세히 논하면 하나하나가 모두 본체와 작용에 걸림이 없는 부처를 생각함이다. 또한 이 많은 법문을 경문에 해당시켜 표장하고 해석함은 이미 스스로 알 수 있지만, 그 뜻을 자세히 궁구하면 이에 많은 뜻이 포함되어 있다.

그러나 그 염불삼매는 총상으로 말하면 하나이지만, 별상으로 말하면 三身·十身이다. 관찰함을 닦음이 각기 다르다.

또한 三身에 붙여 해석하면 총상은 3가지로 나뉜다. 법신·보신·화신을 생각함에 관찰을 삼음이 각기 다르다. 법신·보신·화신에는 각각 의보와 정보가 있어 곧 6觀이 이뤄지는 것이다.

法性身土를 생각함은 법신의 의보와 정보이며,

보신을 생각함은 화장세계 등이 의보가 되고 十身相海 등이 정보가 되며,

나머지 정토를 생각함은 水鳥·樹林이 화신의 의보가 되고 32相 등이 화신의 정보가 된다.

또한 뒤의 2가지 정보에서 각기 2가지로 나뉜다. 내면의 공덕과 바깥의 잘생긴 몸매를 생각함이다. 十力·無畏 등은 화신의 내면 공덕이고, 제33 부사의법품은 보신의 공덕이며, 32상 등은 화신의 잘생긴 몸매이고 十蓮華藏 등은 보신의 잘생긴 몸매이다. 이는 곧 8가지 법문을 이루고 있다.

처음 '법신' 2가지 법문은 뒤 6가지 법문의 본체이다. 만약 본

체와 모양이 걸림이 없으면 제9의 법문을 성취하고, 앞의 모든 법문을 원융하면 하나가 되기 때문에 하나의 미세한 부분에서 그지없는 부처를 보는 것이다. 이처럼 거듭거듭 인드라의 경계를 이루면 곧 보현의 염불삼매 법문에 들어갈 수 있다.

이의 21가지 법문은 모두 맨 끝의 하나[住虛空念佛門]에 통하지만, 양상을 따라 다르기 때문에 많은 법문이 앞의 10가지 법문과 서로 나뉘기도 하고 합해지기도 한다.

① 지혜 광명이 널리 비치는 법문이다. 법신과 보신·화신의 의보와 정보에 모두 통한다. 이 법문이 총상이기 때문이다. 일체 제불이 횡으로 종으로 모두 통하며, 모든 불국토에 통하기 때문에 이를 '가지가지 장엄 청정'이라 말한다. 저 무량수관경에서 말한 바와 같이 "빛나는 유리의 땅과 보배 숲 보배 나무를 먼저 보고 또한 華藏觀을 짓는 자는 하나하나 경계가 그지없는 장엄이다. 위없는 국토라야 바야흐로 진실한 청정이다."는 등이다.

② 색상의 몸을 살펴보는 것이다. 청정함을 보도록 하기 위함이다. 명제의 표장에서 말한 '念佛門' 3자는 이미 공통의 명제이지만, '令一切衆生'이라는 말은 중생으로 하여금 그 모종의 일을 그처럼 하도록 한 것인지 알 수 없다. 이 때문에 60화엄경에 준하면, 당연히 "일체중생으로 하여금 전도망상에서 멀리 벗어나도록 하는 염불 법문"이라고 말해야 그 의미가 바야흐로 원만하게 갖춰진다.

③ 내면의 공덕을 생각함이다.

④ 이 또한 내면의 공덕이다. 거꾸로 말함이 없다. 보살의 부처

친견이 본래 법을 얻기 위한 때문이다.

⑤ 삼신의 의보·정보, 그리고 내면의 공덕·외적인 모양에 모두 통한다.

시방 모든 여래가 함께한 하나의 법신이기 때문이며,

하나의 마음과 하나의 지혜, 十力·四無畏 또한 그와 같기 때문이며,

모두 본래 서원을 따라 중생을 교화하기 때문이다. 나머지 등은 생각하면 알 수 있다. 이 또한 일행삼매이다. 하나의 부처를 생각함을 따라서 일체가 똑같기 때문이다.

⑥ 이는 제9 사법계와 이법계에 걸림이 없는 관이다. 이법계로써 사법계를 원융한 까닭에 하나의 미세한 경계를 따라서 많은 신통을 살펴봄이 오직 지혜 눈의 경계이기에 그 이름을 '볼 수 없는 것'이라 한다.

⑦·⑧ 모두 시간으로 말한다. 아울러 몸과 국토에 모두 통한다. ⑦은 염불 대상인 佛事가 단절됨이 없는 것으로 말하였고, ⑧은 염불의 주체인 시간에 단절됨이 없는 것으로 말하였다.

⑨ 의보·정보를 모두 생각함이다. 이 또한 보신과 화신에 모두 통한다.

⑩ 응신과 하나가 된 진신을 생각함이다. 과거 제불이 '계정혜의 몸이 사라지지 않은 데[不涅槃際]'에 안주하며, 미래 제불 또한 이미 현재 성취한 때문이다. 문수반야경에 이르기를, "지금의 부처가 세간에 머물 적에 일체 제불이 모두 머물고 있다. 똑같은 불가

사의이기 때문이다."고 하였다. 또한 모양을 따른 법문으로 말하면, 곧 어떤 부처를 생각하면 그 부처가 바로 그를 위해 나타난다.

⑪ 또한 본체와 하나가 된 작용이다. 부처의 경계 아닌 데가 없기 때문에 모든 경계에 부처가 나타나는 것이다.

⑫ 응신을 생각함이다.

⑬ 또한 응신을 생각함이다. 그러나 위 '⑪의 경계'에서 친견한 부처는 혹자가 이르기를, "모든 부처가 경계에 머물고 있다."고 말하지만, 여기에서는 분명히 모든 부처가 머묾이 없음을 알기 때문에 시간과 공간의 생각을 멀리 벗어나면 바로 하루 염불할 적마다 찾아감을 볼 수 있다.

⑭ 보신의 아름다운 몸매를 생각함이다. 눈과 귀 등이 모두 법계에 두루 보고 듣기 때문이다.

⑮ 염불하는 가운데 본체와 하나가 된 작용이다. 앞의 '⑥ 미세한 경계'는 의보 가운데 정보를 나타냄이며, 이는 정보 가운데 정보로 말하기 때문에 앞의 '⑥ 미세한 경계'와 뒤섞이지 않는다.

⑯ 겁의 원융을 생각함이다. 이 때문에 위의 2가지는 모두 본체와 하나가 된 작용이다.

⑰ 내면의 공덕을 생각함이며,

⑱·⑲ 모두 외적인 색상을 생각함이며,

⑳ 의보를 생각함이며,

㉑ 내면의 공덕과 외적인 색상, 진신과 응신 등 일체 몸의 구름에 모두 통한다. 이는 위의 제37 여래출현품과 상하의 경문에서 말

한 바와 같다.

그러나 위에서는 생각하는 대상에 나아가 차이점을 논변하여 10가지 법문을 성취했지만, 만약 경문과 서로 나누고 합한 것으로 말하면 그 부분은 한 가지가 아니다. '㉑ 내면의 공덕과 외적인 색상 등'이란 간략하게 말한 것이다. 그러나 염불의 주체가 되는 마음으로 말하면, 5가지에서 벗어나지 않는다.

㉠ 경계에 반연하여 염불하는 법문이다. 진신을 생각하고 응신을 생각함에 정보와 의보에 대해 설령 그 명칭만을 말할지라도 또한 경계이기 때문이다. 이 때문에 위의 여러 법문은 대부분 이와 같은 염불 법문이다.

㉡ 경계를 받아들여 오직 마음으로 염불하는 법문이다. 이는 '⑱·⑲' 2가지 염불 법문이다. ⑱은 곧 총상의 唯心이다. 마음이 부처이다. 마음이 부처가 되기 때문이며, ⑲는 비록 나의 마음을 따르지만 마음의 업이 여러 가지이기에 부처의 우열을 보기 때문이다.

㉢ 마음과 경계가 모두 사라진 염불 법문이다. 이는 앞서 말한 '삼계를 멀리 벗어난 염불 법문'과 '볼 수 없는 염불 법문'의 한 부분과 '허공계와 같음'이다.

㉣ 마음과 경계에 걸림이 없는 염불 법문이다. 이는 첫 염불 법문과 같다. 사법계와 이법계를 모두 관조하여 있는 것과 없는 것에 걸림이 없기 때문에 '널리 비춤[普照]'이라 말한다.

㉤ 거듭거듭 그지없는 염불 법문이다. 이는 앞의 '⑩ 염불 법문'에 맞춰 관찰하기 때문이다. 예컨대 '⑥ 미세한 경계'의 염불 법문

또한 이의 총상으로 말한 뜻이다.【초_ '然約能念' 이하는 제3 염불의 주체를 들어 정리하였다. 그러나 옛사람이 이미 5가지 염불 법문으로 말하였다.

　　① 부처의 명호를 부르면서 왕생을 바라는 염불 법문,

　　② 부처의 상을 바라보면서 죄업을 없애는 염불 법문,

　　③ 경계를 받아들여 오직 마음으로 하는 염불 법문,

　　④ 마음과 경계에 걸림 없는 염불 법문,

　　⑤ 연기가 원만하게 통하는 염불 법문.

이의 5가지 염불 법문에 앞의 '① 부처의 명호'와 '② 부처의 상'의 염불 법문은 명호에 국한하고, 또한 명호를 일컬을 뿐이니, 이 또한 생각한다는 뜻이 없다. '⑤ 연기 원만의 염불 법문'은 명제는 지극히 훌륭하지만, 그 해석한 뜻은 다만 사법계와 이법계에 걸림이 없을 뿐이기에 여기에서 이를 바꾼 것이다. 이 때문에 '① 부처의 명호'는 앞의 2가지를 모두 받아들이고, 이 가운데 '⑤ 연기 원만의 염불 법문'만이 바야흐로 이 본성에서 일어나 원만하게 통하는 事事無礙의 뜻이기 때문이다.】

若約十身인댄 各以二門而爲一身이오 後一은 總顯이니 謂願·智·法·力持·意生·化·威勢·菩提와 及福德·相好莊嚴身이라 以念佛之門이 諸敎攸讚이며 理致深遠하야 世多共行일새 故畧解釋하노니 無厭繁說하라【鈔_ '若約十身'下는 卽第三別約十身이라 言'各二門'者는

初·二는 卽願身이니 初門은 願生兜率天宮이오 後門은 願周法界라

三·四 二門은 卽智身이니 前門은 十力智오 後門은 了法智라

五·六 二門은 卽法身이니 前門은 法普周一切하야 等無差別이오 後門은 體不可見이나 不妨大用이라

七·八 二門은 卽力持身이니 前門은 持令多劫이오 後門은 持令常見이라

九·十 二門은 意生身이니 前門은 隨意生刹이오 後門은 隨意生世라

十一·二 兩門 化身이니 前門은 化周諸境이오 後門은 化故示滅이라

十三·四 二門은 卽威勢身이니 前門은 無住오 後門은 普周 皆威勢故라

十五·六 二門은 卽菩提身이니 前門은 一毛多佛成菩提오 後門은 一念徧刹成菩提라

十七·八 二門은 福德身이니 前門은 放光演法이오 後門은 隨樂現形이라

十九·二十 二門은 卽相好莊嚴身이니 前門은 應法相好오 後門은 華藏刹中相好라

第二十一門은 該於十身이라 故虛空法界오 亦與離世間十佛相當이니 竝如前會니라】

만약 十身으로 말하면, 각각 2가지 법문으로써 하나의 몸이 되고, 뒤의 하나는 총상으로 밝혔다. 이는 願身·智身·法身·力持身·意生身·化身·威勢身·菩提身·福德身·相好莊嚴身을 말한다.

염불 법문이 모든 가르침을 찬탄한 바이며, 이치가 심오하고 원대하여 세간 사람들이 많이 함께 행할 수 있기 때문에 간략히 해

석하였으니, 번거로운 말을 싫어하지 말았으면 한다.【초_ "만약 十身으로 말하면" 이하는 제3의 十身을 개별로 말하였다.

'각각 2가지 법문'이라 말한 것은 다음과 같다.

앞의 2가지는 願身이다.

제1 법문은 도솔천궁에 태어나기를 원함이며, 제2 법문은 법계에 두루 나기를 원함이다.

제3 법문·제4 법문은 智身이다.

제3 법문은 十力의 지혜이며, 제4 법문은 법을 아는 지혜이다.

제5 법문·제6 법문은 법신이다.

제5 법문은 법이 일체에 널리 두루 존재하되 차별 없이 평등함이며, 제6 법문은 본체를 볼 수 없음이니 큰 작용에 나쁘지 않다.

제7 법문·제8 법문은 力持身이다.

제7 법문은 지니어 많은 겁을 잃지 않음이며, 제8 법문은 지니어 언제나 보도록 함이다.

제9 법문·제10 법문은 의생신이다.

제9 법문은 마음에 따라 국토에 몸을 태어남이며, 제10 법문은 마음에 따라 세간에 몸을 태어남이다.

제11 법문·제12 법문은 화신이다. 제11 법문은 화신이 모든 경계에 두루 나타냄이며, 제12 법문은 화신이기 때문에 열반을 보여줌이다.

제13 법문·제14 법문은 위세신이다.

제13 법문은 머묾이 없으며, 제14 법문은 널리 두루 머묾이니 모두 위신력 때문이다.

제15 법문·제16 법문은 보리신이다.

제15 법문은 하나의 터럭에 많은 부처가 보리를 성취하며, 제16 법문은 한 생각의 찰나에 모든 국토의 중생이 보리를 성취함이다.

제17 법문·제18 법문은 복덕신이다.

제17 법문은 방광하면서 법문을 연설함이며, 제18 법문은 중생이 좋아하는 바를 따라 몸을 나타냄이다.

제19 법문·제20 법문은 상호장엄신이다.

제19 법문은 법에 상응하는 아름다운 몸매이며, 제20 법문은 화장세계에서의 아름다운 몸매이다.

제21 법문은 十身을 갖추고 있기 때문에 허공법계와 같다. 또한 제38 이세간품에서 말한 십불에 상당한다. 이는 모두 앞의 근본법회에서 말한 바와 같다.】

三結은 可知니라

㈜ 끝맺음은 말하지 않아도 알 수 있다.

第五指示後友

5. 뒤의 선지식을 소개하다

經

善男子야 南方에 有國하니 名曰海門이오 彼有比丘하니

名爲海雲이라 汝往彼問호되 菩薩이 云何學菩薩行이며 修菩薩道리잇고하면

海雲比丘 能分別說하야 發起廣大善根因緣하리니

善男子야 海雲比丘

當令汝로 入廣大助道位하며

當令汝로 生廣大善根力하며

當爲汝하야 說發菩提心因하며

當令汝로 生廣大乘光明하며

當令汝로 修廣大波羅蜜하며

當令汝로 入廣大諸行海하며

當令汝로 滿廣大誓願輪하며

當令汝로 淨廣大莊嚴門하며

當令汝로 生廣大慈悲力하리라

　　선남자여, 남쪽에 한 나라가 있다. 그 이름을 '해문국'이라 한다.

　　그곳에 비구가 있는데, 그의 이름을 '해운비구'라 한다.

　　그대는 그를 찾아가 물어라.

　　'보살이 어떻게 보살의 행을 배우며, 보살의 도를 닦아야 하는가?'

　　해운비구가 잘 분별해서 말해주어 광대한 선근의 인연을 일으켜줄 것이다.

　　선남자여, 해운비구는

　　그대로 하여금 광대한 도를 도와주는 지위에 들어가게 할 것

이며,
　　그대로 하여금 광대한 선근의 힘을 내게 할 것이며,
　　그대에게 보리심을 내는 원인을 말해줄 것이며,
　　그대로 하여금 광대한 법[乘]의 광명을 내게 할 것이며,
　　그대로 하여금 광대한 바라밀다를 닦게 할 것이며,
　　그대로 하여금 광대한 수행 바다에 들어가게 할 것이며,
　　그대로 하여금 광대한 서원을 만족케 할 것이며,
　　그대로 하여금 광대한 장엄 법문을 청정하게 할 것이며,
　　그대로 하여금 광대한 자비의 힘을 내게 할 것이다."

◉ 疏 ◉

於中二니

初는 正示善友오 後는 歎友勝德이라

今은 初니 卽治地住善友라

海門國者는 彼國 正當南海口故니 表觀心海深廣이 爲治心地之門故니라

比丘海雲者는 觀海爲法門이며 以普眼法雲으로 潤一切故니 表治地中 觀生起十種心의 深廣悲雲故니라

後 '海雲比丘' 下는 歎友勝德이라

於中十句니

先一은 總歎이오 後 '善男子' 下 九句는 別就益當機歎이라

句各一義니 卽預指後說이라

初一은 卽見境得益이오 二는 卽聞化宿因이오 三은 卽歎發心處오 四는 卽聞彼受持處오 五·六及七은 皆普眼法門所證이오 八은 聞依正莊嚴이오 九는 卽顯發心之相이니 至文自見이라

이는 2부분으로 나뉜다.

(1) 바로 선지식을 보여줌이며,

(2) 선지식의 뛰어난 공덕을 찬탄함이다.

'(1) 선지식' 단락은 바로 제2 治地住의 선지식이다.

'海門國'이란 그 나라의 위치가 바로 남해 입구에 상당한 까닭이다. 깊고도 드넓은 마음의 바다를 살펴보는 것이 마음을 다스리는 첫 관문이 됨을 상징하기 때문이다.

'比丘海雲'이란 바다를 살펴보는 것이 법문이며, 普眼의 법운으로써 일체를 윤택하게 하기 때문이니, 제2 치지주 가운데 중생을 관찰하여 10가지 마음의 깊고도 드넓은 자비의 구름 일으킴을 상징하기 때문이다.

(2) '해운비구' 이하는 선지식의 뛰어난 공덕을 찬탄함이다.

이 부분은 10구이다.

앞의 제1구 '發起廣大善根因緣'은 총상으로 찬탄함이며,

뒤의 '善男子' 이하 9구는 별상으로 중생의 근기에 맞추어 이익 주는 것으로 찬탄함이다.

구절마다 각각 하나의 뜻이다. 이는 뒤에서 말할 뜻을 미리 가리켜 말한 것이다.

제1구 '入廣大助道位'는 경계를 보고서 이익을 얻음이며,

제2구 '生廣大善根力'은 교화를 들을 수 있었던 과거 세계의 인연이며,

제3구 '說發菩提心因'은 발심한 곳을 찬탄함이며,

제4구 '生廣大乘光明'은 받아서 지닐 곳을 들음이며,

제5구 '修廣大波羅蜜', 제6구 '入廣大諸行海', 제7구 '滿廣大誓願輪'은 모두 보안법문으로 증득할 대상이며,

제8구 '淨廣大莊嚴門'은 의보와 정보의 장엄을 들음이며,

제9구 '生廣大慈悲力'은 발심의 모양을 나타냄이다.

해당 경문에서 이런 뜻을 스스로 볼 수 있다.

第六 戀德禮辭

6. 덕망을 흠모하면서 절을 올리고 떠나가다

經

時에 善財童子 禮德雲比丘足하며 右遶觀察하고 辭退而去하니라

그때, 선재동자가 덕운비구의 발에 절하고 오른쪽으로 돌면서 덕운비구의 덕행을 다시 한 번 살펴보고 하직하고 떠나갔다.

◉ 疏 ◉

生難遭想故로 戀이오 喜見後友故로 辭니라

태어난 그런 그를 만나기 어렵다는 생각에 연모하는 마음이 있고,

뒤의 선지식을 보게 됨을 기뻐하는 마음에 하직하고 떠나가는 것이다.

◉ 論 ◉

求經七日者는 明七覺分으로 推求勝進하야 除沉掉心也라 見比丘在別山上徐步經行者는 表同其定體가 已登山頂義也니 明初居定體에 猶有定心이라가 以七覺支分으로 推求正覺法身에 本無定亂體故니 初心에 有禪可定일새 故로 云遙見德雲이 住居別山頂也라 徐步者는 不居亂體也오 經行者는 表不住淨心也니 定亂兩融하야사 方明契會라 又雖得同十方一切諸佛의 正覺慧現前이나 自此로 方堪求菩薩之行하야 成普賢行이니 爲明不住用故라 故云徐步며 不住定故로 修菩薩行이라 故云經行이니 夫修道者는 皆須信心之後에 以定門으로 以爲方便하고 得定之後에 方堪起十方觀과 七覺支觀하야 用會心境徧周하야 定亂雙融하야 身邊見謝하야사 始名見道라 方堪修菩薩道하며 具菩薩行이니 隨俗多生이나 在眞一念이니라

"찾은 지 이레가 지났다."는 것은 7覺分을 찾아 위로 닦아가면서 가라앉거나[昏沉] 들뜨는[掉擧] 마음을 없앰을 밝힌 것이다.

"덕운비구가 다른 산 위에서 느린 걸음으로 지나가는 것을 보았다."는 것은 그 선정의 본체가 이미 산의 정상에 올라감과 같다

643

는 뜻을 밝힌 것이다. 이는 처음 선정의 본체에 머물 때에 오히려 선정의 마음이 있다가 7覺支分으로 정각의 법신을 추구하면 본래 선정과 산란의 본체가 없음을 밝힌 것이다. 초심에서 선정이 있기 때문에 멀리 덕운비구가 다른 산의 정상에 있는 모습을 보았다고 말한 것이다.

'느린 걸음'이란 산란한 몸에 머물지 않음이며, '지나감[經行]'은 청정한 마음에 머물지 않음을 나타낸 것이다. 선정과 산란이 원융해야 비로소 계합하여 회통함을 밝힌 것이다.

또한 비록 시방 일체 제불의 정각 지혜가 앞에 나타나는 것과 같음을 얻었을지라도 이때로부터 바야흐로 보살행을 구하여 보현행의 성취를 감당할 수 있다. 이는 작용에 머물지 않음을 밝히기 위함이다. 이 때문에 '느린 걸음'이라 말하며, 선정에 머물지 않고 보살행을 닦기 때문에 지나갔다고 말한다.

대체로 도를 닦는 이들은 모두가 반드시 신심을 구한 뒤에 마땅히 선정의 법문으로 방편을 삼아야 하고, 선정을 얻은 뒤에야 바야흐로 시방의 관찰과 7각지의 관을 일으켜 마음과 경계가 두루 회통하여, 선정과 산란이 원융하여 身見과 邊見이 사라져야 비로소 그 이름을 見道라 한다. 이에 바야흐로 보살도를 닦고 보살행을 갖출 수 있다. 세속을 따르면 많은 생을 닦아야 하지만, 眞諦에 있으면 한 생각의 찰나에 이뤄진다.

云我已發無上菩提心者는 已於文殊師利所에 發菩提心이니 爲知菩提 無證修無所求故로 但求菩薩의 方便三昧加行에 其菩

提心이 自然明白無垢猶如空中有雲이라가 雲亡에 其虛空이 自空이라 不復云求虛空也니 以明但修菩薩三昧觀照하야 以治執障이나 然菩提心은 無有修作留除之體하야 在凡不減이요 在聖不增이라 是故로 今以妙峯山像에 以止觀二門七菩提之助顯方便으로 菩提心이 自明白이며 及至菩提明白에 卽菩薩行諸三昧 自是菩提라 不復別有菩提 而自明白이니 以明菩薩이 處於世間하야 修諸萬行에 世間萬行과 乃至菩提涅槃이 性自離故니라

"내가 이미 위없는 보리심을 일으켰다."고 말한 것은 이미 문수사리보살의 처소에서 보리심을 일으킨 것이다. 보리지혜는 증명해 닦을 것도 없고, 구할 바도 없음을 알고 있기에 다만 보살의 방편 삼매 가행을 구하여, 그 보리심이 자연히 명백하여 더러운 때가 없음이 마치 허공에 구름이 있다가 구름이 사라지면 그 허공은 본래 그 허공이라, 다시는 허공을 구한다고 말할 수 없는 것과 같다.

다만 보살의 삼매로 관조함을 닦아 집착의 장애를 다스린다. 그러나 보리심은 닦아야 할 것과 없애야 할 본체가 없다. 이는 범부에게 있어 줄어들지도 않고, 성인에게 있어 보다 더 많아지는 것도 아니다. 이 때문에 지금 묘봉산 정상에서 止·觀 2가지 법문과 7각지의 助顯 방편으로 보리심이 스스로 명백하고, 아울러 보리가 스스로 명백함에 이르면 곧 보살행과 모든 삼매 그 자체가 보리이다. 다시는 또 다른 보리가 있어 밝혀진 게 아님을 밝힌 것이다. 이는 보살이 세간에 살면서 모든 만행을 닦음에 세간의 만행과 보리열반의 성품이 스스로 여읨을 밝힌 때문이다.

以將此法하야 教化迷流의 不了此者하야 而令悟達性空無垢之智하야 以淨諸業하야 令苦不生이 名爲大悲니 猶如化人이 教化幻士인달하야 以智觀業하야 隨時隨根하야 十方等利호되 無心意識하야 智幻利生이라 以此義故로 但求菩薩의 一切諸行이니 以明卽行이 是菩提일세 一切無生滅故라

云我已發無上菩提心者는 以明信心菩提 雖未有三昧의 加行顯發이나 已知無所修無所求故며 今求菩薩行者는 以明方便三昧로 相印方明하야 行及菩提 如實無二니 於此之中에 不可說言諸行이 無常이라 是生是滅이니라 經에 云 '一切法이 不生이며 一切法이 不滅이니 若能如是見하면 諸佛이 常現前이라'하니 以是로 下文에 '得見四維上下十方無數佛'等이니 爲得此見解故라

이러한 법을 가지고서 이를 알지 못하는 혼미한 이들을 교화하여, 그들로 하여금 성품이 공하여 때가 없는 지혜를 깨달아, 모든 업을 청정케 하고 고통이 생겨나지 않도록 하는 것을 大悲라고 말한다. 이는 마치 사람을 교화함이 요술쟁이를 교화하는 것처럼 지혜로 업을 살펴 때를 따르고 근기를 따라서 시방 중생을 평등하게 이롭게 하면서도 心意識이 없이 지혜의 요술로 중생에게 이익을 베푸는 것이다. 이런 뜻이 있기 때문에 보살의 일체 모든 행을 구할 뿐이다. 이는 행과 하나가 된 보리이다. 일체가 생멸이 없음을 밝힌 때문이다.

"내가 이미 위없는 보리심을 일으켰다."고 말한 것은 신심의 보리가 비록 삼매의 가행으로 나타남이 아직은 없을지라도 이미 닦

을 바가 없고 구할 바가 없음을 알고 있음을 밝힌 때문이며, 여기에서 보살행을 구한 것은 방편삼매로 서로 인가하여 밝힘으로써 행과 보리가 실로 둘이 없음을 밝힌 것이다. 여기에서는 "모든 행이 덧없다. 이는 생멸법이다."고 말할 수 없다.

경문에서 "일체 법이 생겨나지도 않고 일체 법이 사라지지도 않는다. 만약 이와 같이 보면 모든 부처가 언제나 앞에 나타난다."고 한다. 이 때문에 아래 경문에서 "동서남북과 사방의 간방, 그리고 상하의 시방세계의 수없는 부처를 보았다." 등이라 말하니, 이러한 견해를 얻었기 때문이다.

如來 於三乘中에 說諸行無常者는 爲執諸行作實者說이요 非爲大根衆生의 頓受法界佛乘理智體用無礙者說故니 是故로 發菩提心者는 須識敎之權實하야 可以堪發大心이니라
問曰 於文殊師利一箇善知識邊에 求法이면 足矣어늘 何故로 須經歷五十三善知識하야 求菩薩行也니잇고
答曰 明治宿習氣之淺深과 修差別智之廣狹과 大慈悲之厚薄과 攝化之多少일세 以此로 安立五位修行法則이 隨位善知識五十三人의 一百一十重因果總別同異成壞之相하야 令進修法으로 不錯謬하야 不滯其功하며 不迂其行故니라

여래가 삼승 속에서 "모든 행은 덧없다."고 말한 것은 모든 행에 집착하여 실상이라 생각한 자를 위해 이처럼 말한 것이지, 근기가 뛰어난 중생으로서 단번에 법계 佛乘의 理智體用을 걸림 없이 받아들이는 이를 위해 이렇게 말한 게 아니다. 이 때문에 보리심을 일

으킨 자는 반드시 權敎와 알아서 충분히 큰마음을 일으킬 수 있다.

물었다.

"문수사리보살의 한 선지식에서 법을 구하면 족할 일인데, 무슨 까닭에 굳이 53선지식을 거치면서 보살행을 구한 것일까?"

답하였다.

"숙세의 습기를 다스림에 있어서의 깊고 얕음,

차별지를 닦음에 있어서의 넓고 좁음,

대자비에 있어서의 두텁고 엷음,

받아들여 교화함에 있어서의 많고 적음을 밝혔다.

이로써 5위의 수행 법칙인 지위에 따른 선지식 53인의 110중 인과의 총상·별상·동상·이상·성상·괴상을 세워서 닦아나가는 법을 잘못되지 않게 함으로써 그 공부에 막힘이 없고 그 행에서 동떨어지는 일이 없도록 하기 위함이다.

從此妙峯山은 以方便三昧加行因緣으로 顯自法身自體淸淨本無依住한 普光明智하야 與菩薩行으로 寂用無二門이오 已下諸位는 以普光明智로 用修差別智하고 及治習氣하며 幷以大願으로 起生智門하야 長養大悲하야 行周法界니 如下具明一一次第니라

"이로부터 묘봉산"이란 방편삼매의 가행 인연으로써 자기 법신의 자체 청정하고 본래 의지하거나 머묾이 없는 보광명 지혜를 나타내어, 보살행과 고요함과 작용이 둘이 없는 문이며, 이하 모든 지위는 보광명 지혜로써 차별지를 닦고 습기를 다스리며, 아울러 큰 서원으로 지혜의 법문을 일으켜 대자비를 길러 행이 법계에 두

루 원만함이다. 아래에서 하나하나의 차례를 구체적으로 밝힌 바와 같다.

經云 善男子여 我得自在決定解力하야 信眼淸淨하며 智光照耀하며 普觀境界하며 離一切障하며 善巧觀察하며 普眼明徹하야 具淸淨行하며 往詣十方一切國土하야 恭敬供養一切諸佛은 此明擧本果法하야 令凡信樂修行하야 從初發心修行으로 慣習十地功終히 方依及此初時本樣果法也라

還以法界中에 時不遷·智不異·慈悲不異·願行不異之所成就로 以於法界大智 無延促中에 修行故로 不同情解니라 有修行者는 莫作延促時分修學하고 應須善觀法界體用하야 莫如世情 作一刹那計이나 作三僧祇計이다 如法界中에 都無修短遠近故니 以此解行으로 如法修行하야 於諸境界에 善照生滅하야 令使執盡하고 而成智之大用하야 於自心境에 莫浪攝持니라 但知放蕩이면 任性坦然하고 習定觀照하면 執盡智現하나니 生滅自無하고 業垢自淨하야 會佛境界하야 同如來心이라 佛見自會오 非由捉搦이로되 謾作別治하야 令心狂惑하나니 但自明心境見融이면 執業便謝하고 見亡執謝면 一切萬法이 本自無瘡이라 智境朗然일세 名爲佛國也라하니라

경문에서 "선남자여, 나는 자재하고 결정하는 이해의 힘을 얻어서 믿음의 눈이 청정하고 지혜 광명이 밝게 비치므로, 널리 경계를 관찰하며, 일체 장애를 여의었으며, 잘 관찰하며, 널리 보는 눈이 밝아서 청정한 행을 갖추었으며, 시방의 일체 국토에 나아가 일체 부처님을 공경하고 공양하였다."고 말한 것은 근본 果法을 들

어 범부로 하여금 즐겁게 믿고 수행케 함으로써 초발심으로부터 수행해 익혀 十地의 공부가 끝나기까지 바야흐로 초발심 시의 근본 양식의 과법에 의거함을 밝힌 것이다.

또한 법계 속에서 때가 변하지 않음, 지혜가 다르지 않음, 자비가 다르지 않음, 원행이 다르지 않음으로 성취한 바로써 법계 대지혜의 늦고 빠름이 없는 가운데서 수행하기 때문에 情識으로서의 이해와는 같지 않다.

수행하는 자는 늦거나 빠르다는 시간으로 닦지 말고, 반드시 법계의 본체와 작용을 잘 관찰하여 세간의 정식으로 한 찰나라는 생각을 하거나 삼아승지라는 생각을 해서는 안 된다.

예컨대 법계에는 모두 길고 짧음이나 멀고 가까움이 전혀 없다. 이러한 이해와 행으로 여법하게 수행하여 모든 경계에서 생겨나고 사라짐을 잘 관조하여 집착을 모두 없애고, 지혜의 큰 작용을 성취하여 스스로의 마음 경계에 헛되이 지닌 바가 없어야 한다. 다만 모두 내려놓을 줄 알면 성품에 맡겨 평탄하고, 선정을 익혀 관조하면 집착이 없어지고 지혜가 나타나게 된다. 생겨나고 사라짐이 스스로 없고 업의 때가 절로 청정하여 부처 경계에 회통하여 여래의 마음과 같기에, 부처의 견해가 스스로 회통할 뿐, 거머잡을 게 없다.

그럼에도 부질없이 별다른 방법으로 마음을 미치게 하고 현혹시키는 것이다. 다만 스스로 마음과 경계의 견해가 원융함을 밝히면 집착의 업이 곧 사라지고, 견해가 없어지고 집착이 사라지면 일체 모든 법이 본래 스스로 부족한 데가 없어, 지혜 경계가 밝기에 그 이름을 '부처의 국토'라 한다.

第一德雲比丘寄發心住竟하다

제1. 덕운비구, 발심주에 붙여 말한 부분을 끝마치다.

━

第二海雲比丘는 寄治地住善友라【鈔_ 第二海雲寄治地住는 謂常隨空心하야 淨治八萬四千法門하야 清淨潔白으로 治心地故라】

제2. 해운비구, 치지주 선지식【초_ '제2. 해운비구, 치지주 선지식'은 항상 공한 마음을 따라 8만 4천 법문을 청정하게 다스려 청정하고 결백함으로 마음을 다스리는 지위이기 때문이다.】

文亦有六이라

第一은 依敎趣求라

이의 경문은 또한 6단락이다.

1. 가르침을 따라 선지식을 찾아가 법을 구하다

經

爾時에 善財童子一心思惟善知識敎하야
正念觀察智慧光明門하며
正念觀察菩薩解脫門하며
正念觀察菩薩三昧門하며

正念觀察菩薩大海門하며
正念觀察諸佛現前門하며
正念觀察諸佛方所門하며
正念觀察諸佛軌則門하며
正念觀察諸佛等虛空界門하며
正念觀察諸佛出現次第門하며
正念觀察諸佛所入方便門하고
漸次南行하야 至海門國하니라

 그때, 선재동자가 한결같은 마음으로 선지식의 가르침을 생각하면서

 바른 생각으로 지혜 광명의 법문을 살펴보고,

 바른 생각으로 보살의 해탈 법문을 살펴보고,

 바른 생각으로 보살의 삼매 법문을 살펴보고,

 바른 생각으로 보살의 수효가 바다처럼 많은 것을 살펴보고,

 바른 생각으로 부처님이 앞에 나타나는 법문을 살펴보고,

 바른 생각으로 부처님이 계신 곳을 살펴보고,

 바른 생각으로 부처님의 법칙을 살펴보고,

 바른 생각으로 부처님의 허공계와 평등한 법문을 살펴보고,

 바른 생각으로 부처님이 차례로 나타나시는 법문을 살펴보고,

 바른 생각으로 부처님이 들어가신 방편 법문을 살펴보며,

 차츰차츰 남쪽으로 내려가면서 해문국에 이르렀다.

● 疏 ●

於中二니

初는 依敎正觀이니 此明溫故요 後 漸次下는 趣求後友니 意欲知新이라

又前은 卽學而能思요 後는 卽思而能學이라

然思前은 猶屬前文이니 謂上來近友와 次聞正法과 今辨正念思惟와 及如說修行은 卽涅槃四近因緣이니 今以前義로 屬後進趣하고 後義로 屬前指來하야 互爲鉤鎖하야 顯主伴交參하니 且從會判하야 屬於後耳니라 下皆準此하다【鈔_ 涅槃四事는 是涅槃近因이니 謂一은 親近善友요 二는 聽聞正法이요 三은 繫念思惟요 四는 如說修行이라 故知後二는 卽屬前二니 此卽遠公이 分爲二意也라

'今以前義'下는 第二 明今疏에 將後二하야 屬後會니 意謂思修二門이 卽前會之義로되 今爲後會進趣故니라 故敎趣求니라

言'後義屬前友指來'者는 卽是前會에 指示後友니 後友依正等은 合屬後會로되 由前友指來라 故屬前會니 名爲鉤鎖니 所指는 是主요 能指는 是伴이라 又思·修 屬前은 此約位判이어니와 今從會判일세 故屬後也라】

이는 2부분으로 나뉜다.

앞은 가르침을 따라 바르게 살펴봄이다. 이는 예전에 배웠던 것을 다시 익힘을 밝혔으며,

뒤의 '漸次南行' 이하는 뒤의 선지식을 찾아감이다. 선지식을 찾아간 뜻은 새로운 것을 알고자 함이다.

653

또한 앞은 몸소 실천하여 배우면서 생각하고,
뒤는 생각하면서 실천을 배워나가는 것이다.

그러나 앞의 선지식을 생각함은 오히려 앞의 경문에 속한다. 위에서 말한 '선지식을 가까이함', 다음으로 '바른 법을 들음', 여기에서 말한 '바른 생각으로 사유함'과 '일러준 대로 수행함'이란 '열반에 가까운 4가지 인연'이다.

여기에서는 앞의 뜻으로 뒤의 찾아나가는 데에 속하고, 뒤의 뜻으로 앞의 선지식을 가리켜줌에 속하여 서로 연결되어 주체와 객체가 서로서로 함께함을 밝힌 것이다. 또한 법회에 따라 이를 나누어서 뒤의 해운비구의 법회에 속한다. 아래는 모두 이에 준한다.

【초_ 열반의 4가지 일이 열반의 가까운 원인이다.

① 선지식을 가까이함이며,

② 바른 법을 들음이며,

③ 오롯한 생각으로 사유함이며,

④ 일러준 대로 수행함이다.

따라서 뒤의 '③ 오롯한 생각'과 '④ 일러준 대로의 수행' 2가지는 앞의 '① 선지식을 가까이함'과 '② 바른 법을 들음'에 속함을 알 수 있다. 이는 혜원법사가 이를 나누어 2가지 뜻으로 말하였다.

'今以前義' 이하는 제2. 이의 청량소에서 뒤의 2가지를 들어서 뒤의 해운비구 법회에 속한 뜻을 밝혔다. '사유'와 '수행' 2가지 법문은 앞의 덕운비구 법회의 뜻이지만, 여기에서는 뒤의 해운비구 법회에서 닦아나가는 일이기 때문이다. 따라서 선재동자로 하여금 선지식을 찾아가도록 하였다.

"뒤의 뜻으로 앞의 선지식을 가리켜줌에 속한다."고 말한 것은 앞의 덕운비구 법회에서 뒤의 선지식을 소개함이다. 뒤의 선지식에 관한 의보와 정보 등은 당연히 뒤의 해운비구 법회에 속하지만, 앞 선지식의 가르침을 따른 까닭에 앞의 덕운비구 법회에 속한다. 이 때문에 이를 '서로의 연결[鉤鎖]'이라 말하였다. 가리켜준 대상이 주체이고, 가리켜준 주체가 객체이다.

또한 "사유와 수행 2가지 법문은 앞의 덕운비구 법회에 속한다."는 것은 이 지위를 들어서 나눠 말한 것이지만, 여기에서는 법회로 나눠 말한 까닭에 뒤의 해운비구 법회에 속한다.】

今念前中有十一句 初는 總이오 餘는 別이라
別中에 皆云‘正念觀察’者는 不沉不擧하야 寂照雙流故니라
十中에 一은 卽是前觀境自在오 二는 卽前作用解脫이오 三은 卽一行三昧體와 及推勝中諸三昧門이오 四는 念前種種衆會오 五는 卽前見佛이오 六은 卽前十方이오 七은 卽壽命神通等이오 八은 卽通觀佛徧이오 九는 卽種種成正覺이오 十은 卽隨種種衆生心樂이라
後趣求는 可知니라

이의 '앞의 선지식을 생각한' 부분은 11구이다.

제1구는 총상이고, 나머지 구절은 별상이다.

'나머지 별상 구절'에서 모두 '바른 생각으로 …을 살펴보았다[正念觀察].'는 것은 혼침하지도 않고 들뜨지도 않으면서 적정삼매와 반야관조로 모두 막힘이 없기 때문이다.

별상의 10구는 다음과 같다.

제1구 지혜광명문은 앞의 '경계의 관찰이 자재함'이며,

제2구 보살해탈문은 앞의 '작용해탈'이며,

제3구 보살삼매문은 앞의 一行三昧의 본체와 '선지식을 추켜올린' 가운데 모든 삼매문이며,

제4구 보살대해문은 앞의 '가지가지의 대중법회'를 생각함이며,

제5구 제불현전문은 앞의 '부처를 친견함'이며,

제6구 제불방소문은 앞의 '시방세계'이며,

제7구 제불궤칙문은 앞의 '수명·신통' 등이며,

제8구 제불등허공계문은 앞의 '부처를 두루 살펴봄'이며,

제9구 제불출현차제문은 앞의 '가지가지 정각의 성취'이며,

제10구 제불소입방편문은 앞의 '중생이 좋아하는 가지가지의 마음을 따름'이다.

뒤는 선지식을 찾아가 법을 구함이다. 이는 말하지 않아도 알 수 있다.

第二 見敬諮問

2. 친견하여 절을 올리고 법을 묻다

經

向海雲比丘所하야 **頂禮其足**하며 **右遶畢**하고 **於前合掌**

하야 作如是言호되 聖者여 我已先發阿耨多羅三藐三菩
提心하야 欲入一切無上智海하노니 而未知菩薩이
云何能捨世俗家하고 生如來家하며
云何能度生死海하야 入佛智海하며
云何能離凡夫地하고 入如來地하며
云何能斷生死流하고 入菩薩行流하며
云何能破生死輪하고 成菩薩願輪하며
云何能滅魔境界하고 顯佛境界하며
云何能竭愛欲海하고 長大悲海하며
云何能閉衆難惡趣門하고 開諸大涅槃門하며
云何能出三界城하야 入一切智城하며
云何能棄捨一切玩好之物하야 悉以饒益一切衆生이니
잇고

　해운비구가 머문 곳을 찾아가 엎드려 그의 발에 절하고 오른쪽으로 돌기를 마치고 합장하고서 이처럼 말하였다.

　"거룩하신 이여, 저는 이미 아뇩다라삼먁삼보리심을 일으켜, 위없는 일체 지혜의 바다에 들어가고자 하오나, 보살이 어떻게 해야 하는지 알 길이 없습니다.

　어떻게 하면 세속의 집을 버리고 여래의 집에 태어나며,

　어떻게 하면 생사 바다를 건너서 부처 지혜의 바다에 들어가며,

　어떻게 하면 범부의 지위를 떠나서 여래의 지위에 들어가며,

　어떻게 하면 생사의 흐름을 끊고 보살행의 흐름에 들어가며,

어떻게 하면 생사의 바퀴를 깨뜨리고 보살의 서원 바퀴를 이루며,

어떻게 하면 마군의 경계를 없애고 부처의 경계를 나타내며,

어떻게 하면 애욕 바다를 말리고 자비 바다를 자라게 하며,

어떻게 하면 모든 난관과 악도에 들어가는 문을 닫고 큰 열반의 문을 열며,

어떻게 하면 삼세의 성에서 벗어나 일체 지혜의 성에 들어가며,

어떻게 하면 모든 노리개를 버리고서 일체중생에게 모두 이익을 줄 수 있습니까?"

⦿ 疏 ⦿

於中三이니
初는 設敬이오 次는 自陳發心이니 可知오 後'而未知'下는 諮問法要라 於中에 言'願輪'者는 願窮三際하야 無有終始라 故對生死하야 以立輪名이라 餘文은 自顯이라

이 부분은 3단락이다.
(1) 친견하고 절을 올렸다.
(2) 스스로 발심하였음을 말하였다. 이는 말하지 않아도 알 수 있다.
(3) '而未知' 이하는 법의 요체를 물었다.

그 가운데 '願輪'이라 말한 것은 서원은 과거·현재·미래의 끝까지 다하여 시작도 끝도 없다. 따라서 생사를 상대로 하여 '바퀴

[輪]'라는 이름을 세웠다. 나머지 경문의 뜻은 그 나름 분명하다.

第三 讚示法界

於中二니

先은 讚法器요 後는 正授法이라

3. 법계를 찬탄하여 보여주다

이는 2단락이다.

(1) 법 그릇을 찬탄하였고,

(2) 바로 법의 요체를 전수하였다.

經

時에 海雲比丘 告善財言하사대 善男子야 汝已發阿耨多羅三藐三菩提心耶아

善財 言호되唯라 我已先發阿耨多羅三藐三菩提心호이다

海雲이 言하사대 善男子야 若諸衆生이 不種善根이면 則不能發阿耨多羅三藐三菩提心이니

要得普門善根光明하며

具眞實道三昧智光하며

出生種種廣大福海하며

長白淨法에 無有懈息하며

事善知識에 不生疲厭하며

不顧身命하야 無所藏積하며
等心如地하야 無有高下하며
性常慈愍一切衆生하며
於諸有趣에 專念不捨하며
恒樂觀察如來境界하야 如是乃能發菩提心이니라
發菩提心者는
所謂發大悲心이니 普救一切衆生故며
發大慈心이니 等祐一切世間故며
發安樂心이니 令一切衆生으로 滅諸苦故며
發饒益心이니 令一切衆生으로 離惡法故며
發哀愍心이니 有怖畏者를 咸守護故며
發無礙心이니 捨離一切諸障礙故며
發廣大心이니 一切法界에 咸徧滿故며
發無邊心이니 等虛空界에 無不往故며
發寬博心이니 悉見一切諸如來故며
發淸淨心이니 於三世法에 智無違故며
發智慧心이니 普入一切智慧海故니라

해운비구가 선재동자에게 말하였다.

"선남자여, 그대가 이미 아뇩다라삼먁삼보리심을 내었는가?"

선재동자가 대답하였다.

"그렇습니다. 저는 진즉 아뇩다라삼먁삼보리심을 내었습니다."

해운비구가 말하였다.

"선남자여, 만약 중생들이 선근을 심어놓지 않으면 아뇩다라삼먁삼보리심을 내지 못한다.

보현 법문의 선근 광명을 얻어야 하며,

진실한 도의 삼매 지혜 광명을 갖추어야 하며,

가지가지 광대한 복전 바다를 마련해야 하며,

희고 청정한 법을 키워나가는 데 게으름이 없어야 하며,

선지식을 섬기는 데 고달픈 생각을 내지 않아야 하며,

몸과 목숨을 돌보지 않고서 쌓아두는 일이 없어야 하며,

평등한 마음이 땅과 같아서 높낮이가 없어야 하며,

성품으로 항상 모든 중생을 사랑해야 하며,

모든 생사의 길을 언제나 생각하여 버리지 않아야 하며,

언제나 여래의 경계 관찰하기를 좋아해야 한다.

이처럼 해야 보리심을 일으킬 수 있다.

보리심을 일으킨다는 것은

이른바 크게 가엾이 여기는 마음을 일으킴이다. 일체중생을 널리 구제하기 때문이다.

크게 사랑하는 마음을 일으킴이다. 일체 세간을 평등하게 돕기 때문이다.

안락을 베풀려는 마음을 일으킴이다. 일체중생의 모든 고통을 없애주고자 하기 때문이다.

이익 주려는 마음을 일으킴이다. 일체중생의 악법을 벗겨주고자 하기 때문이다.

슬피 여기는 마음을 일으킴이다. 두려워하는 이들을 모두 보호해 주기 때문이다.

걸림 없는 마음을 일으킴이다. 일체 장애를 여의었기 때문이다.

광대한 마음을 일으킴이다. 일체 법계에 두루 가득하기 때문이다.

그지없는 마음을 일으킴이다. 허공 같은 세계에 찾아가지 않는 데가 없기 때문이다.

너그러운 마음을 일으킴이다. 일체 여래를 모두 친견하기 때문이다.

청정한 마음을 일으킴이다. 삼세 법에 어긋남이 없는 지혜가 있기 때문이다.

지혜의 마음을 일으킴이다. 일체 지혜의 바다에 널리 들어가기 때문이다.

● 疏 ●

前中三이니

先은 本問이니 以發心者難故니라 若不發心이면 不堪授法이니 非法器故니라

次善財下는 答非虛妄故니라

後海雲言善男子若諸下는 正讚이니

於中二니

先讚因緣難具라 故發者爲希오 後發菩提心者下는 顯發心相

勝이라 故發者難得이라

今은 初라 先은 反讚이오 後'要得'下는 順讚이니 事友는 爲緣이오 餘皆是因이라

通有十句하니

初句는 爲總이니 卽宿植普賢法門하야 成種性故오

二'具眞'下는 別이니 初는 得眞如三昧智光이 名具眞實道니 此卽了心寂照하야 生佛德故라 餘는 可知니라

二 顯發心相中에 有十一句하니 前五는 卽大慈悲心이니 初二는 總이오 餘三은 別이오 次四는 深心이니 修行大願을 盡虛空界故오 後二는 直心이니 不違法性하야 證果智故라 又此十心이 多同治地 自分十心이나 恐繁不會니라【鈔_ 又此十心者는 彼十心者는 所謂利益心, 大悲心, 安樂心, 安住心, 憐愍心, 攝受心, 守護心 同己心, 師心, 導師心이라

今此一은 卽大悲오 二는 卽利益이오 三은 卽安樂이오 四는 安住心이니 離惡法住善法故오 五는 卽憐愍이오 六은 卽守護니 令離礙故오 七은 卽同己니 徧法界故오 八은 卽攝受니 法界虛空 皆往攝故오 九는 卽師心이니 見諸佛故오 十은 卽導師니 入種智故니라】

'(1) 법 그릇을 찬탄한' 부분은 3단락이다.

㈀ 근본 물음이다. 발심하기 어렵기 때문이다. 만약 발심하지 않으면 법요의 전수를 감당할 수 없다. 법 그릇이 아니기 때문이다.

㈁ '善財' 이하는 대답이다. 부질없음이 아니기 때문이다.

㈂ '海雲言善男子若諸' 이하는 바로 찬탄이다.

'찬탄'은 2부분으로 나뉜다.

① 이런 인연을 갖추기 어렵기 때문에 발심한 자가 적음을 찬탄하였고,

② '發菩提心者' 이하는 발심하는 모양이 훌륭한 까닭에 발심한 자를 얻기 어려움을 밝혔다.

'① 이런 인연'의 단락에 앞은 역설로 찬탄하였고, 뒤의 '要得' 이하는 순리대로 찬탄하였다. 선지식을 섬김은 보조의 반연이 되고, 나머지는 모두 직접 원인이다.

이는 모두 10구이다.

첫 구절[要得普門善根光明]은 총상이다. 이는 일찍이 보현법문을 심어서 種性을 성취하였기 때문이며,

제2구 '具眞實道三昧智光' 이하는 별상이다.

별상의 첫 구절에서 진여 삼매 지혜 광명을 얻음을 '진실한 도를 갖췄다[具眞實道].'고 말한다. 이는 마음의 삼매의 고요와 지혜의 관조를 깨달아 부처의 공덕을 낳기 때문이다.

나머지는 말하지 않아도 알 수 있다.

'② 발심 모양을 밝힌 부분'은 11구이다.

앞의 5구는 大慈悲心이다.

첫 2구[發大悲心·發大慈心]는 총상이며, 나머지 3구[發安樂心·發饒益心·發哀愍心]는 별상이다.

다음 4구[發無礙心·發廣大心·發無邊心·發寬博心]는 심오한 마음이다. 큰 서원을 닦아 허공계에 다한 때문이다.

뒤의 2구[發淸淨心·發智慧心]는 정직한 마음이다. 법성을 어기지 않아 불과의 지혜를 증득한 때문이다.

또한 이런 10가지 마음이 제2 治地住에서 말한 자신의 10가지 마음과 대부분 똑같으나 문장이 번다할까 봐 회통하지 않는다.

【초_ "또한 이런 10가지 마음"이란 제2 治地住에서 말한 '十心'은 이른바 利益心, 大悲心, 安樂心, 安住心, 憐愍心, 攝受心, 守護心, 同己心, 師心, 導師心이다.

여기에서 말한 10가지 마음과 대비하면 다음과 같다.

제1구 '發大悲心'은 곧 대비심이며,

제2구 '發大慈心'은 곧 이익심이며,

제3구 '發安樂心'은 곧 안락심이며,

제4구 '發饒益心'은 안주심이다. 악법을 여의고 선법에 머물기 때문이다.

제5구 '發哀愍心'은 곧 연민심이다.

제6구 '發無礙心'은 곧 수호심이다. 하여금 장애를 여의게 하기 때문이다.

제7구 '發廣大心'은 곧 동기심이다. 법계에 두루 하기 때문이다.

제8구 '發無邊心'은 곧 섭수심이다. 법계허공에 모두 찾아가 받아들이기 때문이다.

제9구 '發寬博心'은 곧 사심이다. 제불을 친견하기 때문이다.

제10구 '發淸淨心'은 곧 도사심이다. 일체종지에 들어가기 때문이다.】

第二正授法要

謂觀法海하야 覩佛聞法이라 次前念佛而明此者는 顯聞法宏傳이 次爲要故니라

於中二니 先은 明修觀이오 後는 觀成利益이라

前中二니 先은 託事顯詮이오 二는 欲忘詮求旨라

今은 初라

(2) 바로 법의 요체를 전수하다

法海를 관찰하여 부처를 보고 법을 들음을 말한다. 앞의 염불삼매 다음으로 이를 밝힌 것은 법을 듣고 널리 전함이 다음으로 중요함을 밝힌 때문이다.

이는 2단락으로 나뉜다.

(ㄱ) 법해의 관찰을 닦아야 함을 밝혔고,

(ㄴ) 관찰 성취의 이익이다.

'(ㄱ) 법해의 관찰'은 다시 2단락이다.

① 현상의 일에 붙여 언어의 사량 분별로 밝혔고,

② 언어의 사량 분별을 잊고서 종지를 구하였다.

이는 '① 현상의 일에 붙여 말한' 부분이다.

經

善男子야 我住此海門國하야 十有二年을 常以大海로 爲其境界하노니

所謂思惟大海의 廣大無量하며

思惟大海의 甚深難測하며

思惟大海의 漸次深廣하며

思惟大海의 無量衆寶 奇妙莊嚴하며

思惟大海의 積無量水하며

思惟大海의 水色不同이 不可思議하며

思惟大海의 無量衆生之所住處하며

思惟大海의 容受種種大身衆生하며

思惟大海의 能受大雲所雨之雨하며

思惟大海의 無增無減이니라

 선남자여, 내가 이 해문국에 살아온 지 12년이다. 항상 큰 바다로써 그 경계를 삼았노라.

 이른바 큰 바다가 광대하여 한량이 없음을 생각하며,

 큰 바다가 매우 깊어서 헤아릴 수 없음을 생각하며,

 큰 바다가 점점 깊고 넓어짐을 생각하며

 큰 바다에 한량없는 보물들이 기묘하게 장엄함을 생각하며,

 큰 바다에 한량없는 물이 쌓였음을 생각하며,

 큰 바다의 물빛이 똑같지 않아 불가사의함을 생각하며,

 큰 바다는 한량없는 중생이 사는 곳임을 생각하며,

 큰 바다는 가지가지 엄청나게 몸 큰 중생을 수용함을 생각하며,

 큰 바다는 큰 구름에서 내린 비를 모두 받아들임을 생각하며,

 큰 바다는 늘지도 않고 줄지도 않음을 생각하였다.

◉ 疏 ◉

先은 總標라

言十二年者는 一紀已周니 表過十千劫已에 入第二住故오 亦表總觀菩薩十二住와 十二入故니라

後'所謂'下는 別顯이니 皆託事表法이라 智海十義는 如十地說이어니와 今是悲海라【鈔_ '一紀已周'者는 十二年爲一紀니 周十二辰故라

'過十千劫'者는 十信에 滿十千劫하야 入正定故라

'十二住'는 已見十住品이라

'智海十義如十地說'者는 海有十德하니 表十地故라

言'今是悲海'者는 故此十德이 與十地로 小異는 取稱法故니 卽前十種悲心이라

一은 卽利益心이니 利益寬廣故오

二는 卽大悲心이니 大悲甚深하야 無能測故오

三은 卽安樂이니 始於世樂하야 種種與故오

四는 卽安住니 謂惡行衆生으로 令住善行故니 卽是衆寶오

五는 憐愍心이니 悉包納故오

六은 攝受心이니 種種外道 攝令正信이 如水多色이 同在海故오

七은 守護心이니 已發心者는 皆守護故니 是爲無量衆生依住오

八은 同己心이니 謂攝菩提大願衆生하야 如己身有 爲大身故오

九는 卽師心이니 謂於大乘道에 習進道者를 推之如師니 師必諮受大法雨故오

十은 導師心이니 謂具功德者를 敬之如佛故로 湛無增減이라 以斯十悲로 對斯十喩면 有如符契故니라 上歎十心은 卽是法說이오 今此海喩는 喩前十心이니 稱復相當이라】

앞은 총상의 표장이다.

'12년'이라 말한 것은 1紀가 이미 두루 다함이다. 십천 겁을 모두 지나면 제2 치지주에 들어감을 표시한 때문이며, 또한 보살의 12住와 12入을 총괄하여 관찰함을 표시한 때문이다.

뒤의 '所謂' 이하는 별상으로 밝혔다. 이는 모두 현상의 사법계에 가탁하여 법을 밝힘이다. '지혜 바다[智海]'의 10가지 의의는 십지에서 말한 바와 같지만, 여기에서는 '대비의 바다[悲海]'를 말한다.【초_ "紀가 이미 두루 다함"이란 12년을 1紀라 한다. 12支를 두루 다한 까닭이다.

'過十千劫'이란 十信에 십천 겁이 가득 차 正定에 들어가기 때문이다.

12住는 이미 十住品에 보인다.

"지혜 바다의 10가지 의의는 십지에서 말한 바와 같다."는 것은 바다에 10가지 공덕이 있으니, 이는 十地를 표시한 때문이다.

"여기에서는 '대비의 바다'를 말한다."는 것은 따라서 10가지 공덕이 십지와 대동소이함은 법에 맞춰 말한 까닭이다. 이는 앞서 말한 '10가지 대비의 마음'이다.

제1구[大海廣大無量], 이익심이다. 이익이 드넓기 때문이다.

제2구[大海甚深難測], 대비심이다. 大悲의 마음이 매우 깊어 헤아릴 수 없기 때문이다.

제3구[大海漸次深廣], 안락심이다. 세간의 즐거움으로부터 시작하여 가지가지 함께하기 때문이다.

제4구[大海無量衆寶奇妙莊嚴], 안주심이다. 악행 중생을 선행에 머물도록 하기 때문이다. 이는 수많은 보배이다.

제5구[大海積無量水], 연민심이다. 이는 모두 포용하여 받아들이기 때문이다.

제6구[大海水色不同不可思議], 섭수심이다. 가지가지 외도를 포섭하여, 그들이 바른 신심을 지니도록 하였다. 이는 수많은 물빛이 바다에 함께 있는 것과 같기 때문이다.

제7구[大海無量衆生之所住處], 수호심이다. 이미 발심한 자는 모두 수호해 주기 때문이다. 이것이 한량없는 중생이 의지하여 머문 곳이다.

제8구[大海容受種種大身衆生], 同己心이다. 보리지혜를 얻고자 큰 서원을 세운 중생을 받아들여 자기의 몸처럼 생각함이 바로 '큰 몸[大身]'이기 때문이다.

제9구[大海能受大雲所雨之雨], 師心이다. 대승의 도로 닦아나가는 도인을 스승처럼 추앙함이다. 스승은 반드시 큰 法雨를 묻고 받을 수 있기 때문이다.

제10구[大海無增無減], 導師心이다. 공덕이 갖추어진 이를 부처님처럼 존경하기 때문에 담담히 더하거나 줄어듦이 없다.

이러한 10가지 大悲의 마음을 10가지 비유를 상대로 말하면,

符節처럼 하나이기 때문이다. 위에서 10가지의 마음을 찬탄함은 법으로 말함이며, 여기에서 말한 바다의 비유는 앞의 10가지 마음을 비유하였다. 말한 바가 또한 서로 합당하다.】

二. 忘詮求旨
② 언어의 사량 분별을 잊고서 종지를 구하다

經

善男子야 **我思惟時**에 **復作是念**호되
世間之中에
頗有廣博이 **過此海不**아
頗有無量이 **過此海不**아
頗有甚深이 **過此海不**아
頗有殊特이 **過此海不**아호라

선남자여, 내가 생각할 적에 또 이런 생각을 하였다.

'이 세간에 이 바다보다 더 넓은 것이 있을까?

이 바다보다 더 한량없는 것이 있을까?

이 바다보다 더 깊은 것이 있을까?

이 바다보다 남다른 것이 있을까?'

● 疏 ●

忘詮求旨 爲見佛親因이니 可知니라【鈔_ 問호되 '旣歎奇特이어니 何名忘詮가 '離前十相하야 更求過此는 卽忘詮求旨意也니 由此 忘求일세 故得見佛이라】

언어의 사량 분별을 잊고서 종지를 구함이 부처님을 친견할 수 있는, 직접 원인이다. 이는 설명하지 않아도 알 수 있다.【초_ "이미 기특함을 찬탄했는데, 어찌하여 언어의 사량 분별을 잊어야 한다고 말하였는가?"

"앞의 10가지 모양에서 벗어나고, 다시 한 걸음 더 나아가 뛰어남을 추구함이 바로 언어의 사량 분별을 잊고서 종지를 구한다는 뜻이다. 이처럼 언어의 사량 분별을 잊고서 종지를 구한 까닭에 부처님을 친견할 수 있다."】

第二 觀成利益
中二니 先은 明見佛이오 後는 得聞法이라
今初는 卽見法界無礙依正이니
於中에 先은 見依오 後는 見正이라

(ㄴ) 관찰 성취의 이익

이는 2단락으로 나뉜다.

① 부처의 친견을 밝혔고,
② 들었던 법문을 밝혔다.

'① 부처 친견'의 단락은 법계에 걸림이 없는 의보와 정보를 살펴보았다.

이 부분은 다시 2단락으로 나뉜다.

㉠ 의보를 보았고,

㉡ 정보를 보았다.

經

善男子야 我作是念時에 此海之下에 有大蓮華 忽然出現하야 以無能勝因陀羅尼羅寶로 爲莖하고 吠瑠璃寶로 爲華하고 閻浮檀金으로 爲葉하고 沈水로 爲臺하고 瑪瑙로 爲鬚하야 芬敷布濩하야 彌覆大海어든

百萬阿修羅王이 執持其莖하며

百萬摩尼寶莊嚴網으로 彌覆其上하며

百萬龍王이 雨以香水하며

百萬迦樓羅王이 啣諸瓔珞과 及寶繒帶하야 周匝垂下하며

百萬羅刹王이 慈心觀察하며 百萬夜叉王이 恭敬禮拜하며

百萬乾闥婆王이 種種音樂으로 讚歎供養하며

百萬天王이 雨諸天華와 天鬘과 天香과 天燒香과 天塗香과 天末香과 天妙衣服과 天幢旛蓋하며

百萬梵王이 頭頂敬禮하며

百萬淨居天이 合掌作禮하며

百萬轉輪王이 各以七寶로 莊嚴供養하며

百萬海神이 俱時出現하야 恭敬頂禮하며
百萬味光摩尼寶 光明普照하며
百萬淨福摩尼寶로 以爲莊嚴하며
百萬普光摩尼寶로 爲淸淨藏하며
百萬殊勝摩尼寶 其光赫奕하며
百萬妙藏摩尼寶 光照無邊하며
百萬閻浮幢摩尼寶 次第行列하며
百萬金剛師子摩尼寶 不可破壞하야 淸淨莊嚴하며
百萬日藏摩尼寶 廣大淸淨하며
百萬可樂摩尼寶 具種種色하며
百萬如意摩尼寶 莊嚴無盡하야 光明照耀하니라
此大蓮華 如來出世善根所起라 一切菩薩이 皆生信樂하며 十方世界 無不現前하니 從如幻法生이며 如夢法生이며 淸淨業生이며 無諍法門之所莊嚴이라 入無爲印하며 住無礙門하며 充滿十方一切國土하며 隨順諸佛甚深境界하니
於無數百千劫에 歎其功德이라도 不可得盡이니라

　선남자여, 내가 이런 생각을 할 적에 이 바다 밑에서 커다란 연꽃이 갑자기 피어올랐다.

　그 어느 것으로도 이길 수 없는 인드라니라 보배로 줄기를 삼고, 패유리 보배로 연밥을 삼고, 염부단금으로 잎을 삼고, 침수향으로 꽃대를 삼고, 마노로 꽃술을 삼아 아름답게 피어난 연꽃 송이가

바다 위를 가득 뒤덮었다.

　　백만 아수라왕이 연꽃 줄기를 들었고,

　　백만 마니보배로 장엄한 그물로 그 위를 덮었으며,

　　백만 용왕이 향수를 비처럼 내려주었고,

　　백만 가루라왕이 영락과 비단 띠를 둘러서 사방으로 드리웠으며,

　　백만 나찰왕은 자비의 마음으로 관찰하였고,

　　백만 야차왕은 공경하는 마음으로 절을 올렸으며,

　　백만 건달바왕은 가지가지 음악으로 찬탄하며 공양하였고,

　　백만 천왕은 여러 가지 하늘 꽃, 하늘 화만, 하늘 향, 사르는 하늘 향, 바르는 하늘 향, 가루 하늘 향, 하늘 의복, 하늘의 당기, 번기, 일산을 비처럼 내려주었으며,

　　백만 범천왕은 머리를 땅에 닿도록 엎드려 절하였고,

　　백만 정거천은 합장하고 절하였으며,

　　백만 전륜왕은 칠보로 장엄하여 공양하였고,

　　백만 바다 맡은 신은 한꺼번에 나와서 공경히 절을 올렸으며,

　　백만 미광 마니보배에서는 광명이 그지없이 비치었고,

　　백만 정복 마니보배로 장엄하였으며,

　　백만 보광 마니보배로 청정한 갈무리가 되었고,

　　백만 수승 마니보배는 그 빛이 찬란하였으며,

　　백만 묘장 마니보배는 광명이 그지없이 비치었고,

　　백만 염부당 마니보배는 차례로 줄을 지었으며,

백만 금강사자 마니보배는 깨뜨릴 수 없이 청정하게 장엄하였고,

백만 일장 마니보배는 넓고 크게 청정하였으며,

백만 가락 마니보배는 가지각색 빛을 갖추었고,

백만 여의 마니보배는 장엄이 끝이 없고 광명이 찬란하게 비치었다.

이처럼 큰 연꽃은 여래가 세간에 나오시는 선근에 의해 생겨난 터라, 일체 보살이 믿고 좋아하는 마음을 내며, 시방세계에 모두 나타나지 않은 데가 없었다.

요술과 같은 법에서 생겨났으며,

꿈과 같은 법에서 생겨났으며,

청정한 업으로 생겨났으며,

다툼이 없는 법문으로 장엄하였다.

무위의 법인에 들어갔고,

걸림 없는 문에 머물렀으며,

시방의 모든 국토에 가득하였고,

여러 부처님의 깊고 깊은 경계를 따랐다.

수없는 백천 겁 동안 그 공덕을 찬탄할지라도 다할 수 없다.

● 疏 ●

於中三이니

一은 總標體相이니 以深觀心海法海면 則心華行華 自然敷榮하야

無漏性德이 無不備故니라
二百萬阿修羅下는 外相爲嚴이오
三此大蓮華下는 擧因顯勝이라

이 부분은 3단락이다.

첫째, 바다의 본체 양상을 총괄하여 밝혔다. 마음의 바다와 법의 바다를 깊이 관찰하면 마음의 꽃과 행의 꽃이 절로 피어나 無漏의 자성공덕이 갖춰지지 않음이 없기 때문이다.

둘째, '百萬阿修羅' 이하는 바깥 양상으로 장엄하였다.

셋째, '此大蓮華' 이하는 원인을 들어 수승함을 밝혔다.

第二 明見正報
ⓛ 정보를 밝게 보다

經
我時에 見彼蓮華之上에 有一如來 結跏趺坐하사대 其身이 從此上至有頂하시니
寶蓮華座 不可思議며
道場衆會 不可思議며
諸相成就 不可思議며
隨好圓滿이 不可思議며
神通變化 不可思議며

色相淸淨이 不可思議며
無見頂相이 不可思議며
廣長舌相이 不可思議며
善巧言說이 不可思議며
圓滿音聲이 不可思議며
無邊際力이 不可思議며
淸淨無畏 不可思議며
廣大辯才 不可思議하고
又念彼佛의 往修諸行이 不可思議며
自在成道 不可思議며
妙音演法이 不可思議며
普門示現種種莊嚴이 不可思議며
隨其左右하야 見各差別이 不可思議며
一切利益하야 皆令圓滿이 不可思議니라

    나는 그때 연꽃 위에 가부좌하고 앉아 계신 여래 한 분을 보았다.

    여래의 몸은 이로부터 위로 유정천(有頂天)까지 닿았다.

    보배 연꽃 법좌는 헤아릴 수 없고,

    도량에 모인 대중도 헤아릴 수 없으며,

    거룩한 32상의 성취도 헤아릴 수 없고,

    잘생긴 80종 몸매의 원만함도 헤아릴 수 없으며,

    신통변화도 헤아릴 수 없고,

색상의 청정함도 헤아릴 수 없으며,

인간이나 천상에서 볼 수 없는 육계(肉髻)의 정수리도 헤아릴 수 없고,

넓고 긴 혀도 헤아릴 수 없으며,

뛰어난 말씀도 헤아릴 수 없고,

원만한 음성도 헤아릴 수 없으며,

끝이 없는 힘도 헤아릴 수 없고,

청정한 두려움 없음도 헤아릴 수 없으며,

광대한 변재도 헤아릴 수 없다.

또 생각하면,

그 부처님이 지난 옛날에 닦아온 여러 가지 행도 헤아릴 수 없고,

자재하게 도를 성취함도 헤아릴 수 없으며,

미묘한 음성으로 법을 연설함도 헤아릴 수 없고,

여러 법문으로 몸을 나타내시어 가지가지로 장엄함도 헤아릴 수 없으며,

부처의 좌우를 따라 보는 것이 각기 다른 것도 헤아릴 수 없고,

일체에 이익을 주어 모두 원만하게 이뤄줌도 헤아릴 수 없다.

◉ *疏* ◉

謂心行旣敷면 則本覺如來 忽然現故니라

於中에 先은 明德相圓備요 後又念下는 因圓用廣이니 可知니라

마음과 행이 이미 펼쳐지면 본각여래가 바로 나타나기 때문이다.
이 부분의 앞은 공덕의 모양이 원만하게 갖추어짐을 밝혔고,
뒤의 '又念' 이하는 원인이 원만하고 작용이 광대함이다. 이는
말하지 않아도 알 수 있다.

第二 明得聞法
所以海中說者는 表從悲智海之所流故니라
於中三이니
初는 演說이오 次는 受持오 後는 轉授라
今은 初라

② 들었던 법문을 밝히다

바다에서 말한 바는 大悲大智의 바다로부터 흘러나온 바를 나타낸 때문이다.

이 부분은 3단락이다.

㉠ 연설이고, ㉡ 받아 지님이고, ㉢ 다시 전수함이다.

이는 '㉠ 연설'이다.

經

時此如來 卽申右手하사 而摩我頂하시고 爲我演說普眼法門하사 開示一切如來境界하시며 顯發一切菩薩諸行하시며 闡明一切諸佛妙法하시니

一切法輪이 悉入其中하며

能淨一切諸佛國土하시며

能摧一切異道邪論하시며

能滅一切諸魔軍衆하시며

能令衆生으로 皆生歡喜하시며

能照一切衆生心行하시며

能了一切衆生諸根하시며

隨衆生心하야 悉令開悟하시니라

그때, 여래께서 오른손을 뻗어 나의 정수리를 만지시고 나를 위하여 보안법문을 연설하시어, 일체 여래의 경계를 보여주었고, 일체 보살의 행을 나타냈으며, 일체 부처의 미묘한 법을 밝혀주었다.

일체 법륜이 모두 그 가운데 들어 있고,

일체 제불의 국토를 청정히 하며,

일체 외도의 삿된 의론을 꺾었고,

일체 마군의 무리를 없앴으며,

중생을 기쁘게 해주었고,

일체중생의 마음과 행을 비춰주며,

일체중생의 모든 근성을 분명히 알고,

중생의 마음을 따라 모두 깨닫도록 마련해 주었다.

◉ 疏 ◉

先總標普眼者는 詮普法故요 普詮諸法故요 得此法者는 一法之

中에 見一切故니라
後'開示'下는 別顯所詮이니 可知니라

　먼저 보안을 총괄하여 밝힌 것은 普法을 말한 때문이며, 모든 법을 널리 말한 때문이며, 이 법을 얻은 자는 하나의 법 가운데 일체를 보기 때문이다.
　뒤의 '開示' 이하는 말한 대상을 별상으로 밝혔다. 이는 말하지 않아도 알 수 있다.

二. 明受持
　ⓛ 받아 지님을 밝히다

經

我從於彼如來之所하야 聞此法門하고 受持讀誦하며 憶念觀察호니

假使有人이 以大海量墨과 須彌聚筆로 書寫於此普眼法門의 一品中一門과 一門中一法과 一法中一義와 一義中一句라도 不得少分이어든 何況能盡가

善男子야 我於彼佛所에 千二百歲를 受持如是普眼法門하야 於日日中에

以聞持陀羅尼光明으로 領受無數品하며

以寂靜門陀羅尼光明으로 趣入無數品하며

以無邊旋陀羅尼光明으로 普入無數品하며
以隨地觀察陀羅尼光明으로 分別無數品하며
以威力陀羅尼光明으로 普攝無數品하며
以蓮華莊嚴陀羅尼光明으로 引發無數品하며
以淸淨言音陀羅尼光明으로 開演無數品하며
以虛空藏陀羅尼光明으로 顯示無數品하며
以光聚陀羅尼光明으로 增廣無數品하며
以海藏陀羅尼光明으로 辯析無數品호니

나는 여래가 계신 곳에서 이 법문을 듣고서 받아 지니고 읽고 외우며, 기억하고 관찰하였다.

어떤 사람이 바닷물만큼의 먹물과 수미산 높이만큼 쌓아놓은 붓으로, 이 보안법문의 한 품 가운데 하나의 부분, 한 부분 가운데 하나의 법, 한 법 가운데 하나의 뜻, 한 뜻 가운데 한 구절을 쓴다 할지라도 조금도 쓸 수 없는데, 하물며 이루 다 베껴 쓸 수 있겠는가.

선남자여, 나는 그 부처님이 계신 곳에서 1천2백 년 동안, 이와 같은 보안법문을 받아 가지고, 날이면 날마다

들어 지니는 다라니 광명으로 수없는 품을 받아들이고,

고요한 법문 다라니 광명으로 수없는 품에 나아가며,

그지없는 선회하는 다라니 광명으로 수없는 품에 두루 들어가고,

지위에 따라 관찰하는 다라니 광명으로 수없는 품을 분별하며,

위신력 다라니 광명으로 수없는 품을 널리 받아들이고,

연꽃 장엄 다라니 광명으로 수없는 품을 이끌어 내며,
청정한 음성 다라니 광명으로 수없는 품을 연설하고,
허공장 다라니 광명으로 수없는 품을 드러내 보이며,
광명 무더기 다라니 광명으로 수없는 품을 더욱 넓히고,
바다법장 다라니 광명으로 수없는 품을 해석하였다.

● 疏 ●

於中二니

先은 總顯所持法多니 以是一多相卽하야 無盡法門故니라【鈔_ '先總顯持多'者는 卽海墨書而不竭이라 入大乘論에 引此經하야 云'是海幢'下는 說法門이 全同於此로되 喩相小異니 云'大海水盡以磨墨하고 積大紙聚 如須彌山이오 天下草木을 持以爲筆하고 三千世界 水陸衆生을 悉爲法師라도 於刹那頃에 所受法門도 猶不能盡이라하니 此約書文不盡이오 彼는 約領多不盡이라】

이는 2단락으로 나뉜다.

앞은 지닌 바의 법이 많음을 총괄하여 밝혔다. 이는 하나와 많음이 서로 하나가 되어 그지없는 법문이기 때문이다.【초_ "앞은 지닌 바의 법이 많음을 총괄하여 밝혔다."는 것은 바닷물만큼의 먹물로 쓸지라도 모두 다 쓸 수 없음이다.

입대승론에서 이 경문을 인용하여 이르렀다.

"'是海幢' 이하에서 설법한 법문이 이와 전부 동일하되 비유의 양상은 대동소이하다.

바닷물로 모두 먹을 갈고, 큰 종이 무더기를 수미산 높이만큼 쌓아놓고, 천하의 초목을 가져다 붓을 삼으며, 삼천세계의 물과 육지에 사는 중생으로 모두 법사를 삼을지라도, 찰나의 사이에 받은 바의 법문도 오히려 모두 쓰지 못한다."

여기에서는 글로 모두 쓸 수 없음을 들어 말하였고, 저기에서는 많은 것을 모두 받아들일 수 없는 것으로 말하였다.】

後善男子下는 別顯持多之相이라

於中에 先은 標長時니 千二百歲는 表義同十二年이라

後於日日下는 別顯能持所持니 有十種持라

初一은 聞持니 餘皆義持오

二는 契本寂智라아 方能入故오

三은 於一義中에 旋轉無量일새 故能普入이오

四는 地地義殊라 故能分別이라

五는 威力者는 普攝在懷故니라 若約所詮明攝인댄 卽以威力으로 攝諸衆生이니 同九地中에 威德陀羅尼說이라

六은 如華開引果니 今開發於教하야 引於果故오 又華開見實로 以爲莊嚴이니 今開發言教하야 見其旨故니라

七은 可知오

八은 如空無相이로되 而包含一切하야 顯明妙理하야 示法相故니라

九는 以多智光으로 聚於一法이면 則義理增廣故니라

十은 若海含十德하야 各辨析故니 諸持經者는 應傚此文이니라

뒤의 '善男子' 이하는 받아 지님이 많은 양상을 별상으로 밝

혔다.

그 가운데 앞은 장구한 세월을 밝혔다. 1천2백 년의 의미는 12년과 같음을 밝힌 것이며,

뒤의 '於日日' 이하는 받아 지님의 주체와 받아 지님의 대상을 별상으로 밝혔다. 10가지의 받아 지님이 있다.

제1구 '聞持陀羅尼'는 듣고서 지님이다.

나머지 구절은 모두 이치를 지님이다.

제2구 '寂靜門陀羅尼'는 本寂의 지혜에 계합해야 바야흐로 들어갈 수 있기 때문이다.

제3구 '無邊旋陀羅尼'는 하나의 이치 가운데 선회함이 한량없기 때문에 널리 들어가는 것이다.

제4구 '隨地觀察陀羅尼'는 지위와 지위마다 의의가 다르기 때문에 이를 분별함이다.

제5구 '威力陀羅尼'의 '위력'이란 널리 받아들이는 데에 마음을 두기 때문이다. 만일 말할 대상을 들어 섭수할 바를 밝히면, 곧 위력으로써 모든 중생을 받아들임이다. 이는 제26 십지품의 제9 善慧地에서 말한 '威德陀羅尼'와 같다.

제6구 '蓮華莊嚴陀羅尼'는 꽃이 피고 열매가 맺어가는 것과 같다. 여기에서는 가르침을 꽃피워 열매를 이끌어 내기 때문이며, 또한 꽃피고 열매를 보는 것으로 장엄함이다. 여기에서는 말씀의 가르침을 꽃피워 그 종지를 볼 수 있기 때문이다.

제7구 '淸淨言音陀羅尼'는 말하지 않아도 알 수 있다.

제8구 '虛空藏陀羅尼'는 허공처럼 모양이 없지만 일체를 포함하여 미묘한 이치를 밝혀 법의 모양을 보여주기 때문이다.

제9구 '光聚陀羅尼'는 많은 지혜 광명이 하나의 법에 모이면 이치가 더욱 넓혀지기 때문이다.

제10구 '海藏陀羅尼'는 바다에 10가지의 공덕을 간직한 것처럼 각각 논변하여 분석해야 하기 때문이다.

경전을 받아 지닌 모든 이들은 당연히 이 경문처럼 해야 할 것이다.

第三 明其轉授

ⓒ 다시 전수함을 밝히다

經

**若有衆生이 從十方來하며
若天若天王과
若龍若龍王과
若夜叉若夜叉王과
若乾闥婆若乾闥婆王과
若阿修羅若阿修羅王과
若迦樓羅若迦樓羅王과
若緊那羅若緊那羅王과**

若摩睺羅伽若摩睺羅伽王과
若人若人王과
若梵若梵王인
如是一切 來至我所라도 我悉爲其開示解釋하며 稱揚讚歎하야 咸令愛樂하야 趣入安住此諸佛菩薩行光明普眼法門이로라

 어떤 중생은 시방세계에서 찾아오고,

 하늘과 하늘의 왕,

 용과 용의 왕,

 야차와 야차의 왕,

 건달바와 건달바의 왕,

 아수라와 아수라의 왕,

 가루라와 가루라의 왕,

 긴나라와 긴나라의 왕,

 마후라가와 마후라가의 왕,

 사람과 사람의 왕,

 범천과 범천의 왕,

이와 같은 모든 이들이 나의 도량을 찾아올지라도 나는 그들을 위하여 이 법문을 보여주고 해석하고 선양하고 찬탄하여, 그들 모두가 사랑하고 좋아하여 이 부처님들의 보살행 광명인 보안법문에 들어가 편안히 머물게 하노라.

◉ 疏 ◉

可知니라

이는 말하지 않아도 알 수 있다.

第四 謙己推勝

4. 몸을 낮추면서 선지식의 훌륭함을 추켜올리다

經

善男子야 我唯知此普眼法門이어니와 如諸菩薩摩訶薩은
深入一切菩薩行海니 隨其願力하야 而修行故며
入大願海니 於無量劫에 住世間故며
入一切衆生海니 隨其心樂하야 廣利益故며
入一切衆生心海니 出生十力無礙智光故며
入一切衆生根海니 應時敎化하야 悉令調伏故며
入一切刹海니 成滿本願하야 嚴淨佛刹故며
入一切佛海니 願常供養諸如來故며
入一切法海니 能以智慧로 咸悟入故며
入一切功德海니 一一修行하야 令具足故며
入一切衆生言辭海니 於一切刹에 轉正法輪故니
而我云何能知能說彼功德行이리오

선남자여, 나는 오직 이와 같은 보안법문만을 알 뿐이지만,

저 보살마하살들은 일체 보살행의 바다에 깊이 들어갔다. 그 원력을 따라서 수행한 때문이다.

큰 서원 바다에 들어갔다. 한량없는 세월을 세간에 머문 때문이다.

일체중생 바다에 들어갔다. 그들의 좋아하는 마음을 따라서 널리 이익을 주었기 때문이다.

일체중생의 마음 바다에 들어갔다. 열 가지 힘과 걸림 없는 지혜 광명을 내기 때문이다.

일체중생의 근성 바다에 들어갔다. 때를 맞추어 교화하여 모두 조복한 때문이다.

일체 세계 바다에 들어갔다. 본래의 서원을 원만하게 성취하여 부처 세계를 청정하게 장엄한 때문이다.

일체 부처님 바다에 들어갔다. 모든 여래께 항상 공양하기를 원하기 때문이다.

일체 법 바다에 들어갔다. 지혜로 모두 깨달은 때문이다.

일체 공덕 바다에 들어갔다. 하나하나 수행하여 모두 넉넉한 때문이다.

일체중생의 언어 바다에 들어갔다. 일체 세계에서 바른 법륜을 굴린 때문이다.

내가 어떻게 그와 같은 공덕의 행을 알 수 있으며, 말할 수 있겠는가.

● 疏 ●

謙己는 結前이오 推勝은 進後라 我唯一海니 豈得與彼同年者哉리오

자기의 몸을 낮추는 것은 앞의 문장을 끝맺음이고, 선지식의 훌륭함을 추켜올림은 뒤의 선지식을 찾아가도록 함이다.

나는 오직 하나의 바다일 뿐, 어떻게 그들과 함께할 수 있는 사람이겠는가.

第五 指示後友

5. 뒤의 선지식을 소개하다

經

善男子야 從此南行六十由旬하야 楞伽道邊에 有一聚落하니 名爲海岸이오 彼有比丘하니 名曰善住니
汝詣彼問호되 菩薩이 云何淨菩薩行이리잇고하라
時에 善財童子 禮海雲足하며 右遶瞻仰하고 辭退而去하니라

선남자여, 여기에서 남쪽으로 60유순쯤 가다 보면 능가산으로 가는 길의 옆에 하나의 마을이 있는데, 그 이름을 '해안' 마을이라 하며,

그 마을에 비구가 있는데, 그 이름을 '선주' 비구라 한다.

그대는 그를 찾아가 '보살이 어떻게 하면 보살행이 청정할 수

있는가.'를 묻도록 하라."

그때, 선재동자는 해운비구의 발에 절하고, 오른쪽으로 돌면서 해운비구의 덕행을 다시 한 번 살펴보고 하직하고 떠나갔다.

◉ 疏 ◉

'六十由旬'者는 修六度行하야 淨六根故니라

'聚落名海岸'者는 是往楞伽山之道니 次南海北岸故니라 然楞伽는 梵言이니 此云難往이니라

又含四義니

一은 種種寶性所成이니 莊嚴殊妙故오

二는 有大光明이니 暎日月故오

三은 高顯寬廣故오

四는 伽王等居니 佛이 復於此에 開化羣生하야 作勝益事故니라

然體卽是寶니 具斯四義일새 名無上寶니 存以梵音이라 此山이 居海之中하야 四面無門이라 非得通者면 莫往일새 故云難往이니 表修行之住는 是入智海하야 絶四句하고 離分別之道故니라

'比丘善住'者는 身住虛空故니 表此住中에 觀一切法이 如虛空과 無處所故니라 亦比丘者는 入道未久에 宜依僧故니라

又初는 念佛이오 次는 聞法이오 今에 依僧修니 三寶吉祥이 爲所依故니라【鈔_ '具斯四義일새 名無上寶니 存以梵音'者는 以具梵音 經題에 云 '楞伽阿跋多羅寶經'이라하니 阿之言無오 跋多羅는 云上이오 寶는 卽此方之言이라 又多羅는 亦是寶義니 則譯人雙存이라 楞

伽는 正是難往之義니 上之四義에 前二는 則無上寶요 後二는 明
於難往니 高顯伽王之所居故니 不得通이면 難往故니라
表此下는 彼具云호되 此菩薩이 以十種行으로 觀一切法이니 所謂
觀一切法無常과 一切法苦와 三空과 四無我와 五無作과 六無味와
七不如名과 八無處所와 九離分別과 十無堅實이라하니 釋曰 皆有
一切法言이라 今但舉三八二句하야 以順住空이라 然餘八도 亦是
空義니라】

'60유순'이란 6바라밀 행을 닦아서 6근을 청정하게 하였기 때문이다.

마을의 이름을 해안이라 말한 것은 능가산으로 가는 도로에 있는 마을이다. 남해의 북쪽 해안을 차례로 말하였기 때문이다.

그러나 '楞伽'는 범어이다. 중국에서는 머물기 어렵다는 '難往'의 뜻이다.

難往에는 또한 4가지의 뜻을 포함하고 있다.

(1) 가지가지 보배 체성으로 이뤄진 것이다. 장엄이 남다르고 미묘하기 때문이다.

(2) 큰 광명이 있다. 해와 달이 비추기 때문이다.

(3) 드높고 넓기 때문이다.

(4) 伽王 등의 거처이다. 부처가 또한 여기에서 중생을 교화하여 훌륭하고 이익되는 일을 행하기 때문이다.

그러나 능가산 자체는 보배이다. 이런 4가지 의의를 갖추고 있기에 그 이름을 '위없는 보배[無上寶]'라 한다. 이 때문에 범어의 발

음으로 여기에 쓴 것이다.

이 능가산은 바다 한가운데에 있어 4방으로 들어갈 수 있는 입구가 없다. 신통력을 얻은 자가 아니면 갈 수 없기 때문에 '머물기 어려운 곳[難住]'이라 말한다. 수행의 머문 지위가 지혜 바다에 들어가 四句가 끊어지고 분별을 여읜 도임을 나타내기 때문이다.

'比丘善住'란 몸이 허공에 머물기 때문이다. 이의 善住 자리에서 '일체 법이 허공 같음'과 '일체 법이 처소가 없음'을 관조함을 나타내기 때문이다.

또한 '비구'란 도에 들어간 지 얼마 되지 않아서 스님을 의지해야 하기 때문이다.

또한 첫째 덕운비구에게는 염불을, 다음으로 해운비구에게는 법문 들음을, 여기 선주비구에게는 스님을 의지하여 수행함이다. 불법승 삼보의 길상이 귀의 대상이 되기 때문이다.【초_ "이런 4가지 의의를 갖추고 있기에 그 이름을 '위없는 보배'라 한다. 이 때문에 범어의 발음으로 여기에 쓴 것이다."는 것은 범어로 경전의 제목을 구체적으로 말하면 '楞伽阿跋多羅寶經'이라 한다.

'阿'란 없음을 말하고,

'跋多羅'는 '위[上]'라는 뜻이며,

'寶'는 중국의 언어로 말한 것이다.

또한 '多羅'는 보배라는 뜻이기도 하다. 이런 이유로 번역한 사람이 모두 여기에 쓴 것이다.

楞伽는 바로 '머물기 어렵다[難住].'는 뜻이다.

위의 4가지 의의 가운데 앞의 2가지는 '위없는 보배[無上寶]'이며, 뒤의 2가지는 '머물기 어렵다.'는 뜻임을 밝혔다. 드높고 빛나는 伽王의 거처이기 때문이다. 신통력을 얻지 못하면 머물기 어려운 곳이기 때문이다.

'表此住中' 이하는 '능가아발다라보경'에서 구체적으로 말하였다.

"이 보살이 10가지 행으로 일체 법을 관찰한다.

제1 일체 법의 無常,

제2 일체 법의 苦,

제3 일체 법의 空,

제4 일체 법의 無我,

제5 일체 법의 無作,

제6 일체 법의 無味,

제7 일체 법의 不如名,

제8 일체 법의 無處所,

제9 일체 법의 離分別,

제10 일체 법의 無堅實을 관찰함이다."

이에 대한 해석은 다음과 같다.

"모두 '일체 법'이란 말이 있다. 여기에서는 '제3 일체 법의 空'과 '제8 일체 법의 無處所' 2구만을 들어서 허공에 머묾을 따른 것이다. 그러나 나머지 8가지 또한 허공과 같다는 뜻이다."】

第六 時善財 下는 戀德禮辭니라

6. '時善財' 이하는 덕망을 흠모하면서 절을 올리고 떠나감이다.

◉ 論 ◉

第二治地住本位門中에 海雲比丘者는 因所觀法立名이니 其心이 如海하야 以法潤生이 如雲이며 又性戒如海하야 不宿死屍니 一切生滅死屍 至於根本智海에 皆爲智海하야 無生滅故라

海雲比丘 稱歎善財하야 與所觀之法者는 所謂觀察大海라

云 '我住此海門國이 十有二年'者는 明不離十二因緣生死海故니 如是十二有支에 一切凡夫는 無明所覆로 常處其中이오 權敎菩薩과 及以二乘은 皆厭而捨之어니와 一乘菩薩은 以此無明十二有支로 以爲如來一切智智之海하야 爲大智海일새 無有生滅하야 本來如是어늘 凡夫不了하야 妄繫生死無明일새 故로 云 '我住此海門國이 十有二年'이라

經에 云 '常以大海爲其境界'已下에 有十種思惟大海는 意明一切衆生十二緣生生老之海 廣大無量하야 無有中邊性相可得으로 便爲佛海니

'思惟大海無量衆寶奇妙莊嚴'者는 明觀生死緣生海하야 便成自性淸淨佛之智海 卽一切智寶功德莊嚴이오

'思惟大海積無量水'者는 以諸愛水로 爲大悲水오

'思惟大海水色不同'者는 根本智中에 起無量差別智慈오

'思惟大海無量衆生住處'者는 以明佛海中에 有無量衆生之所住處로대 不覺不知오

'思惟大海容受種種大身衆生'者는 明無量菩薩이 咸處生死海中하야 一一身土ㅣ 咸滿其中호되 如影如光하야 不相障蔽오

'思惟大海能受大雲所雨之雨'者는 菩薩心海ㅣ 堪受大雲諸佛法雨오

'思惟大海無增無減'者는 諸佛智性之海 無有增減이며 乃至四種이 無過此廣大深廣이라

'便見海中에 有大蓮華 忽然出現하야 其上에 有佛이 說普眼經'은 意明自觀生死海하야 便爲自已如來淸淨智海니 自佛出興에 根本智 差別智 究竟不離此生死海中圓滿故라 十力四無畏一切智智海 皆廻生死海廣大業力하야 而成就之일세 生死業果 盡一切智智海니 如是成自已如來廣大智海와 普賢行海 不離一切衆生과 及自已十二有支緣生行海中이니 若離此코 別有成佛處所者인댄 無有是處니라

제2 치지주 본위 법문에서 말한 '해운비구'는 살펴보아야 할 바의 법으로 인하여 그 이름을 세운 것이다. 그의 마음이 바다와 같아서 법으로 중생을 윤택하게 함이 구름과 같으며, 또 성품의 持戒가 바다와 같아서 죽은 시체를 묵혀 두지 않는다. 일체 생멸의 죽은 시체가 근본지의 바다에 이르러서 모두 지혜의 바다가 되어 생멸이 없기 때문이다.

해운비구가 선재동자를 칭찬하면서 살펴보아야 할 바의 법을 전수하였다는 것은 이른바 큰 바다를 살펴본 것이다.

"내가 이 해문국에 살아온 지 12년이다."고 말한 것은 12인연

의 생사 바다를 여의지 않았음을 밝힌 것이다. 이와 같은 12有支에서 일체 범부는 무명으로 덮인 바라, 언제나 그 속에서 머물고, 권교의 보살과 이승은 모두 싫증을 내어 버리지만, 일승 보살은 이 무명의 12유지로 여래의 一切智智의 바다로 삼아 큰 지혜의 바다로 만든다. 이는 생멸이 없이 본래 이와 같음에도 범부는 이를 알지 못하여 부질없이 생사의 무명에 묶여 있기에 "내가 이 해문국에 살아온 지 12년이다."고 말하였다.

경문의 "항상 큰 바다로써 그 경계를 삼았다." 이하에서 '큰 바다를 생각하는 10가지'를 말한 뜻은 일체중생이 12緣生의 생사 바다가 한량없이 광대하여 중간이나 변두리, 그리고 내면의 성품과 바깥의 모습을 알 수 없기에 이를 '부처의 바다[佛海]'로 삼음을 밝혔다.

"큰 바다에 한량없는 보물들이 기묘하게 장엄함을 생각하였다."는 것은 생사가 緣生하는 바다를 살펴보면서 곧 自性淸淨佛의 지혜 바다를 이루는 것이 곧 일체 지혜의 보배 공덕으로 장엄함을 밝혔으며,

"큰 바다에 한량없는 물이 쌓였음을 생각하였다."는 것은 모든 애욕의 물[愛水]로써 대자비의 물을 삼았으며,

"큰 바다의 물빛이 똑같지 않아 불가사의함을 생각하였다."는 것은 근본지의 가운데 한량없는 차별의 지혜와 자비를 일으켰으며,

"큰 바다는 한량없는 중생이 사는 곳임을 생각하였다."는 것은 부처의 바다에 한량없는 중생의 머무는 곳이 있는데도 이를 깨닫

지 못하고 알지 못함을 밝혔으며,

"큰 바다는 가지가지 엄청나게 몸 큰 중생을 수용함을 생각하였다."는 것은 한량없는 보살이 모두 생사의 바다에 거처하면서 하나하나의 身土가 모두 그 가운데 충만하면서도 그림자와 같고 빛과 같아서 서로 장애하지 않음을 밝혔으며,

"큰 바다는 큰 구름에서 내린 비를 모두 받아들임을 생각하였다."는 것은 보살의 마음 바다가 커다란 구름의 제불 法雨를 충분히 받아들임이며,

"큰 바다는 늘지도 않고 줄지도 않음을 생각하였다."는 것은 모든 부처의 지혜 성품의 바다가 늘어남도 줄어듦도 없으며, 나아가 4가지가 이 광대하고 깊고 드넓은 것보다 더한 게 없음이다.

"문득 바다 밑에서 커다란 연꽃이 갑자기 피어올라 그 위에 계신 부처가 보안경을 연설함을 보았다."는 뜻은 스스로 생사의 바다를 보면서 문득 자기의 여래 청정 지혜 바다로 삼음을 밝힌 것이다. 자신의 부처가 나타남에 근본지와 차별지가 궁극적으로 이 생사의 바다를 여의지 않고 원만하기 때문이다.

10력, 4무외, 一切智의 지혜 바다가 모두 생사 바다의 광대한 업력을 돌이켜 성취하기에 생사의 업과가 모두 일체지의 지혜 바다이다. 이처럼 자기 여래의 광대한 지혜 바다와 보현행의 바다를 성취함이 일체중생과 자기의 12有支 緣生行의 바다를 여의지 않음이다. 만약 이를 여의고 별도로 성불하는 곳이 있다면 이럴 리는 없다.

應當如是觀生死海하며 觀如來海하며 觀如來無差別智海하며 觀
如來差別智海하며 觀如來大慈悲海와 乃至普賢行願海와 無邊
法門海總在此一切衆生十二有支生死海生이어다
若出此海外하야 別有成佛處所인댄 無有是處니
當知諸佛과 及以國土 生居此生이며 住居此住요 無別處也니라

> 당연히 이와 같이 생사 바다를 살펴보며,
>
> 여래의 바다를 살펴보며,
>
> 여래의 차별 없는 지혜 바다를 살펴보며,
>
> 여래의 차별 지혜 바다를 살펴보며,
>
> 여래의 대자비 바다 내지 보현행원 바다, 그지없는 법문 바다가 모두 이 일체중생의 12유지 생사의 바다에서 생겨남을 살펴보아야 한다.
>
> 만약 이 바다 밖을 벗어나 별도로 성불하는 곳이 있다면 이럴리는 없다.
>
> 마땅히 알아야 한다. 제불 및 국토가 이의 생에서 생겨나고, 이의 머문 곳에서 머문 것이지, 별도의 곳이 없다.

前妙峯山은 以止觀門으로 顯諸佛境界智慧光明普見法門하야
以成眞諦어니와 此位는 直以智慧로 觀察世間俗諦十二有支 爲
佛境界하야 通修大悲普賢願行하야 以戒波羅密로 爲主하고 餘九로
爲伴이니 約智인댄 三界通觀同治요 約位인댄 偏治欲界惑障이니라
已上諸位에 但有所見境界와 及如來名號는 總是自心佛果所會
之法이니 若自心不會면 對面無覩見之期니라

앞서 말한 덕운비구의 묘봉산은 止觀 법문으로써 제불 경계의 '지혜 광명으로 널리 보는 법문'을 나타내어 眞諦를 성취함이지만, 이 해운비구의 지위에서는 바로 지혜로써 세간 俗諦의 12有支가 부처의 경계임을 관찰하여, 大悲의 보현원행을 모두 수행하여 지계바라밀로 주체를 삼고, 나머지 9가지로 객체를 삼는다.

지혜를 들어 말하면, 삼계를 모두 관찰하여 함께 다스리고,

지위를 들어 말하면, 욕계의 惑障만을 다스리는 것이다.

이상의 모든 지위에 다만 보는 바의 경계 및 여래의 명호는 모두 자기 마음의 佛果로 회통한 바의 법이다. 만일 자기의 마음을 회통하지 못하면 마주하고서도 만날 기약이 없을 것이다.

第二 海雲比丘 寄治地住 竟하다

제2. 해운비구, 치지주 선지식을 끝마치다.

第三 善住比丘는 寄修行住라【鈔_ '寄修行住'者는 巧便觀有하야 增修正行故니라】

제3. 선주비구, 수행주 선지식【초_ '수행주를 붙여 말함'이란 뛰어난 방편으로 有를 관찰하여 바른 행을 더욱 닦아가기 때문이다.】

文亦具六이라

一 依敎趣求

이의 경문 또한 6단락을 갖추고 있다.

1. 가르침을 따라 선지식을 찾아가 법을 구하다

701

經

爾時에 **善財童子** **專念善知識教**하며 **專念普眼法門**하며 **專念佛神力**하며 **專持法句雲**하며 **專入法海門**하며 **專思法差別**하며 **深入法漩澓**하며 **普入法虛空**하며 **淨持法翳障**하며 **觀察法寶處**하고
漸次南行하야 **至楞伽道邊海岸聚落**하야 **觀察十方**하고 **求覓善住**하니라

　그때, 선재동자가 선지식의 가르침을 오롯이 생각하며,

　보안의 법문을 오롯이 생각하며,

　부처님의 위신력을 오롯이 생각하며,

　법문의 글귀를 오롯이 지니며,

　법 바다의 문에 오롯이 들어가며,

　법의 차별을 오롯이 생각하며,

　법의 소용돌이에 깊이 들어가며,

　법의 허공에 널리 들어가며,

　법의 장애를 청정히 하며,

　법보의 있는 곳을 관찰하면서,

　차츰차츰 남쪽으로 내려가면서 능가산으로 가는 도로 곁에 있는 해안마을에 이르러 시방으로 살피면서 선주비구를 찾았다.

● 疏 ●

於中二니

先은 念前友教니 有十句라 初一은 通念示教人法이오 次三은 念前聞佛說法事오 次三은 思入海觀事오 後三은 證理治障과 攝法觀修니라

二漸次下는 趣求後位니 可知니라

    이는 2단락이다.

    (1) 앞의 해운비구 가르침을 생각함이다.

    이는 10구이다.

    첫째, 1구는 해운비구가 가르쳐준 법을 전체로 생각하고,

    다음 3구[專念普眼法門, 專念佛神力, 專持法句雲]는 해운비구로부터 들었던 '부처가 설법한 일'을 생각하며,

    다음 3구[專入法海門, 專思法差別, 深入法漩澓]는 바다에 들어가 보았던 일을 생각하고,

    뒤의 3구[普入法虛空, 淨持法翳障, 觀察法寶處]는 진리의 증득, 장애의 다스림, 법을 받아들여 관찰하고 수행함이다.

    (2) '漸次' 이하는 뒤의 선지식을 찾아감이다. 이는 말하지 않아도 알 수 있다.

第二 明見敬諮問

    2. 친견하여 절을 올리고 법을 묻다

見此比丘 於虛空中來往經行에 無數諸天이 恭敬圍遶하야 散諸天華하며 作天妓樂하며 旛幢繒綺 悉各無數하야 徧滿虛空하야 以爲供養하며

諸大龍王이 於虛空中에 興不思議沈水香雲하야 震雷激電하야 以爲供養하며

緊那羅王이 奏衆樂音하야 如法讚美하야 以爲供養하며

摩睺羅伽王이 以不思議極微細衣로 於虛空中에 周廻布設하야 心生歡喜하야 以爲供養하며

阿修羅王이 興不思議摩尼寶雲하야 無量光明의 種種莊嚴으로 徧滿虛空하야 以爲供養하며

迦樓羅王이 作童子形하야 無量婇女之所圍遶으로 究竟成就無殺害心하야 於虛空中에 合掌供養하며

不思議數諸羅刹王이 無量羅刹之所圍遶으로 其形長大하야 甚可怖畏나 見善住比丘 慈心自在하야 曲躬合掌하고 瞻仰供養하며

不思議數諸夜叉王이 各各悉有自衆圍遶하야 四面周匝하야 恭敬守護하며

不思議數諸梵天王이 於虛空中에 曲躬合掌하야 以人間法으로 稱揚讚歎하며

不思議數諸淨居天이 於虛空中에 與宮殿俱하야 恭敬合掌하야 發弘誓願하니라

時에 善財童子 見是事已하고 心生歡喜하야 合掌敬禮하고 作如是言호되 聖者여 我已先發阿耨多羅三藐三菩提心호니

而未知菩薩이

云何修行佛法이며

云何積集佛法이며

云何備具佛法이며

云何熏習佛法이며

云何增長佛法이며

云何總攝佛法이며

云何究竟佛法이며

云何淨治佛法이며

云何深淨佛法이며

云何通達佛法이리잇고

我聞聖者는 善能誘誨라하니 唯願慈哀하사 爲我宣說하소서

菩薩이 云何不捨見佛하야 常於其所에 精勤修習이며

菩薩이 云何不捨菩薩하야 與諸菩薩로 同一善根이며

菩薩이 云何不捨佛法하야 悉以智慧로 而得明證이며

菩薩이 云何不捨大願하야 能普利益一切衆生이며

菩薩이 云何不捨衆生行하야 住一切劫호되 心無疲厭이며

菩薩이 云何不捨佛刹하야 普能嚴淨一切世界며

菩薩이 云何不捨佛力하야 悉能知見如來自在며

菩薩이 **云何不捨有爲**호되 **亦復不住**하야 **普於一切諸有趣中**에 **猶如變化**하야 **示受生死**하야 **修菩薩行**이며
菩薩이 **云何不捨聞法**하야 **悉能領受諸佛正敎**며
菩薩이 **云何不捨智光**하야 **普入三世智所行處**니잇고

선주비구가 허공에서 오가는데,

수없는 하늘 대중들이 공경하고 둘러싸고서 하늘 꽃을 흩뿌리고 하늘의 음악을 울렸으며, 번기, 당기, 비단들이 모두 수없이 허공에 가득하게 공양하였고,

여러 용왕은 허공에서 불가사의한 침수향 구름을 일으켜 진동하는 우렛소리와 번쩍이는 번개를 공양하였으며,

긴나라왕은 많은 음악을 연주하여 여법하게 찬탄하면서 공양하였고,

마후라가왕은 불가사의한 아주 보드라운 의복을 허공에 가득 펼쳐놓고 즐거운 마음으로 공양하였으며,

아수라왕은 불가사의한 마니보배 구름을 일으켜, 한량없는 광명의 가지가지 장엄이 허공에 가득하게 공양하였고,

가루라왕은 동자의 모습으로 한량없는 아가씨들이 둘러싸여, 마침내 살해하는 마음이 사라졌고 허공에서 합장하여 공양하였으며,

불가사의 수효의 나찰왕들은 한량없는 나찰에게 둘러싸여 있는데, 그 형상이 장대하여 매우 무섭게 생겼지만, 선주비구의 인자한 마음이 자재함을 보고서 허리 굽혀 합장하고 우러러 공양하였고,

불가사의 수효의 야차왕들은 제각기 자기의 무리에게 둘러싸

여 사면에 둘러서서 공경하고 수호하였으며,

불가사의 수효의 범천왕들은 허공에서 허리 굽혀 합장하면서 인간의 법으로 선양하고 찬탄하였으며,

불가사의 수효의 정거천들은 허공에서나 궁전에서 함께 공경하고 합장하면서 큰 서원을 내는 것을 보았다.

그때, 선재동자는 이런 일을 보고서 기쁜 마음으로 합장하고 공경히 예를 갖추고서 이렇게 말하였다.

"거룩하신 이여, 저는 이미 아뇩다라삼먁삼보리심을 내었사오나,

보살이

어떻게 불법을 수행하며,

어떻게 불법을 쌓아 모으며,

어떻게 불법을 갖추며,

어떻게 불법을 익히며,

어떻게 불법을 증장하며,

어떻게 불법을 모두 받아들이며,

어떻게 불법을 끝까지 마치며,

어떻게 불법을 청정히 다스리며,

어떻게 불법을 매우 청정케 하며,

어떻게 불법을 통달하는 것인지 모르겠습니다.

제가 듣자오니 거룩하신 이께서 잘 가르쳐주신다 하니,

바라건대 사랑하고 어여삐 여기는 마음으로 저를 위하여 말해

주십시오.

　보살이 어떻게 부처님 친견을 버리지 않고 항상 그곳에서 부지런히 닦을 수 있습니까?

　보살이 어떻게 보살을 버리지 않고 여러 보살과 선근이 같을 수 있습니까?

　보살이 어떻게 불법을 버리지 않고 모두 지혜로 밝게 증득할 수 있습니까?

　보살이 어떻게 큰 서원을 버리지 않고 일체중생에게 널리 이익을 베풀 수 있습니까?

　보살이 어떻게 여러 가지 행을 버리지 않고 일체 겁에 머물면서 고달픈 마음이 없을 수 있습니까?

　보살이 어떻게 부처 세계를 버리지 않고 일체 세계를 널리 청정하게 장엄할 수 있습니까?

　보살이 어떻게 부처님 힘을 버리지 않고 여래의 자재하심을 모두 보고 알 수 있습니까?

　보살이 어떻게 유위를 버리지도 않되 또한 머물지도 않으면서 일체 생사의 길에서 변화하는 것처럼 생사를 받으면서 보살의 행을 닦을 수 있습니까?

　보살이 어떻게 법문 듣는 일을 버리지 않고 부처님의 바른 가르침을 모두 받을 수 있습니까?

　보살이 어떻게 지혜의 광명을 버리지 않고 삼세에 지혜로 행할 곳에 두루 들어갈 수 있습니까?"

● 疏 ●

於中三이니

初는 見이오

次時善財童子下는 敬이오

三作如是言下는 諮問이니 於中二니

先은 自陳發心이오

後而未知下는 正陳請問이니 於中二十句問을 文分爲三이라

初十句는 總問於法起行이라 故佛法言이 通一切行法이라 於中淨治者는 對治淨故오 深淨者는 契理徧淨故라 餘는 可知니라

二我聞下는 結前請後니 欲顯後問이 異前問故니라

三菩薩云何不捨見佛下 十句는 別問行起勝用이라 故十句中에 所行各別이라

於中에 初三句는 明不離三寶行이오 次二句는 不捨二利行이오 次二句는 攝佛依正行이오 次一句는 悲智無住行이오 後二句는 攝法證入行이라 皆言不捨者는 無蹔捨離故니라

이 부분은 3단락이다.

(1) 바라봄이며,

(2) '時善財童子' 이하는 공경함이며,

(3) '作如是言' 이하는 물음이다.

'(3) 물음'은 2부분이다.

(ㄱ) 스스로 발심을 말하였고,

(ㄴ) '而未知' 이하는 물음의 조목들을 말하였다.

709

'(ㄴ) 물음의 조목' 부분의 20구 경문은 3단락으로 나뉜다.

① 10구는 불법에 따라 일으키는 행을 총괄하여 물었다. 따라서 '불법'이란 말은 일체 행의 법에 모두 통한다.

그 가운데 '淨治'란 다스림이 청정하기 때문이며,

'深淨'이란 이치에 계합하여 두루 청정하기 때문이다.

나머지는 말하지 않아도 알 수 있다.

② '我聞' 이하는 앞의 경문을 끝맺으면서 뒤의 문장을 청하였다. 이는 뒤의 물음이 앞의 물음과 다름을 나타내고자 한 까닭이다.

③ '菩薩云何不捨見佛' 이하 10구는 행을 일으킨 뛰어난 작용을 별상으로 물음이다. 이 때문에 10구는 행하는 바가 각기 다르다.

10구 가운데 앞의 3구는 삼보의 행에서 벗어나지 않음을 밝혔고,

다음 2구는 자리이타의 행을 버리지 않음이며,

다음 2구는 부처의 의보와 정보의 행을 받아들임이며,

다음 1구는 大悲大智의 머묾이 없는 행이며,

뒤의 2구는 법을 섭수하여 증득하여 들어가는 행이다.

모두 '不捨'라 말한 것은 잠시도 버림이 없기 때문이다.

第三 稱讚授法

於中二니 先讚後授라

今은 初라

3. 선재동자를 칭찬하면서 법을 전수하다

이는 2단락이다.

(1) 찬탄하고, (2) 전수함이다.

이는 '(1) 찬탄'이다.

經

時에 善住比丘가 告善財言하사대 善哉善哉라 善男子여 汝가 已能發阿耨多羅三藐三菩提心하고 今復發心하야 求問佛法과 一切智法과 自然者法이로다

그때, 선주비구가 선재동자에게 말하였다.

"훌륭하고 훌륭하다. 선남자여, 그대가 이미 아뇩다라삼먁삼보리심을 내었고, 이제 또다시 마음을 내어 부처의 법과 일체 지혜의 법과 자연의 법을 구하여 묻는구나.

● **疏** ●

於中에 佛法은 是總이오 一切智法은 約智니 然唯局果오 自然者法은 約性이니 通果及因이라

이의 경문에 불법은 총상이며,

'일체 지혜의 법'은 지혜로 말했으나, 오직 결과에 국한 지어 말하였고,

'자연의 법'은 성품으로 말하였다. 이는 결과와 원인에 모두 통한다.

後 授法

中에 二니

先은 總標所得이오 二는 別示其相이라

今은 初라

(2) 법의 전수

이의 경문은 2단락이다.

(ㄱ) 얻은 바를 총괄하여 밝혔고,

(ㄴ) 그 모습을 별상으로 보였다.

이는 '(ㄱ) 얻은 바의 총괄'이다.

經
善男子야 我已成就菩薩無礙解脫門하야

선남자여, 나는 이미 보살의 걸림 없는 해탈 법문을 성취하여,

● 疏 ●

無礙 有二義니

一은 智慧니 於境無礙하야 以證無障礙法界故오

二는 神通이니 於作用無礙니 由內證故니라

所以次前 明此法者는 聞法受持니 意令於境無障礙故며 顯此 住中에 善觀衆生等十種界故니라【鈔_ '顯此住中善觀衆生等' 者는 彼經에 云佛子여 此菩薩이 應勸學十法이니 何等爲十고 所謂

衆生界․法界․世界․觀察地界․水界․火界․風界․觀察欲界․色界․無色界 是니라】

'걸림이 없음'에는 2가지 뜻이 있다.

① 지혜이다. 경계에 걸림이 없어 장애 없는 법계를 증득하기 때문이며,

② 신통이다. 작용에 장애가 없다. 내면의 증득에서 연유하기 때문이다.

앞의 다음으로 이 법을 밝힌 것은 법문을 듣고서 받아 지님이다. 그 뜻은 경계에 장애가 없도록 하고자 한 때문이며,

이 수행주에 중생계 등 10가지 경계를 잘 관찰함을 나타낸 때문이다.【초_ "이 수행주에 중생계 등 10가지 경계를 잘 관찰함을 나타낸 때문이다."는 것은 그 경문에 다음과 같이 말하였다.

"불자여, 이 보살이 당연히 10가지의 법을 배우도록 권면해야 한다. 무엇이 10가지인가? 이른바 중생계, 법계, 세계, 그리고 地界, 水界, 火界, 風界를 관찰하며, 그리고 욕계, 색계, 무색계를 관찰함이 바로 이것이다."】

二 別示其相

中二니

先은 明修習得法이라

(ㄴ) 그 모습을 별상으로 보이다

이는 2단락이다.

① 닦고 익혀 법을 얻음을 밝혔다.

經

若來若去와 **若行若止**에 **隨順思惟**하며 **修習觀察**하야 **卽時獲得智慧光明**하니 **名究竟無礙**라

오고 가고 다니고 멈출 적에 법을 따라서 생각하고, 닦고 관찰하여 곧바로 지혜의 광명을 얻었다. 그 이름을 '최고 경지의 걸림 없음'이라 한다.

● **疏** ●

由一切威義에 順法思修라 故能獲得이라 言'究竟無礙'者는 若事若理에 無少礙故니라

일체 위의에 법을 따라서 생각하고 수행하기 때문에 지혜의 광명을 얻는 것이다.

'究竟無礙'라 말한 것은 사법계와 이법계에 조그마한 장애도 없기 때문이다.

後 顯功用

於中에 三이니

初는 通名智用無礙오 次는 總相徵釋이오 三은 別明通用이라

今은 初라

② 공용을 밝히다

이는 3단락이다.

㉠ 지혜 작용에 걸림이 없음을 통상으로 이름 붙였고,

㉡ 총상으로 묻고 해석하였으며,

㉢ 별상으로 신통의 작용을 밝혔다.

이는 '㉠ 지혜 작용에 걸림이 없음'이다.

經

得此智慧光明故로
知一切衆生心行하야 無所障礙하며
知一切衆生歿生하야 無所障礙하며
知一切衆生宿命하야 無所障礙하며
知一切衆生未來劫事하야 無所障礙하며
知一切衆生現在世事하야 無所障礙하며
知一切衆生言語音聲種種差別하야 無所障礙하며
決一切衆生所有疑問하야 無所障礙하며
知一切衆生諸根하야 無所障礙하며
隨一切衆生應受化時하야 悉能往赴에 無所障礙하며
知一切刹那羅婆牟呼栗多日夜時分하야 無所障礙하며
知三世海流轉次第하야 無所障礙하며
能以其身으로 徧往十方一切佛刹하야 無所障礙호니

이런 지혜 광명을 얻었기에

일체중생의 마음과 행을 알고서 걸린 바 없으며,

일체중생의 죽고 나는 것을 알고서 걸린 바 없으며,

일체중생의 과거 세계 일을 알고서 걸린 바 없으며,

일체중생의 미래 세계 일을 알고서 걸린 바 없으며,

일체중생의 현재 세계 일을 알고서 걸린 바 없으며,

일체중생의 언어와 음성이 제각기 다름을 알고서 걸린 바 없으며,

일체중생의 의문을 결단하여 걸린 바 없으며,

일체중생의 근성을 알고서 걸린 바 없으며,

일체중생이 교화를 받을 만한 때에 따라서 모두 찾아가는 데 걸린 바 없으며,

일체 찰나, 라바(臘婆), 모호율다(牟呼栗多), 낮, 밤 시간을 알고서 걸린 바 없으며,

삼세 바다에서 윤회하는 차례를 알고서 걸린 바 없으며,

그 몸으로 시방의 모든 세계를 두루 찾아가는 데 걸린 바 없다.

● 疏 ●

有十二句니 初一은 他心이오 次四는 兼三明이니 謂現未劫事에 含漏盡故오 次四는 三業化物이오 次二는 知時오 一은 知時分이오 二는 知流轉이라

按俱舍 論컨대 時之極少를 名一刹那라하니 百二十刹那를 名一怛

刹那오 六十怛刹那를 名一臘縛이니 臘縛은 卽羅婆오 三十羅婆는 爲一牟呼栗多니 牟呼栗多는 卽是須臾오 三十須臾 爲一晝夜라 言時分者는 西域記第二에 云五牟呼栗多 爲一時오 六時 合成一日一夜라하고 亦有處說호되 晝夜初分時等이며 又黑分·白分의 六時四時等이라

又準仁王經컨대 九百生滅이 爲一刹那오 九十刹那 爲一念이라하니 此則刹那는 非時極促이라 以刹那之中生滅은 唯佛智知故로 小乘中에 略而不說이라

後一은 卽神足通이라【鈔_ 亦有處說初分時等者는 智論等文이라 彌勒下生經에 亦說호되 謂迦葉이 修難行苦行하야 得成菩提하고 彌勒은 修安樂行而得菩提라하니 謂晝夜三時에 禮拜懺悔等이니 謂日初分時와 日中分時와 日後分時와 夜初分時와 夜中分時와 夜後分時를 合爲六時라하니 是也라】

12구이다.

첫째 1구[知一切衆生心行]는 타심통이며,

다음 4구[知一切衆生歿生, 宿命, 未來劫事, 現在世事]는 과거·현재·미래를 모두 앎이다. 현재와 미래 겁의 일에 漏盡通을 포함하기 때문이며,

다음 4구[知一切衆生言語音聲種種差別, 所有疑問, 諸根, 應受化時]는 신구의 삼업으로 중생을 교화함이며,

다음 2구[知一切刹那羅婆牟呼栗多日夜時分, 知三世海流轉次第]는 시간을 앎이다.

첫째, 주야의 시간 구분[時分]을 앎이며,

둘째, 생사윤회를 앎이다.

구사론을 살펴보면, 지극히 짧은 시간의 단위를 1찰나라 말한다. 120찰나를 1달찰나라 하고, 60달찰나를 1납박이라 한다. 납박은 나바이다. 30나바를 1모호율다라 한다. 모호율다는 수유이다. 30수유가 1주야이다.

'時分'이라 말한 것은 서역기 제2에 이르기를, "5모호율다가 1時이고, 6시를 합하면 1일 1야를 이룬다."고 말하였다.

또한 어느 곳에서는 말하기를, "주야의 初分時 등이며, 또한 黑分·白分의 6時·4時 등이다."고 하였다.

또한 인왕경을 준하면, "9백 생멸이 1찰나이고, 90찰나가 1念"이다. 이는 찰나가 지극히 짧은 시간의 단위가 아니다. 찰나 가운데 생멸은 오직 부처의 지혜만이 알기 때문에 소승에서는 이를 생략한 채, 말하지 않았다.

뒤의 1구[能以其身徧往十方一切佛刹]는 神足通이다.【초_ "또한 어느 곳에서는 말하기를, 주야의 初分時 등"이란 지도론 등의 문장이다.

미륵하생경에서 또 말하기를, "가섭은 수행하기 어려운 고행을 닦아 보리를 얻어 성취하였고, 미륵은 안락한 수행을 닦아 보리를 얻었다."고 한다. 주야 3時에 예배와 참회 등을 말한다. 낮의 初分時, 낮의 中分時, 낮의 後分時와 밤의 초분시, 밤의 중분시, 밤의 후분시를 합하여 6時라 한다는 것이 이를 말한다.】

二. 總相徵釋
㉡ 총상으로 묻고 해석하다

經
何以故오
得無住無作神通力故니라

무엇 때문일까?
머무름도 없고 짓는 일도 없는 신통력을 얻었기 때문이다.

● 疏 ●

以不住不作일세 故無礙也라

머무름도 없고 짓는 일도 없기에 걸림이 없다.

三. 別明通用
㉢ 별상으로 신통의 작용을 밝히다

經
善男子야 **我以得此神通力故**로
於虛空中에 **或行或住**하며 **或坐或臥**하며 **或隱或顯**하며
或現一身하며 **或現多身**하며

穿度牆壁을 猶如虛空하며 於虛空中에 結跏趺坐하야 往來自在를 猶如飛鳥하며
入地如水하며 履水如地하며
徧身上下에 普出煙焰을 如大火聚하며
或時에 震動一切大地하며
或時에 以手摩觸日月하며 或現其身이 高至梵宮하며
或現燒香雲하며 或現寶焰雲하며 或現變化雲하며 或現光網雲호대 皆悉廣大하야 彌覆十方하며
或一念中에 過於東方一世界二世界와 百世界千世界 百千世界와 乃至無量世界와 乃至不可說不可說世界하며 或過閻浮提微塵數世界하며 或過不可說不可說佛刹微塵數世界하야 於彼一切諸佛國土의 佛世尊前에 聽聞說法호대
一一佛所에 現無量佛刹微塵數差別身하며 一一身에 雨無量佛刹微塵數供養雲하나니
所謂一切華雲과 一切香雲과 一切鬘雲과 一切末香雲과 一切塗香雲과 一切蓋雲과 一切衣雲과 一切幢雲과 一切旛雲과 一切帳雲이라
以一切身雲으로 而爲供養하야
一一如來의 所有宣說을 我皆受持하고 一一國土의 所有莊嚴을 我皆憶念하며
如東方하야 南西北方과 四維上下도 亦復如是호니

如是一切諸世界中에 所有衆生이 若見我形하면 皆決定得阿耨多羅三藐三菩提하며
彼諸世界一切衆生을 我皆明見하고 隨其大小勝劣苦樂하야 示同其形하야 敎化成就하며
若有衆生이 親近我者면 悉令安住如是法門이로다

선남자여, 나는 이러한 신통력을 얻었기에,

허공에서 걷고 서고 앉고 눕기도 하며,

몸을 숨기기도 하고 나타내기도 하며,

혹은 하나의 몸을 나타내고,

혹은 많은 몸도 나타내기도 하며,

장벽을 뚫고 다니기를 허공처럼 하고,

허공에서 가부좌하고서 자유롭게 가고 오기를 나는 새와 같이 하며,

땅속에 들어가기를 물과 같이 하고,

물을 밟고 가기를 평지와 같이 하며,

온몸의 위아래에 연기와 불꽃이 큰 불무더기와 같으며,

어떤 때는 일체 대지를 진동하고,

어떤 때는 손으로 해와 달을 만지기도 하고,

어떤 때는 그 몸의 크기가 범천의 궁전까지 이르고,

혹은 사르는 향 구름도 나타내고,

혹은 보배 불꽃 구름을 나타내고,

혹은 변화의 구름도 나타내고,

혹은 광명 그물 구름을 나타내되 모두 넓고 커서 시방세계를 두루 덮기도 하며,

혹은 한 생각의 찰나에 동방으로 한 세계도 지나가고, 두 세계, 1백 세계, 1천 세계, 백천 세계, 한량없는 세계와 내지 말할 수 없이 말할 수 없는 세계에 이르기도 하며,

혹은 염부제의 티끌 수 세계도 지나가고,

혹은 말할 수 없이 말할 수 없는 세계의 티끌 수 세계를 지나가기도 하면서, 그 일체 제불 국토의 부처님 세존 앞에서 설법을 듣기도 하되,

그 한 분 한 분 부처님 계신 곳에서 한량없는 세계의 티끌 수처럼 각기 다른 몸을 나타내며,

하나하나의 몸마다 한량없는 세계의 티끌 수 공양 구름을 내렸다.

이른바 일체 꽃구름, 일체 향 구름, 일체 화만 구름, 일체 가루 향 구름, 일체 바르는 향 구름, 일체 일산 구름, 일체 옷 구름, 일체 당기 구름, 일체 번기 구름, 일체 휘장 구름이다.

일체 몸 구름으로 공양하고서, 한 분 한 분 여래께서 말씀하시는 법을 내가 모두 받아 지니고, 하나하나 국토에 있는 장엄을 내가 모두 기억하였으며,

동방처럼 남방, 서방, 북방, 그리고 네 간방과 상방, 하방 또한 그와 같았다.

이처럼 일체 세계에 있는 중생들이 나의 모습을 보면 모두가

반드시 아뇩다라삼먁삼보리를 얻을 것이며,

저 세계의 일체중생을 내가 모두 분명하게 보고, 그들의 크고 작고 잘나고 못나고 괴롭고 즐거움을 따라서 그들의 모습과 똑같은 몸을 나타내어 그들을 교화하여 성취케 하며,

만일 나를 가까이하는 중생이 있으면 모두 이러한 법문에 편안히 머물게 하였다.

◉ 疏 ◉

通用이니 多顯神足通이라

十八變相을 且分爲三이니

初는 於空現變이오

二 或一念下는 十方徧供이오

三 如是一切下는 現形益物이니 並可知니라

言十八變者는 一 於空行住等은 卽所作自在오 二는 或隱이오 三은 或顯이오 四는 或現一身이니 卽卷이오 五는 或見多身이니 卽舒오 六 穿度下는 往來오 七 入地下는 轉變이오 八 徧身下는 熾然이오 九 或時下는 振動이오 十 或時以手下는 卽衆像入身이니 以高大故오 十一 或現燒下는 放大光明이니 皆悉廣大하야 彌覆十方은 成上放光하고 起下徧滿이오 十二 或一念下는 徧滿이오 十三 一一佛下는 顯示오 十四 一一如來所有宣說下는 施他辯才니 由能受持故오 十五 如是一切下는 施他安樂이니 菩提爲眞樂故오 十六 彼諸世界下는 所往同類오 十七 若有衆生親近下는 施他憶念

이오 十八은 由總具無作通力故로 能伏他神通이니 三段之中에 具矣니라【鈔_ 言十八變은 卽是瑜伽三十七文이니 頌云 '振動及熾然과 流布幷示現과 轉變及往來와 卷·舒·衆像入과 十同類往趣와 隱·顯·作自在와 制他施辯才와 憶念及安樂과 放大光明等이니 轉餘有情物하야 令成餘物故로 名能變神通이라'하니 謂一은 振動이오 二는 熾然이오 三은 流布니 亦名徧滿이오 四는 示現이니 亦名顯示오 五는 轉變이오 六은 往來오 七은 卷이오 八은 舒오 九는 一切色像入身이오 十은 所往同類오 十一은 隱이오 十二는 顯이오 十三은 所作自在오 十四는 伏他神通이오 十五는 施他辯才오 十六은 施他憶念이오 十七은 施他安樂이오 十八은 放大光明이라 此十八은 名轉變이오 後三句는 名能變이니 今文辯相은 義竝可知니라】

'신통의 작용'이다. 신족통을 밝힌 바 많다.

18變相은 또한 3단락으로 나뉜다.

첫째, 허공에서 변화를 나타내고,

둘째, '或一念' 이하는 시방에서 두루 공양하며,

셋째, '如是一切' 이하는 몸을 나타내어 중생에게 이익을 주었다. 이는 아울러 말하지 않아도 알 수 있다.

'18변'이라 말한 것은 다음과 같다.

① '於空行住' 등은 하는 일이 자재하며,

② 혹은 몸을 숨기기도 하며,

③ 혹은 나타나기도 하며,

④ 혹은 하나의 몸을 나타냄이다. 이는 거둬들임이다.

⑤ 혹은 많은 몸도 나타내기도 한다. 이는 펼침이다.

⑥ '穿度' 이하는 가고 옴이며,

⑦ '入地' 이하는 전변이며,

⑧ '徧身' 이하는 치성이며,

⑨ '或時' 이하는 진동이며,

⑩ '或時以手' 이하는 여러 모습이 몸에 들어감이다. 키가 크고 몸집이 크기 때문이다.

⑪ '或現燒' 이하는 큰 광명을 쏟아냄이다. 모두가 광대하여 시방을 뒤덮은 것은 위의 방광을 성취함이고, 아래의 두루 가득함을 일으킴이다.

⑫ '或一念' 이하는 두루 가득함이며,

⑬ '一一佛' 이하는 몸을 나타내어 보여줌이며,

⑭ '一一如來所有宣說' 이하는 남에게 베푸는 변재이다. 이는 받아 지닌 데서 연유하기 때문이다.

⑮ '如是一切' 이하는 남에게 베푸는 안락이다. 보리지혜로 진실한 즐거움을 삼기 때문이다.

⑯ '彼諸世界' 이하는 찾아가는 곳의 중생과 같은 모습을 지님이며,

⑰ '若有衆生親近' 이하는 남에게 베푸는 생각이다.

⑱ 억지의 작위가 없는 신통력을 모두 갖춘 데서 연유한 까닭에 남의 신통을 항복받는다. 이는 위의 3단락 가운데 갖춰져 있다.

【초_ '18변'이라 말함은 유가론 37의 경문이다. 게송에서 다음과

같이 읊었다.

"진동과 치성함, 유포와 아울러 몸을 나타내어 보임, 전변 및 오고 감, 거둬들임과 펼침, 여러 모습으로 들어가는 몸, 열 가지 같은 부류로 찾아가는 길, 몸을 숨김과 몸을 나타냄, 하는 일의 자재함, 남을 제어함과 남들에게 베푸는 변재, 생각 및 안락, 큰 광명을 쏟아냄 등이다. 나머지 밖의 유정물을 전변하여, 그들로 하여금 나머지 중생을 성취시키도록 한 까닭에 그 이름을 신통변화의 주체라 한다."

① 진동, ② 치성함, ③ 유포, 그 이름을 '두루 원만함[徧滿]'이라 한다. ④ 나타내어 보임, 또한 그 이름을 顯示라고도 말한다. ⑤ 전변, ⑥ 오고 감, ⑦ 거둬들임, ⑧ 펼침, ⑨ 일체 색상이 몸에 들어감, ⑩ 찾아가는 곳에 같은 부류의 몸으로 함, ⑪ 몸을 숨김, ⑫ 몸을 나타냄, ⑬ 하는 일의 자재함, ⑭ 남을 항복시키는 신통, ⑮ 남에게 베푸는 변재, ⑯ 남에게 베푸는 생각, ⑰ 남에게 베푸는 안락, ⑱ 큰 광명을 쏟아냄이다.

이 18변은 그 이름을 '轉變'이라 한다. 뒤의 3구는 그 이름을 '전변의 주체[能變]'라 한다. 이의 경문에서 논변한 여러 모습에 관한 뜻은 아울러 말하지 않아도 알 수 있다.】

第四 謙己推勝

4. 몸을 낮추면서 선지식의 훌륭함을 추켜올리다

善男子야 **我唯知此普速疾供養諸佛成就衆生無礙解脫門**이어니와

如諸菩薩은 **持大悲戒**와 **波羅蜜戒**와 **大乘戒**와 **菩薩道相應戒**와 **無障礙戒**와 **不退墮戒**와 **不捨菩提心戒**와 **常以佛法**으로 **爲所緣戒**와 **於一切智**에 **常作意戒**와 **如虛空戒**와 **一切世間無所依戒**와 **無失戒**와 **無損戒**와 **無缺戒**와 **無雜戒**와 **無濁戒**와 **無悔戒**와 **淸淨戒**와 **離塵戒**와 **離垢戒**하나니

如是功德을 **而我云何能知能說**이리오

  선남자여, 나는 오직 이 빨리 부처님께 공양하고 중생을 성취시키는 데 걸림 없는 해탈문만을 알 뿐이지만,

  저 보살들은 크게 가엾이 여기는 계행, 바라밀다 계행,

  대승의 계행, 보살의 도와 서로 응하는 계행,

  장애가 없는 계행, 물러가지 않는 계행, 보리심을 버림이 없는 계행,

  항상 불법으로 반연한 바를 위하는 계행, 일체 지혜에 항상 뜻을 두는 계행,

  허공 같은 계행, 일체 세간에 의지함이 없는 계행,

  잘못이 없는 계행, 손해가 없는 계행,

  모자람이 없는 계행, 뒤섞이지 않는 계행,

  흐림이 없는 계행, 뉘우침이 없는 계행,

청정한 계행, 티끌을 여읜 계행, 때를 여읜 계행을 지니셨다.

이러한 공덕을 내가 어떻게 알며, 어떻게 말할 수 있겠는가.

◉ 疏 ◉

於中에 先은 謙己知一이니 一念徧往일새 故云速疾이오 現形益物이 爲成就衆生이라

後 '如諸菩薩'下는 仰推勝進이니 而皆明戒者는 意顯上得無礙解脫이 皆由持別解脫戒爲依地故오 非戒면 不能修治心故니라 【鈔_ '非戒不能治心地故'者는 上約法門釋이어니와 此句는 表位釋이라 然德雲은 是定이오 海雲은 是慧니 此中에 明戒는 顯三學爲初故니라】

이 부분은 2단락이다.

앞은 하나만을 안다고 몸을 낮추었다.

한 생각의 찰나에 두루 찾아가기 때문에 빠르다[速疾]고 말하며, 몸을 나타내어 중생에게 이익을 줌이 '중생을 성취함'이다.

뒤의 '如諸菩薩' 이하는 우러러 선지식을 추켜올리면서 잘 닦아나가도록 하였다.

모두 계를 밝힌 뜻은 위의 걸림 없는 해탈을 얻음이 모두 '개별적 조목에 따라 각각의 악행을 벗어나 해탈을 얻도록 하는 계율[別解脫戒]'을 지닌 데에서 연유함을 나타낸 것이다. 이는 依地가 되기 때문이며, 계가 아니면 마음을 닦지 못하기 때문이다. 【초_ "계가 아니면 마음을 닦지 못하기 때문"이란 위에서는 법문을 들어 해석

했지만, 이 구절은 지위를 나타내어 해석하였다. 그러나 덕운비구는 선정을, 해운비구는 지혜를 말하였다. 여기에서 계율을 밝힌 것은 戒定慧 三學이 시초임을 밝힌 때문이다.】

有二十句니

初十一句는 明具勝德戒니 一은 本爲益生故오 二는 自行勝故오 三은 具二利故오 上三은 異小라 四는 道共故오 五는 無能令不持故오 六은 定共故오 七은 不失行本故오 八은 順法不謗故니 毘盧遮那經 第六에 云有四根本罪하니 乃至殺命이 亦不應犯이라하니 謂一은 謗法이오 二는 捨提心이오 三은 慳吝이오 四는 惱害衆生이라 今此七八은 不犯初二오 無損·無濁은 不犯後二라 九는 緣果智故오 十은 稱法性故오 十一은 般若相應故로 不住三界니라

次六句는 明離過戒니 一은 無過失이니 謂不自貢高니 言我能持戒라하야 見破戒人호되 亦不輕毀하야 令愧恥故오 二는 不損惱니 謂不因於戒하야 學呪術等하야 損衆生故오 三은 無缺犯이니 謂具足受持十善業道와 及威儀故오 四는 無雜穢니 不著邊見故오 五는 無慳貪濁이니 不現異相하야 彰有德故오 六은 無悔恨이니 謂不作重罪하고 不行諂詐故니라

後三은 顯淸淨戒니 一은 忘能所持하야 究竟淨故오 二는 不淨六塵故오 三은 無心垢故니라

20구이다.

첫째, 11구는 수승한 공덕을 갖춘 계를 밝혔다.

제1구는 본래 중생의 이익을 위하기 때문이며,

제2구는 자신의 행이 수승하기 때문이며,

제3구는 자리와 이타를 갖추었기 때문이다.

위의 3가지는 소승과 다르다.

제4구는 도가 한 가지이기 때문이며,

제5구는 지니지 못하도록 방해할 수 없기 때문이며,

제6구는 선정이 한 가지이기 때문이며,

제7구는 행의 근본을 잃지 않았기 때문이며,

제8구는 법을 따라 비방하지 않기 때문이다.

비로자나경 제6에서 이르기를, "4가지 근본 죄업이 있다. 이에 살생에 이르기까지 또한 범하지 말라."고 하였다.

'4가지 근본 죄업'이란 ① 불법의 비방, ② 보리심을 버림, ③ 간탐과 인색, ④ 중생을 괴롭히고 해치는 것이다.

이의 제7, 제8구는 '① 불법의 비방, ② 보리심을 버림'을 범하지 않음이며, '제13구 손해가 없는 계행, 제16구 흐림이 없는 계행'은 '③ 간탐과 인색, ④ 중생을 괴롭히고 해침'을 범하지 않음이다.

제9구는 불과의 지혜를 반연하기 때문이며,

제10구는 법성에 부합하기 때문이며,

제11구는 반야와 상응한 까닭에 삼계에 머물지 않는다.

다음 6구는 허물에서 벗어나는 계를 밝혔다.

제12구는 허물이 없다. 자신을 드높이지 않음을 말한다. 내가 계율을 잘 지킨다고 생각하여, 파계한 사람을 보면서 또한 그를 경멸하거나 훼담하여 그를 부끄럽게 만들지 않기 때문이다.

제13구는 괴롭히지 않는다. 계를 인하여 주술 등을 배워서 중생을 괴롭히지 않기 때문이다.

제14구는 부족하거나 범함이 없다. 十善業道와 위의를 두루 갖추고 받아 지니기 때문이다.

제15구는 혼잡과 더러움이 없다. 한쪽의 치우친 견해에 집착하지 않기 때문이다.

제16구는 간탐과 혼탁함이 없다. 남다른 모습을 나타내어 지닌 덕을 드러내지 않기 때문이다.

제17구는 회한이 없다. 큰 죄를 짓지 않으며, 아첨과 거짓을 행하지 않기 때문이다.

뒤의 3구는 청정한 계를 나타내었다.

제18구는 지닌 계율을 잊고서 究竟에 청정하기 때문이며,

제19구는 六塵을 청정하려 하지 않기 때문이며,

제20구는 마음의 때가 없기 때문이다.

第五指示後友

5. 뒤의 선지식을 소개하다

經
善男子야 從此南方에 有一國하니 名達里鼻茶오 城名은 自在며 其中에 有人하니 名曰彌伽니 汝詣彼問호되 菩薩

이 云何學菩薩行이며 修菩薩道리잇고하라
時에 善財童子 頂禮其足하며 右遶瞻仰하고 辭退而行하니라

　선남자여, 이로부터 남방에 한 나라가 있는데, 그 이름을 '달리비다국'이라 하고,

　성의 이름은 '자재(自在)'이며,

　그 성중에 사람이 있는데 그 이름을 '미가장자'라 한다.

　그대는 그를 찾아가 '보살이 어떻게 보살의 행을 배우며, 보살의 도를 닦는가.'를 묻도록 하라."

　그때, 선재동자는 선주비구의 발에 예배하고, 오른쪽으로 돌면서 우러르고 하직하고 떠나갔다.

◉ 疏 ◉

後友니 卽生貴住善友라 國名 達里鼻茶는 此云消融이니 謂從聖教生하야 消謬解故니라 城名 自在는 於三世佛法에 了知修習하야 得圓滿故니라 言'有人'者는 晉經云 '彼有良醫하니 名彌伽者'는 此翻爲雲이니 演輪字門하야 含潤雨法故니 以三世聖教 法雲으로 雨一切故니라
第六 禮辭는 可知니라

　뒤의 선지식이다. 이는 생귀주의 선지식이다.

　나라 이름을 '달리비다'라 함은 중국에서는 '消融'의 뜻이다. 성인의 가르침에서 생겨나 잘못된 이해를 없애주기 때문이다.

성의 이름을 '자재'라 함은 삼세의 불법을 잘 알고 닦아서 원만함을 얻었기 때문이다.

'有人'이라 말한 것은, 60화엄경에 이르기를, "그곳에 훌륭한 의원이 있는데, 그 이름을 미가라 한다."는 것은 중국의 말로 번역하면 '구름'이라는 뜻이다. 輪字 법문을 연설하여 포함하고 윤택케 하여 법을 내려주었기 때문이다. 삼세제불 가르침의 法雲으로 일체중생에게 내려주었기 때문이다.

6. 예배를 올리고 하직함은 말하지 않아도 알 수 있다.

⊙ 論 ⊙

第三修行住에 從'爾時善財童子'已下로 至'我唯知此普速疾供養諸佛成就衆生無礙解脫門'히 有八十行經은 明入本位法門이라 約分五段호리니

一은 念善知識所授之教오 二는 次第南行이오 三은 詣善知識處오 四는 見善知識하고 恭敬禮拜오 五는 正申所求니라

제3 수행주에 '爾時善財童子' 이하로부터 '我唯知此普速疾供養諸佛成就衆生無礙解脫門'까지 80행 경문은 本位에 들어가는 법문을 밝혔다.

이는 5단락으로 나뉜다.

(1) 선지식이 전수한 바의 가르침을 생각함이며,

(2) 차례로 남쪽으로 길을 떠남이며,

(3) 선지식이 있는 곳으로 찾아감이며,

⑷ 선지식을 보고서 공경히 예배함이며,

⑸ 바로 구하는 법을 말하였다.

'見此比丘 於虛空中 來往經行'者는 明不住上二界息心住念禪하고 不住出三界禪하야 不住不出일새 故言來往經行이라
十王이 恭敬供養은 明攝衆生行徧故며 表十波羅密行이 智自在故로 如王이니 空中莊嚴은 約法空中起行報生이라
龍王은 表智悲自在니 震雷는 明法音普震이며 激電은 智慧破惑이오
緊那羅王이 奏衆樂音은 明以法音으로 悅樂一切衆生故오
摩睺羅伽는 是恭敬義오
阿修羅는 是處生死海不沒義오
迦樓羅王이 作童子形하야 婇女之所圍遶는 是離慢謙下智悲義오
羅刹王者는 是住生死海하야 大悲守護衆生義오
夜叉王者는 是大智守護衆生義니 爲能行於虛空速疾故로 如智自在速疾故오
梵天王은 恭敬義오
淨居天이 空中에 與宮殿俱는 表智悲自在含育義니
如是皆云不思議數者는 皆表行周萬有하야 普徧含生故니라

"이 비구가 허공에서 오가는 것을 보았다."는 것은 '위 색계와 무색계의 息心住念禪'에 머물지 않고, '삼계를 벗어난 선정'에도 머물지 않아서, 머물지도 않고 벗어나지도 않음을 밝히고 있다. 이 때문에 오가면서 거닌다고 말하였다.

10왕이 공경하여 공양함은 중생을 받아들인 행이 두루 함을

밝힌 때문이며, 십바라밀의 행이 지혜가 자재하기 때문에 왕과 같음을 나타낸 것이다.

공중의 장엄은 법공 속에서 일으키는 행으로 報生을 들어 말한 것이다.

용왕은 지혜가 자재함을 나타낸 것이다. 震雷는 법음이 널리 진동함을 밝혔고, 激電은 지혜로 미혹의 타파를 밝혔다.

긴나라왕이 많은 음악을 연주함은 법음으로 일체중생을 기쁘게 함을 밝힌 것이며,

마후라가는 공경의 뜻이며,

아수라는 생사 바다에 머물면서도 빠지지 않는다는 뜻이며,

가루라왕이 동자의 모습으로 아름다운 여인들에게 둘러싸여 있는 것은 거만함을 버리고서 겸손한 지혜와 자비의 뜻이며,

나찰왕은 생사 바다에 머물면서 대자비로 중생을 수호한다는 뜻이며,

야차왕은 대지혜로 중생을 수호한다는 뜻이다. 허공을 빠르게 다니기 때문에 지혜가 자재하여 빠름과 같기 때문이며,

범천왕은 공경의 뜻이며,

정거천이 공중에서 궁전과 함께 함은 지혜와 자비로 자재하게 양육한다는 뜻을 나타낸 것이다.

이처럼 모두가 불가사의한 수효라고 말한 것은 모두 행이 만유에 두루 원만하여 중생에게 널리 두루 베풂을 나타내기 때문이다.

此第五正申所求中에 請菩薩所修十種佛法과 并求十種不舍之

法은 具如經文이니 '時善住比丘告善財言'已下는 是正授其法이라
經에 云'善男子야 我已成就菩薩無礙解脫'者는 明得法空智慧오
在空中經行은 明不著靜亂이니 於染淨二障에 不能留滯 名爲無
礙解脫이오 得解脫已에 若來若去와 若行若止에 隨順思惟觀察하
야 卽時獲得智慧光明이 名究竟無礙오 從是已去에 卽他心宿命
神足等十無障礙는 明以法空으로 觀察三界細習하야 淨業現前에
卽得此十無障礙法門이니 此明以法空觀照力으로 治三界習氣하
며 及出三界治習已에 自然而得此十無障礙法이라

是故로 歎善財言하사대 今復發心하야 求問佛法一切智法自然者
法은 明佛法出世하야 一切智法으로 用照世間이니 意明以所得法
空으로 用治染淨二習하야 神通道力이 自然顯著하고 一切自在 皆
自然現前이라

여기서 '(5) 바로 구하는 법을 말하였다.'는 부분에서 보살이 닦아야 할 바인 10가지 불법을 청함과 아울러 10가지 버리지 않아야 할 법을 구함은 경문에서 구체적으로 말하고 있다.

"그때, 선주비구가 선재동자에게 말하였다." 이하는 바로 그 법을 전수함이다.

경문에서 "선남자여, 나는 이미 보살의 걸림 없는 해탈 법문을 성취하였다."고 말한 것은 法空의 지혜를 얻음을 밝힌 것이며, 공중에서 오가는 것은 고요함과 산란함에 집착하지 않음을 밝힌 것이다. 오염과 청정 2장애에 막히지 않음을 '걸림 없는 해탈'이라 말하고, 해탈을 얻고서 오고 가고 행하고 멈춤에 법을 따르고 사유하

고 관찰하여 바로 지혜 광명을 얻음을 '究竟無礙'라 말한다.

이로부터 그 이후로 타심통, 숙명통, 신족통 등 장애가 없는 10가지는 법공으로 삼계의 미세한 습기를 관찰하여 청정한 업이 앞에 나타남에 바로 장애가 없는 10가지를 얻음을 밝힌 것이다. 이는 법공으로 관조하는 힘에 의해 삼계의 습기를 다스리고, 아울러 삼계를 벗어나 습기를 다스린 뒤에는 절로 장애 없는 10가지 법을 얻음을 밝힌 것이다.

이 때문에 선재동자를 찬탄하면서 "이제 또다시 마음을 내어 부처의 법과 일체 지혜의 법과 자연의 법을 구하여 물었다."고 말한 것은 불법의 출세간을 밝혀 일체 지혜의 법으로 세간을 비춰봄이다. 그 뜻은 얻은 바의 법공으로써 오염과 청정 2습기를 다스려서 신통의 도력이 자연히 드러나고, 일체의 자재함이 모두 절로 앞에 나타남을 밝힌 것이다.

已下는 准此니 至我唯知此普速疾供養諸佛成就衆生無礙解脫門은 是都結所入當位法門竟이오 已下는 以明升進前位門이니라 此段은 以明將方便觀照門하야 佛智自然智神通道力이 自至니 以此不捨方便코 而成就佛法하며 不捨佛法코 而成菩薩行하야 教化衆生이니 此以忍波羅密로 爲主오 餘九로 爲伴이라

此三比丘는 明入十住中得出三界解脫心일세 還以比丘로 表之오 已下彌伽는 是俗人이니 住居市肆는 明處煩闠而不亂故며 教諸人衆輪字莊嚴法門者는 明修世技文字하야 令圓滿故니 意明先修出三界解脫코사 方修世法하야 住於生死故라

約智인댄 一位 通修諸法이어니와 約位인댄 偏修世智니 爲明前三은 已得出三界解脫神通故로 先修出世코사 方學世間이니 明自在 無業하야 不染著世間故며 又以出世間智로 學世間智에 易明了 故니라

이하는 이에 준한다.

"나는 오직 이 빨리 부처님께 공양하고 중생을 성취시키는 데 걸림 없는 해탈문만을 알 뿐이다."까지는 들어가는 해당 지위의 법문을 모두 끝맺어 마침이며, 이하는 앞의 지위로 닦아나가는 법문을 밝힌 것이다.

이 단락은 방편의 관조 법문으로 부처의 지혜, 자연의 지혜, 신통의 道力이 절로 이르러 옴을 밝힌 것이다. 이로써 방편을 버리지 않고 불법을 성취하며, 불법을 버리지 않고 보살행을 성취하여 중생을 교화하는 것이다. 이는 인욕바라밀로 주체를 삼고 나머지 9바라밀로 객체를 삼는다.

덕운·해운·선주 3비구는 십주에 들어가 삼계를 벗어난 해탈의 마음을 얻었음을 밝혔기에 또한 비구를 들어 이를 밝힌 것이며,

아래의 미가장자는 세속의 사람이다. 저자에 거주한다는 것은 번뇌 속에 있으면서도 산란하지 않음을 밝힌 것이며,

모든 사람에게 輪字 장엄 법문을 가르친 것은 세간의 기예와 문자를 닦아서 원만케 함을 밝힌 때문이다. 그 뜻은 삼계를 벗어난 해탈을 먼저 닦아야 비로소 세간 법을 닦아 생사에 머묾을 밝힌 때문이다.

지혜를 들어 말하면 하나의 지위가 모든 법을 통틀어 닦지만, 지위를 들어 말하면 세간의 지혜만을 닦음이다. 앞의 덕운·해운·선주 3선지식은 이미 삼계를 벗어난 해탈의 신통을 얻었기 때문에 먼저 출세간을 닦아야 비로소 세간을 배움을 밝힌 것이다. 자재하게 업이 없어 세간에 물들지 않음을 밝힌 때문이며, 또한 출세간의 지혜로 세간의 지혜를 배우면 잘 알기 쉽기 때문이다.

第三 善住比丘 寄修行住 竟하다

제3. 선주비구, 수행주에 붙여 말한 부분을 끝마치다.

입법계품 제39-4 入法界品 第三十九之四
화엄경소론찬요 제101권 華嚴經疏論纂要 卷第一百之一

화엄경소론찬요 ㉒
華嚴經疏論纂要

2024년 12월 20일 초판 1쇄 발행

편저자 혜거
발행인 박상근(至弘) • 편집인 류지호 • 편집이사 양동민
편집 김재호, 양민호, 김소영, 최호승, 하다해, 정유리 • 디자인 쿠담디자인
제작 김명환 • 마케팅 김대현, 이선호 • 관리 윤정안
콘텐츠국 유권준, 김대우, 김희준
펴낸 곳 불광출판사 (03169) 서울시 종로구 사직로10길 17 인왕빌딩 301호
　　　대표전화 02) 420-3200 편집부 02) 420-3300 팩시밀리 02) 420-3400
　　　출판등록 제300-2009-130호(1979. 10. 10.)

ISBN 978-11-7261-112-5 04220
ISBN 978-89-7479-318-0 04220(세트)

값 35,000원

잘못된 책은 구입하신 서점에서 바꾸어 드립니다.
독자의 의견을 기다립니다. www.bulkwang.co.kr
불광출판사는 (주)불광미디어의 단행본 브랜드입니다.